Brian Redhead (Hrsg.)
Joachim Starbatty (Hrsg.)

Politische Denker

Von Plato bis Popper

Brian Redhead (Hrsg.)
Joachim Starbatty (Hrsg.)

Politische Denker

Von Plato bis Popper

BONN AKTUELL

CIP-Kurztitelaufnahme der Deutschen Bibliothek

Politische Denker
Von Plato bis Popper/
Brian Redhead; Joachim Starbatty (Hrsg.).
Aus d. Engl. übers. von Gerhard Raabe. –
Stuttgart: Verl. Bonn Aktuell, 1988
Einheitssacht.: Political thought from Plato to Nato ‹dt.›
ISBN 3-87959-316-7
NE: Redhead, Brian [Hrsg.]; EST

Verlag BONN AKTUELL GmbH
Januar 1988
ISBN 3-87959-316-7

Bildnachweis:
BBC Hulton Picture Library (Plato, Calvin, Hobbes, Smith und Marx)
The Mansell Collection (Artistoteles, Augustinus, Thomas von Aquin, Machiavelli, Locke, Rousseau und Mill)

Die englische Originalausgabe ist unter dem Titel „Political thought from Plato to Nato" bei BBC Publications, a division of BBC Enterprises Ltd., London, erschienen.

This edition published by arrangement with BBC Books, a division of BBC Enterprises Ltd.

Übersetzung aus dem Englischen: Gerhard Raabe, Hannover
Redaktion: Dr. Helmut Huntemann, Stuttgart

Umschlagentwurf: Reichert Buchgestaltung, 7014 Kornwestheim
Satz: Kessler Verlagsdruckerei, 8903 Bobingen 1
Druck und Bindung: Spiegel, Ulm

Vorwort zur deutschen Ausgabe

Die vorliegenden Essays behandeln Denker, die in der politischen Ideengeschichte einen herausragenden Rang einnehmen. Sie wurden zunächst in Großbritannien im Rahmen einer Hörfunkserie der BBC vom 4. bis zum 18. Mai 1984 ausgestrahlt und dann als Buch der Öffentlichkeit vorgelegt. Die deutsche Ausgabe wurde um einen Essay über Joseph Schumpeter, F.A. v. Hayek und Karl Popper ergänzt.

Normalerweise scheut sich der Leser, sich den großen Staatsdenkern zuzuwenden, weil er schwere Kost befürchtet und, nachdem er sie zu sich genommen hat, oft nicht weiß, was er damit anfangen soll. Das ist in diesem Fall ganz anders. Die Tatsache, daß die Serie für einen breiten Hörerkreis gedacht war, zwang die Autoren als erstes dazu, die Hörer davon abzuhalten, das Radio abzuschalten. Die Folge davon war, daß sich die Essays gut und flüssig, teilweise geradezu spannend lesen, ohne daß seichte Kost gereicht wurde. Die Auswahl der Autoren bürgt dafür, daß sie in Kenntnis des Forschungsstandes den Leser mit dem Ideengut der großen Staatsdenker vertraut machen.

Der Verleger dieses Buches, Horst Poller, hat mich gebeten, die in der englischen Ausgabe behandelten klassischen Staatsdenker um Joseph Schumpeter, Friedrich A. v. Hayek und Karl Popper zu ergänzen, weil sie mit der Renaissance der Marktwirtschaft in großen Industrieländern in Verbindung gebracht werden müssen. Der Name Schumpeter fällt, wenn von der Revitalisierung der Wirtschaft gesprochen wird, in der nicht „Keynes-Unternehmer“ gebraucht würden, die auf staatlich produzierte Nachfragewellen warteten, sondern „Schumpeter-Unternehmer“, die in eigener Initiative technische und ökonomische Innovationen wagten und damit eine Volkswirtschaft auf einen Fortschrittspfad zögen. v. Hayek und Popper wurden nicht müde zu warnen, daß Politiker, die auf Karl Marx fußten und eine sozialistische Wirtschafts- und Gesellschaftsordnung realisieren wollten, die Menschen nicht in die Freiheit, sondern in die Knechtschaft führten. Beide vermitteln uns zentrale Einsichten in die institutionellen Voraussetzungen einer Gesellschaft, die menschliches Miteinander in Freiheit gewährleistet.

Diese drei Denker zusammen in einem Essay – auf relativ knappem Raum – zu behandeln, ist ein gewagtes Unternehmen. Auf welches Abenteuer ich mich dabei eingelassen hatte, zeigten mir die erfrischenden kritischen Bemerkungen, die mir mein Kollege Christian Watrin (Universität Köln) an den Rand eines ersten Entwurfs geschrieben hatte. Er bewahrte mich vor einer Reihe voreiliger Feststellungen und Schlußfolgerungen. Dafür sei ihm herzlich gedankt.

Ich hoffe, daß die Lektüre dieser Essays erkennen läßt, wie sehr die Menschen diesen Denkern zu Dank verpflichtet sind.

Tübingen, im Januar 1988 *Joachim Starbatty*

Brian Redhead

Einführung

Die Geschichte der Staatsideen ist die Geschichte der Versuche, eine Antwort auf eine uralte Frage zu finden: „Warum soll man dem Staat gehorchen?“ Die Frage ist die gleiche geblieben und wird immer noch gestellt. Vier Hauptantworten schälen sich heraus:
„Weil einem sonst der Kopf abgeschlagen wird“ (pragmatisch);
„Weil es Gottes Wille ist“ (theologisch);
„Weil ich mit dem Staat ein Abkommen getroffen habe“ (vertraglich);
„Weil der Staat die Verwirklichung der sittlichen Idee darstellt“ (metaphysisch).

Keine Antwort hat jemals auf Allgemeingültigkeit Anspruch erheben können, wenngleich einige zeitweilig dominierten. Wenige sind für immer verworfen worden, und die meisten leben noch irgendwo als mehr oder weniger maßgebende Auffassungen fort.

In den meisten Epochen der schriftlich belegten Geschichte haben sich die besten Köpfe mit dieser Frage auseinandergesetzt. Kenner der Materie werden zweifellos die Lücken beanstanden. Daß Plato und Aristoteles, Augustinus und Thomas von Aquin, Hobbes und Locke dazugehören würden, verstand sich von selbst. Es wäre undenkbar erschienen, irgendeinen von diesen sechs Denkern zu übergehen, und töricht, sie nicht paarweise vorzustellen. Moderne Fachgelehrte würden vielleicht lieber *Filmer* und Locke und sogar *Harrington* und Hobbes einander gegenüberstellen, doch Neulinge sollten besser mit den staatstheoretischen Giganten beginnen. Legt man diesen Maßstab an, dann kann man auch an Machiavelli (wiewohl kein großer Philosoph), Rousseau und Marx nicht vorbei. Calvin war *Luther* vorzuziehen. Mills Ruf erstreckte sich im neunzehnten Jahrhundert auf die ganze gebildete Welt, und Adam Smith verdient als Wegbereiter des wirtschaftlichen Liberalismus unser besonderes Interesse.

Ich kann indessen nicht leugnen, daß die Reihe ernsthafte Lücken aufweist. Ein Mitarbeiter geriet in Zorn, als er erfuhr, daß *Cicero,* der Begründer des abendländischen Republikanismus, unberücksichtigt bleiben müsse. *Cicero* war nicht allein zu seiner Zeit und zweifellos für Augustinus von überragender Bedeutung, sondern beeinflußte auch maßgeblich die britischen und amerikanischen Republikaner des siebzehnten und achtzehnten Jahrhunderts, ganz zu schweigen von seiner zentralen Rolle in der Renaissance. Die gesamte Naturrechtslehre geht auf ihn zurück, desgleichen die Theorie vom Schutz des Privateigentums als vornehmster Aufgabe des Staates.

Für noch bedauerlicher halte ich es, daß *Hegel* keine Berücksichtigung finden konnte. Doch wie sollte man diesen Denker wohl in fünfzehn Minuten einer halbstündigen Sendung behandeln? Grundlage des Staates ist nach *Hegel* die Kraft der Vernunft, die sich als Wille verwirklicht. Die Menschen wollen den Staat im Einklag mit der Vernunft. Der Staat ist das Vernünftige. Er ist der bewußt sich auf der Erde realisierende Geist. Er ist „die Wirklichkeit der sittlichen Idee“. Wirklichkeit ist die Einheit des Wesens und der Erscheinung. Nur wenn der Geist im Bewußtsein gegenwärtig ist, wenn er sich als real existierendes Objekt begreift, ist er der Staat.

Können Sie mir folgen?

Der Staat ist der Endzweck des dialektischen Geschichtsverlaufs, die Realisation der wahren Sittlichkeit und Freiheit. Die Entwicklung des Staates ist die Entwicklung des absoluten Selbstbewußtseins, die fortschreitende Verwirklichung der Freiheit. Der Staat ist „der Gang Gottes in der

Welt". Der Staat ist das Ganze, von dem das Individuum ein Teil ist. Außerhalb des Staates bleibt der einzelne ohne Sinn. Weil der Staat die höchste Gestalt des objektiven Geistes ist, hat der einzelne nur insofern Objektivität, Wahrheit und Sittlichkeit, als er ein Glied desselben ist. Weil er das Vernünftige ist, verleiht der Staat dem Menschen denjenigen Wert, den er besitzt. Der Staat ist keine Ansammlung durch eine bewußte Übereinkunft künstlich vereinigter einzelner, sondern eine göttliche Vernünftigkeit, durch die und für die seine Mitglieder existieren.

Hiernach erscheint Marx als ein gemeinverständlicher Denker. Es war einmal Mode zu behaupten, wie es zum Beispiel der englische Journalist und Politiker Richard Crossman tat, daß *Hegel* keinerlei besondere Bedeutung in der Geschichte der Staatsideen zukommen würde, wenn Marx nicht sein Schüler gewesen wäre. Ja, es ist dies in Großbritannien eine beliebte Examensfrage – beliebt bei den Prüfern, wenn auch nicht bei den Prüflingen. Die Frage ist durchaus von Interesse, zielt doch das ganze Staatsdenken von Marx auf die Abschaffung des Staates ab. Danach ist der Staat nichts anderes als eine Waffe im Klassenkampf. Der unaufhörliche Gang der Geschichte, der notwendig zu einer klassenlosen Gesellschaft führen muß, wird laut Marx auch zu Abschaffung des Staates führen. Doch wenn die Revolution auf ein Land oder auch auf eine Anzahl Länder beschränkt bleibt, dann muß ihr erstes Stadium, in dem die Führer des Proletariats vom Staat Gebrauch machen, verlängert werden. Der Staat wird dann nicht nur gebraucht, um die Bourgeoisie innerhalb des betreffenden Landes zu vernichten, sondern auch, um es gegen einen feindlichen Überfall zu verteidigen. Marx glaubte, der sozialisitische Staat werde die kürzeste und letzte Phase politischer Herrschaft darstellen, doch deutet alles darauf hin, daß er sich als eine weitere langandauerende Phase in der Geschichte des Regierens erweisen wird. Er ist eine neue Form des Nationalstaates, ein weiterer Schritt im dialektischen Geschichtsverlauf über den liberalen Nationalstaat hinaus. Und in diesem sozialistischen Staat läßt sich das Verhältnis zwischen Individuum und Staat genauso bestimmen, wie *Hegel* es tat. Er ist Selbstzweck geworden und das Individuum ein Mittel zu diesem Zweck.

Ich schweife indessen ab. Ungeachtet möglicher Lücken ergibt diese Essaysammlung doch ein sehr gutes Buch. Die Beiträge ergänzen sich aufs beste, gehen bruchlos ineinander über und sind widerspruchsfrei und instruktiv. Die Lektüre des ganzen ist deshalb empfehlenswert, weil sie eine Kapitalinvestititon darstellt. Jeder, der sich ernsthaft mit der Geschichte der Staatsideen beschäftigt, erkennt, daß er einen Schatz und nicht bloß Wissensballast erworben hat. Wenn er die zehn Punkte der Anklageschrift gegen Karl I. von England längst wieder vergessen hat, wird ihm die Hobbessche Naturrechtslehre doch immer noch geläufig sein.

Die vorliegenden Essays sollen dem Leser den Weg weisen, ihn zu den Quellen hinführen, zu den Worten der Staatsdenker, zu den größten Gedanken der größten Geister. Während meiner früheren – mehr oder minder erfolgreichen – Tätigkeit als Dozent für Geschichte der Staatsideen pflegte ich darauf zu bestehen, daß die Studenten nur die Texte und nichts anderes lesen sollten. Das war ein wenig anmaßend. Die meisten von uns bedürfen einiger einführender Worte. Nicht, weil wir die Denker zunächst nicht verstehen würden, sondern weil wir befürchten, ihre Schriften könnten uns überfordern. Es gehört dazu weniger Intelligenz als Beherztheit, zumal wenn man mündlich wiedergeben soll, was Plato wirklich gesagt hat.

Plato unterscheidet zwei Welten: eine Welt der wesenhaften, zeitlosen und unwandelbaren Ideen und eine andere der bloßen Erscheinungen, vergänglicher und verschiedenartiger Nachbildungen der Ideen. Die sichtbaren und greifbaren, gewöhnlich als wirklich bezeichneten Erscheinungen vermag die Anschauung zu erfassen, die Ideen, d.h. das wahrhaft Wirkliche, werden dagegen nur in der Erkenntnis begriffen. Für Plato ist Wissen die Erkenntnis der wahren Welt der unkörperlichen Ideen. Die meisten Menschen begnügen sich damit, in der Erscheinungswelt, der Welt der Einbildungen und des Fürwahrhaltens zu leben, doch durch Erziehung können diejenigen, deren Seelen so beschaffen sind, daß sie von der Vernunft und vom Verstand und nicht vom Ehrgeiz oder der Begierde nach den Vergnügungen beherrscht werden, zur Welt der Ideen Zugang erhalten, zur Welt des wahrhaften Wissens und Verstehens. Es sind dies die Philosophen, die nach der Erkenntnis der ganzen Wahrheit und Wirklichkeit streben, die nicht nur den Endzweck des Menschen oder das für ihn Gute zu verstehen suchen, sondern auch das Gute selbst, den Endzweck all dessen, was gut ist in der Welt, und ihrer Existenz überhaupt. Diese sollen die Könige sein, denn ohne vorherige Anschauung dieses Guten, dem die höchste Realität in der unkörperlichen Welt zukommt und das der Ursprung von Vernunft und Wahrheit ist, vermag niemand, so lehrt Plato, „in seinem eigenen Leben noch auch in Staatsangelegenheiten mit Weisheit zu handeln".

Aristoteles vermag die Lehre Platos von den zeitlosen und unwandelbaren, eine immaterielle Wirklichkeit bildenden Ideen nicht nachzuvollziehen. Er glaubt im Gegenteil, daß die Ideen keine selbständige Existenz außerhalb der Sinnesdinge haben und daß vielmehr das eigentümliche Sein eines Dinges die Idee darin ist. Diese Idee oder Form sucht sich ständig im Wachstum und der Entwicklung des Dinges zu verwirklichen und ist verwirklicht, sobald dieses Wachstum abgeschlossen ist. Das eigentümliche Sein eines Einzeldinges ist sein Zweck, seine Finalursache, die sein Sosein vollendet und erfüllt. Logisch betrachtet, existiert der Zweck vor dem Einzelding, ist er doch die Voraussetzung seines wahrhaften, erfüllten Lebens. Doch Aristoteles kann den Endzweck nicht ohne Berücksichtigung der Mittel, durch die er sich verwirklichen wird, betrachten. Er vermag sich der Erscheinungswelt nicht zu entziehen, da er die Mittel nicht von den Zwecken zu trennen vermag. Sie sind in der Tat voneinander nicht trennbar, bestimmen sie sich doch gegenseitig. Und als Aristoteles sah, wie die Menschen ihre

Angelegenheiten in Wirklichkeit regeln, wollte er sich lieber für das Bestmögliche als für das Ideal entscheiden. Insofern möchte ich meinen, daß er und nicht Plato der Begründer der politischen Philosophie ist. Plato ist ein Dichter, Aristoteles ein „Politikwissenschaftler". Plato ist ein guter Wegweiser zur Religion; als Wegweiser zur Politik verdient Aristoteles den Vorzug.

Augustinus mußte auf Aristoteles verzichten, denn er war ihm nicht zugänglich: Seine Werke wurden in der Spätantike ins Arabische, aber erst im Hochmittelalter ins Lateinische übersetzt. Augustinus suchte daher bei Plato und Christus Unterweisung. Er unterscheidet zwei Staaten: den *Gottesstaat* und den *Weltstaat.* Der erstere ist nicht ausschließlich himmlisch, sind doch einige seiner Bewohner zeitweilig auf der Erde ansässig, noch ist der letztere ausschließlich irdisch, denn einige seiner Bewohner sind gefallene Engel. Der Gottesstaat ist der Staat der Rechtschaffenen, der Gerechten. Für Augustinus ist ebenso wie für Plato die Gerechtigkeit ein sittliches, kein rechtliches Prinzip. Beide verstehen unter Gerechtigkeit die richtige Gliederung eines Gemeinwesens, durch die jedem einzelnen die ihm zukommende Aufgabe oder Funktion zugewiesen wird. Doch während es Plato um die richtige Ordnung unter den Menschen geht, ist das Anliegen von Augustinus die richtige Ordnung zwischen den Menschen und Gott. Der wahre und rechte Lebenszweck des Menschen besteht darin, Gott zu dienen. Es ist ebenso recht, daß Gott über die Menschen herrscht, wie daß die Seele über den Leib herrscht. Der Gottesstaat ist daher die Gesellschaft und Gemeinschaft der in der richtigen Ordnung lebenden Gerechten: er vereint Gott, seine Engel und seine Heiligen im Himmel mit den Gerechten, die zeitweilig die Erde bewohnen. Er umfaßt indessen nicht die gesamte Welt, weil er nicht die große Menge der Ungerechten enthält – die gefallenen Engel, die Seelen der Ungerechten und die auf der Erde lebenden Ungerechten. Diese sind die Bürger des Weltstaates, der mit keinem empirischen irdischen Gemeinwesen gleichzusetzen ist. Er ist insofern mehr, als er gefallene Engel ebenso wie Menschen enthält, und insofern weniger, als er die auf der Erde lebenden Gerechten nicht mit umfaßt. Wie auch der Gottesstaat ist er rein ideell aufzufassen, nicht materiell. Er ist nicht mit dem Staat gleichzusetzen, der nicht unsterblich, sondern sterblich ist. Die Angehörigen des Gottesstaates haben sich während ihres Erdenlebens als Pilger oder Fremde zu betrachten. Sie müssen sich so gut wie möglich aus einer im Grunde bösen Angelegenheit heraushalten und ihre Gedanken auf das Jenseits richten. Sie sollen dem Staat Gehorsam leisten, weil er eine nützliche Funktion erfüllt, nämlich für irdischen Frieden sorgt. Doch ist dieser kein Ersatz für den Gottesstaat, welcher das Ziel der Schöpfung ist, das einzige Reich, das kein Ende hat.

Mit Thomas von Aquin kehren wir zu Aristoteles zurück oder vielmehr er – von den Arabern – zu uns. Thomas sah sich vor die Aufgabe gestellt, die kirchliche Lehre mit der Aristotelischen Philosophie in Einklang zu bringen. Obwohl er wie Augustinus glaubte, daß der Endzweck des Menschen im Jenseits liegt, faßte er das Diesseits nicht unbedingt als eine Folge des Sündenfalls auf, als einen Ort, den die Gläubigen als Pilger durchschreiten müssen. Er teilte vielmehr Aristoteles' Glauben an die irdische Glückseligkeit als Endzweck des Menschen im Diesseits und sieht darin einen Zweck an sich, indessen einen zeitlichen Zweck, der dem höchsten Zweck des Menschen, der nur im Jenseits erreichbaren ewigen Seligkeit, untergeordnet ist. Der zeitliche Zweck ist nicht nur dem ewigen Zweck untergeordnet, sondern muß selber auf diesen höchsten Zweck ausgerichtet sein. Die Politik bestimmt die zur Erreichung des zeitlichen Zwecks des Menschen erforderlichen Mittel, und diese müssen stets auf den Endzweck des Menschen hingeordnet sein. Der Staat hat seinen Platz innerhalb der göttlichen Ordnung. Er muß dem natürlichen Gesetz gehorchen, wenn er auf Gehorsam Anspruch erheben will.

Das „natürliche Gesetz“ *(lex naturalis)* ging dem Christentum vorauf. Es ist dies der Gedanke einer von der Vernunft konzipierten und gestalteten universalen Ordnung. Die Philosophen der Frühzeit waren bei ihren Spekulationen über die an den wirkenden Kräften der Physik zu beobachtende Regelmäßigkeit und das einheitliche Wachstum lebender Organismen zu dem Schluß gekommen, daß irgendeine Kraft die Bewegungen und Vorgänge der materiellen Welt lenken müsse. Diese Kraft nannten sie *Natur.* Gleicherweise entdeckten sie beim Nachdenken über den Menschen als vernunftbegabtes Wesen allgemeine Normen seiner geistigen und körperlichen Beschaffenheit und nahmen an, daß diese von einer absichtsvoll und vernünftig handelnden Kraft bestimmt würden. Sie nannten diese Kraft den rationalen Willen. Nachdem sie in der *Vernunft* das harmonisierende Prinzip im Menschen erkannt hatten, erklärten sie die Natur für eine vernunftbestimmte Kraft, die die Phänomene nach festen Regeln auf klar umrissene Ziele hinordne. Als die griechischen Philosophen dann über die menschliche Gesellschaft nachzudenken begannen und feststellten, daß bestimmte Normen und Bräuche allen Stämmen und Rassen gemeinsam seien, schlossen sie folgerichtig, daß diese Normen und Bräuche naturgemäß von der Vernunft als dem den Menschen lenkenden intellektuellen Prinzip bestimmt sein müßten. Ihre Spekulationen über die menschliche Gesellschaft gingen in Theorien über die Gesetze ein. Sie stellten fest, daß bestimmte Gesetze allen, andere dagegen nur einzelnen Gemeinwesen gemeinsam seien. Und auf den gleichen Argumentationsgang wie zuvor gestützt, folgerten sie, daß diejenigen Gesetze, die allen Gemeinschaften gemeinsam seien, natürliche Gesetze sein müßten, da sie offenkundig der geistigen und seelischen Beschaffenheit des Menschen als solcher entsprängen. Diese Gesetze, die der Menschheit als ganzer zugeordnet sind, gehen nach ihrem Dafürhalten den Gesetzen, die jede einzelne Gemeinschaft für sich selbst erläßt, gedanklich und zeitlich weit vorauf. Sie glaubten, diese Gesetze seien der Welt von der Natur als der herrschenden Kraft auferlegt worden, und nannten das Gesetz, das die Natur der Menschheit gibt, *Naturgesetz* oder *na-*

türliches Gesetz. Für Thomas ist das Naturgesetz derjenige Teil des göttlichen Gesetzes, den der Mensch als Vernunftwesen erfassen kann. Er unterscheidet vier verschiedene Gesetze:

1. Das ewige Gesetz. Dieses geht all den anderen vorauf und stellt die in ihrer Gesamtheit nur von Gott gewußte Weisheit dar.
2. Das Naturgesetz. Dies ist derjenige Teil des ewigen Gesetzes, den die Menschen mittels ihrer Vernunft zu erkennen vermögen.
3. Das menschlicherseits gegebene Gesetz. Aus dem Naturgesetz deduziert, soll es bindende Kraft innerhalb des Staates besitzen. Dieses positive Staatsgesetz steht mithin mit dem Naturgesetz und letztlich auch mit dem ewigen Gesetz in Einklang; steht es dazu im Widerspruch, so ist es für Thomas gar kein Gesetz. Und wenn es gar kein Gesetz ist, dann schuldet man ihm keinen Gehorsam. Es ist nicht umstürzlerisch, eine Tyrannei zu stürzen. Thomas geht sogar noch weiter.
4. Das göttliche Gesetz, das Gott dem Menschen offenbart, um ihn zum höchsten Ziel der ewigen Seligkeit zu leiten. Dies ist das Gesetz, das der Mensch nicht allein mittels seiner Vernunft erkennen kann. „Das ganze Sein des Menschen und alles, was er hat, sind nicht allein auf das politische Gemeinwesen hingeordnet", lehrt Thomas. „Der ganze Mensch ist allein auf Gott hingeordnet." Das sind revolutionäre Gedanken.

Die Befreiung vom Würgegriff des natürlichen Gesetzes kam durch Machiavelli. Dieser konzentriert sich auf die Handlungen der Menschen. Für die von Gott verliehene legitime Macht hat er kein Organ: Er glaubt, daß die Macht jenen gehört, die geschickt genug sind, sie zu ergreifen. Ein Herrscher muß hier und jetzt für seine Taten einstehen; es gibt nur eine Sünde: zu scheitern. Der Fürst, erklärt er, darf nie zögern, gegen die Moral zu verstoßen, wenn das der einzige Weg zum Erfolg ist, muß sich aber auch den Anschein zu geben wissen, als ob er tugendhaft handelte, denn das ist eine weitere Voraussetzung für den Erfolg. Es ist besser seine Untertanen mit Wohlwollen statt mit brutaler Gewalt zu behandeln, doch nicht *moralisch* besser, sondern weil man auf diese Weise eher Erfolg hat. Keine Regierung kann sich ohne das Wohlwollen der Regierten sicher fühlen. Doch wenngleich Machiavellis Denkweise sehr pragmatisch erscheint, dachte er auch heidnisch und war abergläubisch. Er huldigte einem rührenden Glauben an die Tugenden der römischen Republik, der nicht hinreichend fundiert war, und wenn jemandes Entscheidung durch Umstände bestimmt wird, über die er keine Macht hat, wenn sie ihm faktisch durch die Ereignisse aufgezwungen wird, dann schreibt Machiavelli deren Ursache der Göttin *Fortuna* zu. Fortuna ist für Machiavelli eine launische Gottheit; sie erscheint bei ihm nicht nur als Metapher für die Unberechenbarkeiten des Lebens, sondern als ein Wesen mit menschlichen – weiblichen – Leidenschaften und Eigenschaften.

Calvin lagen solche Einbildungen ebenso fern wie Hobbes oder Locke. Diese griffen auf das Naturrecht zurück. Doch während die mittelalterlichen Verfechter des Naturrechts von Gott, dem Gesetz und der Pflicht ausgingen, geht Hobbes vom Menschen, der Freiheit und dem Recht aus. Auf der Suche nach dem Ursprung des Willens wendet er zuallererst den Blick nach innen, zu den fünf Sinnen und den Gefühlsregungen. Dieser Wille ist absolut, weil er weder durch Regeln eingeschränkt noch auf irgendein Ziel gerichtet ist. Er ist frei, sowohl vom Gesetz wie von der Pflicht. Diese Freiheit des Menschen ist sein natürliches Recht, das ihm erlaubt, seine eigenen Kräfte nach Gutdünken zur Selbsterhaltung zu gebrauchen. Sie leitet sich unmittelbar vom Charakter des individuellen Willens und nicht von irgendeinem höheren Gesetz oder von der Vernunft her. Weder Gesetz noch Vernunft können Recht schaffen. Der Mensch ist bestrebt, das, was er will, zu erreichen, doch stehen dem Erfolg eines jeden Individuums die von allen anderen Individuen gewollten Handlungen entgegen. Bei ihren Bemühungen, das, was sie wollen, zu erreichen, sind alle

Menschen Konkurrenten. Das natürliche Recht des Menschen umfaßt jedoch nicht allein die Freiheit, dem eigenen Wollen gemäß zu handeln, sondern auch durch Erforschung des Ziels seines Wollens allgemeine Wahrheiten zu formulieren. Er gelangt dabei zur Formulierung einer allgemeinen Regel, die ihm selbstzerstörerische Handlungen verbietet. Diese Regel ist das Grundgesetz der Natur. Danach soll der Mensch nach Frieden als dem einzig sicheren Weg zur Selbsterhaltung streben. Hieraus folgt ein zweites Gesetz, wonach der Mensch zur Vermeidung eines Krieges auf seine natürlichen Rechte Verzicht leisten muß und anderen gegenüber nur diejenige Freiheit behalten darf, die er ihnen sich gegenüber einräumen würde. Mit anderen Worten: der Mensch muß auf seinen Eigenwillen verzichten und seine Rechte einem „Benefiziar" übertragen. Jedes Individuum muß sein eigenes Wollen dem Wollen dieses Benefiziars als seines Repräsentanten unterwerfen. Der Benefiziar soll keinen Gesamtwillen, sondern einen repräsentativen Einzelwillen verkörpern. Diese Übertragung von Rechten schafft eine geordnete Gesellschaft, in der an die Stelle der Freiheit das Gesetz und an die Stelle des Rechts die Pflicht tritt. Diese Gesellschaft ist eine künstliche, keine natürliche. Sie ist das Produkt des Wollens. Sie ist kein Geschenk Gottes, sondern von Menschen gemacht. Und was der Mensch zusammengefügt hat, das kann er auch scheiden, falls er abermals zu wollen beschließt.

Rousseau lehnt sowohl die Hobbessche Willensübertragung – den Willen, nicht zu wollen – wie auch Lockes Willensanvertrauung ab. Er will weder die individuelle Freiheit noch die Staatsgewalt angetastet wissen. Er postuliert statt dessen den „Gemeinwillen". Davon ausgehend, daß die gesamte Natur eine Harmonie ist, argumentiert er, daß aufgrund dieser Harmonie alle Menschen einen realen Willen hätten, der bei ihnen allen derselbe sei. Im innersten ihrer Seele, wenn sie sich wirklich selber treu bleiben, wollen sie alle dasselbe. Dieser allen Menschen gemeinsame Wille ist der Gemeinwille. Er ist definitionsgemäß gut, und die

Menschen sind nur frei, wenn sie mit ihm übereinstimmen. In Rousseaus Idealstaat sollen die Menschen dem Staat Gehorsam bezeigen, ist der *Souverän* doch eine moralische Wesenheit, ein geistiges Gebilde, das den Gemeinwillen zum Ausdruck bringt. Das Volk ist Souverän und Untertan, und indem das Individiuum dem Souverän Gehorsam leistet, gehorcht es deshalb seinem eigentlichen Selbst. Der einzig gerechte Gesellschaftsvertrag ist die Übereinkunft, dem Gemeinwillen Gehorsam zu leisten, das Abkommen von Menschen, ihrem eigentlichen Selbst zu gehorchen und nicht jemandem, den sie ernennen. Doch in der Praxis sind sich die Menschen ihres eigentlichen Wollens nicht immer bewußt und müssen einen weisen Gesetzgeber beauftragen, ihnen den Gemeinwillen zu interpretieren. Der weise Gesetzgeber ist nur der Redakteur der Gesetze; er macht die Gesetze nicht und vermag deshalb nicht über dem Gesetz zu stehen. Er muß notwendigerweise ein Werkzeug allein für das Gute sein, weil er allein weiß, was die Menschen eigentlich wollen. Er zwingt sie, frei zu sein. Er zwingt sie, vernunftgemäß zu leben und ihre Ketten abzuwerfen.

„Die in die Zwangsjacke calvinistischer Logik gepreßte Vision eines vom Feuer durchglühten Paranoikers." – Ich kann mich noch genau erinnern, wie Isaiah Berlin diese Worte vor dreißig Jahren herausschleuderte. Er sprach im Britischen Rundfunk über Rousseau. Rousseau sah sich dem Paradox zweier absoluter Werte gegenüber, die er aufgestellt hatte: Freiheit und Autorität. Die Freiheit ist für ihn ein religiöser Begriff: sie ist mit der menschlichen Persönlichkeit identisch. Ein Mensch ist frei. Ist er nicht frei, so ist er kein Mensch. Die Freiheit läßt sich nicht gegen Sicherheit eintauschen. Zwischen Freiheit und Autorität ist kein Kompromiß möglich. Menschen leben indessen in der Gesellschaft. Die Gesellschaft braucht Normen, und diese Normen sind in das Herz der Natur eingegraben. Es sind ihr inhärente Gesetze. Berlin zufolge war das säkularer Calvinismus: Die Gesetze werden nicht als Übereinkünfte aufgefaßt, sondern als geheiligte, absolute Wahrheiten. Wie lassen sich diese beiden absoluten Werte, Freiheit und Autorität, miteinander in Einklang bringen? Wie ein Wahnsinniger, fuhr Berlin fort, fand Rousseau in einer blitzhaften Erleuchtung plötzlich die einzig mögliche Antwort, die er allein erkannt hatte. Es war möglich, persönliche Freiheit zu erlangen, die dasselbe wie völlige Autorität war. „Wenn sich schließlich jeder allen überäußert, überäußert er sich niemandem." Nur die sind frei, die wissen, was sie wollen. Und da die Natur eine Harmonie ist (Rousseaus fragwürdige Grundvoraussetzung), wollen alle vernünftigen Menschen dasselbe. Korrupte, unvernünftige Menschen streben einander widerstreitende Ziele an. Natürliche, gute, vernünftige Menschen streben dasselbe Ziel an. Dieses Ziel ist für alle übrigen Naturmenschen gleicht gut. Die Menschen müssen die Unschuld und Güte der ursprünglichen Naturmenschen wiedererlangen. Rousseau verdammt nicht nur die Reichen und Mächtigen, sondern auch die Künste, die Wissenschaften und den Intellektualismus. Er ist der erste in der Reihe der militanten Philister, der Ahnherr der kleinbürgerlichen Revolutionäre. Seine visionäre, scheinbar logisch deduzierte Sicht ist die eines Gewaltmenschen. Sein Begriff des Gemeinwohls ist reine Mystik. Der Staat wird religiös begründet. *Er ist ich selbst, doch größer als ich.* Menschen, die wissen, was sie wirklich wollen, wollen dasselbe. Es ist dies das Argument, dessen sich alle Diktatoren bedienen, die behaupten, sie allein wüßten, was die Menschen wirklich wollen. Als der Erfinder des Mythos vom eigentlichen Selbst sei Rousseau, so schloß Berlin, eine Art „geistiger Vandale" gewesen. Er, der sich für cinen glühenden Freiheitsfreund ausgab, sei in Wirklichkeit einer der finstersten und gefährlichsten Freiheitsfeinde gewesen.

Die Geschichte des Staatsdenkens studieren heißt, an den großen Geisteskämpfen der Geschichte teilnehmen, an Geisteskämpfen, die immer noch hin und her wogen. Wer sich um ihr Verständnis bemüht, den erwartet ein Hochgenuß, kommt doch nichts dem Genuß des Verstehens gleich. – Das hat Sokrates gesagt, folglich muß es wahr sein.

Plato (427–347 v. Chr.)

Christopher Rowe

Plato – Die Suche nach einer idealen Staatsform

Plato wurde 428/27 v. Chr. in Athen geboren und starb 348/347. Die antike biographische Tradition ist lückenhaft, so daß von seinem Werdegang nur sehr wenig bekannt ist. Offenbar beteiligte er sich nicht am staatlichen Leben; nur ein einziges Mal begab er sich auf das Gebiet der praktischen Politik, indem er einer Einladung nach Syrakus folgte, um dort den jungen Herrscher der Stadt, Dionysios II., durch philosophische Unterweisung zu bessern; jedoch das Unternehmen mißlang. Sein Ruhm fußt auf einem umfangreichen Dialogwerk, das nicht nur hochbedeutsame philosophische Schriften umfaßt, sondern auch über weite Strecken zur Weltliteratur gehört. Darüber hinaus gründete er in den 380er Jahren v. Chr. die Akademie, die den Platonikern generationenlang als Zentrum diente, bis Kaiser Justinian im Jahre 529 n. Chr. heidnischen Philosophen die Lehrtätigkeit untersagte.

Plato war der erste antike Denker, der mit staatstheoretischen Schriften hervortrat. Der gebürtige Athener lebte und wirkte in seiner Vaterstadt, die zu Beginn der 420er Jahre v. Chr. noch immer der mächtigste und reichste griechische Stadtstaat war. Sie war zudem ein kultureller Mittelpunkt, der in der ganzen griechischen Welt, von Süditalien im Westen bis hin zur Küste Kleinasiens im Osten, eine starke Anziehung auf alle geistig Schaffenden ausübte. Literatur, bildende Künste und Philosophie blühten in Athen in einem Ausmaß, das in Anbetracht der Größe der Polis – 30.000 männliche Einwohner – Staunen erregt, und selbst der politische und wirtschaftliche Niedergang, von dem es gegen Ende des fünften Jahrhunderts v. Chr. betroffen war, vermochte diese Blüte nicht zu beeinträchtigen. Besonders ausgeprägt war der bestimmende Einfluß Athens als Zentrum philosophischer Bestrebungen. Dies zeigt sich darin, daß es alle vier im Laufe des vierten Jahrhunderts gegründeten griechischen Philosophenschulen beherbergte: die Platonische Akademie, das Lykeion des Aristoteles, die Schule der Epikureer und die Stoa. Gewiß waren nur einige wenige der Philosophen selber aus Athen gebürtig, doch unter diesen waren zwei von den drei bedeutendsten, nämlich *Plato* und die Schlüsselfigur *Sokrates* (Aristoteles, das dritte Glied der Triasgruppe, stammte aus der nordgriechischen Stadt Stagira.).

Es war Sokrates, der nach den Worten Ciceros „die Philosophie vom Himmel auf die Erde herabrief". Die vorangegangenen Denker waren, von wenigen Ausnahmen abgesehen, in erster Linie Fragen nach dem Ursprung und Aufbau des Universums nachgegangen. Sokrates dagegen war es ausschließlich um die menschlichen Dinge zu tun. Seine unablässigen Gespräche – die freilich nur zu oft in Kreuzverhöre mündeten – zielten letztlich darauf ab, moralische Gewißheit zu gewinnen, einige definitive Antworten auf die nach seiner Meinung wichtigste Frage überhaupt zu entdekken, nämlich die nach der richtigen Lebensführung. Dieser Neuansatz war für die darauffolgende Entwicklung der griechischen Philosophie von grundlegender Bedeutung. Sokrates' geschickte Argumentationsweise, sein leidenschaftliches Eintreten für die Ideale der Wahrheit und der Klarheit des Denkens schufen zudem ein Modell für die Beschäftigung mit philosophischen Problemen, das heute noch ebensoviel Gültigkeit besitzt wie zu seinen Lebzeiten. Sokrates hat indessen nichts geschrieben. Seine herausragende Stellung in der Philosophiegeschichte verdankt er zum großen

Teil seinem Schüler Plato und der Genialität, mit der dieser Sokrates' geistiges Erbe fortentwickelt hat.

Plato entstammte einer reichen, hochangesehenen Familie. Bis zu seinen mittzwanziger Jahren war Athen fast ständig in langdauernde, schreckliche Kriege mit Sparta, dem Rivalen um die Vorherrschaft unter den griechischen Staaten, verwickelt. Im Jahre 404 v. Chr. mußte es kapitulieren. Die Demokratie wurde von einer besonders üblen Oligarchie in Gestalt der „dreißig Tyrannen" abgelöst – doch schon ein Jahr darauf wiederhergestellt. Vier Jahre später wurde Sokrates angeklagt, verurteilt und hingerichtet. Dieses Ereignis war dem siebten von mehreren Briefen zufolge, die sich in der uns überlieferten Sammlung der Werke Platos befinden, ausschlaggebend für dessen endgültigen Entschluß, auf eine politische Laufbahn, für die er aufgrund seines Reichtums und seiner Stellung bestimmt zu sein schien, zu verzichten. Die Authentizität des 7. Briefes ist umstritten, doch spricht alles dafür, daß dies eine zutreffende Darstellung ist. Dem Brief zufolge hatte Plato große Hoffnungen auf die Oligarchie der Dreißig gesetzt, da er mit einigen von ihnen befreundet bzw. verwandt war. Ihr tatsächliches Verhalten hatte diese Hoffnungen indessen zunichte gemacht. Als Beispiel führt Plato ihren – erfolglosen – Versuch an, Sokrates – der hier mit singulärer Untertreibung als ein „älterer Freund von mir" vorgestellt wird – in den Justizmord an einem ihrer demokratischen Gegner hineinzuziehen.

Dennoch wurde Sokrates, als ihn ein Privatmann wegen „Gottesfrevel" anklagte, schließlich von den 501 Mitgliedern eines demokratischen Gerichtshofes mit großer Majorität zum Tode verurteilt. Plato zog daraus den Schluß, daß man sich unter den gegebenen Umständen nicht am staatlichen Leben beteiligen könne, ohne seine Integrität einzubüßen. Allein die philosophische Reflexion (implizit vielleicht von derjenigen Art, wie Sokrates sie betrieb) vermöge die Menschen zur Einsicht in das zu befähigen, was im öffentlichen wie im privaten Leben richtig und gerecht sei. Der politischen Misere der bestehenden Gesellschaft könne einzig und allein die Machtübernahme durch die Philosophie abhelfen: Entweder müßten die Herrscher Philosophen oder die Philosophen Herrscher werden.

Dieser Vorschlag wird in Platos *Staat* ausführlich erörtert. Wie fast alle Werke Platos ist der *Staat* in Dialogform abgefaßt; die Hauptgestalt ist Sokrates. Plato tritt niemals selbst in Erscheinung, sondern zieht es vor, andere, und zwar insbesondere Sokrates zu Sprachrohren für seine Gedanken und Argumente zu machen. Man darf natürlich nicht annehmen, daß Sokrates – das gleiche gilt für alle übrigen historischen Gestalten – mit allem, was Plato ihn vorbringen läßt, einverstanden gewesen wäre. So weist Aristoteles ausdrücklich darauf hin, daß beispielsweise das im *Staat* und anderwärts vorgetragene Gedankengebäude, das von der Tradition als „Ideenlehre" rubriziert wird, nicht Sokratisch ist, sondern allein Plato zugeschrieben werden muß. Wenn Plato in vielen, wenn nicht in allen Fällen die Gestalt des Sokrates seinen eigenen Absichten dienstbar macht, so ist dies dadurch gerechtfertigt, daß, auch wenn seine Gedanken über die des historischen Sokrates hinausgehen, sie gewöhnlich doch tief in denen seines Lehrers verwurzelt sind. Dies gilt auch von seiner Forderung nach der Einheit von staatlicher Gewalt und Philosophie.

Sokrates rechnete sich keiner politischen Gruppierung, weder den Oligarchen noch den Demokraten zu, sondern beschränkte sich darauf, gewissenhaft seine Funktion als Bürger von Athen auszufüllen. So nahm er beispielsweise als Hoplit (= schwerbewaffneter Fußsoldat) an mehreren Feldzügen teil und amtierte als Mitglied des Rates der Fünfhundert, der die Tagungen der Volksversammlung vorbereitete.

Seine loyale Haltung als Bürger hinderte ihn jedoch offensichtlich nicht daran, die gängigen politischen Praktiken in Frage zu stellen. Insbesondere empfand er es als sonderbar, daß es die Volksversammlung zwar auf manchen Gebieten (z.B. wenn es um die Errichtung öffentlicher Gebäude oder um den Bau von Schiffen ging) als Selbstverständlichkeit ansah, die jeweiligen Fachleute zu Rate zu ziehen, doch sobald es um wirklich wichtige Dinge ging, jedem Beliebigen das Wort erteilte. („Jeder Beliebige" meint hier „jeder erwachsene männliche Bürger". Die attische Demokratie war selbst auf ihrem Gipfelpunkt von höchst exklusivem Charakter: Frauen, Sklaven und andere Gruppen, die zusammen etwa drei Viertel der erwachsenen Bevölkerung ausgemacht haben müssen, blieben ausgeschlossen.) Unter den wirklich wichtigen Problemen versteht Sokrates solche, die Fragen nach Recht und Unrecht in sich schließen, eher denn beispielsweise rein ökonomische Probleme. Die Merkwürdigkeit – falls es denn wirklich eine ist –, auf die er hinweist, ist die stillschweigend gemachte Voraussetzung, daß es entweder so etwas wie sittliches Wissen gar nicht gibt, sind doch keinerlei anerkannte Fachleute dafür vorhanden, oder aber, falls es solches doch gibt, jedermann gleichermaßen dafür gelten kann. Das sittliche Wissen würde dadurch aber jeder anderen Art von Fachkenntnis unähnlich. Sokrates glaubte anscheinend, daß sittliches Wissen in der Tat möglich und überdies eine notwendige (und hinreichende) Bedingung richtigen Handelns sei, während die Erfahrungen, die er bei seinen Gesprächen machte, ihm die Bestätigung gaben – falls es einer solchen überhaupt bedurfte –, daß es nicht sehr verbreitet war. Viele machten Anspruch auf sittliche Gewißheit, doch wenn Sokrates sie befragte, konnte – Platos Bericht zufolge – niemand hinreichend Rechenschaft über sich selbst geben. Plato machte es sich dann jedoch zur Aufgabe, aus dieser Position des Sokrates positive Folgerungen für die politische Praxis abzuleiten.

Die sokratische Position impliziert natürlich, daß die Regierenden in allerersten Linie um Sittlichkeit bemüht sein müssen. Es ist dies indessen nur die spezielle Anwendung eines allgemeineren Grundsatzes: daß nämlich richtiges Handeln (= Tugend) dasjenige ist, worauf es bei jedem einzelnen am meisten ankommt und wovon sein Glück abhängt. Dieser Grundsatz bildet den Kern des Platonischen Staatsdenkens sowohl im *Staat* wie in anderen Dialogen. Er tritt zu den Prämissen, daß das sittliche Wissen, welches das richtige Verhalten garantiert, der Vernunft zugänglich ist und daß die Aufgabe der Regierung darin besteht, das Wohl der Regierten zu fördern. Paradoxerweise wird der apolitische Sokrates bei Plato zum Muster wahrer Staatsweisheit: Der wahrhafte Staatsmann ist derjenige, der über das erforderliche Fachwissen verfügt (obschon der historische Sokrates ständig sein *Nichtwissen* herausstellte) und zielstrebig für die sittliche Verfeinerung seiner Mitbürger wirkt.

Keines der anerkannten politischen Ziele – Wohlstand, Freiheit, die Vermeidung von Zwietracht *(stasis)* – ist als Selbstzweck zu betrachten. Wenngleich das zweite und dritte sich als Nebenprodukte der Schaffung eines die Tugend ausübenden Gemeinwesens einstellen würden, bildet diese letztere das eigentliche Ziel der Politik. Die Mehrung des eigenen Besitzes ist das vermutete Ziel des Oligarchen, Freiheit das Losungswort des Demokraten. Plato verwirft damit unausgesprochen die beiden wichtigsten rivalisierenden Ideologien. Indem er die Verhinderung von Zwietracht als Selbstzweck ablehnt, verwirft er überdies diejenige politische Lösung, die später Aristoteles befürwortete und die uns besonders vertraut ist: den Versuch zwischen rivalisierenden Gesellschaftsschichten einen Interessenausgleich herbeizuführen. Plato geht es nicht um eine Reform der bestehenden politischen Strukturen, sondern viel eher um ihre Ersetzung durch eine völlig neue Ordnung, die mit seiner umwälzenden Auffassung von der eigentlichen Zweckbestimmung der Gesellschaft im Einklang steht: Die Gesellschaft soll die Voraussetzungen dafür schaffen, daß ihre Mitglieder in dem ihnen erreichbaren Ausmaß die Tugend ausüben und damit des Glücks teilhaftig zu werden vermögen.

Hauptziel soll sein, die Überlegenheit der Gerechtigkeit über die Ungerechtigkeit darzutun. Es versteht sich, daß die beiden Begriffe zuallererst definiert werden müssen. Im Rahmen seines Versuchs sie zu bestimmen, beginnt Plato sein Bild vom idealen Staat zu entwerfen. Es geht darum, das Wesen der Gerechtigkeit im Individuellen ausfindig zu machen, ist es doch so, daß die Gerechtigkeit das ist, was für jeden einzelnen das beste ist. Sokrates (d.h. der Sokrates des Plantonischen Dialogs) will indessen zuerst die Gerechtigkeit im Bereich des Staates untersuchen, da sie nach seiner Meinung dort leichter zu konstatieren ist. Er entwirft schrittweise das Bild eines vollkommen gerechten Staates: in ihm erfüllt jeder einzig und allein diejenige Funktion, die seinen Anlagen entspricht. Drei Stände oder Schichten zeichnen sich dabei ab: die Philosophen-Wächter, die aufgrund ihrer überlegenen Verstandeskräfte, die sie zu der erforderlichen Einsicht befähigen, die Regierung ausüben, ein Kriegerstand und ein dritter Stand, der den Gesamtstaat mit materiellen Gütern versorgt. Es liegt jedoch auf der Hand, daß die wichtigste Trennlinie zwischen der höchsten Funktion, nämlich der Regierungsgewalt, und den beiden anderen verläuft. Von entscheidender Bedeutung ist, daß die Macht ausschließlich denjenigen vorbehalten bleiben soll, die in jeder Beziehung dazu befähigt sind, sie auszuüben.

In analoger Weise wird sodann die Gerechtigkeit beim Einzelmenschen bestimmt. Es zeigt sich, daß die Seele, entsprechend dem dreischichtigen Staatsgebäude, ebenfalls aus drei Teilen besteht. Gerecht sei sie, schlägt Sokrates vor, wenn jeder ihrer drei Teile die ihm zukommende Funktion ausübe. Diese drei Teile sind die Vernunft, die unseren Anspruch auf die Bezeichnung als vernünftige Wesen begründet, das „Temperamentvolle", dem unsere „höheren" Gemütsbewegungen, wie beispielsweise der Zorn, entspringen, und das „Begierdenhafte", der Bereich der niederen Triebe. Eine gerechte Seele wird indessen ebenso einsichtsvoll, tapfer und besonnen (oder „maßvoll") sein: einsichtsvoll, weil ihr vernünftiger Teil in sich recht geordnet ist, tapfer, weil das „Temperamentvolle" so ist, und besonnen, weil die beiden unteren Teile „einwilligen", daß der höchste über sie herrsche. Gleichermaßen wird der gerechte Staat weise sein, kraft der Vorzüglichkeit seiner Herrscher, tapfer aufgrund der hervorragenden Eigenschaften seiner Krieger und selbstbeherrscht in dem Maße, wie die Angehörigen der höchsten Klasse die Begierden der beiden unteren Klassen in Schranken halten. Die beiden unteren Klassen werden sich dem nicht widersetzen, denn wenn sie es täten, so würden sie der höchsten Klasse ihr Recht auf Machtausübung bestreiten und damit über die ihnen zugewiesene Rolle hinausgreifen.

Es werden noch viele andere Vorschläge zur Hervorbringung vollwertiger Bürger, zum Erhalt und zum reibungslosen Funktonieren des ganzen Systems gemacht: strenge Überwachung des Erziehungswesens, Beschränkung der Künste auf die Darstellung von tadellosen Personen und Handlungen sowie die Einrichtung von Paarungsriten. Es soll Frauen- und Kindergemeinschaft herrschen (wenngleich Plato auch Frauen zum Wächterstand zuläßt, falls sich solche finden, die die dazu erforderlichen Eigenschaften aufweisen) und das Privateigentum zumindest in den beiden oberen Ständen abgeschafft werden.

Der Musterstaat, den Plato im *Staat* entwirft, ist oft mit modernen totalitären Staaten verglichen worden. Aber dieser unterscheidet sich von ihnen in mancherlei Hinsicht, nicht zuletzt dadurch, daß den Regierenden stärkere Beschränkungen auferlegt werden als den Regierten, von denen wenig die Rede ist. Wohl scheint Plato die Interessen des Staates oder der Gemeinschaft in einem derartigen Ausmaß über die des einzelnen zu stellen, daß man fast den Eindruck hat, dieser büße dabei seine Identität ein. Man darf indessen nicht vergessen, daß die Bewohner von Kallipolis, der „schönen Stadt", tatsächlich glückliche Menschen im platonischen Sinne werden, da selbst die Angehörigen des untersten Standes noch die ihnen zukommende Tugend erfüllen – nämlich besonnen maßhalten.

Das Haupterfordernis ist, daß unsere Seelen und unsere Handlungen von der Vernunft geleitet werden, da allein die Vernunft zu bestimmen vermag, was wahrhaft gut für uns ist; wenn wir unfähig sind selbst vernünftig zu denken, müssen andere es für uns tun. Bestimmen vernunftwidrige Antriebe unseren Lebensweg, so kann daraus nur Elend resultieren. Die Weisheit des Herrscher-Philosophen wird Plato zufolge genau dem Fachwissen des Arztes entsprechen: Ebenso wie dieser uns Vorschriften für unser physisches Wohlbefinden zu machen vermag, wird der weise Herrscher Vorschriften für unser sittliches Wohlbefinden erlassen, welches uns zum Besitz des Guten befähigt.

Das Wissen, über das der Herrscher-Philosoph verfügen soll und durch das er sich zum Regenten qualifiziert, umfaßt ebenso das Wissen um die Gerechtigkeit wie um die anderen Tugenden und das Wissen, daß diese das für den Menschen Gute darstellen. An dieser Stelle müssen wir kurz die sogenannte „Ideenlehre" behandeln. Sokrates hatte sich offenbar einer Tätigkeit gewidmet, die man als die Suche nach allgemeinen Definitionen sittlicher Begriffe, wie z.B. Mut oder Gerechtigkeit, mit dem Ziel der Aufstellung praktischer Verhaltensregeln bezeichnen kann. Man kann dies wie Plato so formulieren, daß man sagt, er habe nach der „Idee" des Mutes oder der Gerechtigkeit geforscht, womit dasjenige Charakteristikum oder diejenigen Charakteristika gemeint sind, die allen mutigen oder gerechten Handlungen gemeinsam sind und kraft derer sie mutig oder gerecht genannt werden. Der über Sokrates' Lehre hinausgehende Schritt, den Plato zur Zeit der Abfassung des *Staates* vollzogen hat, besteht in dem Postulat, daß diese „Ideen", die es zu bestimmen gilt, außerhalb von Raum und Zeit existierende Wesenheiten an sich sind, an denen die Einzeldinge „teilhaben" oder die sie „abbilden". Wenn man also sagt, ein Mensch oder eine Handlung sei gerecht, so heißt das, daß er oder sie an der Gerechtigkeit „teilhat" oder sie „abbildet".

Diese sonderbaren Wesenheiten bilden eine Art Hierarchie, deren Spitze die „Idee des Guten" darstellt. Der Philosoph, der diese Idee erfaßt, wird schließlich zum vollen Verständnis des Übrigen gelangen. Im Falle der Gerechtigkeit und der anderen Tugenden wird dies in einem vollständigen Begreifen ihrer Natur als Werte resultieren und damit der Wünschbarkeit tugendhaft zu werden. Die philosophische Grundlage der Platonischen Theorie ist damit natürlich keineswegs erschöpfend behandelt, doch muß für unsere Zwecke dieser kurze Abriß genügen. Die Hauptpunkte sind erstens, daß die Antworten sowohl auf Fragen nach ethischen Werten wie auch auf die allgemeinere Frage nach dem „guten Leben“ ebenso objektivierbar werden wie zum Beispiel die Gesetze der Mathematik, und zweitens, daß die Ideen und somit das Wissen, das ihre Erkenntnis vermittelt, nur einigen wenigen zugänglich sind. Allein die Seele vermag sie zu „schauen“, und dabei auch nur solche Seelen, die eine lange Zeit der Ausbildung und des Nachdenkens durchgemacht haben. Das Regieren wird somit zu einem echten Fachgebiet oder Handwerk, zur Domäne des qualifizierten Fachmannes.

Zwischen Platos wahrhaftem Herrscher und den Spezialisten für andere Fachgebiete besteht jedoch offenbar ein entscheidender Unterschied. In allen anderen Fällen (z.B. auf medizinischem Gebiet, das Plato mit Vorliebe anführt, oder in der Schiffahrtskunde) strebt der Fachmann Ziele an, über die man sich zuvor verständigt hat. Der Herrscher-Philosoph dagegen legt offensichtlich sowohl das Ziel wie auch die zu seiner Erreichung erforderlichen Mittel fest. Wenn man davon ausgeht, daß wir alle oder doch die meisten von uns glücklich sein möchten, so dürfte es kaum Sache der Philosophie sein, zu entscheiden, worin unser Glück oder das „gute Leben“ besteht. Es ist mehr als wahrscheinlich, daß in einem Staat, wie Plato ihn entwirft, ein Großteil unserer Wünsche und Ziele nicht zu verwirklichen wäre. Sollte dem so sein, so würden wir dem Urteil, daß er uns das „gute Leben“ ermögliche, kaum zustimmen wollen – denn wie sollte dieses *gut* sein, wenn es uns die Befriedigung unserer Wünsche versagt?

Platos Antwort auf diesen naheliegenden Einwand lautet, daß das tugendhafte Leben dasjenige ist, das unsere „wirklichen“ Wünsche zufriedenstellt, in dem Sinne, daß, wenn wir es führten, wir es tatsächlich als befriedigender empfinden würden als jedwede andere Lebensform. Dies ist an sich keine gänzlich unglaubwürdige Behauptung, zumindest in dem Maße, in dem die meisten von uns die Einhaltung gewisser ethischer Normen als notwendigen Bestandteil eines lebenswerten Lebens betrachten würden. Wir könnten sogar der Auffassung zustimmen, daß ethischen Erwägungen grundsätzlich größere Bedeutung zukommt als allen sonstigen Überlegungen. Wer wollte aber zugestehen, daß die Tugend das einzige an sich Wertvolle sei oder daß, wie Plato uns vor allem gegen Ende seines Lebens glauben machen will, die Tugendübung schließe die Verfolgung eines jeden anderen Ziels ausschließe, sei es für den einzelnen oder für das Gemeinwesen. Einer der Hauptvorwürfe gegen die Demokratie in Platos deutlicher Verdammung dieser Staatsform lautet, daß sie vielerlei Zwecken eine Heimstatt biete – wenn er auch die Gier des Oligarchen nach Reichtum und Besitz fast ebenso scharf verurteilt. Sein Grundeinwand gegen eine pluralistische Gesellschaft ist vielleicht, daß sie die Möglichkeit offenläßt, daß wir uns für die falschen Alternativen entscheiden. Das ist indessen kaum ein zwingender Einwand, es sei denn, Plato vermöchte nachzuweisen – was er aber nicht kann –, daß die Tugend eine hinreichende und nicht bloß eine notwendige Vorbedingung für das Glück ist. Ja, man könnte sehr wohl argumentieren, daß wir unsere wahrhaft sittlichen Qualitäten gerade dann offenbaren, wenn sich unsere Interessen, wie wir sie verstehen, mit unseren Grundsätzen im Widerstreit zu befinden scheinen. Sollte dem so sein, dann liefe Plato wohl Gefahr das Kind mit dem Bade auszuschütten, können derartige Konflikte in Kallipolis, wo unsere Interessen und unsere Tugend größtenteils in eins fallen, doch überhaupt nicht entstehen. Sittliche Erziehung ist sicherlich ebenso wichtig wie rationale Erörterungen über ethische Probleme von der Art, wie sie der *Staat* selber in reichlicher Fülle bietet, doch lassen sich keinerlei triftige Gründe für die von Plato vorgeschlagene großangelegte Sozialtechnik anführen, und auch er vermag dies nicht zu tun (In seinem Idealstaat macht das Wissen der Philosophen-Herrscher natürlich alle Debatten über ethische Fragen bestenfalls überflüssig und schlimmstenfalls gefährlich –

eine merkwürdige Folgerung, wenn man an Platos Leidenschaft fürs Disputieren denkt.).

Platos Denken stagniert selten. Der *Staat* gehört zu seinem sog. „Mittelwerk". Zwei spätere Dialoge, der *Staatsmann* und die *Gesetze,* enthalten die politischen Vorstellungen seiner reifsten Periode. Ein der Hauptfragen, die im *Staatsmann* behandelt werden, lautet, ob die oberste Gewalt im Staate bei einem einzelnen liegen sollte – einer, der die Kunst des Regierens verkörpert – oder beim Gesetz. Gesetze, gibt Plato zu bedenken, sind notwendigerweise unvollkommen: sie sind zu generell, als daß sie der Vielfalt des menschlichen Lebens gerecht zu werden vermöchten, und da sie statisch sind, sind sie dem Wandel der Verhältnisse nicht gewachsen. Viel besser wäre es nach seiner Meinung, wenn ein sachverständiger einzelner das Ruder führte, der jeden Fall entsprechend den jeweiligen Erfordernissen zu regeln vermöchte. Plato schwebt hier wahrscheinlich immer noch der ideale Staatsmann vor, der als Bevorrechteter Zugang zu ewigen Wahrheiten hat (Wobei man freilich nicht übersehen darf, daß nicht alle im *Staat* und in anderen Dialogen des „Mittelwerks" entwickelten Gedanken über „Ideen" diese Periode unversehrt überstanden hatten, zumal nachdem der *Parmenides,* ein weiterer Spätdialog, sie einer scharfen Kritik unterzogen hatte.). Es geht Plato jetzt jedoch mehr um das Können, das die praktische Anwendung dieser Wahrheiten – die selber vermutlich als allgemeine Grundsätze in Erscheinung treten würden – auf die Fragen des realen Lebens erfordern würde. Mag sein, daß er hier von einer einleuchtenderen Erklärung der Natur des sittlichen Wissens ausgeht, als sie im *Staat* vorgebracht worden war.

Ein weiterer Unterschied besteht darin, daß er die Möglichkeiten, den Idealstaat zu verwirklichen, realistischer einschätzt. Die Wahrheit ist, daß hervorragende einzelne, die dem geforderten Typus entsprechen, äußerst selten sein dürften. Wo sie nicht vorhanden sind, müssen sich die Menschen notgedrungen auf die Gesetze unter einer der bestehenden Staatsformen verlassen. Plato gesteht jetzt widerwillig zu, daß sie eine Art Rahmen für das Leben bieten: schriftlich fixierte Gesetze wären nach seiner Meinung zumindest „Abbilder der Wahrheit". Am besten wäre die Monarchie, sodann die Oligarchie, schließlich die Demokratie – d.h. vorausgesetzt, daß sie auf die Gesetze gegründet bleiben; falls nicht, so gilt die umgekehrte Rangordnung. Im erstgenannten Fall waltet anscheinend das Prinzip, daß die besseren immer geringer an Zahl sein werden, im zweiten, daß dem Machtmißbrauch nur durch weitestgehende Machtverteilung zu steuern ist.

In den *Gesetzen,* seinem letzten und umfangreichsten Werk, entwirft Plato einen zweiten Idealstaat. Diesmal handelt es sich um eine Neugründung oder Kolonie (die Griechen waren unermüdliche Kolonisatoren). Er bestimmt sogar ihre Lage (auf der Insel Kreta): Dort gebe es genügend natürliche Hilfsquellen, so daß kein Handel notwendig wäre, der verderbliche äußere Einflüsse mit sich bringen würde; auch sei das Meer weit genug entfernt, damit die Versuchung dazu entfalle. Hier kommt Platos Einstellung zu zwischenstaatlichen Beziehungen zum Ausdruck, die er im allgemeinen ablehnt (Im *Staat* erwähnt er nur zwei Arten von Beziehungen zwischen Staaten: diese befinden sich entweder miteinander im Kriegszustand oder nicht. Für die Kriegführung zwischen griechischen Staaten sollen jedoch besondere Regeln gelten.).

Ein anderer, wichtigerer Grund für die Verlegung der neuen Stadt Magnesia ins Innere ist der, daß sie möglichst keine Kriegsflotte besitzen soll. Ruderer zählen zu den Waffenträgern und folglich zu den Bürgern. Sie würden deren Zahl unnötig anschwellen lassen und die Qualität der Bürgerschaft beeinträchtigen (Darin liegt eine versteckte Anspielung auf Athen, das von allen griechischen Staaten die größte Kriegsflotte hatte.). 5.040 ungefähr gleichbefähigte Bürger sollen sich dort, obschon sie auch über Grundbesitz verfügen, ausschließlich der Verwaltung des Staates und der Tugendübung widmen.

Das dreischichtige Staatsgebäude der Schrift *Der Staat,* das auf der Analogie zur Dreiteilung der Seele fußte, existiert dann nicht mehr; die gesamte Gütererzeugung soll durch Sklaven oder Fremde erfolgen. Die Verfassung stellt in Wirklichkeit einen Kompromiß zwischen dem im *Staatsmann* erörterten idealen Königtum und den drei bestehenden Verfassungsformen dar. Sie gründet sich auf Gesetze, gestattet aber eine maßvolle Revision derselben, falls die damit gemachten Erfahrungen es als wünschenswert erscheinen lassen. Die in der Monarchie, Oligarchie und Demokratie in ihrer ungemischten Form angelegte Polarisierung wird vermieden. Den letzten Spuren des alten Ideals des Herrscher-Philosophen begegnet man in der Institution eines „nächtlichen Konvents", dessen Mitglieder die Befolgung der Gesetze garantieren und über die Erhaltung des rechten Geistes wachen sollen. Da sich der Staat auf Gesetze gründet, wird man ihn nur bedingt gut nennen können, doch wird er der „wahrsten Verfassung" näherkommen als jeder bestehende Staat, insoweit er nämlich in der Tugendübung das wahrhafte Ziel des politischen Gemeinwesens erkennt. Unter den bestehenden Staaten widmen allein Sparta und die kretischen Städte den Erfordernissen der Tugend hinreichende Aufmerksamkeit. Diese begehen allerdings den Fehler, eine Tugend, nämlich die Tapferkeit, auf Kosten der übrigen herauszustellen.

Wie schon der Titel besagt, besteht der Hauptteil der *Gesetze* aus einer eingehenden Darlegung der Institutionen und Gesetze, nach denen Magnesia regiert werden soll, wobei Platos besondere Aufmerksamkeit dem Erziehungswesen gilt. Einige dachten, daß die *Gesetze* als eine Art Lehrbuch für angehende Politiker dienen sollten, möglicherweise zum Gebrauch in der Akademie. Das ist durchaus möglich, wenngleich die Ausbildung von Staatspersonen keineswegs die einzige Aufgabe der Akademie und vermutlich nicht einmal ihre wichtigste war.

Platos staatstheoretische Schriften erscheinen uns in mancher Hinsicht fremd, verfaßte er sie doch unter ganz anderen politischen Verhältnissen, nämlich denen eines kleinen, unabhängigen, kriegführenden Stadtstaates. Zudem wirkte er in einem völlig anderen kulturellen und sprachlichen Umfeld (ein Punkt, den ich in meiner Darstellung absichtlich weitgehend beiseite gelassen habe). Doch die Hauptfragen, die er aufwirft, insbesondere die nach dem Wesen und den Zwecken des Staates und nach den Grundlagen der Staatsgewalt, sind von ganz allgemeiner Art, wie es auch seiner Absicht entspricht. Auch wenn er seine Werke in Athen verfaßte, waren sie doch nicht ausschließlich für die Athener bestimmt. Wohl nimmt er häufig unausgesprochen oder ausdrücklich auf Athen Bezug, doch nur als Beispiel sowohl für die Art und Weise wie eine Stadt in Gesetzlosigkeit verfällt, wenn ihre Regierung nicht auf die höchsten ethischen Werte ausgerichtet ist, wie auch für die Folgen eines solchen Niedergangs (Dieses Verdammungsurteil über das Athen seiner Zeit ist, nebenbei bemerkt, in höchstem Maße ungerecht.). Er bietet seine Universalheilmittel allen staatlichen Gemeinwesen ohne Unterschied an. Es kann kaum verwundern, daß seine Gedanken geringe oder keine Auswirkungen auf die damalige politische Praxis hatten, sei es in Athen oder in den Städten, aus denen viele seiner Schüler kamen. Sie übten indessen einen tiefgreifenden Einfluß auf die nachfolgenden Staatstheoretiker aus, besonders durch Aristoteles, der selber nach Athen ging und in die Akademie eintrat, und später durch *Cicero:* beide lehnten sich in ihren eigenen Staatsentwürfen eng an das Platonische Vorbild an. Platos Bedeutung beschränkt sich jedoch nicht allein auf den Einfluß, den er auf spätere Denker ausübte. Man muß ihn als den eigentlichen Begründer der politischen Theorie bezeichnen.

Aristoteles (384–322 v. Chr.)

Peter Nicholson

Aristoteles – Ideale und Realitäten

Aristoteles (384–322 v. Chr.) stammte aus Nordgriechenland. Er kam als Siebzehnjähriger nach Athen, wo er in die Platonische Akademie eintrat. Nach langen, mit Studienreisen und wissenschaftlichen Forschungen verbrachten Jahren kehrte er 336 v. Chr. nach Athen zurück und gründete seine eigene Schule, das *Lykeion*. Er verfaßte eine Vielzahl von Schriften über philosophische, naturwissenschaftliche, literarische und politische Gegenstände, doch ist ein Großteil davon verloren gegangen. Seine *Politik* ist eine scharfsinnige, knappe Analyse staatstheoretischer Grundfragen, die nicht nur die Ideale wie die Unzulänglichkeiten des politischen Lebens im antiken Griechenland widerspiegelt, sondern darüber hinaus auch nützliche Gedanken für unsere Gegenwart enthält.

„Der Mensch", lehrt Aristoteles, „ist von Natur aus ein Lebewesen, das in Gemeinschaft lebt." Er versteht darunter aber nicht ganz das, was der moderne Leser erwarten würde. Aristoteles' Auffassung vom Menschen, der Natur und der Politik wurzelt im sozialen Leben des antiken Griechenland, in dem ganz andere Bedingungen herrschten als in unserer heutigen Zeit. Es geht uns in dieser Überschau darum, einerseits die fremdartigen Züge im Staatsdenken des Aristoteles herauszustellen, von denen wir heute viele als antiquiert und abstoßend empfinden, und andererseits nachzuweisen, daß seine Darlegungen nichtsdestoweniger von bleibender Aktualität sind. Sie behandeln grundlegende und zeitlose Fragen des Staatslebens und entwerfen Idealbilder, die, den veränderten Verhältnissen der Welt von heute angepaßt, immer noch von Bedeutung sind.

Aristoteles wurde 384 v. Chr. in Stagira (dem heutigen Stavro), im Einflußbereich von Mazedonien, geboren. Dieses nordgriechische Königreich hatte zuvor am Rande der griechischen Welt gelegen, errang aber zu Aristoteles' Lebzeiten die Vorherrschaft in ihr. Sein Vater hatte Medizin studiert und war königlicher Leibarzt; mag sein, daß Aristoteles' frühzeitiges Interesse für naturwissenschaftliche Probleme durch ihn geweckt wurde. Beide Eltern starben, als Aristoteles sich noch im Knabenalter befand. Als Siebzehnjähriger kam er nach Athen und ließ sich in die Platonische Akademie aufnehmen. Aristoteles muß während der zwanzig Jahre, die er dort zuerst als Schüler und später als Lehrer und Mitarbeiter verbrachte, eine eingehende Kenntnis Platos und seiner Philosophie gewonnen haben, auch wenn dieser mehrere Jahre in Sizilien weilte. Plato nannte Aristoteles „den Leser" und „die Intelligenz der Schule".

Nach Platos Tod 347 v. Chr. verließ Aristoteles Athen, vielleicht weil er mit den neuen Leitern der Akademie nicht übereinstimmte oder weil die Athener in Mazedonien einen gefährlichen Feind zu sehen begannen. Er schloß sich einer kleinen Gesellschaft von Platonikern in Assos an der Ostküste der Ägäis an, die den Schutz des Hermias von Atarneus genoß. Dieser – ein „Tyrann" nach griechischen Begriffen, war er doch gewaltsam an die Macht gelangt – zeigte reges Interesse für Philosophie. Mag sein, daß er die Akademie besucht hatte: fest steht, daß eine Anzahl von ehemaligen Platoschülern durch ihn gefördert wurde. Es heißt, sie hätten ihn dazu bewogen, seine Herrschaft zu mildern. Hermias starb später durch Verrat einen häßlichen Tod von persischer Hand, plante er doch zukünftig Mazedonien statt Persien zu unterstützen. Die Griechen, darunter auch Aristoteles, feierten ihn deshalb als Märtyrer. Nach zwei oder drei Jahren siedelte Aristoteles auf die nahegelegene Insel

Lesbos über. Während seiner Abwesenheit von Athen trieb er eingehende Naturstudien und erforschte insbesondere die Tier- und Pflanzenwelt des Meeres.

Im Jahre 343 v. Chr. folgte Aristoteles einem Ruf als Prinzenerzieher an den Hof König Philipps II. von Mazedonien, der vielleicht dank der Beziehungen seines Vaters oder durch Hermias' Einfluß an ihn erging. Es ist dies einer der berühmtesten Lehraufträge der Geschichte. Der Lehrer wurde zu einem der größten Philosophen und der Schüler wurde *Alexander der Große,* Eroberer eines Großteils der damals bekannten Welt. Aristoteles scheint jedoch keinen sehr großen Einfluß auf Alexanders Gedankenwelt ausgeübt zu haben, ja, von den späteren Taten des letzteren stimmten viele durchaus nicht zu den politischen Anschauungen des Lehrers. 340 v. Chr. wurde der sechzehnjährige Alexander von seinem Vater für die Dauer seiner Abwesenheit mit Regierungsgeschäften betraut, und Aristoteles kehrte nach Stagira zurück. Etwa fünf Jahre später ging er erneut nach Athen und gründete das Lykeion, eine der Platonischen Akademie ähnliche Fortbildungsanstalt. Hier hielt er populärwissenschaftliche Vorträge wie auch Vorlesungen für fortgeschrittene Hörer, leitete Forschungen auf allen Wissensgebieten und baute ein Museum sowie eine Bibliothek auf. Er hatte jahrelang geforscht und geschrieben, doch sind seine veröffentlichten Arbeiten nicht erhalten geblieben. Die Schriften, die wir haben, stammen aus der Zeit seiner Tätigkeit am Lykeion, ziehen aber seine früheren Veröffentlichungen heran und stellen anscheinend in der Hauptsache Lehr- und Forschungsmaterialien dar.

Athen war schließlich 338 v. Chr. von Philipp besiegt worden und stand jetzt zusammen mit dem übrigen Griechenland unter der Herrschaft eines mazedonischen Statthalters, des Antipater. Dieser war mit Aristoteles befreundet und schickte seinen Sohn aufs Lykeion. Alexander hatte nach der Ermordung seines Vaters 336 v. Chr. den Thron Mazedoniens bestiegen und unternahm all die Feldzüge, die ihn südwärts bis nach Ägypten und ostwärts bis zum Indus führten.

Doch dann trat 323 v. Chr. eine Katastrophe ein: Alexander erkrankte und starb. Athen erklärte Mazedonien den Krieg, und Aristoteles wurde als Mazedonier und persönlicher Freund Alexanders und Antipaters der Kollaboration verdächtigt. Als seine Feinde einen Prozeß wegen Gottesfrevels gegen ihn anstrengten, flüchtete er, der Legende nach mit dem Ausspruch, er wolle die Athener daran hindern, ein zweites Mal sich an der Philosophie zu versündigen – eine Anspielung auf die Hinrichtung des Sokrates. Ein Jahr später starb Aristoteles. Er war verheiratet gewesen und hatte zwei Kinder.

Wie jeder Staatsphilosoph wurde Aristoteles in starkem Maße von den politischen Institutionen und Ideen seiner Zeit beeinflußt. Sein Staatsdenken ist eine kritische Analyse der griechischen Polis (= [Stadt-] Staat; Plural: Poleis). Das antike Griechenland war kein Einheitsstaat, sondern setzte sich aus mehreren hundert Poleis zusammen, deren jede unabhängig war, sich selbst verwaltete und eine vollständige, autarke Sozietät für sich bildete. Athen war die größte Polis und stellte mit seinen vielleicht 250.000 Einwohnern eine Ausnahme dar. Die meisten Poleis waren sehr viel kleiner; in manchen wohnten nur ein paar tausend Menschen. Die Polis-Verfassungen wiesen beträchtliche Unterschiede auf. Ein Hauptkennzeichen galt jedoch für alle: Frauen, Sklaven und Fremdstämmige konnten sich nicht am staatlichen Leben beteiligen, so daß das Bürgerrecht einer Minderzahl vorbehalten war. Die Machtverteilung war von Polis zu Polis verschieden, von der Konzentration der Staatsgewalt in den Händen einiger weniger Begüterter bis hin zu ihrer mehr oder weniger gleichen Aufteilung unter sämtliche Angehörigen dieser Minderzahl. Somit war selbst die größtmögliche Aufteilung der politischen Rechte, die die Griechen *dēmokratía* nannten, weit von einer Demokratie im modernen Sinne entfernt, da so viele Einwohner nicht als Staatsbürger galten. Andererseits war die *dēmokratía* insofern demokratischer, als die oberste Gewalt unmittelbar von den Bürgern selbst ausgeübt wurde. Die Gesetze beschloß nicht eine mit einem Repräsentativmonopol ausgestattete Körperschaft, sondern eine Volksversammlung; die politischen Angelegenheiten wurden nicht von Bürokraten, sondern von Ausschüssen mit jährlich wechselnden Mitgliedern entschieden, und nicht Berufsrichter, sondern Geschworenengerichte besorgten die Urteilsfindung in allen privaten, politischen und strafrechtlichen Prozessen. Obgleich längst nicht so viele Einwohner das Bürgerrecht besaßen wie in einer modernen Demokratie, umfaßte dieses mithin sehr viel mehr. Es ist von daher vielleicht nicht verwunderlich, daß zwischen den verschiedenen Gruppen, aus denen sich die Minderheit dieser Staatsbürger zusammensetzte, häufig Machtkämpfe tobten, besonders zwischen den Begüterten und den weniger Betuchten. Zuweilen nutzte ein Einzelner dieses Parteiengezänk, um sich selbst zum „Tyrannen" oder Diktator zu machen, doch galt dies als Fehltritt oder Verirrung.

Aristoteles stand in starkem Maße unter dem Einfluß Platos. Die *Politik* übernimmt viele Platonische Fragen und einige seiner Antworten, besonders aus den *Gesetzen,* an denen Plato zu der Zeit, als Aristoteles Mitglied der Akademie war, arbeitete. Aristoteles war aber keinesfalls bloß Schüler, sondern ein schöpferischer, selbständiger Denker. Gegen einige Antworten Platos erhebt er Widerspruch, und manche Fragen verwirft er ganz. Aristoteles gelangte zu gänzlich anderen Folgerungen über Wesen und Aufgabe der Philosophie, und das wirkte sich auf sein Staatsdenken aus. Sein Haupteinwand betrifft Platos „Ideen". Plato hatte es unternommen, solche Fragen zu beantworten wie zum Beispiel „Was ist das Schöne?" und „Was ist Gerechtigkeit?", die Sokrates aufgeworfen, aber unbeantwortet gelassen hatte. Plato vertritt hierbei die Auffassung, daß man die Antwort in den schönen Dingen, die wir sehen, und den gerechten Handlungen, bei denen wir zugegen sind, nicht zu finden vermag; denn diese sind so zahlreich, so verschiedenartig und den wechselnden Umständen entsprechend wandelbar, daß ein ihnen gemeinsamer, als „das Schöne" oder als „Gerechtigkeit" zu bezeichnender Zug nicht auszumachen ist.

Er postuliert, daß schöne Dinge und gerechte Handlungen als besondere und unterschiedliche Beispiele des wahrhaft Schönen und der tatsächlichen Gerechtigkeit anzusehen sind, die in jedem Einzelding und in jeder Handlung teilweise und unvollkommen erscheinen. Das Schöne und die Gerechtigkeit selbst – und alle ähnlichen Vorstellungen – sind Ideen und existieren als ganzes, rein und vollkommen in einer anderen Welt, im Himmel. In unserer sinnlich wahrnehmbaren Welt – der „realen" Welt, wie wir sie fälschlich nennen – können Ideen nur unvollkommen, als Einzeldinge erscheinen. Das zentrale politische Argument des Werkes vom *Staat* lautet, daß ausschließlich entsprechend erzogene Philosophen zu herrschen berechtigt sind, weil sie allein die Ideen in der anderen, ewigen Welt des „Wahren" kennen. Philosophen-Herrscher sind daher in unserer Welt in der Lage, sowohl im Gemeinwesen wie für den einzelnen die bestmögliche Annäherung an das Gute, an die Gerechtigkeit und an das Glück zu schaffen.

Aristoteles verwirft die *Ideen,* zumal wie sie von Platos Nachfolgern zu mathematischen Abstraktionen weiterentwickelt wurden, als leeres Geschwätz und poetische Bilder. Er weist auf Schwierigkeiten hin, daß die Ideen das durch Sokrates' Fragen aufgeworfene Problem nicht zu lösen vermögen. Er sieht indessen eine andere Lösung vor. Aristoteles stimmt zu, daß es zwischen den Einzelfällen, beispielsweise der Gerechtigkeit auf der einen Seite und einer ihnen allen gemeinsamen oder universalen Eigenschaft auf der anderen Seite zu unterscheiden gilt. Etwas ganz anderes – Aristoteles zufolge überflüssig und irreführend – ist es zu denken, daß diese universale Eigenschaft eine selbständige Existenz außerhalb der Dinge habe. Plato hatte postuliert, daß wir, um das Wahre und die Wirklichkeit zu erkennen, von den Sinnesdingen zu den Ideen außerhalb derselben vordringen müßten. Aristoteles glaubt dagegen, daß *dies* die reale Welt ist und daß jede Aussage über Allgemeinbegriffe, alle allgemeinen Wahrheiten und vor allem jede Erklärung des Wandels, des Werdens und Vergehens nur durch Untersuchung eines jeden konkreten Dinges selber zu gewinnen sind. Einzeldinge, einzelne schöne Gegenstände und gerechte Handlungen, verkörpern Allgemeinbegriffe; die Allgemeinbegriffe existieren in den Einzeldingen und können keinerlei andere Existenz haben.

Für Aristoteles existiert das wahrhaft Wirkliche mithin in dieser unserer Welt, in ihren Gegenständen, Begebenheiten und Handlungen. Sein Ausgangspunkt sind die beobachtbaren Tatsachen: die Struktur eines sezierten Tieres, landläufige Vorstellungen von Gerechtigkeit, die Verfassungsgeschichte einer Polis. Durch das Studium solcher Fakten können wir Erkenntnisse gewinnen. Aristoteles geht davon aus, daß unsere Welt verstehbar ist:

Aufgabe der Philosophie sei es, die allgemeinen Grundsätze zu formulieren, die ihr Sinn verleihen. Diese philosphische Position hat bedeutsame Folgen für sein Staatsdenken. Der Philosoph büßt den Anspruch auf Herrschaft ein, den Plato ihm zugesprochen hatte, und Aristoteles sieht sich veranlaßt, das Studium der Politik weiter auszudehnen als Plato.

Aristoteles sucht seine Auffassung vom Aufgabenbereich der Politik an Hand einer Analogie zu verdeutlichen. Welche Voraussetzungen, so fragt er, sollte ein Lehrer der Gymnastik erfüllen? Er muß, so lautet Aristoteles' Antwort, auf vier Gebieten über Fachkenntnisse verfügen:

1. Er kennt das optimale Konditionstraining für die optimale Physis und ist in der Lage, die besten Übungen für die Person mit den bestmöglichen Anlagen festzulegen.
2. Die meisten Menschen haben keine optimale Physis, und manchen fehlt für das optimale Konditionstraining auch die Zeit. Der Gymnastiklehrer kennt daher auch spezielle, den besonderen Erfordernissen dieser Menschen angepaßte Übungen, mit denen sich ein ihren Verhältnissen entsprechender größtmöglicher Effekt erzielen läßt.
3. Der Fachmann weiß außerdem, welche Arten von Übungen allgemein empfehlenswert sind. Es ist dies der durchschnittliche, auf keinen besonderen Menschentyp zuge-

schnittene Übungskurs, von dem die meisten zu profitieren vermögen.
4. Schließlich hat es der Experte auch mit solchen zu tun, die nicht eine bestmögliche Kondition anstreben, sondern lediglich etwas „weniger untüchtig“ werden möchten.

Der Staatstheoretiker sollte sich dementsprechend um Kenntnisse auf vier Gebieten bemühen:
1. Er sollte die ideale Staatsform für eine Polis kennen, deren Angehörige charakterlich vollkommen sind und deren Lage als ideal zu bezeichnen ist.
2. Da keine der bestehenden Poleis diese idealen Bedingungen erfüllt, sollte er ferner wissen, welche Staatsform die für eine bestimmte Polis unter den gegebenen Verhältnissen bestmögliche ist.
3. Des weiteren sollte er die den meisten Poleis angemessene und von ihnen am ehesten realisierbare „Durchschnittsverfassung“ kennen.
4. Schließlich und endlich sollte er wissen, was zu einer Polis zu sagen wäre, die an der ihr am ehesten entsprechenden Verfassung nicht interessiert ist, mit der „Durchschnittsverfassung“ nicht fertigzuwerden vermag und lediglich wünscht, aus ihrer mangelhaften Staatsform das Beste zu machen und weiterem Verfall entgegenzuwirken.

Durch Aristoteles erfuhr die Staatslehre eine beträchtliche Erweiterung, denn Plato hatte sich auf die beiden erstgenannten Gebiete beschränkt. Aristoteles stimmt mit diesem darin überein, daß es den Idealstaat zu bestimmen gilt, sowohl als Ziel wie auch als Maßstab zur Beurteilung der Mängel bestehender Verfassungen. Wie wir sahen, ist er jedoch der Ansicht, daß man nur durch die Untersuchung bestehender Poleis Kenntnis des Idealstaats erlangen könne. Dies ist einer der Gründe, weshalb er eine sorgfältige geschichtliche und systematische Untersuchung griechischer Verfassungen anstellte. Darüber hinaus ist er wie viele griechische Denker der Auffassung, daß die Staatslehre Nutzen stiften und zur Verbesserung der politischen Praxis beitragen sollte: daher sein Betreben, zur Lösung der Probleme gewöhnlicher

Stadtstaaten, der energielosen und unfähigen sozusagen, beizutragen. Auch hierzu war eine genaue Kenntnis der Funktionsweise bestehender Poleis unerläßlich. Es heißt, Aristoteles habe seine Mitarbeiter und Helfer veranlaßt 158 Poleis zu untersuchen. Von diesen Monographien ist nur eine einzige, die über Athen, erhalten. Sie wurde vermutlich von Aristoteles selbst verfaßt.

Um ein komplexes Ganzes zu analysieren, müsse man es, meint Aristoteles, zuvor in seine Einzelteile zerlegen. Im Falle der Polis beginnt er mit dem Menschenpaar, Mann und Frau. Ihre Gemeinschaft ist eine natürliche, d.h. notwendige, wenn daraus Kinder hervorgehen sollen. Naturgegeben ist ferner, daß der Mann als Ehegatte (d.h. als im übrigen ihr Gleichgestellter) über die ihm an Verstandeskräften unterlegene Frau herrscht und als Vater über die Kinder, deren Verstand noch nicht entwickelt ist (und zwar absolut herrscht, jedoch in ihrem Interesse und nur zeitweilig). Von dieser biologischen Grundeinheit schreitet Aristoteles weiter zum Haushalt, einer Institution zur Befriedigung des täglichen Lebensbedarfs wie z.B. der Nahrungsaufnahme. Der Haushalt besteht aus der Familie und ihrem Besitz, einschließlich der Sklaven („lebende Werkzeuge"). Aristoteles wirft der damaligen Sklavengesellschaft vor, sie versklave manchmal Menschen, die eigentlich Freie bleiben sollten.

Er hält jedoch dafür, daß manche Menschen (gewisse Nicht-Griechen) von Natur aus zu Sklaven bestimmt seien. Diese besitzen die zum Arbeiten nötigen Körperkräfte, aber nur geringe Intelligenz. Andere, nicht so kräftige, aber verstandesklare Menschen sind von der Natur zum Herrschen bestimmt. In ihrer naturgegebenen Form ist die Sklaverei somit zum gegenseitigen Nutzen. Herr und Sklave bilden ein leistungsfähiges Team: der Herr verfügt über eine Hilfskraft, und der Sklave erhält einen Anteil am Arbeitsertrag sowie Schutz (ebenso wie ein Haustier mehr Sicherheit genießt als ein Wildtier). Der Besitz des Haushalts setzt sich aus den lebensnotwendigen Werkzeugen zusammen; dem Umfang ist somit eine Grenze gesetzt: alles, was über eine schlichte, einfache, sittenstrenge und zivilisierte Lebensweise hinausgeht, ist naturwidriger Luxus und tunlichst zu vermeiden. Aristoteles verwirft aus moralischen Gründen das Anhäufen von Besitz als Selbstzweck und insbesondere das Gewinnstreben (daher seine Verdammung des Verleihens gegen Zinsen als unnatürlich). Vom Haushalt schreitet Aristoteles weiter zur Dorfgemeinde, einer Mehrzahl von Haushalten, die in der Lage ist, mehr als bloß den täglichen Bedarf zu befriedigen, und von da zur Polis, einem Zusammenschluß von Dorfgemeinden, welcher volle Autarkie zu gewährleisten vermag. Wenngleich die Polis in dem Streben nach Befriedigung der körperlichen Bedürfnisse ihren Ursprung hat, rechtfertigt sie sich hauptsächlich durch ihr Vermögen, die moralischen Bedürfnisse, die der Seele, zu befriedigen, indem sie ihre Mitglieder zu einem „guten Leben" befähigt. Hier stoßen wir auf den Punkt, wo Aristoteles konstatiert, daß die Polis der Natur entspricht und daß der Mensch von Natur aus ein in der Polis lebendes Wesen ist.

Nach Aristoteles' Auffassung sind die Menschen jedoch von Natur verschieden. Er teilt sie in Gruppen ein, in erster Linie in Männer und Frauen, Freie und Sklaven. Diese weisen unterschiedliche Fähigkeiten auf. Entsprechend verschieden sind die Anforderungen, die an eine jede Menschengruppe zu stellen sind. Ebenso unterscheidet sich ihre spezielle „Tugend". Beispielsweise hat eine freie Frau die Aufgabe bei der Führung des Haushalts mitzuwirken; in ihrem Fall ist es eine Tugend, in der Öffentlichkeit zu schweigen. Ein freier Mann hat hingegen die Aufgabe, sich am staatlichen Leben zu beteiligen; für ihn ist es eine Tugend öffentlich zu reden. Desgleichen sind die verschiedenen Menschengruppen zu verschiedenen Formen und Graden von Glück befähigt. Alle Menschen, gleich von welcher Art, können, ein jeder auf seine Weise, am tüchtigsten und daher glücklichsten in der Polis sein.

Die Schlüsselworte in dieser Analyse sind „Natur" und „natürlich". Aristoteles glaubte, daß alle Lebewesen, die Menschen eingeschlossen, unter dem Gesichtspunkt ihrer

Natur zu verstehen sind. Die Natur eines Einzeldinges, das, was es in Wirklichkeit darstellt, ist das, was es beim Abschluß seines Wachstums wird. Die Natur der Eichel ist es beispielsweise, sich zu einer Eiche auszuwachsen; eine Eichel ist in Wahrheit eine mögliche Eiche und sollte als solche begriffen werden. Menschen sind gleichfalls unter dem Gesichtspunkt des Potentiellen, das sie zu verwirklichen vermögen, unter dem Blickwinkel der in ihnen angelegten natürlichen Zweckbestimmung zu sehen. Der Daseinszweck des Menschen ist das Leben in der Polis, denn dieses Leben ist die für ihn denkbar beste Existenzform. Es folgt daraus, daß der Haushalt, die Dorfgemeinde, die Polis, Sprache, Ethik, Recht und Gerechtigkeit – alles zum Leben Notwendige und Dazugehörige – naturgegeben sind. Es folgt daraus außerdem, daß der Politikwissenschaftler entgegen der Auffassung mancher Griechen wie auch einiger Neuerer kein Techniker ist, der eine politische Organisation aufbaut, sondern vielmehr einem Gärtner gleicht. Genauso wie die Eichel zum Gedeihen fruchtbaren Boden, Wasser, Sonne, Luft usw. benötigt, müssen bestimmte wirtschaftliche, soziale und politische Voraussetzungen erfüllt sein, wenn die Mitglieder einer menschlichen Gemeinschaft ihre Möglichkeiten als vernunftbegabte und moralische Wesen verwirklichen sollen. Eine der Aufgaben des Politikwissenschaftlers ist es, diese Bedingungen ausfindig zu machen und die ideale Verfassung darauf zu gründen. Manche schreiben diesem Argument ganz generell eine gewisse Plausibilität zu (man begegnet ihm in der einen oder anderen Form z.B. bei Rousseau, Marx und J. S. Mill). Nichtsdestoweniger stößt die Feststellung dessen, was *natürlich* ist, auf offensichtliche Schwierigkeiten. Aristoteles' Erörterung streicht diese Probleme deutlich heraus. Wie er selbst betont, sollten wir Muster immer in ihrem natürlichen Zustand auf dem Höhepunkt ihrer Entwicklung und nicht entartete oder mangelhafte Exemplare beobachten. In diesem entscheidenden Punkt erweist sich der Vergleich zwischen Bäumen (oder jedem beliebigen natürlichen Organismus) und Menschen jedoch als abwegig. Wir können reife und gesunde Eichen anschauen und sie zur Beurteilung anderer heranziehen, die verkümmert, beschädigt oder morsch sind. Doch welche Gesellschaft kann als Modell für ein voll entwickeltes und vervollkommnetes menschliches Leben dienen? Aristoteles räumt ein, daß keine der bestehenden griechischen Poleis als ideal gelten könne. Wie wir sahen, fordert er auch, daß unser Wissen sich auf konkrete Beispiele gründen müsse. Die naheliegende Folge einer Verknüpfung dieser beiden Positionen traf denn auch ein: Allzuoft bezeichnet Aristoteles Gepflogenheiten und Gedanken als natürlich, die lediglich die zu seiner Zeit gängigen sind. Seine Bestätigung der herkömmlichen griechischen Einstellung zur Frau und eines Großteils der griechischen Haltung zum Sklavenwesen sind nur zwei typische Beispiele.

Bisher hat Aristoteles den Freien in seinem Verhältnis zu anderen Menschengruppen betrachtet, und zwar als Ehemann, Vater und Haushaltsvorstand. Seine Analyse schreitet sodann zu der höchsten menschlichen Gemeinschaft, der Polis, fort. Hier handelt es sich allein um freie Männer, um Familienoberhäupter, und es erhebt sich die Frage, wie sie sich zusammenschließen sollten. Es sind dies sämtlich Männer, die aufgrund ihrer *natürlichen Überlegenheit* über andere Menschen herrschen: in welcher Form sollten diese ihre eigenen gemeinsamen Angelegenheiten regeln? Aristoteles stellt den Gerechtigkeitsgrundsatz auf, daß Gleiche gleich zu behandeln sind. Im vorliegenden Fall sind diejenigen gleich, die zur Polis dadurch beitragen, daß sie freie Bürger sind, ein für die Bedürfnisse ihres Haushalts sowie für die öffentlichen Bedürfnisse der Polis ausreichendes Vermögen besitzen und soziale Tugenden üben wie zum Beispiel Tapferkeit, Selbstbeherrschung, Gerechtigkeit und gesunden Verstand beim Fassen von Beschlüssen. Nach Aristoteles' Auffassung heißt dies, daß die Tüchtigen die Bürger sein sollten. Wenn Freisein und ausreichender Besitz für unsere Begriffe auch nichts mit Tüchtigkeit zu tun haben, so wertet Aristoteles sie doch als Voraussetzung, die einen Mann zur

Tugendübung befähigen. Nur freie Männer besitzen die Fähigkeit, vernünftig zu denken und ein Leben nach der Tugend im wahrsten Sinne des Wortes zu führen. Allein die Begüterten können sich den zum Erwerb und zur Ausübung der Tugenden erforderlichen Zeitaufwand leisten und verfügen über die entsprechenden Mittel. Es sind dies wichtige Gesichtspunkte, wenn die Tugendübung beispielsweise die Ausrüstung und Ausbildung zum Kampf im Bürgerheer oder die Großzügigkeit gegenüber Freunden umfaßt.

Aristoteles zieht die theoretische Möglichkeit in Betracht, daß ein einzelner um so viel tüchtiger als alle anderen sein könnte, daß seine Tüchtigkeit die aller insgesamt übertrifft. Er anerkennt, daß ein solcher Mann gemäß seinem Gerechtigkeitsgrundsatz am ehesten Anspruch auf das Herrscheramt erheben könnte. Die ideale Staatsform wäre daher das *Königtum,* bei dem ein Mann im Interesse aller absolut über alle anderen herrscht. Aristoteles erwägt auch die Möglichkeit, daß einige wenige gemeinschaftlich tüchtiger sein könnten als alle übrigen, in welchem Falle diese herrschen sollten und die ideale Staatsform eine Aristokratie wäre, in der die besten Männer im Interesse aller gleichberechtigt übereinander und absolut über alle herrschen. Er hält beide Möglichkeiten für äußerst unwahrscheinlich und konzentriert sich auf die dritte ideale Staatsform, bei welcher alle Haushaltsvorstände Bürger sind (seine Bezeichnung für diese Verfassung ist unklar). Da alle Staatsbürger gleich sind, müssen sie übereinander in gleicher Weise herrschen. Da nicht alle gleichzeitig ein Regierungs-, Verwaltungs- oder Richteramt ausüben können, müssen sie sich in regelmäßigem Turnus ablösen. Die jüngeren, kräftigeren Männer sollen Heeresdienst leisten und die älteren, erfahreneren der Volksversammlung angehören, die die Gesetze beschließt und die (turnusgemäßen) Beamtungen der Polis bestellt. Die Alten sollen sich aus der Bürgerschaft in Priesterämter zurückziehen. Das „gute Leben“ der Bürger soll darin bestehen, daß sie ihre Zeit und Arbeitskraft den öffentlichen Angelegenheiten der Polis widmen. Landarbeit ist, da zeitraubend, unvereinbar mit dem Bürgertum, desgleichen Handarbeit und Handelstätigkeit, die als erniedrigend gelten (eine unter den wohlhabenderen Griechen häufige Einstellung). Da dies natürlich lebenswichtige Tätigkeiten sind, müssen sie von Sklaven ausgeübt oder auswärtige Arbeitskräfte dafür herangezogen werden.

Alle Verfassungsbestimmungen, wie zum Beispiel die Rechte und Pflichten von Beamten und die Überwachung ihrer Tätigkeit, sind förmlich niedergelegt, und die Bürger handeln stets nach den Gesetzen, welche unpersönlich sind. Aristoteles ist ein entschiedener Befürworter des sog. Konstitutionalismus oder der Herrschaft des Rechts. Aristoteles gibt auch empfehlende Hinweise auf das bestgeeignete Territorium, die Zahl und Sozialstruktur der Bevölkerung und die Anlage der Hauptstadt. Schließlich legt er dar, wie das öffentliche Erziehungswesen beschaffen sein muß, aus dem die für die ideale Polis geeigneten Bürger hervorgehen sollen. Wie für Plato ist dies für ihn ein Anliegen von fundamentaler Bedeutung. Leider sind seine Darlegungen unvollständig, doch ihr Grundcharakter ist deutlich erkennbar. Die richtigen Gewohnheiten müssen in der Jugend ausgebildet und während des ganzen Erwachsenenlebens unablässig geübt werden.

Es ist anzumerken, daß Aristoteles sich bei seiner Erörterung der idealen Verfassung auf das wirklich Machbare beschränkt: Die ist nicht eine Polis, die nur durch ein Wunder Wirklichkeit werden könnte, wie Plato von seinem Staatsideal bekannte, sondern eine, die sich tatsächlich gründen ließe. Letztlich sind die Idealstaaten der beiden Philosophen indessen gar nicht so weit voneinander entfernt.

Plato hatte den Anspruch des Philosophen auf das Herrscheramt allein auf dessen Wissen gegründet. Allein diese Möglichkeit wird von Aristoteles zurückgewiesen. Er schlägt statt dessen vor, daß diejenigen herrschen sollten, die über mehrere Tugenden verfügen. Dazu zählt er auch die Art von praktischem Wissen, das aus dem zunehmenden Alter und der Lebenserfahrung erwächst (Plato wäre das nicht als Wissen, sondern als bloße Meinung erschienen.). Dennoch: Vergleicht man diejenigen, die in Platos Kallipolis als die Philosophen und ihre Helfer figurieren würden, mit den Bürgern des Aristotelischen Idealstaats, so ist ihre Ähnlichkeit unverkennbar (ausgenommen, daß Plato die Frauen mit einbezieht). Auch die von der Politik Ausgeschlossenen sind dieselben (die Frauen wiederum ausgenommen). Dies kann natürlich nicht überraschen, wenn man bedenkt, daß Staatsdenker im allgemeinen im gleichen Maße den Geist ihrer Zeit widerspiegeln, wie sie über sie nachsinnen.

Aristoteles hielt alle bestehenden Verfassungen für unvollkommen. Ihren prinzipiellen Mangel erblickte er darin, daß die jeweiligen Herrscher, egal ob es sich um einen einzigen *(tyrannis),* um eine kleine Gruppe *oligarchía)* oder um eine Vielzahl *(dēmokratía)* handelte, ihren eigenen Interessen den Vorrang vor denen der Allgemeinheit gaben. So förderten beispielsweise Oligarchen ihre eigenen Interessen, nämlich die der Reichen, auf Kosten der Armen, Demokraten ihre eigenen Interessen, nämlich die der Armen, auf Kosten der Reichen. Man beachte, daß Aristoteles die „Demokratie" als das bloße Gegenteil der „Oligarchie" definiert und darin die Herrschaft durch den *dēmos,* das Volk im Sinn von Volksmasse, d.h. die Armen, sieht. Es ist interessant, wie bestimmt er hier urteilt. Er erkennt, daß die beiden Kriterien der *dēmokratía,* Herrschaftsausübung durch die Vielen und Herrschaft der Armen, einander widerstreiten würden, wenn es sich um eine Polis handelte, in der die Armen gering an Zahl wären und die Staatsgewalt in Händen hätten (Dies könnte der Fall sein, wenn man „reich" und „arm" anhand fester Vermögensgrößen eher denn im Verhältnis zueinander bestimmt.). Er stellt ausdrücklich fest, solch eine Polis wäre eine *dēmokratía,* und gibt damit zu verstehen, daß sein eigentliches Kriterium kein numerisches, sonder ein ökonomisches ist.

Aristoteles sucht zu zeigen, wie eine jede Staatsform stabilisiert und bewahrt werden kann und wie der „Durchschnitt" gestaltet sein sollte. Seine Darlegungen weisen zahlreiche, dem Forschungsarchiv des Lykeion entnommene Einzelbeispiele auf. Sein Hauptanliegen ist es, Elemente der verschiedenen Verfassungen zu mischen und einige spätere Gedanken Platos weiter auszugestalten und zu verfeinern. Eine Verfassung, die ihren Typus in Vollendung verkörpert, gilt ihm als schwach. – So zeichnet sich eine Oligarchie, die die Staatsgewalt ausschließlich den Reichen vorbehält, durch größere Anfälligkeit gegen Erschütterungen aus als eine solche, die den Armen einen sorgsam begrenzten Anteil an der Macht einräumt – indem sie ihnen beispielsweise gestattet, sich an der Wahl von Beamten zu beteiligen, nicht aber, sich selbst um Ämter zu bewerben. Ebenso droht einer Demokratie, die nur an die Armen denkt und die Reichen mißachtet, eher die Gefahr einer Revolution als einer solchen, die den Reichen eine Rolle im öffentlichen Leben zugesteht, indem sie ihnen zum Beispiel ehrenvolle, aber kostspielige Ämter wie Gesandtenposten anträgt. Aristoteles' Analyse ist auf einen moralischen Faktor ausgerichtet: auf den Gerechtigkeitssinn der Betroffenen. Die Stabilität eines Gemeinwesens hängt davon ab, daß eine hinreichende Anzahl von Bürgern die Verfassung bejaht. Das ist nicht mehr der Fall, wenn Unzufriedenheit wegen ungerechter Behandlung herrscht. Aristoteles schlägt daher vor, der *oligarchía* einige demokratische Elemente und der *dēmokratía* einige oligarchische Elemente beizumischen, um einer jeden größere Stabilität zu verleihen. Desgleichen fordert er für die „Durchschnittsverfassung", die er „Politie" nennt, eine ausgewogene Mischung von *oligarchía* und *dēmokratía.* Soll sie die notwendige Unterstützung bekommen, so muß sich ein Großteil der Brüger eines gewissen Wohlstandes erfreuen.

Die schlechteste Staatsform ist natürlich die Tyrannis. Abermals untersucht Aristoteles verschiedene Einzelfälle und zieht daraus Schlüsse, wie man auch die Tyrannis stabilisieren könnte. In diesem Zusammenhang führt er die Geschichte mit dem Ratschlag an, den ein erfolgreicher Tyrann einem anderen gab:

... *Periander gab dem Herold des Thrasybul keine Antwort,*

sondern brachte durch Abhauen der hervor-stehenden Ähren ein Getreidefeld auf eine Höhe. Der Herold verstand den Sinn dieses Handelns nicht, meldete es aber. Thrasybul begriff dagegen, daß er die hervor-ragenden Männer beseitigen solle.

Mancher kann sich des Eindrucks nicht erwehren, daß Aristoteles hier in die Irre geht. Die Staatslehre sollte von der Gerechtigkeit und der Hebung der politischen Sitten handeln, und da belehrt Aristoteles einen Tyrannen, wie er durch die Beseitigung möglicher Rivalen seine Machtstellung verteidigen kann ... Aristoteles mußte sich offenbar häufig Klagen über die Nutzlosigkeit der Philosophie anhören. Er pflegte daher mit Gusto zu erzählen, wie Thales einmal alle Olivenpressen aufkaufte und dann Monopolpreise für ihre Benutzung fordern konnte. Doch wenn Aristoteles die Politikwissenschaft Tyrannen dienstbar macht, geht er da nicht zu weit?

Das ist ein Mißverständnis. Aristoteles' Ziel war weniger Schlechtes zu bewahren, sondern vielmehr Schlimmeres zu verhüten. So versuchte er beispielsweise zu zeigen, wie man verhindert, daß eine gemäßigte *dēmokratía* in eine radikale mündet, die wiederum in eine Tyrannei umschlagen könnte. Selbst eine Tyrannei sei erhaltenswert, wenn die Alternative offener Bürgerkrieg heiße! Überdies dachte Aristoteles, daß der Prozeß auch umkehrbar sei: Die Staatslehre kann einem Tyrannen klarmachen, daß es in seinem eigenen Interesse liegt, seine Herrschaft zu mildern; sie bahnt damit einer ordentlichen Verfassung den Weg, wenn seine Herrschaft eines Tages zwangsläufig endet. Desgleichen vermag die Staatslehre einer *oligarchía* oder *dēmokratía* zu zeigen, wie sie sich erhalten kann. Die Befolgung ihres Ratschlags, der darin besteht, ein Element der entgegengesetzten Verfassung beizumischen, ist auch ein Schritt auf dem Wege zu einer besseren Verfassung, der Politie. Hinter der Politie, die einen Kompromiß zwischen *oligarchía* und *dēmokratía* darstellt und immer noch eine abweichende Verfassungsform ist, steht die ideale Verfassung, die Aristoteles vielleicht für nunmehr realisierbar hält, ist sie doch eine Art verbesserte Politie. Die ideale Verfassung ist gleichfalls eine Mischform: Aus der *dēmokratía* entlehnt sie das Freisein und aus der *oligarchía* den Wohlstand, ordnet indessen beide der Tugend unter. Aufgrund der sozialen Zusammensetzung der Muster-Polis sind die Armen wie die Reichen mit allen Charakterfehlern verschwunden, denn jeder Bürger hat so viel zu eigen, wie er für seine Lebensbedürfnisse benötigt, doch nicht mehr. Infolgedessen regieren die Idealbürger schließlich *im Interesse aller,* und zwar nicht weil Hemm- und Kontrollmechanismen sie, wie in der Politie, dazu zwingen, sondern kraft ihrer Einsicht, daß es richtig ist so zu handeln.

Von diesem Gesichtspunkt aus betrachtet, war Aristoteles Anhänger eines stufenweisen Fortschreitens. Er stellte vor allem die Hindernisse heraus, die sich einem plötzlichen oder tiefgreifenden Wandel entgegenstellen. Erstens kann eine Polis keine bessere Verfassung ermöglichen, als ihre Verhältnisse gestatten. Ist sie zum Beispiel arm und muß sich der Großteil ihrer potentiellen Bürger seinen Lebensunterhalt durch niedrige Arbeiten verdienen, so paßt für sie nur irgendeine Form von *dēmokratía* und nichts Besseres. Eine Polis darf sich ebensowenig übernehmen wie jemand, der sich abhärten will, seine Kräfte übermäßig anspannen sollte. Aristoteles scheint die Hebung des Wohlstandes einer Polis durch Förderung ihrer wirtschaftlichen Entwicklung nicht ins Auge gefaßt und Prosperität Glücksumständen zugeschrieben zu haben. Andererseits liegt die Überwindung des zweiten Hindernisses auf dem Wege zu einem Wandel in bedeutendem Maße bei den Menschen selbst und ist wissenschaftlicher Behandlung zugänglich. Poleis haben oft unzulängliche Verfassungen, weil ihre Bürger von falschen Voraussetzungen ausgehen. So meinen zum Beispiel Oligarchen irrtümlicherweise, das Wichtigste im Leben sei das Geld. Dies wirkt sich negativ auf ihre Verfassung aus, obschon sie in anderer Hinsicht durchaus imstande wären, erst die Politie zu verwirklichen und dann dem Idealstaat näherzukommen.

Die Methode, die der aristotelische Staatswissenschaftler hier empfehlen würde, ist ganz offenbar die pädagogische. Richtige Erziehung kann zu Reformen führen, doch nur auf lange Sicht: Die Erziehung ist selber ein stufenweise fortschreitender Prozeß. Aristoteles war der Auffassung, Erziehung sei für unzulängliche Staatsformen genauso wichtig wie für den Musterstaat. Das schwierigste Problem ist die schlechte Polis, deren Bürger keinerlei Reformen wünschen, sondern so weitermachen wollen wie bisher, ähnlich wie ein Mensch mit liebgewordenen, aber ungesunden Gewohnheiten diese nicht ablegen will, sondern lediglich sein Sterben möglichst lange hinausschieben möchte. In beiden Fällen ist keinerlei Verbesserung möglich, es sei denn durch Überzeugen. Letzteres dürfte indessen beträchtliche Zeit erfordern, sind doch Menschen mit üblen Angewohnheiten Vernunftgründen am allerwenigsten zugänglich.

Es ist jetzt hoffentlich hinreichend klargeworden, wie die Feststellung, der Mensch sei „ein Wesen, das von Natur aus in Gemeinschaft lebt", zu verstehen ist. Die Menschen sind von Natur aus verschieden; doch für alle ist das Leben in der Polis, sei es als Mitglieder oder als Beitragende, das beste. Aristoteles' große Leistung besteht darin, diese Gedanken als Rahmen für eine gründliche Analyse der Politik, wie sie war und wie sie sein könnte, zu verwenden. Hat als Begründer der politischen Theorie eher Plato zu gelten, so ist Aristoteles der Begründer der politischen Wissenschaft, der Synthese von Staatslehre und philosophischer Reflexion.

Aristoteles hat beträchtlichen Einfluß ausgeübt, beispielsweise bilden seine Gedanken einen wichtigen Bestandteil im Denken des Thomas von Aquin. Da Aristoteles' Staatslehre viele Facetten aufweist, hat er spätere Denker auf verschiedene Weise angesprochen. So pries zum Beispiel Machiavelli seinen Realismus. Locke teilte einige seiner Anschauungen über die Familie. Der Philosoph, auf den Aristoteles am stärksten eingewirkt hat, ist vermutlich *Hegel; Hegel* setzte sich die kritische Revision und Erneuerung der zeitüberdauernden Gedanken des Aristoteles zum Ziel.

Marx, der Aristoteles einen „gigantischen Denker" nannte, übernahm einige Gedanken unmittelbar von ihm, andere mittelbar über *Hegel*. In der Vergangenheit hat ein Großteil von Aristoteles' Anziehungskraft zweifellos daraus resultiert, daß sein Staatsdenken diejenigen soziale Schicht favorisierte, die politisch dominierte und der seine Bewunderer im allgemeinen angehörten. Seit dem neunzehnten Jahrhundert traf dies nicht mehr zu, und sein Einfluß sank. Mill sah in ihm einen „gemäßigten, aristokratischen Politiker" und in seiner *Politik* „eine philosophische Apotheose bestehender Zustände".

Diesem Urteil würden die meisten heute wohl zustimmen. Nur ausnahmsweise begegnet man einem Denker, der – wie etwa Hannah Arendt – aristotelisches Gedankengut ausdrücklich in sein Werk einbaut. Dies ist zu bedauern, hat Aristoteles uns doch immer noch viel zu sagen. Einmal sind die meisten heutigen Staaten und das internationale Staatensystem im wesentlichen den gleichen Spannungen und Interessenkonflikten ausgesetzt, die Aristoteles zu verhindern suchte. Wir stehen vor ähnlichen Fragen, wie die Menschen zusammenleben *können*, und seine Erörterungen sind in mancherlei Hinsicht von bleibender Aktualität. Zum zweiten stellen die aristotelischen Prinzipien für den Zusammenschluß in der Polis ein Ideal von „gutem Leben" auf, das die Menschen zusammen-führen *sollte*. Wohl weist dieses Ideal Mängel auf, aber das ist ein Grund, es zu verbessern, nicht es preiszugeben. In der Tat kann man vieles in der nachfolgenden Geschichte des Staatsdenkens als einen Versuch auffassen, das aristotelische Ideal zu erweitern und zu vertiefen, um es schließlich auf alle Menschen anzuwenden. Außerdem hat die Geschichte gezeigt, daß wir unsere Kenntnisse der menschlichen Natur nicht als vollständig ansehen dürfen, sondern daß sie sich in dem Maße, in dem Menschen neuartige politische Gemeinschaften ins Dasein rufen, weiter zu entwickeln vermögen. In dieser Hinsicht kann die Begrenztheit des Aristoteles als Warnung dienen, was es zu vermeiden gilt. Mag sein, daß er auch beispielgebend wirken kann. Es würde sich zumindest lohnen einmal zu untersuchen, ob unsere eigenen „beobachteten Tatsachen“, die großen wirtschaftlichen und gesellschaftlichen Wandlungsprozesse, die sich in unserer Welt vollzogen haben, nicht das Leben des aristotelischen Idealbürgers für jedermann erreichbar gemacht haben.

Augustinus (354–430 n. Chr.)

Janet Coleman

Augustinus – Christliches Staatsdenken am Ende des Römischen Reiches

Augustinus wurde 354 n. Chr. in Thagasthe (Numidien, heute Algerien) geboren. Er erhielt in Nordafrika eine Ausbildung in klassischer lateinischer Grammatik und Rhetorik und ging 383 n. Chr. nach Rom. Im darauffolgenden Jahr wurde er als Lehrer der Rhetorik nach Mailand berufen und stieß dort zu Ambrosius, dem Bischof von Mailand. Zuvor Manichäer, bekehrte er sich zum Christentum und studierte zahlreiche Werke der Platoniker. Nach Nordafrika zurückgekehrt, gründete er ein Kloster und wurde zum Priester geweiht. Dort vertiefte er seine Bibelkenntnis und bat den Hl. Hieronymus um Zusendung von lateinischen Übersetzungen griechischer Kommentare zur Bibel. Er wurde in die Auseinandersetzung um das donatistische Schisma verwickelt, das die Afrikanische Kirche spaltete, entfaltete eine ausgedehnte Predigertätigkeit in Karthago, Hippo und anderwärts und bekämpfte den Pelagianismus. 410 n. Chr. wurde Rom von den Alarich-Goten erstürmt und geplündert. 413 begann Augustinus mit der Abfassung seines Werkes über den *Gottesstaat,* mit dem er u.a. heidnischen Angriffen auf die Kirche begegnen wollte. Danach entwickelte er seine einflußreiche Gnadenlehre und setzte bis 425 n. Chr. die Arbeit am *Gottesstaat* in Etappen fort. 429 n. Chr. erreichten die Vandalen die Küsten Nordafrikas. Während sie die römischen Städte und Landschaften dort verwüsteten, starb Augustinus im Jahre 430 n. Chr.

Die ersten Christen in der römischen Welt waren Juden, die sich von der Tradition des Alten Testaments absetzten, indem sie nämlich an Jesus als den verheißenen Messias glaubten. Sie traten als eine von mehreren Sekten innerhalb eines bereits vielfältigen Judentums in Erscheinung. Die junge Kirche suchte die christliche Lehre unter den Nicht-Juden zu verbreiten; sie tadelte das Judentum ob seiner Exklusivität und gewann in allen Gruppen und Schichten des Römischen Reiches Anhänger. Sie sah sich selbst in einer Versöhnerrolle für die gesamte Menschheit, für Juden wie Nicht-Juden, für Gläubige und Ungläubige. In den ersten Jahrhunderten ihrer Geschichte betrachtete man die Kirche als religiöse Umsturzbewegung, deren offenbare Gleichgültigkeit gegenüber der weltlichen Macht sie als Gemeinschaft ohne politische Ideologie erscheinen ließ. Doch bald schon erkannten einige, daß der christliche Quietismus imstande war, alle sozialen Schichten für sich zu gewinnen und zu transformieren. Die Staats- und Gesellschaftsordnung des Römischen Reiches schien auf einmal bedroht.

Viele Angehörige der gebildeten und herrschenden Kreise des Römischen Imperiums hatten Sprachlehre und Rhetorik studiert. Diese hielten an der überlieferten polytheistischen Reichsreligion fest und vertraten daneben die ethischen Prinzipien des antiken Griechenland. Im Gegensatz dazu hatten die christlichen Glaubensboten der ersten Jahrhunderte weder höhrere Bildung noch rhetorische Schulung, und so gelang es ihnen mit außerordentlichem Geschick und erstaunlicher Schnelligkeit, Anhänger unter den „Erniedrigten und Beleidigten", den Lebensuntüchtigen, den Frauen und Sklaven zu gewinnen. Im vierten Jahrhundert bedurfte es nur noch der Bekehrung des römischen Kaisers selbst, die dann auch bald erfolgte. Die christlichen Apologeten sahen darin den erfolgreichen Abschluß des kaiserlichen Friedensprogramms *(pax Romana)*, die gottgewollte Ausrichtung Roms auf den Sieg der christlichen Botschaft in der ganzen Welt. Der Wille Gottes war jetzt im Herzstück der römischen Zentralgewalt etabliert, nachdem er zuvor in vier Jahrhunderten christlicher Missionstätigkeit das einfache Volk gewonnen hatte. Die Ausbreitung des Christentums war durch Zeiten der Verfolgung und der Gleichgültigkeit unterbrochen worden, die jetzt als Teil der göttlichen Vorsehung bejaht wurden. Das Evangelium sollte durch das Ewige Rom seine historische Erfüllung finden.

Als Konstantin im Jahre 305 n. Chr. zum Kaiser ausgerufen wurde, betete er noch den Sonnengott an, doch im Entscheidungskampf mit dem überlegenen Heer seines Gegenkaisers unterstellte er sich mit Erfolg dem Schutz des Christengottes. Anschließend wurde den Christen wie den Heiden gleichermaßen freie Religionsausübung gestattet. Das Christentum war im dritten Jahrhundert für illegal erklärt worden, weil es Wahrsagern und Orakelsprüchen zufolge den römischen Göttern „mißfiel“ durch den falschen Gott der Christen ersetzt zu werden. Diese Verfolgungszeit war jetzt zu Ende, doch ihre Nachwirkungen lösten eine langdauernde Auseinandersetzung innerhalb der Kirche selbst aus. Während der vorausgegangenen, staatlich verfügten Christenverfolgungen waren die Christen aufgefordert worden, die Exemplare der heiligen Schriften abzuliefern, und einige Bischöfe hatten sich von den Behörden einschüchtern lassen. Nach der Anerkennung der Kirche kam es zwischen den Christen in der Frage nach dem Ausmaß, in dem man dem Kaiser geben müsse, was des Kaisers sei, zu einer prinzipiellen Spaltung. An welchem Punkt war absoluter Widerstand gegen die Staatsgewalt geboten, wenn diese Anordnungen erließ, die als sündhaft empfunden wurden? Die strenge Gemeinschaft der Donatisten forderte, daß diejenigen Bischöfe, die der staatlichen Aufforderung zur Ablieferung der Bücher nachgekommen seien, nicht wieder in die Gemeinschaft der Kirche aufgenommen werden dürften. Priester, die abgefallen seien oder sich abgespalten hätten, und sei es unter Verfolgung, seien zur gültigen Sakramentenspendung nicht fähig. Die Donatisten wurden zunehmend fanatischer und waren entschlossen, die Kirche rein und unnachgiebig zu erhalten. Das Schisma zwischen Katholiken und Donatisten sollte die Kirche dann, vor allem in Nordafrika, das ganze vierte Jahrhundert hindurch und noch darüber hinaus beherrschen.

Die persönliche Bekehrung des Kaisers Konstantin leitete eine Wende in der Geschichte der Kirche und Europas ein. Die Kirche brauchte nicht nur keine Verfolgungen mehr zu befürchten, sondern konnte sich bei ihrer Entwicklung als Kult- und Rechtsgemeinschaft auch auf die Staatsgewalt stützen. Infolgedessen wurde sie in wachsendem Maße in die politischen und gerichtlichen Entscheidungen mit einbezogen. Das Christentum wurde noch nicht zur Staatsreligion erklärt. Das geschah erst am Ende des vierten Jahrhunderts. Doch Konstantins Schenkungen und Stiftungen an die Kirche, sein Bauprogramm sowie die Berufung des Ersten Ökumenischen Konzils nach Nizäa, an dessen Leitung der Kaiser beteiligt war, werfen ein bezeichnendes Licht auf den Aufbau der kirchlichen Machtstellung und die zunehmende Neigung der Kaiser, über innerkirchliche Fragen zu entscheiden.

Das Heidentum war immer noch die Religion der Mehrzahl und blieb es bis weit in das vierte Jahrhundert hinein. Die Hochgestellten und -gebildeten wahrten der alten Götterlehre als Patrioten und aus Anhänglichkeit an Traditionen, denen Rom seine Weltgeltung verdankte, die Treue. Doch unter den Regierungen der Söhne Konstantins wurden entscheidende Schritte gegen das Heidentum, besonders gegen das Mysterienwesen, eingeleitet. Als die Kirche dann gegen Ende des vierten Jahrhunderts faktisch die gesamte Gesellschaft durchdrungen hatte, schien die Zeit reif für den Abschied von der von den griechischen Kirchenvätern beherrschten christlichen Theologie und den Aufbau einer unabhängigen lateinischen Theologie. Der Hl. Hieronymus übersetzte die Bibel aus dem Griechischen und Hebräischen (Vulgata), wobei er auf ein legalistisches Latein zurückgriff, mit dem er die für das abendländische Christentum kennzeichnende Sprache schuf. Es lag nun an Augustinus die Theologie in dieser Sprache zu entwickeln.

Augustinus wurde 345 n. Chr. in Thagasthe (heute Souk Ahras an der algerisch-tunesischen Grenze) geboren. Sein Vater ware Heide, trat aber noch kurz vor seinem Tod zum Christentum über; seine Mutter, Monica, war eine fromme Christin und von großem Ehrgeiz für ihren klugen Sohn erfüllt. Augustinus, dessen Erziehung zum Teil von einem wohlhabenden Gönner finanziert wurde, eignete sich eine gründliche Kenntnis der lateinischen Literatur, insbesondere Vergils und Ciceros, und der Rhetorik an und schloß sein Studium in Karthago ab. Dies war im Römischen Reich die normale Ausbildung für angehende Juristen und Staatsbeamte, und Augustinus wurde Lehrer der Redekunst in Karthago, dann in Rom und schließlich in Mailand, wo er sich um das Amt des Provinzstatthalters bewarb.

Im Alter von zweiunddreißig Jahren erlebte Augustinus nach einer von ihm später als verfehlt verdammten, durch sinnliche Verirrungen gekennzeichneten Jugend eine intellektuelle und moralische Bekehrung. Er schildert sie in einem der ergreifendsten literarischen Dokumente aller Zeiten, einem umfänglichen, dreizehn Jahre danach (399 n. Chr.) verfaßten „autobiographischen Gebet" mit dem Titel *Die Bekenntnisse.* Er berichtet, nach der Lektüre von Ciceros *Hortensius,* einem damals als Schullektüre vorgeschriebenen Traktat, sei er „sich selbst zur Frage geworden". Da er den Stil der biblischen Bücher im Vergleich zu dem der lateinischen Klassiker als inferior empfand und im Alten Testament nur eine Sammlung von „Ammenmärchen" zu erblikken vermochte, gewann er die Überzeugung, die Kirche seiner Mutter sei ohne kulturelles Niveau. Er trat der dualistischen Sekte der Manichäer bei, die das Alte Testament verwarf, und hielt ihr neun Jahre lang die Treue, in welchen er auch Andersgläubige bekehrte.

Seine ehrgeizigen Pläne führten ihn 384 n. Chr. nach Mailand. Dort trat er mit Ambrosius, dem Bischof von Mailand, in Verbindung. Dieser wußte die klassische Redekunst und Philosophie in überaus geschickter Weise mit der christlichen Theologie zu verknüpfen. Ambrosius' Gelehrsamkeit und neuplatonisch gestimmtes Christentum machten auf Augustinus einen tiefen Eindruck. Er begann Neuplantoniker wie *Porphyrius* und *Plotin* zu studieren, die den denkenden Geist des Menschen Gott als Korrelat zuordneten, und zog sich mit gleichgesinnten Freunden zu einer philosophischen Besinnung zurück. In einer berühmt gewordenen Passage der *Bekenntnisse* schilderte er, wie er eines Tages beim Meditieren im Garten seiner Mailänder Wohnung die Stimme eines Kindes hörte, das ihm zu singen schien: „Nimm und lies, nimm und lies." Er schlug, wie ihm geheißen, die Bibel auf, und als er las: „... *nicht in Fressen und Saufen, nicht in Unzucht und Auschweifung, nicht in Hader und Eifer-Sucht; sondern zieht an den Herrn Jesus Christus und sorgt für den Leib nicht so, daß ihr den Begierden verfallt*", überkam ihn eine Erleuchtung. Seine Bekehrung unter dem Einfluß des Ambrosius erfolgte fast gleichzeitig zum Neuplatonismus und zum Christentum, so daß es Jahre dauerte, bis er ernsthaft Kritik an der platonischen Metaphysik zu üben und ihre Unzulänglichkeit darzutun vermochte. Man nimmt an, daß das platonische Element in seiner Bekehrung ausschlaggebend für seinen Entschluß zur Ehelosigkeit war. Zuvor hatte er jahrelang mit einer Mätresse zusammengelebt, die ihm einen Sohn geboren hatte.

Nach dem Tode seiner Mutter Monica kehrte Augustinus nach Afrika zurück und gründete in seiner Vaterstadt eine asketische Gemeinschaft. Bei einem Besuch in Hippo drang man indessen in den so ungewöhnlich reich Begabten, sich zum Presbyter ordinieren zu lassen, und bald darauf wurde er zum Bischof von Hippo bestellt. Sein Eintritt ins kirchliche Amt leitete einen tiefgreifenden Wandel in seiner Einstellung ein. Hatte er zuvor eine Art christliche Philosophie verfaßt und vom katholischen Standpunkt aus gegen die Manichäer polemisiert, so veranlaßte ihn seine Priesterweihe, ernsthaft biblische Exegese zu treiben und besonders die Paulusbriefe zu studieren. Er drang immer tiefer in die theologischen Zusammenhänge ein und entwickelte zur geistlichen Bewältigung der politischen und theologischen Krise innerhalb der Kirche, über die er in Nordafrika zu herrschen hatte, seine einzigartige Gnaden- und Prädestinationslehre.

Augustinus lernte das Schisma zwischen Donatismus und Katholizismus aus eigener Anschauung kennen. Jede der beiden Gemeinschaften erhob den Anspruch, sie sei das *Corpus Christi mysticum* und somit der alleinige Heilsbringer. Augustinus verwirft den Ausschließlichkeitsanspruch und extremen Moralismus der Donatisten und hält ihnen entgegen, daß die sichtbare, streitbare Kirche die Reinen ebenso wie die Unreinen umfasse. Allein das Jüngste Gericht werde die Spreu vom Weizen trennen. Darüber hinaus betont er, daß die Wirkung der Sakramente von der Würdigkeit des Priesters unabhängig sei. Die Sakramente gehören Christus, und ihre Gültigkeit gründet in der sakramentalen Handlung, nicht in der Seelenlage des Amtsträgers. Die Ordination eines Priesters erfolgt unabhängig von seiner moralischen und spirituellen Verfassung. Im Augenblick der Weihe wird ihm das Bewußtsein aufgeprägt, daß die von ihm vorgenommene Sakratmentenspendung in Wirklichkeit eine Handlung der ganzen Kirche darstellt. Das Schisma, dem Augustinus sich gegenübersah, bestand seit fünfundachtzig Jahren; zur Überwindung trug er dadurch bei, daß er kaiserliche Erlasse gegen Heidentum und Ketzerei befürwortete, aufgrund deren Zwangsmaßnahmen als Rüge für Schismatiker gerechtfertigt und als eine Art „väterliche Zurechtweisung“ erschienen.

Wie bei vielen seiner Entscheidungen vollzog er eine theoretische Rechtfertigung der kaiserlichen Politik; zwar lehnte er die Anwendung roher Gewalt gegen die Schismatiker ab, billigte aber die Verhängung von Geldbußen und Vermögenseinziehungen. Das Donatistenproblem ist nur ein Beispiel für Augustinus' Bemühen, Realitäten verstandesmäßig zu rechtfertigen und Geschehnisse als eine oftmals unerforschliche Erscheinungsform der göttlichen Vorsehung zu erklären.

Doch dann sank das donatistische Schisma zumindest zeitweilig zur Bedeutungslosigkeit herab, und Augustinus sah sich mit einem sehr viel größeren Problem konfrontiert: Im Jahre 410 n. Chr. wurde Rom von den Westgoten unter Alarich erstürmt und geplündert, und ein Strom von Flüchtlingen ergoß sich nach Nordafrika. Alarich, der die meiste Zeit seines Lebens auf römischem Boden gelebt hatte, drohte der Reichsführung mit der Zerstörungskraft seines Stammes, um ein Amt in der obersten Heeresleitung zu erhalten. Dann schlug er zu. Ein Großteil der geflohenen römischen Aristokraten deutete die Katastrophe als Folge des Abfalls vom alten Götterglauben und der Bekehrung zum Gott der Christen und ihrer Lehre, nach welcher der Staat dem Menschen keine Erfüllung bringen könnte. Damit tauchte vor allem die Frage nach der Rolle der göttlichen Vorsehung in der Geschichte auf. Rom hatte die Geborgenheit des Lebens in einer altüberkommenen Zivilisation versinnbildlicht. Der Hl. Hieronymus schrieb: „Wenn Rom fallen kann, wo ist dann noch Sicherheit?“

Auf Vorschlag des spanischen Presbyters Orosius übernahm es Augustinus, der heidnischen Geschichtsschreibung mit einer Apologie des Christentums entgegenzutreten. Von 413 bis 427 verfaßte er zur Verteidigung des Christentums gegen alle seine Gegner sein gewaltiges Werk *Der Gottesstaat*. Diese zweiundzwanzig weitläufigen und wortreichen Bücher enthalten die Staats- und Gesellschaftslehre von Augustinus, eine Antwort auf den römischen Imperialismus. In seiner riesigen Gesamtdarstellung erörtert Augustinus, welche Folgen der Glaube daran hat, daß der Mensch nicht in erster Linie nach staatlichen Ehren und politischer Betätigung streben, sondern sein wahrhaftes Ziel in einem jenseitigen Leben suchen sollte. Er legt dar, daß kein irdischer Staat Sicherheit vor inneren und äußeren Feinden gewährleisten könne, das Herrscheramt aber nichtsdestoweniger gottgesetzt sei, daß Geschichte sich als eine Abfolge von Kriegen darstelle, angezettelt zur Herbeiführung eines unbeständigen Friedens, und daß Menschen ohne Gott immer ihrer Unwissenheit, Angst, unvernünftigen Selbtvergötzung, mangelnden Selbstbeherrschung und chaotischer Verwirrung zum Opfer fallen müßten. Er macht geltend, daß redliches Streben nach Gerechtigkeit in jedem Staat Gott mit einbeziehen müsse, obgleich Staaten existierten, in denen Ungerechtigkeit herrsche. Solche Staaten sind nur große Räuberbanden. Er tritt nicht für die Errichtung einer Theokratie in der Welt ein, sondern formuliert eine Lehre von der menschlichen Natur, die infolge der durch den Abfall Adams angeborenen Erbsünde ohne jede Hoffnung auf Selbstverbesserung verderbt ist. Seine Theologie der Gnade und von der gefallenen Natur des Menschen wird vor uns ebenso ausgebreitet wie seine Deutung des Geschichtsverlaufs, der unerforschlich mehr sei als ein bloßer Strom von äußeren Ereignissen, nämlich ein verborgenes Drama von Sünde und Rettung, das erst am Ende der Zeiten eine Lösung finden könne. Der *Gottesstaat* ist das Werk, in das alle persönlichen, geistigen wie weltlichen Erfahrungen eingeflossen sind. Es ist eine Enzyklopädie der christlichen Deutung des christlichen Römerreiches im späten vierten und zu Anfang des fünften Jahrhunderts.

Wenngleich das Verhältnis von Kirche und Staat einer der Hauptgegenstände des *Gottesstaates* ist, ist die Politik doch nicht das eigentliche Thema des Werkes. Es ist vielmehr eine Apologie des Christentums, ein Buch der Zeitumstände, eine Streitschrift, die unter dem Druck der Ereignisse einer notvollen Zeit entstanden und in der gepflegten, aber nichtsdestoweniger stets sehr persönlichen Sprache des geschulten Rhetors abgefaßt ist. Die praktischen Erfordernisse seiner Umwelt befähigten Augustinus, so zu schreiben, daß er darin seinem eigenen Innenleben und dessen Reaktionen auf die Zeitereignisse Allgemeingültigkeit zu verleihen vermochte. War der Gotensturm über Roms aurelianische Mauer die Quittung für die Preisgabe der antiken Götter? Dies ist die erste Frage, die Augustinus behandelt, und er zeigt sich dabei als ein Treffpunkt zweier Welten, der römischen und der christlichen. Er wendet sich an gelehrte Müßiggänger und zitiert in dem Bemühen, eine Generation von Geschichtsfreunden anzusprechen, aus den lateinischen

Klassikern. Indessen spricht er von „eurem" Vergil und „unseren" heiligen Schriften. Die Bücher 1–5 stellen eine Entgegnung auf diejenigen dar, die im Interesse der öffentlichen Sicherheit und Ordnung die Verehrung der heidnischen Götter fordern. Die Bücher 6–10 antworten auf die Behauptung der Philosophen, der Kult der altrömischen Götter führe zum wahrhaft Guten und sei der Weg zum ewigen Leben. In Buch 11–14 beginnt Augustinus mit der Aufstellung seiner Geschichts- und Gesellschaftslehre und legt den Ursprung der beiden Staaten, des Gottes- und des Weltstaates, dar. Die Bücher 15–18 handeln vom weiteren Verlauf dieser Staaten in Zeit und Geschichte, die Bücher 19–22 von der ewigen und endgültigen Scheidung der beiden Staaten am Ende der Zeiten.

Immer wieder stellt Augustinus die Werte der irdischen Welt in Gegensatz zu den himmlischen Antrieben und Strebungen von einzelnen sowohl wie von Völkern. Er glaubt, daß das leben in der Gemeinschaft gottgesetzt sei und der Natur des Menschen entspreche. Den Werten des römischen gesellschaftlichen Lebens, in welchem weltliche Ehren und ein überheblicher Patriotismus der Selbstvergötzung den Vorrang vor allem anderen zu geben scheinen, stellt er indessen eine besondere soziale Lebensform entgegen. Der Plünderung Roms durch Alarich komme keinerlei entscheidende Bedeutung zu: Die wirklichen Krisen in der Menschheitsgeschichte waren der Sündenfall Adams und die Kreuzigung Christi. Doch in Anbetracht der Gemeinschaftsbezogenheit und -gebundenheit der Menschen stellen wir fest, daß es Könige geben muß, und diese sollten Gott als Könige dienen, womit Augustinus dem Herrscheramt einen heiligen Charakter zuspricht, den das Mittelalter dann zum Leitbild erhob. Er bestreitet, daß das Christentum eine Gefahr für das Gemeinwesen darstelle; auch verdamme es nicht alle Kriege. Die Lehre Christi ist keineswegs mit dem Staatswohl unvereinbar, sondern gereicht vielmehr jedem Gemeinwesen zum Heil. Irgendeine Art von Staat muß es geben, und selbst die schlimmste Tyrannei besitzt einen gewissen Rechtfertigungsgrund. Er verdammt den Imperialismus und die Tyrannei starker Völker über schwache, insbesondere wenn sie lediglich auf Machtgier gegründet ist. Die Gottgewolltheit der staatlichen Gewalt resultiert aus der Begrenztheit der Verstandeskräfte des Menschen und aus seinem Unvermögen zu wahrhafter und vollständiger Selbsterkenntnis, von der Kenntnis seines Nächsten ganz zu schweigen. Es ist eine Folge der Schuld Adams, an der alle Menschen tragen, daß der Mensch Regierungen, Privatbesitz und Strafgesetze braucht, um den Frieden zu bewahren, den er so innig ersehnt, aber aus eigener Kraft nicht zu gewährleisten vermag.

Das Gute, das alle nur unvollkommen gerechten Staaten seit dem Beginn der Geschichte anstreben, ist Friede und Rechtssicherheit; dieses Gute ist vorübergehend erreichbar, und Regierungen aller Art sind daher als unvollkommene Instrumente zur Friedenserhaltung zu nutzen. Das Herrscheramt darf niemals zerstört werden; Gott hat es den Menschen *in via* verordnet, auf ihrem Weg zu der ersehnten Erlösung nach dem Ende aller Staaten und aller Geschichte. Augustinus zufolge besitzen Frieden und Sicherheit tatsächlich einen derart hohen Wert, daß keinerlei staatliche Tyrannei jemals Aufwiegelei und Aufruhr zu rechtfertigen vermag. Böser Wille, der selbstsüchtige Wille andere zu beherrschen, hat im Verlauf der Geschichte oftmals Unheil in den Staaten angerichtet. Und doch verdienen solche Gemeinwesen in einer Welt der Erbsünde den Vorzug vor gar keinen. Augustinus legt dar, daß das Christentum, indem es die Nächstenliebe durch die Liebe zu Gott lehrt, tatsächlich die Erfüllung der Bürgerpflichten und Gehorsam gegen den Staat fordert. Er geht nicht auf die Vor- und Nachteile der verschiedenen Staatsformen ein, sondern beschränkt sich auf eine Darstellung der Eigenschaften, über die ein guter christlicher König verfügen muß. Aber kein irdisches Königreich kann jemals ein dauerhaftes Refugium für Frieden und Sicherheit sein. Aus seinen Erfahrungen mit den Donatisten schöpfend, spricht er der Obrigkeit jedoch einigende Kraft zu und rechtfertigt die Anwendung von Gewalt gegen Sektierer als erzieherische Verfolgungsmaßnahme im Interesse des Seelenheils. Die Bürgerpflichten sind Teil der umfassenden Christenpflicht gegenüber der göttlichen Vorsehung. Der Staat sorgt für die Erhaltung des Friedens und erweitert den Bereich des Reiches Gottes auf Erden.

Die traditionsverhafteten Heiden warfen den Christen Pazifismus und Nichtbeteiligung am staatlichen Leben vor. Augustinus' Leben selbst widerlegte bereits diese Anklage, übte er sein Bischofsamt doch mit Unterstützung der kaiserlichen Behörden aus. Und in Nordafrika wies er in seinen Predigten mit unzweideutigen Worten auf die Notwendigkeit einer Durchsetzung der sittlichen Normen durch die Obrigkeit hin. Die von den Ahnen überkommene Lebensweise war eitel und leer; ein christliches Imperium muß sich aktiv für die Befolgung der gerechten, den Menschen durch Gottes Allmacht offenbarten Gesetze einsetzen. Die Menschheit als Ganzes bedarf der Disziplinierung durch häufige und ihr unerwünschte Prüfungen. Der Fall Roms ist nur eine Episode in der tragischen Geschichte so vieler Katastrophen, die in der schweren Schuld der Menschheit ihren Ursprung haben. Diese ist ein durchaus hinreichender Grund für Roms Heimsuchung. Jedes irdische Reich wird einmal ein Ende nehmen, und Rom nimmt in der durch göttliche Vorsehung bestimmten Geschichte keine Sonderstellung ein.

Augustinus betont, daß nicht nur patriotische und konservative Heiden, die dem „Mythos„ der römischen Vergangenheit anhingen, auf dem falschen Wege seien, sondern ebenso auch die Lesergemeinde des Neuplatonikers *Porphyrius*. Dessen Erlösungslehre sei gescheitert, behauptete er doch, die Historie kenne keinen Weg zur Seelenrettung aller Menschen. Augustinus ist anderer Auffassung. Dennoch zeigt die große Achtung, mit der er Porphyrius behandelt, daß die frühere heidnische Philosophie für ihn nach wie vor von Bedeutung war und bis zu seinem Tode bleiben sollte. Er anerkennt, daß eine tugendhafte Geschichte und die sittlichen

Qualitäten von Männern wie *Cicero* das Reich groß gemacht hatten, waren solche Männer doch dem Gemeinwohl ergeben. Sie gingen aber insofern in die Irre, als sie nicht erkannten, daß dies eine höhere Treueverpflichtung gegenüber Gott umschließt. Statt dessen verherrlichten sie den falschen Staat, den Erdenstaat der Selbstvergötzung. Augustinus legt sodann den Unterschied zwischen der *civitas terrena,* dem Weltstaat, und der *civitas dei,* dem Gottesstaat, dar. Von hier an ist *Der Gottesstaat* keine bloße Tendenzschrift mehr, kein *Buch der Zeitumstände.*

Augustinus erklärt, daß es seit dem Sündenfall zwei Städte gegeben habe, von denen die eine durch ihre Selbstsucht und die andere durch ihr Treueverhältnis zu Gott bestimmt gewesen sei. Die erstgenannte war den gefallenen Engeln dienstbar, die andere denen, die Gott die Treue wahrten. Beide Städte vermischten sich im Laufe der Geschichte unentwirrbar, doch während Kain eine Stadt gründete, blieb Abel ein Fremdling. Babylon und Jerusalem gaben der Wirklichkeit dieser beiden Städte sinnbildhaft Gestalt, noch vor dem Erscheinen Christi. Die Bibel vermittelte den Menschen alle Geschichtskenntnisse, derer sie bedurften. Die Bibel war Gottes Wort zum Geschichtsverlauf. Die neuere Geschichte umfaßt nichts weiter als die Verdrängung der sterbenden Generationen durch die neuen. Das verborgene Geschichtsschema wurde bei der Erschaffung der Welt festgelegt; es ist dem vernunftbegabten Menschen nicht zugänglich, sondern allein Gott. Hinweise auf die beiden Staaten lassen sich jedoch überall im Verlauf der tragischen Menschheitsgeschichte entdecken. Das Geschichtsverständnis von Augustinus hat prophetischen Charakter und stellt einige wenige biblische Geschehnisse von überzeitlicher Bedeutung in den Mittelpunkt. Die Suche nach dem Gemeingut des Friedens „in einer wohlgeordneten Stadt" versinnbildlicht das historische Trachten aller Kulturen. Die Spannung zwischen Kain und Abel, zwischen Romulus und Remus bekommt Allgemeingültigkeit. Alle Menschen möchten am Frieden teilhaben, Spannungen überwinden und Zwistigkeiten im sozialen Leben ausgleichen, doch die Angehörigen des Weltstaates sehen im irdischen Völkerfrieden ein hinreichend geschlossenes System. Der Weltstaat ist auf einen Brudermord begründet und vergänglich. Doch manche Menschen „wissen“, daß sie ihre Identität als „Himmelsbürger“ bewahren müssen, und diese sind in allen irdischen Reichen im Grunde Fremdlinge. Sie passen sich den landesüblichen Bräuchen an, gleichen aber Pilgern, die in ein fernes Land streben. Sie gehen wie alle in Gemeinschaft lebenden Menschen gewöhnlichen Geschäften nach, sind dieser Welt letztlich aber nicht verhaftet. Sie müssen ihre Rolle als Beamte, Steuerzahler und gute Bürger annehmen in dem Bewußtsein, daß ihnen eine maßvolle väterliche Fürsorge von Gott zur Pflicht gemacht ist, der für die gemeinschaftsgebundenen, sündhaften Menschen Staaten errichtet hat. Augustinus ermahnt die Menschen, die guten Dinge des Weltstaates und die menschlichen Errungenschaften nicht zu mißachten. Gott schenkt sie nach freiem Ermessen und nicht nach den Verdiensten der Menschen. Die Menschen sind ganz und gar von ihm abhängig, doch der Stolz hält sie davon ab, ihre Abhängigkeit einzugestehen. Sie wurden insgesamt für Adams Sündenfall bestraft, und der Tod infolgedessen eher als Strafe denn als Unvermeidlichkeit eingerichtet.

Die Schismen in der Nordafrikanischen Kirche veranlaßten Augustinus, die Einheit der Kirche und ihre Verbreitung über den Erdkreis zu statuieren. Da Gott das *summum bonum* ist, kommt dem zeitlichen Wohlbefinden keinerlei Bedeutung zu; überdies läßt es sich nicht für dauernd gewährleisten. Hauptziel des Menschen ist Gott zu verherrlichen und ihn für immer zu „genießen“. Gott ist jedoch der Schöpfer aller Reiche und bestimmt ihr Ziel, ein Ziel, das für die menschliche Vernunft nicht immer klar erkennbar ist. Die mit den Angehörigen der irdischen Reiche vermischten Glieder des Gottesstaates machen, wo immer sie sich befinden, von dem Frieden, den die Regierungen aufrichten, Gebrauch, in der Hoffnung auf einen ewigen Frieden im jenseitigen Leben. Doch der in der Geschichte derart mit dem Weltstaat vermischte Gottesstaat darf nicht völlig mit der sichtbaren Organisation der Kirche ineinsgesetzt werden.

Weil die Menschen ihrer Zugehörigkeit zur wahrhaften übergeschichtlichen Kirche nicht gewiß sein können und weil Augustinus statuiert, daß nur einige wenige vor der Verdammnis bewahrt bleiben können, kann der Gottesstaat niemals in einem festgefügten Rahmen auf Erden verwirklicht werden. Der Entwicklungsgang der beiden Staaten zeigt im Verlauf ihrer Geschichte ein verwirrendes Bild. Erst am Tage des Weltgerichts wird sich erweisen, wer sich zum Gottesstaat, zur wahren Kirche, zählen darf. Das verheißene tausendjährige Reich ist nicht die zukünftige Herrschaft Christi in der Welt, sondern das gegenwärtige Reich der Kirche, das den Weizen ebenso wie das Unkraut enthält. Die „streitende" Kirche ist in der Geschichte im gleichem Maße Gefahren ausgesetzt wie der säkulare Staat, doch da die Kirche das Gnadenmittel der Sakramente verwaltet, ohne welches der Mensch sich nicht zum Guten entscheiden kann, ist die Religion zum Heil und zur Seelenrettung der Masse befähigt. Taufe und Abendmahl gewährleisten nicht das Heil, sind aber die unabdingbare Voraussetzung des Seelenheils. Und weil Augustinus an die grundsätzliche Gleichheit aller Völker glaubt – stehen doch alle Menschen unter der Last der Erbsünde –, muß die die Gnade vermittelnde Kirche den Erdkreis umspannen. Seiner Erbsündenlehre und seiner Doktrin, daß die Erwählung zur Rettung scheinbar willkürlich erfolgt und nicht von unseren guten Werken abhängt, kann allein die unerforschliche göttliche Gerechtigkeit, vor der der Mensch sich als wesentlich hilflos und abhängig erweist, gegenübergestellt werden. Diejenigen, die der Verdammnis entgehen, für welche nach Adams Fall alle Menschen bestimmt sind, sind ohne jedes Verdienst. Zur Errettung verhilft nicht einmal eine bewußte Hinwendung des Willens zu Gott, schenkt Gott sie doch nach freiem Ermessen und Erbarmen. Hier argumentiert Augustinus gegen den britischen Mönch Pelagius, der stärker auf die menschliche Fähigkeit abhob, Gott durch bewußte Wahl und Ausführung des Guten ohne Unterstützung durch die übernatürliche Gnade auf halbem Wege zu begegnen.

Augustinus sucht sich sodann gegen das Argument zu wehren, seine Lehren liefen auf Fatalismus hinaus. Wenn Gott auch die Rebellion des sich überhebenden Satans und Adams Sündenfall schon im voraus wußte, so war ihre Entschlußfreiheit durch Gottes Wissen doch nicht eingeschränkt. Gott ist frei, so wie die Menschen von Natur aus frei sind. Adams Sündenfall war nicht von Gott vorherbestimmt, wenngleich vorhergewußt. Das Böse kam durch den willentlichen Entschluß Satans und Adams, ihre Willensfreiheit zu mißbrauchen, in die Welt. Und nach diesen ersten bösen Handlungen ist der menschliche Wille auf immer von Hochmut und sinnlicher Begierde beherrscht. Gottes Welt wird sich unausweichlich auf das vorhergewußte Ziel hin bewegen, doch vermittels realer, konkreter und aktiver Menschen, die sich in ihrem Gemeinwesen zwischen möglichen Alternativen entscheiden. Für Augustinus sind die gemeinschaftsgebundenen Menschen für ihre falschen Entscheidungen verantwortlich, doch wenn sie gute Entschlüsse fassen, dann tun sie es mit Gottes gnädiger Hilfe.

Das gleiche gilt für die von Gott zur Aufrechterhaltung von Ordnung und Frieden unter den Menschen eingesetzten Herrscherämter. Augustinus verwirft die Idee des Imperialismus, mißbilligt die Tyrannei starker Völker über die schwachen und vermutet, daß die Welt wohlgeordnet sein würde, wenn sie nicht aus durch Eroberungskriege und Despotismus zusammengeballten Menschenmassen bestünde, sondern aus kleinen Gemeinwesen. Sein Modell ist die Familie: so viele Kleinstaaten in der Welt wie Familien in einer Stadt. Im Interesse des Friedens müssen diese Kleinstaaten auch regiert werden. Indem er einen Zusammenschluß von Familien zur Schaffung einer Stadt und einen Zusammenschluß von assoziierten, aufeinander abgestimmten Staaten ins Auge faßt, stellt er sich einen Zustand vor, in dem es ebensowenig wie in einer harmonischen Familie einer Zwangsgewalt bedarf. Denn das Gesetz ist nicht bloßer Ausdruck der Staatsgewalt, sondern gründet auf Zustimmung. Insoweit es unter sündigen Menschen möglich ist, wird der Herrscher des wahren Gemeinwesens Warnungen aussprechen und Ratschläge erteilen. In Anbetracht der Tatsache, daß es immer Menschen geben wird, die sich für das Böse entscheiden, wird der Staat jedoch als Scharfrichter fungieren müssen. Und diejenigen, die das Herrscheramt ausüben, werden über Verbrecher die Todesstrafe verhängen müssen, wobei sie stets dessen eingedenk sein werden, daß ihre Kenntnis eines jeden Falles Irrtümer unterworfen ist und daß sie bei der Beurteilung der Situation einen tragischen Fehler begangen haben könnten. Mit seiner Nebeneinanderstellung der Herrschaftsausübung durch das Familienoberhaupt und der Staatsgewalt verwirft Augustinus Aristoteles' Anschauung von der Familie als einer vorpolitischen Einheit, die nicht als Modell für eine Regierung unter freien und gleichen Polis-Bewohnern dienen kann. Augustinus' patriarchalischer Staatsentwurf war später während des ganzen Mittelalters und darüber hinaus von großem Einfluß auf die Staatslehre des monarchischen Prinzips.

Was erschien ihm an dem republikanischen Staatsentwurf unzureichend, so wie ihn Cicero vorgelegt und damit die theoretische Rechtfertigung für den römischen Staat geliefert hatte? Cicero hatte argumentiert, ein gerechtes Gemeinwesen sei eine *res populi,* eine Sache des Volkes. Augustinus hält diesen Begriff eines „Volkes“ für problematisch. Nach Augustinus ist Gerechtigkeit, wenn sie das Wesen des Staates ausmacht und Gott einbezieht, in heidnischen Gemeinwesen notwendigerweise nicht vorhanden. Diese gleichen infolgedessen großen Räuberbanden. Tatsächlich existiert sogar unter Verbrechern ein Gesellschaftsvertrag gegen die Außenwelt, und deshalb sind selbst diese ungerechten Sozietäten durch eine Art Einheit charakterisiert. Augustinus gibt eine neue Definition des „Volkes“ als der „Vereinigung einer vernunftbegabten Menge, die durch einträchtiges Streben nach gewissen geliebten Dingen zusammengehalten wird". Ciceros *populus* verbindet die gemeinsame Liebe zu den staatlichen Dingen, den materiellen Werten der Gesellschaftsordnung. Augustinus glaubt, daß ein wahrhaftes Gemeinwesen nur geeint sein kann, wenn seine Angehörigen einander auf der Grundlage ihrer höheren Liebe zu Gott lieben, denn diese eignet sich anstelle materieller Werte eher als bindende Kraft unter den Menschen.

Sein wahrhafter Staat ist daher eine wahrhafte Kirche, die erst nach dem Ende der Geschichte Wirklichkeit werden wird. Kein wahrhaftes Gemeinwesen hat jemals existiert oder wird in der Zeit jemals ins Dasein treten. Das Gute, das die – nur bis zu einem gewissen Grade – gerechten Staaten anstreben, d.h. Frieden und Rechtssicherheit, ist kein Endziel. Trotzdem müssen die verstreut lebenden Mit-Glieder des Gottesstaates es nutzen. Die Staatsgewalt darf nicht beseitigt werden. Man muß sich aber immer vor Augen halten, daß richtiges Handeln eines Volkes nicht beinhaltet, daß ein Volk, das nicht richtig handelt, aufhört eines zu sein: Es ist bloß kein wahrhaftes, auf die seine Mitglieder einende Liebe zu Gott gegründetes Gemeinwesen. Augustinus unterscheidet daher zwischen positivem Recht und auf dem Sittengesetz gegründetem Recht. Wenngleich er den Staat nicht als geistlichen definiert, können weltliche Staaten doch moralisch richtige Entscheidungen treffen. Da weltliche Staaten in die Hände böser, selbstsüchtiger Kräfte geraten können, kann ein gegnerischer Staat beschließen, sich durch den Eintritt in einen gerechten Krieg gegen diejenigen, die er als böse empfindet, *zu verteidigen.* Es ist eine tragische Notwendigkeit, aber das geringere von zwei Übeln, einen gerechten Krieg zu führen und gegen die größere Ungerechtigkeit der Feindseite zu kämpfen. Augustinus redet hier nicht einem Pazifismus das Wort. Verteidigung wird nicht verdammt, nur Haß und Rache.

Der Gottesstaat auf Erden ist daher nicht die sichtbare Kirche. Es ist dies vielmehr die unsichtbare, nur lose miteinander verbundene Gemeinschaft der Heiligen, die Schar der Erwählten, die erst am Ende der Zeiten vereinigt werden.

Der Frieden, die Einheit und die relative Geschlossenheit der sichtbaren Kirche existieren nur in der *Hoffnung:* ihre Verwirklichung ist ausgeschlossen. Zu den 144.000 Erwählten (Offenbarung 14, 1–3) werden schließlich Menschen aus allen Völkern und jeden Alters zählen. In diesem Leben kann die Kirche nicht rein und kompromißlos erscheinen. Sie dient Gott nur als Verwalterin des Gnadenmittels der Sakramente. Die sichtbare Kirche soll eine allumfassende, weltumspannende Institution sein, welche Anhänger des Ausschlußgedankens, partikularistische und nationalistische Tendenzen in ihren Reihen nicht dulden darf.

Es war diese universalistische Sprache, die spätere Geschlechter dazu inspirierte, eine Lehre von der Kirche aufzustellen als einer vollkommenen Gemeinschaft, ausgestattet mit Besitz- und Herrschaftsbefugnissen, wie sie jede unabhängige Sozietät benötigt. Wenngleich Augustinus niemals gesagt hat, daß es außerhalb der Kirche kein Heil gebe, ging er doch im Prinzip davon aus und inspirierte dadurch eine Theorie, die ihren Ausdruck in der mittelalterlichen Idee einer allumfassenden, hierarchisch strukturierten Gesamtordnung der Christenheit fand. Wohl betont Augustinus, daß eine politische, weltliche Anerkennung der Kirche „etwas Gleichgültiges" sei, und er sieht auch nicht in den staatlichen und kirchlichen Instanzen zwei verschiedene, gleichgeordnete, das Herrscheramt übende Gewalten. Dennoch interpretierte man seine Anschauungen dahingehend, daß sie eine *Zwei-Schwerter-Lehre* von der Weltherrschaft beinhalteten. Später benutzte man Augustinus zur Rechtfertigung der Idee eines allumfassenden katholischen Gemeinwesens mit zwei Oberhäuptern, dem Kaiser und dem Papst. Einige haben in seiner Lehre von der sichtbaren und der unsichtbaren Kirche den Keim für die spätere Aufstellung einer Doktrin erblickt, die den Staat völlig der Kirche unterordnet, doch erscheint es zweifelhaft, ob das in der Absicht von Augustinus lag. Der Staat war nicht bloß der weltliche Arm der Kirche, weder unter den Verhältnissen des fünften Jahrhunderts noch im Denken von Augustinus. Die sichtbare Kirche war indessen Ratgeber des Staatslenkers, und das führte unschwer zu der Vorstellung von einer geistlichen Tyrannei und einem theokratischen Staat, der zur Durchsetzung religiöser Anliegen maßgeblichen Einfluß auf das Rechtswesen übt.

In dem Maße, in dem die Kirche sich immer mehr zu einem riesigen Räderwerk zur geistlichen Lenkung der Menschen entwickelte, und aufgrund der historischen Tatsache, daß sie für die siegreichen Barbaren zum Symbol und zur Quelle römischer Kultur und Organisationsgewalt wurde, zeichneten sich schon im späten fünften Jahrhundert die Anfänge der Entwicklung der als *plenitudo potestatis* (= Machtfülle) aufgefaßten kirchlichen Macht zur hochmittelalterlichen Ideologie eines starken Papsttums ab.

Augustinus' Einfluß auf die Formung des abendländisch mittelalterlichen Weltbildes ist unermeßlich. Seine Lehren von der Gnade und der Prädestination, seine radikale Geschichtsauffassung, seine Darstellung des himmlischen und des irdischen Staates waren von immenser Bedeutung, und er bahnte der Deutung der *civitas dei* als des christlichen Weltstaates den Weg. Seine Ausrichtung auf ein jenseitiges Leben wurde im Mittelalter etwas unterbewertet. Die Theoretiker des Kaisertums und des Papsttums rechtfertigten ihre sozialen und politischen Ideen durch Hinweise auf seine Schriften. Ob sie ihn richtig interpretierten, steht, wie so oft in der Geschichte des Staatsdenkens, auf einem anderen Blatt. Der „Augustinismus" bildete jedoch sowohl im Spätmittelalter wie auch während der Reformation das Herzstück der späten Wiederbelebungen der Theorien einer auf die göttliche Gnade gegründeten wahren Herrschaft und Staatsgewalt. Daß sein Denken und seine Erfahrungen im wesentlichen von der Antike geprägt waren, erschien späteren Zeiten als bedeutungslos. Seine Darlegungen im *Gottesstaat* ebenso wie in seinen Predigten und anderen Schriften waren so weitläufig und umfänglich, daß ihn bei den späteren Auseinandersetzungen zwischen Kirche und Staat alle Seiten als Fundgrube benutzten. Er hinterließ uns eine enzyklopädische Darstellung seines Denkens.

Augustinus hat die Projektion seiner Erfahrungen auf die Weltgeschichte nicht zu einem geschlossenen System ausgebaut. Gerade seine Abweichungen und Unstimmigkeiten haben es verschiedenen Denkrichtungen möglich gemacht, sich auf ihn zu berufen.

Seine Leitgedanken aber, daß alle Regierungen als rechtmäßig anzusehen seien, daß jedwede Empörung zu verwerfen und die unter der Erbsünde stehende Menschheit wesentlich hilflos und verderbt sei, galten dem christlichen Staatsdenken als Vermächtis. Sie führten es nicht notwendigerweise zum Pazifismus, den Augustinus ablehnte, sondern zu einem quälenden Quietismus, der dafürhielt, daß man von Menschen geschaffene Übelstände vielleicht hinnehmen müsse, da man sie schließlich verdient habe. Darüber hinaus wurde seine persönliche Askese und Ablehnung des Geschlechtlichen, wie er sie in der Auseinandersetzung mit Pelagius und in der Abkehr von den Irrungen und Wirrungen seiner Jugend entwickelte, zu einem maßgebenden Vermächtnis an das Abendland.

Auch dies wirkte einer zukunftsfreudigen Hinwendung zur tatkräftigen Schaffung eines humanen Gemeinwesens entgegen. Augustinus erklärte, wie oben angeführt, daß alle Menschen in die Ursünde Adams verstrickt seien und durch Zeugung und Geburt in *seinen* Schuld- und Strafzustand versetzt würden. Er entwickelte das paulinische Theologumenon von der Überlegenheit des Jungfrauentums über die Ehe und lehrte, daß das Geschlechtliche niemals ganz frei von böser Begierlichkeit sein könne. Sein Bestehen auf der Säuglings-Taufe zu einer Zeit, in der die Kirche noch die Erwachsenen-Taufe übte, gründete auf der Voraussetzung, daß alle Neugeborenen unter der Erbsünde stehen: Säuglinge, die ungetauft sterben, fallen daher der Verdammung anheim.

Dies war ein Korrelat zu seiner Anschauung, daß die Menschheit zu einer Masse der Verdammnis *(massa perditionis)* geworden und daher ohne unverdiente erlösende Gnade unfähig sei, das Gute zu wählen und auszuführen. Es wäre nur gerecht, wenn die ganze Menschheit der Hölle überantwortet würde.

Das einzige hoffnungsvolle Element in diesem Bild ist der Glaube von Augustinus an das Erbarmen Gottes, der durch seinen unerforschlichen Willensentschluß eine begrenzte Zahl von Seelen auserwählt und vor allen Handlungen und guten Werken zum Heil führt. Der natürliche Mensch ist derart verderbt, daß er keinerlei freies Entscheidungsvermögen zum Guten mehr besitzt. Allein die erwählende Gnade kann noch die Befreiung des Willens zum Guten bewirken. Für Augustinus war es eine empirische Tatsache, daß derjenige, der sein ganzes Leben lang allein das Gute wählt und ausführt, dies durch das Wirken der Gnade als eines vorherbestimmten, unwiderstehlichen Gottesgeschenks tut, eines Geschenks, das ihm unabhängig von seinen Verdiensten und guten Werken zuteil wird. Diese strenge Prädestinationslehre stieß zu seinen Lebzeiten auf entschiedene Ablehnung.

Sein Menschenbild wurde mal angenommen und mal wieder verworfen, als spätere Verhältnisse eine andere Bestimmung des Menschen ermöglichten – als eines überzeugten Selbstherrschers in einer von ihm zu gestaltenden Welt. Die Augustinische Vorstellung, daß die Freiheit – d.h. das Vermögen, das Gute zu wählen und auszuführen – ebendas ist, was der natürliche Mensch durch den Fall Adams eingebüßt hat, hat auch heute noch ihre Anhänger. In unserer Welt nach der Aufklärung dürften sie wohl eine Minderzahl darstellen. Bereits im Mittelalter sollte Thomas von Aquin, auf Aristoteles gestützt, ein positiveres Menschenbild statuieren, das Christen und Nichtchristen in den Stand setzte, die menschlichen Verstandeskräfte der Errichtung gerechter Gemeinwesen dienstbar zu machen eher denn sie zum Ertragen der ungerechten zu befähigen.

Thomas von Aquin (1224–1274)

Antony Black

Thomas von Aquin – Sittlichkeit und Staat

Nach dem Untergang des weströmischen Reiches (476 n. Chr.) ging die Macht auf lokale Potentaten und Fürsten über, die für Lehnstreue und Dienste Schutz gewährten. Im elften Jahrhundert war das abendländische Kaisertum unter einem deutschen Herrschergeschlecht wiedererstanden, während Frankreich und England sich zu mächtigen, monarchisch regierten Nationalstaaten zu entwickeln begannen. Als Thomas von Aquin zu Anfang des dreizehnten Jahrhunderts geboren wurde, stellte Europa sich als eine dynamische, aufgeschlossene Gesellschaft von Feudal-, Stadt- und Nationalstaaten dar. Der Handel blühte, und die Kirche war reich und mächtig.

Thomas von Aquin wurde Ende 1224 oder Anfang 1225 in der Nähe von Neapel geboren. Nach seinem Eintritt in den zu Beginn des Jahrhunderts gestifteten Dominikanerorden (1243) studierte und lehrte er fünfzehn Jahre lang in Paris und Köln. Von 1259 bis 1269 war er in Italien als Lehrer der Philosophie und Ratgeber der Kurie tätig. Seine letzten Jahre, die der Vollendung seines Hauptwerks, der *Summa Theologiae,* gewidmet waren, verbrachte er in Paris und Neapel. Er gilt als der Hauptvertreter der auf der dialektischen Methode fußenden scholastischen (Schul-) Philosophie des Mittelalters.

Der Hl. Thomas von Aquin (1224/5–74) gehört zu den herausragenden Theologen des Mittelalters. Seine Kombination von strenger und häufig tiefschürfender kritischer Analyse und fleckenloser Rechtgläubigkeit bewirkte später die vielfache Annahme des Thomismus als *der* katholischen Philosophie. Thomas' Hauptleistung als politischer Dener besteht darin, daß er der Aristotelischen Auffassung vom Menschen als einem „von *Natur* aus geselligen Wesen" in Europa zu einer Zeit zum Durchbruch verhalf, in der sich das Staatsdenken in religiösen und juristischen Begriffen vollzog. Gleichzeitig räumte er den christlichen Anschauungen von der Sittlichkeit und der Bestimmung des Menschen eine zentrale Stellung in seiner Lehre ein, die in Wahrheit eine neue Staatstheorie darstellt. Wahrscheinlich hatte das Staatsleben Europas es Thomas mehr als irgendeinem anderen zu verdanken, daß religiöse Dogmen und Rechtstraditionalismus ihre bis dahin beherrschende Stellung einbüßten, aber von dem Vatersein Gottes gegenüber der Menschen ausgehend, die Vorstellung bewahrt wurde, daß alle Menschen Würde und Rechte besitzen.

Thomas von Aquin war der jüngste Sohn eines kleinen, in Unteritalien ansässigen Lehnsherrn. Seine Familie bestimmte ihn für den geistlichen Stand und drang darauf, daß er die Würde eines Abtes des bedeutenden Benediktinerklosters Montecassino anstrebe. Er war indessen entschlossen, in den vom Dominikus zu Beginn des Jahrhunderts gegründeten Predigerorden einzutreten, dessen Armut und Hingabe ihn stark beeindruckt hatten. Zeitlebens schlug er alle Anerbieten ab, ihn zu hohen kirchlichen Würden zu promovieren. Seine Brüder nahmen ihn sogar gefangen und versuchten, ihn mit Hilfe einer Kurtisane von seinem Entschluß abzubringen, doch ließ er sich nicht verführen.

Thomas studierte in Paris und Köln bei Albert dem Großen und wurde Professor der Theologie in Paris. Von 1259 bis 1269 lehrte er an Dominikanerschulen in Neapel, Orvieto, Rom und Viterbo; Papst Urban IV. suchte seine Freundschaft, er hatte engen Kontakt mit der Kurie, dem päpstlichen Hof. 1269 zog er nach Paris und 1272 wieder in seine Heimat nach Neapel. 1273 erlitt er einen Zusammenbruch, der von einem mystischen Erlebnis begleitet war. Als ein naher Freund ihn drängte seine Arbeit fortzusetzen, gab er ihm zur Antwort: „Reginald, das kann ich nicht, weil mir alles, was ich bisher geschrieben habe, wie Stroh erscheint." Thomas widmete sein ganzes Leben der Forschung, der Niederschrift (oder dem Diktat) seiner Gedanken und der Lehre; sein Arbeitspensum zermürbte ihn. Über seine Schweigsamkeit und seinen Geist liefen viele Anekdoten um. Für einen Mann, der bereits im Alter von neunundvierzig Jahren verstarb, erscheint seine Lebensleistung gewaltig: Allein sein Hauptwerk, die enzyklopädische (und unvollendete) *Summa Theologiae,* umfaßt 35 Bände.

Die scholastische Theologie war eine höchst abstrakte Lehre, befaßte sich aber auch mit der Anwendung der christlichen Ethik auf das tägliche Leben. Die dialektische Methode forderte dazu auf, jede Frage von zwei Seiten her zu betrachten. Thomas war mit der Politik der sich in raschem Tempo entwickelnden italienischen Stadtstaaten wie auch der nordeuropäischen Feudalstaaten vertraut. Seine Staatsideen sind in der *Summa Theologiae* (1266–73), einem Handbuch *Über die Herrschaft der Fürsten* (1265–67) und in seinen Kommentaren zur *Ethik* (1271) und *Politik* (1269–72, unvollendet) des Aristoteles enthalten.

Im dreizehnten Jahrhundert sahen sich die Regierenden einer komplexeren Gesellschaft gegenüber, in der die Bevölkerungszahl ständig wuchs, Handel und Handwerk aufblühten und die Städte sich entwickelten. Der *Investiturstreit,* in dessen Verlauf die Päpste den weltlichen Herrschern ihr Vorrecht, Bischöfe zu ernennen, einigermaßen erfolgreich bestritten und dadurch der Kirche größere Unabhängigkeit verschafften, hatte eine religiöse Gärung erzeugt und eine Erneuerung des geistlichen Lebens bewirkt, aus der das Papsttum gestärkt hervorging. Die Kirchen wurden wohlhabend, und Kleriker rückten in hohe Staatsstellungen auf. Das Reich wurde geschwächt, doch dehnten „nationale" Herrscher ihre Macht aus. Städte wie Venedig und Florenz schufen sich republikanische Verfassungen. Im zwölften und dreizehnten Jahrhundert gelangten zahlreiche bis dahin unbekannte Werke des Aristoteles über Logik, Philosophie und Naturwissenschaft auf dem Wege über das maurische Spanien nach Europa und wurden ins Lateinische übersetzt. Die wissenschaftlichen Erkenntnisse und philosophischen Analysen, die sie enthielten, gingen über den damaligen Wissensstand ohne Zweifel weit hinaus, wichen indessen in Fragen wie der nach der Erschaffung der Welt und der Unsterblichkeit der Seele vom christlichen Glauben ab. Eine geistige Krise zeichnete sich ab, ähnlich jener, die Darwin im neunzehnten Jahrhundert hervorrief. Während einige den Aristoteles verdammen wollten, nahmen andere seine Gedanken in Bausch und Bogen an. Thomas bemühte sich um eine Synthese zwischen heidnischer Philosophie und Christentum. Angesichts des vorchristlichen Gedankenguts des Aristoteles über Gott, das Universum und den Menschen betonte er, ein guter Heide könne einen Großteil der Wahrheit erfassen, und suchte, wo immer dies möglich war, zu zeigen, daß Aristoteles' Anschauungen denen der Heiligen Schrift nicht widersprachen. Auch war er der Ansicht, daß er und seine Generation viel von Aristoteles zu lernen hätten.

Nach Auffassung des Thomas von Aquin wurde die natürliche Wesensart des Menschen, seine körperlichen und geistigen Fähigkeiten, durch den Sündenfall verdorben, aber nicht zerstört; die „Neusetzung seiner Existenz" durch Christus umschließt eine teilweise Wiederherstellung des menschlichen Urzustandes ebenso wie ein neues Leben aus göttlicher Gnade. „Die Natur wird durch die Gnade nicht zerstört, sondern vervollkommnet." Die wesentliche Eigenschaft des Menschen, die ihn von anderen Lebewesen unterscheidet, ist die Vernunft; trotz des Sündenfalls haben alle Menschen den Gebrauch der Vernunft behalten, so daß sie, obschon fehlbar, imstande sind, die Wahrheit zu erkennen und die Tugend zu üben. Viele Heiden üben die „natürlichen Tugenden" der Gerechtigkeit, Mäßigkeit und Klugheit; die Christen sollen ein Leben nach diesen wie auch nach dem „neuen Gesetz" der Liebe zu Gott und dem Nächsten führen. Thomas erweitert hier die Aristotelische Anschauung, indem er *alle* Menschen, nicht bloß die „Griechen“, für vernünftig erklärt und legt gleichzeitig die jüdisch-christliche Lehre von der Gottesebenbildlichkeit des Menschen dahin aus, daß alle Menschen Vernunft besitzen. Wenngleich er auch wie Aristoteles die Sklaverei billigt, so spricht er doch im Unterschied zu diesem den Sklaven wahrhaft menschliche Eigenschaften keineswegs ab. „Das Licht der natürlichen Vernunft ... [ist] die Aufprägung des göttlichen Lichtes auf uns, ... durch welches wir Gut und Böse erkennen“; „das Licht der Vernunft ist von der Natur jedermann eingepflanzt, durch welches er in seinen Handlungen auf sein Ziel hin geordnet ist.“

Dies alles bedeutet eine Abkehr von Augustinus, der alle Nichtchristen als zu wahrer Weisheit oder Tugend unfähig ansah; es ist Thomas' Beitrag zur Revolution im theologischen Denken. Diese sehr viel optimistischere Auffassung von der Menschennatur hatte Auswirkungen auf die Einstellung des Katholizismus zu den Nichtchristen und die Haltung des Europäers gegenüber dem gemeinen Mann.

Ein charakteristischer Zug des auf Gott ausgerichteten Menschenbildes des Thomas ist die Art und Weise, wie er den göttlichen Funken im Menschen verinnerlicht: Der Mensch ist aufgefordert, durch seine eigenen Verstandeskräfte und sein Wollen mit Gott zusammenzuwirken. *Glaube und Vernunft* sind innere Wegweiser, mit deren Hilfe autonome, verantwortliche Einzelmenschen in allen Lebenslagen ihre Entscheidungen treffen. Der Mensch ist nicht, wie ein Großteil der früheren Theologie annahm, eine zeitweilig an einen Körper gebundene Seele, sondern ein „zusammengesetztes Ganzes“, in dem die seelische Bewegung die körperlichen Bewegungen verursacht. Seele und Körper sind voneinander nicht trennbar und hängen voneinander ab. Der Mensch hat zwei Ziele – irdisches und überirdisches Glück –, und das irdische Glück setzt ausreichende materielle Grundlagen voraus. Während andere animalische Wesen von der Natur mit allen Lebensnotwendigkeiten ausgestattet sind, hat der Mensch „Verstand und Hände“, mit denen er seine eigenen Werkzeuge, Kleidung und so fort herstellen muß. Er muß Mühe *(industria)* und Geschick *(ars)* aufwenden. Schließlich ist der Mensch „von Natur aus ein soziales und politisches Wesen“. Thomas von Aquin fügt der stoisch-christlichen Erkenntnis der Gemeinschaftsnatur des Menschen den Aristotelischen Gedanken hinzu, daß der Mensch seine natürliche Erfüllung im Staat *(civitas, polis)* findet. Dies hat darin seinen Grund, daß die Gesellschaft selbst irgendeine Form von obrigkeitlicher Gewalt braucht, und während Familie und Dorf den Menschen zum „Leben“ befähigen, befähigt ihn allein der Staat zum „guten Leben“. Zwangsgewalt schafft Sicherheit, die Arbeitsteilung materielle Güter; die staatliche Gemeinschaft ermöglicht das geistige und sittliche Wachstum der Persönlichkeit.

Thomas statuiert somit, daß die staatliche Gewalt entgegen der Auffassung des Augustinus nicht einzig und allein um der Sünde willen notwendig oder eine Folge der „Machtgier“ des Menschen ist, sondern der Natur des Menschen entspricht und auch im „Stand der Unschuld“ vor dem Sündenfall existiert habe. Er benutzt hierbei die Aristotelische Unterscheidung zwischen der Herrschaft über Sklaven und der über freie Untertanen, welch letztere in fürsorglicher Leitung besteht. Eine solche, auf gegenseitiger Zustimmung beruhende Leitung ist sowohl für den natürlichen Menschen im paradiesischen Zustand wie auch für die erlösten Gotteskinder angemessen und notwendig. Politische Gemeinschaften werden von Menschen gestiftet, die entsprechend ihrer gottgegebenen Natur handeln; sie erfordern sowohl zweckmäßige Planung wie auch freundschaftliches Zusammenwirken. Heiden können somit legitime Staaten bilden, und Christen sind von Natur Angehörige eines Gemeinwesens ebenso wie durch Gnade Mitglieder der Kirche.

Hier jedoch gleicht Thomas von Aquin den Aristoteles den zeitgenössischen europäischen Verhältnissen an. *Bei Aristoteles* meint der Staat (*Polis) speziell* den griechischen Stadtstaat; *bei Thomas* ist damit *ganz allgemein* eine politische Gemeinschaft („Staat“ im heutigen Wortsinn) gemeint, sei sie groß oder klein, (vielleicht vorzugsweise) eine feudale Monarchie oder ein Stadtstaat. Die aristotelische Vorstellung von einem eigentümlichen, durch Vertraulichkeit charakterisierten kulturellen Umfeld, in dem die Teilnahme am gemeinschaftlichen Wirken für das allgemeine Wohl zu einem tugendhaften Leben befähigt, verlor er dabei aus den Augen. Für Thomas von Aquin ist die Aufstellung sittlicher Grundsätze und die geistliche Bildung Aufgabe der Kirche.

Die politische Gerechtigkeit und die staatlichen Obliegenheiten untersucht Thomas im Zusammenhang mit einer sorgfältig ausgearbeiteten Lehre vom Gesetz. Das Gesetz definiert er als eine Vorschrift der „praktischen Vernunft“, und zwar eine solche mit allgemeinem Charakter, die den Untertanen durch öffentliche Bekanntmachung zur Kenntnis zu bringen ist und die Hinordnung auf das gemeinsame Glück ins Auge fassen muß. Gott lenkt das Weltall durch das „ewige Gesetz“, das allen Wesen „eingeprägt“ ist und ihnen den „Antrieb“ verleiht danach zu handeln. Eine vernünftige Kreatur wie der Mensch wird jedoch „befähigt, auch ihrerseits an der göttlichen Vorsehung teilzunehmen, indem sie sich und andere zum Ziel leiten kann“. Einige Ziele, wie beispielsweise die Selbsterhaltung, teilt der Mensch mit allen Substanzen und verfolgt sie automatisch. Andere, wie die Fortpflanzung und die Erziehung des Nachwuchses, hat er mit den anderen animalischen Wesen gemeinsam: Er verfolgt sie instinktiv. Wieder andere Ziele, wie „die Wahrheit über Gott zu erkennen und in Gesellschaft zu leben“, sind dem Menschen eigentümlich; der natürliche Hang zu diesen erfordert geistige und sittliche Anstrengungen.

Diese „Teilnahme eines vernünftigen Geschöpfes am ewigen Gesetz“ ist *das sittliche Naturgesetz*. Das sittliche Naturgesetz sagt dem Menschen sowohl, was er tun sollte, als auch, wie er Glückseligkeit erreichen kann; denn richtiges Handeln führt zu Glückseligkeit. „Alles, wozu der Mensch eine natürliche Neigung besitzt, erkennt die Vernunft als Gut ... und das Gegenteil als Böse.“ Es ist dies ein Entwicklungsgesetz: es lehrt uns, was zur Erlangung der Glückseligkeit für den einzelnen sowohl wie für die Gesellschaft erforderlich ist. Durch die Verbindung dieser Idee eines sittlichen Naturgesetzes mit der Idee des Menschen als eines „von Natur sozialen und politischen Wesens" erhält Thomas von Aquin einen gewissen Zusammenhang zwischen Staat und Sittlichkeit aufrecht. Familie und Staat entsprechen der Natur des Menschen, weil sie sowohl seine Grundbedürfnisse befriedigen als auch die materielle und moralische Umgebung schaffen, in der er ein tugendhaftes und glückliches Leben führen kann. Diese „naturrechtliche Staatstheorie" dominierte bis zum achtzehnten Jahrhundert die europäische Philosophie und Rechtswissenschaft.

Ihre „praktische Vernunft" befähigt alle Menschen, Recht und Unrecht zu erkennen, und die Grundprinzipien des Naturgesetzes sind „von selber einleuchtend *(per se nota)*". Sie fordern die Unwissenheit zu meiden, andere, denen man sich zugesellen muß, nicht zu verletzen, und niemandem Schaden zuzufügen. Diese Prinzipien sind allen Menschen gemeinsam und stets zu befolgen, doch die Art und Weise ihrer Anwendung, die „besonderen Schlußfolgerungen der praktischen Vernunft", sind nicht allen bekannt und nicht unabänderlich. Manche Völker wissen nicht, daß etwa Räuberei Unrecht ist. Eine „besondere Schlußfolgerung" aus dem Prinzip, „Handele vernunftgemäß!" lautet, daß man seine Schulden zurückzahlen soll, doch sollte man das nicht tun, wenn der betreffende Gläubiger zum Krieg gegen das eigene Land rüstet. *Für sittlich richtiges Handeln sind die Umstände von entscheidender Bedeutung.*

Dies ähnelt dem biblischen Begriff eines Gesetzes, „geschrieben auf Tafeln, die Menschenherzen sind". Es ist nicht legalistisch noch auch moralistisch. Seine präziseren Formulierungen, wie zum Beispiel „Du sollst nicht töten, ... du sollst nicht stehlen", sind zwar im allgemeinen bindend, aber je nach den Umständen zu interpretieren und manchmal zu modifizieren: Krieg und Todesstrafe für Verbrecher können rechtmäßig sein; wer dem Verhungern nahe ist, darf sich das Nötigste aus fremdem Besitz aneignen. *Dies ist der Unterschied zwischen Thomas von Aquin und Kant:* Das Problem der Gültigkeit oder Nichtigkeit des Eides, des Treubruchs, das den deutschen Generalen unter Hitler angesichts der drohenden Niederlage so schwer zu schaffen machte, hätte einem Thomisten kein Kopfzerbrechen bereitet. „Rechte Ethik meint menschliches Tun, das auf das wahrhafte Glück hingeordnet ist, wie es durch Versuche, Nachdenken und Folgerungen erkannt wird, nicht durch eine unheimliche Intuition des Rechts als Zweck an sich."

Die Naturrechtslehre des Thomas fußt auf seiner Auffassung vom Verhältnis Gottes zur Schöpfung: Auf andere Weise wäre der Gedanke eines dem Menschen von Natur eingepflanzten Sittengesetzes kaum zu rechtfertigen. Eine gründlichere Kenntnis menschlicher Gesellschaften und Theorien wie der Darwinismus haben sie vielfach in Mißkredit gebracht. Andererseits hat das Naturrecht den großen Vorzug, daß es die Satzungen des sittlichen Verhaltens auf die menschliche Natur gründet. Es sagt uns, wie wir uns gegenüber *allen* Menschen verhalten sollten, und führt somit (wenn man es ernst nimmt) zur Verwerfung eines engstirnigen Nationalismus und der Nichtachtung fremder Kulturen. Es schuf ein Bindeglied zwischen Christen und Heiden; die Thomisten des sechzehnten Jahrhunderts beriefen sich darauf, als sie die Tötung und Versklavung der Indianer verdammten. Gleicherweise verkündete die spätere Lehre von den Natur-Rechten oder Menschen-Rechten wie Menschen generell, nicht bloß Christen oder Europäer, zu behandeln seien. Tatsächlich haben Erscheinungen wie der Nationalsozialismus in unseren Tagen zu einer teilweisen Erneuerung der Naturrechtslehre geführt.

Das Naturrecht liefert den Maßstab, mit dem alle menschlichen, von Menschen geschaffenen Gesetze zu messen sind. Es ist in die Thomassche Lehre von der staatlichen Gesetzgebung und der richterlichen und strafenden Tätigkeit des Staates verflochten und gibt den Herrschern wie den Untertanen eine Richtschnur an die Hand. Der Zweck des Gesetzes- und des Gewohnheitsrechts besteht darin, diejenigen, die zu Verfehlungen neigen, durch erzieherische Zwangsmaßnahmen *(disciplina),* nämlich durch Furcht und Nötigung, im Zaum zu halten. Das menschliche Gesetz besteht aus einer Reihe noch speziellerer Vorschriften, wie etwa die allgemeinen Grundsätze des sittlichen Naturgesetzes von den einzelnen Völkern in ihren Territorien anzuwenden sind. Mord muß bestraft werden, doch muß der Gesetzgeber entscheiden, in welcher Form diese Bestrafung erfolgen soll. Um überhaupt als Gesetz zu gelten, muß das menschliche Gesetz gerecht, d.h. vernunftgemäß sein, sich mit dem Naturrecht im Einklang befinden und auf das Gemeinwohl abzielen. Dadurch kann ein Gesetz Gültigkeit beanspruchen und den Menschen die moralische Verpflichtung auferlegen, es zu befolgen. Ein ungerechter Befehl ist nicht bloß ein schlechtes Gesetz, sondern überhaupt kein Gesetz. Gesetzliche Verfügungen, die dem Gemeinwohl widerstreiten – zum Beispiel jene, durch die ein Herrscher seinen Untertanen „Lasten" (wie Steuern) aus „Gier oder Ruhmsucht" auferlegt oder solche ungerecht verteilt –, sind „eher Gewalttaten denn Gesetze". Mit dieser Theorie, die auch der amerikanischen Unabhängigkeitserklärung zugrunde liegt, läßt sich die Verweigerung von Bürgerpflichten eher rechtfertigen als mit der Formel des modernen Positivismus, die das Gesetz einfach als formellen Befehl eines anerkannten Souveräns definiert.

Thomas erkennt jedoch auch den Unterschied zwischen Gesetz und Sittlichkeit, zwischen Schuld und Sünde. Denn „der Gesetzgeber gebietet nicht alle Tugendakte, sondern hat sich auf jene Akte zu beschränken, die das Gemeinwohl berühren". Das menschliche Gesetz verbietet nicht alle Fehler, sondern nur die gröberen, „wovon die Mehrzahl sich freizuhalten vermag, und vornehmlich solche, die zum Schaden anderer ausschlagen". Wollte das menschliche Gesetz alle Übel zu verhindern suchen, so würde es auch viele gute Dinge unmöglich machen. Mill hätte die sinngemäß darin enthaltene Unterscheidung zwischen Handlungen, die sich auf andere Personen beziehen, und solchen, die allein die betreffende Person angehen, zu würdigen gewußt.

Das „Gemeinwohl" meint das Wohlergehen des ganzen Gemeinwesens im Gegensatz zu dem Einzelvorteil des Herrschers oder einer Gruppe; Thomas von Aquin hätte den Grundsatz, wonach beim Abwägen des Gemeinwohls jeder einzelne zählt, vermutlich gebilligt. Das „Gemeinwohl" schließt die Landesverteidigung und „materiellen Wohlstand" ein. Schließlich und endlich meint es die Förderung eines tugendgemäßen Lebens. Sowohl im materiellen wie auch im sittlichen Bereich muß der Herrscher nach *Verbesserung* streben. Dies alles bedeutete eine beträchtliche Erweiterung der damaligen Lehren über den Aufgabenbereich der Staatsgewalt, war diese doch eigentlich auf die Landesverteidigung und die Abwehr von Ungerechtigkeit zunächst beschränkt. Thomas benutzte den Begriff des „Gemeinwohls" auch zur Rechtfertigung von Sondersteuern. In dieser Hinsicht schloß er sich voll und ganz der Auffassung der Stadtstaaten an, die die Erreichung der wirtschaftlichen Zwecke und das öffentliche Wohl in ihren Aufgabenbereich einbezogen.

Thomas machte sich die Auffassung des Aristoteles zu eigen, der das oberste Ziel einer politischen Gemeinschaft nicht in materiellen Werten, sondern im tugendhaften Leben sah: Der Staat muß seinen Untertanen helfen ein Leben nach der Tugend zu führen. Doch im Unterschied zu Aristoteles äußert er sich nicht zur Rolle des Staates im Erziehungswesen; anscheinend modifizierte er Aristoteles in der Weise, daß er der Kirche die Zuständigkeit für die sittliche Unterweisung gab. Die Gesetze sollen die Untertanen zum tugendhaften Leben befähigen, und dem Herrscher obliegt die Förderung dieses „guten Lebens". Doch worin das „gute Leben" besteht, erfährt er von Priestern: Er soll das irdische Glück „in der Weise fördern, daß es auch angemessen zum überirdischen Glück führt". Als Christ kann Thomas von Aquin nicht zulassen, daß sich der Staat zu der allumfassenden Gemeinschaft entwickelt, die er für Aristoteles darstellt, noch auch kann er ihn als Quelle oder obersten Hüter der Sittlichkeit anerkennen.

Das Verhältnis von Kirche und Staat – der Kurie oder des Klerus zu weltlichen Regierungen – war zur Zeit des Thomas von Aquin das am heißesten umstrittene politische Problem. Er hatte dazu jedoch nur überraschend wenig zu sagen. In den Händen anderer lieferte seine Staatstheorie den weltlichen Herrschern bald überzeugendere Argumente zur Stützung ihrer Unabhängigkeit von klerikaler Einmischung in „temporale“ Angelegenheiten. Er selbst gibt in dieser Frage ausweichende Antworten. „Gebt dem Kaiser ...“ interpretiert er dahin, daß man den geistlichen Autoritäten in Angelegenheiten des Heils und den weltlichen Hoheitsgewalten in solchen des irdischen Wohlergehens Gehorsam schulde, um dann hinzuzufügen, daß der Papst *„den Gipfel der geistlichen und weltlichen Macht“* innehabe.

In der Frage des Verhältnisses des einzelnen zum Staat – für ihn zweifellos von geringerer Bedeutung als für uns – widerspricht Thomas sich ebenfalls. Er „spricht mit zwei Zungen: Als Theologe tritt er für den Vorrang der Persönlichkeit ein und als Sozialphilosoph für den Vorrang des Gemeinwesens“. Der Bürger ist ein „Teil“ des Gemeinwesens, von dem sein Wohlergehen abhängt, so daß seine Ansprüche, Interessen und Güter den Erfordernissen des „Gemeinwohls“ unterzuordnen sind. Auf der anderen Seite „sind rationale Wesen nicht zu irgend jemandes Nutzen geschaffen“; jeder Mensch ist ein Zweck an sich. „Das ganze Sein des Menschen und alles, was er hat, sind nicht allein auf das politische Gemeinwesen hingeordnet ... Der ganze Mensch ist allein auf Gott hingeordnet.“ – Vielleicht trug gerade die Rivalität von Kirche und Staat dazu bei, daß Europa vor dem Totalitarismus bewahrt blieb.

Für das wissenschaftliche Verfahren des Aristoteles zur Vergleichung und Klassifizierung der Staaten zeigten weder Thomas noch seine mittelalterlichen Nachfolger besonderes Interesse, noch stellten sie empirische Untersuchungen über die Aufgaben des Staates oder das soziale Verhalten an. Ihn beschäftigte einzig und allein die Frage nach der richtigen Ordnung: Welche Verfassungen sind legitim und welche von diesen ist die beste? Thomas wandte verschiedene Kriterien nebeneinander an. Auf der einen Seite behauptete er in der Folge von Aristoteles, daß jede der drei Grundformen der Regierung (Staatsgewalt in der Hand eines einzelnen, einer kleinen Gruppe oder einer Vielzahl) gerecht sei, vorausgesetzt, sie setze sich das allgemein Beste zum Ziel. Knapper ausgedrückt: Die Gesetzgebung ist entweder Sache der ganzen Menge oder einer „öffentlichen Person“, die für sie zu sorgen hat. Dies alles weist auf einen bedeutsamen Wandel in der Einstellung hin; zuvor hatte im allgemeinen die Monarchie als die allein legitime Regierungsform gegolten.

Thomas folgt der herkömmlichen Auffassung, indem er erklärt, die *beste* Verfassung sei eine Mischung der drei guten Regierungsformen. Das Argument, das er dafür ins Feld führt, ist von Interesse. Wenngleich Königtum und Aristokratie „die Grundformen der Regierung“ seien, sei es wünschenswert, daß „alle an der Souveränität teilhaben“, weil dann alle „die Verfassung lieben und schützen“ und das Volk in Frieden leben wird. Das volkhafte Element besteht darin, daß die Fürsten vom Volk und aus dem Volk gewählt werden. Dies war die „durch göttliches Gesetz“ geschaffene Verfassung für die Juden des Alten Testaments. Dogmatische und praktisch-vernünftige Überlegungen verflechten sich in seiner Argumentation: Wahlen sind durch die Heilige Schrift sanktioniert, die Teilnahme des Volkes schafft eine stabile Regierung.

Es gibt jedoch noch einen weiteren Grund, weshalb Thomas ein demokratisches Element befürwortet, merkt er doch an anderer Stelle an, daß „ein jeder, insoweit er Vernunft besitzt, entsprechend seinen Verstandeskräften irgendwie an der Herrschaft des Königs teilhat“. Dennoch, fährt er fort, ist die Klugheit der Fürsten von anderer Art als die seiner Untertanen: Dieser ist der Architekt, sie sind die Maurer, die den ihnen vorgelegten Bauplan sorgsam ausführen. In der Schrift *Über die Herrschaft der Fürsten* erklärt

Thomas jedoch, das Königtum sei die beste Regierungsform, wobei er wiederum das Erfahrungsargument, daß die Königsherrschaft Gesetz und Ordnung am wirksamsten zu sichern vermag, mit dem dogmatischen Argument verbindet, daß sie gleichsam das Abbild der Herrschaft Gottes über die Welt ist. Man könnte diese Stellen in der Weise miteinander in Einklang bringen, daß man seine „gemischte Staatsform" als faktische Wahlmonarchie mit einem beratenden Parlament betrachtet. Thomas scheint seine Gedanken über die beste Staatsform jedoch mehr zufällig entwikkelt zu haben. Man kann ihm widersprüchliche Formulierungen vorwerfen. Er war mit Ludwig IX., dem frommen und tatkräftigen König von Frankreich bekannt und trat wahrscheinlich im Interesse einer gerechteren und leistungsfähigeren Verwaltung für Zentralisierung ein. Der gute König unterwirft sich ja den Gesetzen aus freien Stücken.

Einen besonderen Beitrag zum Staatsdenken leistet Thomas durch seine Begrenzung der Untertanenpflichten. Die germanische Rechtsauffassung und das Lehensrecht setzten Adlige in den Stand, einem „ungerechten" König entgegenzutreten und ihn abzusetzen, doch gebot das Neue Testament anscheinend Nichtwiderstand. Das Mittelalter war eine alles andere als ruhige Epoche; in den Städten Italiens waren Revolutionen an der Tagesordnung, und die Päpste hatten die Auflehnung gegen den Kaiser gutgeheißen und gefördert. Angesichts der häufig chaotischen Zustände betonten Schrift-Gelehrte Ordnung und Autorität.

Thomas von Aquin billigte, daß „der Herrscher vom Gesetz befreit" ist, und gab sich damit implizit als Anhänger des *römisch-imperialen Absolutismus* gegenüber *germanischem Konstitutionalismus* zu erkennen. Das vordringlichste Ziel der Regierung ist der Friede. Wir sahen, wie Thomas den Staat erhöhte und seinen Aufgabenbereich erweiterte.

Dagegen muß man Gott mehr gehorchen als den Menschen: Das göttliche und das natürliche Gesetz heben jeden ihnen widerstreitenden menschlichen Befehl auf. Thomas kommt zu dem Schluß, daß das biblische Gebot, der Obrigkeit zu gehorchen, nur so lange gelte, wie diese Gerechtigkeit übe. Macht kommt nicht „von Gott", wenn sie gewaltsam oder durch Korruption *(simonia)* erworben ist. In solchen Fällen dürfen Herrscher gestürzt werden, es sei denn, die Zustimmung des Volkes oder eine übergeordnete Instanz habe sie nachträglich legitimiert, ja: „es werden jene gelobt, die das Volk von der tyrannischen Herrschaft befreien". Später modifiziert Thomas diese Aussage jedoch. Auflehnung führe zum Zerfall in einander bekämpfende Parteien; gebe man Privatleuten das Recht, einen Tyrannen abzusetzen oder zu töten, so würde dies zur Ermordnung vieler guter Könige führen. Deshalb, so argumentiert er jetzt, bedürfe jede Aktion einer Ermächtigung von seiten der Gemeinschaft, die den Herrscher ernannt habe, bzw. durch deren Oberherrn.

Wenngleich Untertanen einen Herrscher nicht absetzen dürfen, sind sie doch nicht verpflichtet zu gehorchen, wenn dieser Ungerechtes befiehlt. Einem Herrscher gegenüber, der *ultra vires* handelt, ist niemand gehorsamspflichtig, und wer Befehl bekommt, eine Sünde zu begehen, ist „nicht nur nicht gehorsamspflichtig, sondern zum Ungehorsam verpflichtet". Diese Lehren veranlaßten *Lord Acton,* der im neunzehnten Jahrhundert für katholisch-liberale Prinzipien eintrat, Thomas als „ersten Liberalen" zu bezeichnen.

Ein Charakteristikum des Thomasschen Staatsdenkens ist die Formulierung mittlerer Prinzipien. In den Einzelheiten eher schwach, weiß er doch Prinzipienfestigkeit mit Flexibilität zu verbinden. Beim Abwägen des Für und Wider politischer Entscheidungen erkennt er der Zweckdienlichkeit und den Resultaten mehr Bedeutung zu als seine Vorgänger. Regierungen, Gesetze und politische Zielsetzungen werden ihrem Zweck, dem „guten Leben", entsprechend beurteilt. So erklärt er zum Beispiel den Krieg für erlaubt, wenn er auf die autoritative Entscheidung des Herrschers hin für eine „gerechte Sache" geführt wird und in der „einwandfreien Absicht" Ungerechtigkeit abzuwenden. Das sind vage Formulierungen, doch spiegeln sie die Thomassche Auffassung von praktischer Vernunft und „politischer Klugheit“. Herrscher und Untertanen *müssen* sich in jeder Lage selbst ein Urteil bilden: darin besteht das Wesen aller sittlichen und politischen Betätigungen. Dies ist die gemeinsame Grundlage des neutestamentlichen Gesetzesverständnisses und der Aristotelischen Situationsethik.

Die Thomassche Natur- und Menschenrechtslehre kann als Versuch aufgefaßt werden, die zwei Jahrhunderte zuvor durch die gregorianischen Reformaßnahmen eingeleitete Verweltlichung nachzuvollziehen. Damals entschloß sich das Papsttum zu einer beträchtlichen Verweltlichung der Politik. Der Genius der mittelalterlichen Kirche steckte die Grenzen zwischen dem Heiligen und dem Profanen neu ab. Die bibilische Lehre von Gott und dem Menschen und die hierarchische Ordnung der Kirche sollten unantastbar bleiben, doch die weltlichen Angelegenheiten im übrigen, soweit die Umstände es gestatteten, nach dem Grundsatz der Zweckmäßigkeit gestaltet werden, Regierungen und Sozialstrukturen weder als heilig noch als unveränderlich gelten. Für die germanischen Völker war das „gute, alte Recht“ etwas Heiliges: Es galt als unveränderlich und gerecht. Doch Europa machte eine rasche wirtschaftliche und soziale Entwicklung durch. Die Thomassche Staatstheorie befriedigte hier ein dringendes Bedürfnis, indem sie einer vernunftgemäßen Anpassung an die Zeitumstände moralische und geistige Wertschätzung verlieh. Sie bot eine angemessene ideologische Grundlage sowohl für eine Erneuerung der Rechtsordnung als auch für die Ausweitung der Regierungstätigkeit. Sie schuf brauchbare Kriterien für die Beurteilung und Verbesserung von Gesetzen und Institutionen.

Die Thomassche Staatstheorie stellte die politische Philosophie Europas auf eine neue Grundlage. Sie legitimierte die Autonomie der weltlichen Herrscher und eine „besonnene Vernünftigkeit“ bei der Entscheidungsfindung. Vom vierzehnten Jahrhundert an wirkte sie auf eine wachsende Zahl von Staatsphilosophen ein. Der Thomismus erlebte im Spanien des sechzehnten Jahrhunderts und abermals im Katholizismus Europas und Amerikas des neunzehnten und zwanzigsten Jahrhunderts eine Erneuerung. Man hat seine Bedeutung und seine Modernität bisweilen überschätzt. Die Naturrechtslehre, zu deren einflußreichsten Vertretern Thomas von Aquin zählt, leistete aber einen wichtigen Beitrag zur Grundlegung der Völkerrechtstheorie durch *Suárez* und *Grotius*. John Locke verdankte der Thomasschen Lehre von der auf dem Naturrecht und dem Gemeinwohl gründenden und dadurch begrenzten Hoheitsgewalt sehr viel. Die enge Verknüpfung der klassischen Politie mit dem stoisch-christlichen Ideal einer allgemeinen Menschenwürde war für die Entwicklung der neuzeitlichen Staaten, der Demokratie und der Herrschaft des Rechts von allergrößter Wichtigkeit.

Die zeitüberdauernde Bedeutung des Thomas von Aquin beruht auf seiner Grundauffassung vom Wesen des Staates und der Politik. Die Menschen brauchen Staaten, doch die Staaten dienen den Menschen, von denen jeder zu Gottes Ebenbild erschaffen ist. Die Tätigkeit des Staates ist auf die Sittlichkeit gerichtet, doch die Sittlichkeit, die er fördert, ist nicht von ihm selbst geschaffen. So lautet die Botschaft des christlichen Aristotelismus.

Niccolò Machiavelli (1469–1527)

Sydney Anglo

Niccolò Machiavelli – Die Anatomie des politischen und militärischen Zerfalls

Niccolò Machiavelli (1469–1527) lebte in einer Epoche, in der expansionsfreudige Fürsten durch ständige Kriege die Zersplitterung Europas vorantrieben. In England herrschten Heinrich VII. und sein Sohn Heinrich VIII. Frankreich erlangte besonders unter dem kriegerischen König Franz I. europäische Bedeutung, und in Spanien, den Niederlanden und Deutschland verkörperte Kaiser Karl V. die Macht des Hauses Habsburg. In Florenz zur Zeit der Republik geboren, wurde Machiavelli in verschiedenen diplomatischen Missionen ins Ausland entsandt und beteiligte sich außerdem an der Aufstellung einer Bürgerwehr. Nach dem Sturz der republikanischen Partei 1512 und bei der Rückkehr der Medici seiner Ämter enthoben, widmete er sich fortan dem Studium der Staatskunde, des Militärwesens und der Geschichte. Die Medici schenkten ihm allmählich ihr Vertrauen, doch ihre Herrschaft brach plötzlich zusammen. Als die Republik wiedererstand, überging man ihn. Wenig später starb er. Die Meinungen über ihn schwanken: Die einen sehen in ihm einen amoralischen Widerling, den Inbegriff der Niedertracht, die anderen den inspirierten Begründer der modernen Politikwissenschaft und Propheten der Einheit Italiens. Machiavellis bleibende Aktualität und die unwiderstehliche Anziehungskraft seiner Schriften machen zusammen seine Hauptleistung aus.

Im Sommer 1498 wurde Machiavelli zum Sekretär der mit auswärtigen Angelegenheiten und Militärfragen befaßten Zweiten Staatskanzlei der Florentinischen Republik ernannt. Der damals Neunundzwanzigjährige entstammte einer verarmten, aber über gute Beziehungen verfügenden Familie und hatte etwas klassische Bildung erhalten, wie sie damals für Gelehrte wie für Staatspersonen als unerläßlich galt. Inwieweit seine Kenntnis der lateinischen Literatur ihm bei seinem beruflichen Aufstieg von Nutzen war, wissen wir nicht. Sie befähigte ihn zweifellos sich inmitten der politischen Stürme, die ihn alsbald umbrandeten, seelisch und geistig zurechtzufinden. Und dies in einer Zeit, da das glücklose Italien zum Kampfplatz für die europäischen Nationalstaaten geworden war.

Vier Jahre zuvor hatte Karl VIII. von Frankreich zur Durchsetzung seines Erbanspruchs auf das Königreich Neapel seinen Italienfeldzug unternommen und damit, nach den Worten Francesco Guicciardinis, eines jüngeren Zeitgenossen von Machiavelli, „unzähligen schrecklichen Plagen" Tür und Tor geöffnet. Italiens Eigendünkel war wie eine Seifenblase zerplatzt. Generationen von Italienern hatten in dem Glauben gelebt, den „Barbaren" Nordeuropas politisch, militärisch und kulturell weit überlegen zu sein. Durch geschickte diplomatische Schachzüge und durch Kriege, bei denen die Bürger daheim blieben, während ihre Söldnerheere sorgfältig gezirkelte Bewegungen ausführten oder sich wechselseitig belagerten, war es ihnen bisher gelungen, zwischen Papsttum, Neapel, Venedig, Mailand und Florenz ein labiles Gleichgewicht aufrechtzuerhalten. Dieses war nun über Nacht zerstört.

Wie durch einen Sturmwind schien plötzlich alles auf den Kopf gestellt, denn nach den Franzosen drangen spanische und kaiserliche Heere in Italien ein, darunter die wegen ihrer Grausamkeit berüchtigten schweizerischen und deutschen Landsknechtshaufen, deren Untaten Angst und Schrecken unter ihren unfreiwilligen Gastgebern verbreiteten. Die Stadt Florenz hatte sich stets als Republik betrachtet, und ihre Lobredner führten das Wort „Freiheit" im Munde, als ob sie ihr besonderes Vorrecht wäre. In Wirklichkeit war die florentinische Freiheit aber zumeist auf die obersten Sprossen der gesellschaftlichen Stufenleiter beschränkt und wurde denjenigen, die die Stadt unterjocht hatte, nur widerwillig gewährt. Überdies war Florenz im fünfzehnten Jahrhundert zumeist eine Oligarchie gewesen, in der die Interessen einer Bankiersfamilie, der Medici, den Ausschlag gaben. Als der politische Orkan des Jahres 1494 ihrer vergleichsweise milden Herrschaft ein Ende setzte und sie ins Exil trieb, trat an ihre Stelle die Theokratie Savonarolas. Diese endete damit, daß der religiöse Fanatiker und Bücherverbrenner 1498 selber öffentlich verbrannt wurde. Im Zuge der darauf folgenden Umbildung der Verwaltung erhielt Machiavelli sein Amt.

Der Name Florenz selbst steht für eine Vielzahl der bedeutendsten Kunstwerke und Dichtungen der Renaissance. Politisch hatte die Stadt eine führende Stellung unter den italienischen Staaten eingenommen. Nun machte die häßliche Realität der Machtpolitik ihre Schwäche offenbar. Machiavelli mußte bald hierhin, bald dorthin hasten, um für die schwache und labile Republik um „gut Wetter" zu bitten, deren übertriebene Ansprüche nicht nur bei ihren erklärten Feinden auf unverhohlene Verachtung stießen, sondern auch bei den Franzosen. Unglücklicherweise sah sich Florenz genötigt sie zu unterstützen. Es war dies für Machiavelli sehr demütigend, gleichzeitig aber auch die denkbar härteste diplomatische Schule.

Machiavelli weilte zwischen 1500 und 1511 viermal in Frankreich und mußte sich dort Beleidigungen – als „Signor Nichts" bezeichnete man die Florentiner – und Verachtung gefallen lassen. Er war in Cesena zugegen, als Cesare Borgia seinen „Minister", Ramírez de Lorqua, kurzerhand in zwei Stücke hauen und auf dem Marktplatz ausstellen ließ, und ebenso in Sinigaglia, als Borgia sich mit seinen abtrünnigen Söldnerführern „arrangierte", indem er sie einfach hinzurichten befahl. Cesares unversöhnliche Härte prägte sich unauslöschlich in Machiavellis Gedächtnis ein. Auch war er Zeuge, als der kriegslüsterne Papst Julius II. Borgia in Rom in Haft hielt und zur Rückgabe seiner Eroberungen zwang. Machiavelli verhandelte mit mehreren italienischen Duodeztyrannen und Condottieri und bekam dabei das ganze Ausmaß ihrer Brutalität und Niedertracht zu spüren. Er suchte sogar den deutschen Kaiser des Heiligen Römischen Reiches, Maximilian I., auf und kehrte voller Verachtung für dessen Unentschlossenheit und übertriebenen Respekt vor den Freiheiten, dem Bürgersinn und der Wehrhaftigkeit der deutschen Städte heim.

Während seiner ganzen diplomatischen Tätigkeit sah sich Machiavelli – den die Republik wegen seines unzureichenden sozialen Status nicht zum vollberechtigten Gesandten ernannt hatte – durch schlechte Bezahlung, eine schwache Verhandlungsposition und mangelhafte Instruktionen behindert. Mitteilungen, die so lange in einem Kurierstiefel oder einem feuchten Brotlaib gesteckt hatten, daß man sie nicht mehr lesen konnte, waren genauso typisch für die Unfähigkeit und Unaufrichtigkeit der florentinischen Diplomatie wie die widersprüchlichen und unbestimmten Anweisungen, die, obgleich lesbar, unglückselige Abgesandte wie Machiavelli in eine hoffnungslose Lage brachten.

Ein zweiter bedeutsamer Aspekt von Machiavellis Tätigkeit war seine ständig zunehmende Beschäftigung mit militärischen Fragen. Die notorische Unfähigkeit der Florentiner, in ihrer Auseinandersetzung mit dem kleinen Pisa endlich eine Entscheidung herbeizuführen, hatte sich allmählich zu einem Skandal ausgewachsen. Die Zeit war daher reif für eine neuartige militärische Lösung, wenngleich die zaghafte Republik von der Furcht gequält wurde, daß ein Nationalheer einer Diktatur den Weg bahnen könnte. Machiavelli wurde ermächtigt, eine kleine Mustermiliz aufzustellen, und konnte gegen Ende des Jahres 1506 einen positiven Bericht, *Abhandlung über die militärische Ausrüstung der Stadt Florenz,* vorlegen. Eine neue Behörde, die „Neun der Miliz", wurde geschaffen und Machiavelli im Januar 1507 zu ihrem Sekretär ernannt. Er arbeitete mit Feuereifer, seine Truppen vollbrachten auf dem Exerzierplatz wahre Wunder an Präzision, und im Juni 1509 wollte es der Zufall, daß Pisa schließlich und endlich unterlag – allerdings nicht in offener Feldschlacht, sondern durch Einschließung. Machiavelli bekam Auftrag, zur Ergänzung der Fußtruppen probeweise einige Kavallerieeinheiten aufzustellen, und wurde darüber hinaus mit weiteren militärischen Aufgaben, einschließlich der Aufsicht über die Befestigungen, betraut. Er war eine Art Wehrexperte geworden und befand sich auf dem Höhepunkt seiner Laufbahn. Doch dann überstürzten sich die Ereignisse. Die Lage Frankreichs, mit dem Florenz untrennbar verbunden war, verschlechterte sich zusehends, und im Sommer 1512 sah sich die Republik einem spanischen Heer auf Gnade und Ungnade ausgeliefert. Die vielgerühmte Miliz gab Fersengeld, der Gonfaloniere, Soderini, flüchtete, die Medici kehrten zurück, die republikanischen Institutionen wurden abgeschafft, und im November wurde Machiavelli aus seinem Amt entlassen und aus der Stadt verbannt. Es sollte noch schlimmer kommen. Er wurde unschuldig angeklagt an einer Verschwörung gegen die Medici beteiligt gewesen zu sein, und obwohl man ihn nach Anwendung der Folter wieder freiließ, blieb er weiterhin in Verdacht. Sieben Jahre sollte es dauern, bis man ihm wieder einen relativ unbedeutenden Auftrag erteilte, und erst im Mai 1526 wurde er erneut mit einem Staatsamt, dem Sekretariat einer neugeschaffenen Behörde für die städtischen Befestigungen, betraut. Soweit ihm diese ersehnte Tätigkeit Freude bereitete, war sie nur von kurzer Dauer, denn genau ein Jahr später wurden die Medici abermals vertrieben.

Die Republik wurde wiederhergestellt, und Machiavelli, der fast fünfzehn Jahre damit verbracht hatte, sich bei den im widerwärtigen Tyrannen einzuschmeicheln, war abermals ohne Amt. Bei der darauffolgenden Umbildung der Verwaltung überging man ihn. Diese seine letzte Enttäuschung war für Machiavelli jedoch schon bedeutungslos, denn er war todkrank. Am 21. Juni 1527 starb er.

Für Machiavelli, der zu allem bereit war, gab man ihm nur ein Amt – und sollten ihn die Medici, so schrieb er, „auch anfangs einen Stein wälzen lassen“ –, waren die Jahre der Abweisung eine wahre Tortur. Seiner Amtsenthebung, Verbannung und erzwungenen Muße verdanken wir jedoch die Werke, die seinen Nachruhm begründet haben. Im Staatsdienst hatte er, von einigen verhältnismäßig unbedeutenden literarischen Arbeiten abgesehen, lediglich diplomatische Noten – häufig in Zusammenarbeit mit älteren Kollegen – sowie verschiedene Berichte über militärische und politische Fragen abgefaßt. Diese Texte, aus denen er später viele für seine analytische Begabung besonders aufschlußreiche Passagen in seine Bücher einbaute, sind für die Forschung von beträchtlichem Wert. Dennoch: Hätte Machiavelli keine weiteren Schriften hinterlassen, so wäre sein Name heute nur noch ein paar Fachgelehrten vertraut. Seine zwangsweise Zurückgezogenheit versetzte ihn in die Lage bittere Betrachtungen über die Katastrophen anzustellen, die über ganz Italien und besonders über seine Vaterstadt Florenz hereingebrochen waren, sich die Lektionen, die er im Laufe seiner diplomatischen Tätigkeit empfangen hatte, noch einmal zu vergegenwärtigen, sich an Männer der Tat zu erinnern, die Schlagkraft der verschiedenen Heere, die er beobachtet hatte, zu analysieren und seine eigene unglückselige Miliz einer erbarmungslosen Kritik zu unterziehen.

Die Ergebnisse dieser Überlegungen legte er in vier Werken nieder. *Der Fürst* (entstanden ca. 1513) sollte den „neuen“ Medici-Fürsten im Erwerb, im Erhalt und in der Mehrung von Macht unterweisen. Die *Betrachtungen über die I. Dekade des Livius* (entstanden 1513–19) sind eine Untersuchung der politischen und militärischen Institutionen Roms auf der Grundlage der Geschichtsbücher des Livius. Die *Kriegskunst* (entstanden ca. 1519–20) behandelt militärtheoretische Fragen, und die *Florentinische Geschichte* (entstanden 1520–27) beschreibt die Geschichte der Republik – bis zum Tode Lorenzos des Prächtigen im Jahre 1492 – im Kontext der Geschichte Italiens.

Machiavellis unverminderte Anziehungskraft resultiert aus einer Reihe ungelöster Spannungen, die sein gesamtes Werk durchziehen. Sein Stil ist provokativ, paradox und disjunktiv. Staaten sind entweder Republiken oder Fürstentümer; sie leben entweder von jeher unter einem Fürsten oder sind daran gewöhnt frei zu sein. Fürsten müssen wählen zwischen Liebe und Angst, Milde und Grausamkeit, Freigebigkeit und Knausrigkeit.

Soldaten in der Schlacht müssen entweder siegen oder fallen. Unterjochte Völker muß man entweger gut behandeln oder zerschmettern. Von drakonischen Maßnahmen kann man guten oder schlechten Gebrauch machen. Überall stößt man auf denkwürdige Aussprüche und glänzende Aphorismen. Durchgängig entsteht der Eindruck einer imponierenden Präzision. Die Urteile erscheinen dem Leser stets treffend und endgültig. Doch im einzelnen bleibt der Sinn oftmals dunkel. Gegensätzliche Positionen werden mit denselben historischen Beispielen belegt.

Eine begrenzte Anzahl von Schlüsselwörtern wird mit Bedeutungen befrachtet, die ihnen eigentlich nicht zukommen. Ungeachtet der Exaktheit und Durchschlagskraft seiner großartigen Prosa ist Machiavelli schwer zu fassen. Und die Auseinandersetzung über seine Absichten ist noch immer nicht zum Abschluß gekommen.

Seine Gedanken sind wie ein Netz von Widersprüchen. Er verzweifelte an seinen italienischen Landsleuten und an ihren Herrschern. Er hoffte auf eine nationale Wiedergeburt unter einer messianischen Führungsfigur. Er verachtete die Florentinische Republik wegen ihrer Saumseligkeit und Schwäche und mühte sich, bei den wegen ihrer Vetternwirtschaft berüchtigten Medici Anerkennung zu finden. Trotzdem bewahrte er sich seinen republikanischen Idealismus und schlug der Fürstenfamilie sogar vor, nach der Wiederherstellung der Ordnung ihre Bürger auf eine republikanische Verfassung vorzubereiten, freie Institutionen zu schaffen und dann freiwillig abzutreten.

Machiavellis tiefe Widersprüchlichkeit gründet in seinem

Menschenbild. Sein Werk ist voll von düsteren Aussprüchen über seine Mitmenschen. Unzuverlässig sind sie, egoistisch und schlecht. Gutes tun sie nur unter Zwang. Sie sind ebenso arglistig wie leichtgläubig, neidisch, dem Bösen mehr zugetan als dem Guten, unfähig, unzufrieden und ehrsüchtig. Die menschliche Natur ist ein labiles Gemenge aus Dummheit, Begierlichkeit und Bosheit. Und die Herrscher sind nicht besser als die Beherrschten. Ungeachtet dieses tiefen Pessimismus klammert Machiavelli sich doch auch an die Überzeugung, daß die Fürsten und ihre Untertanen errettbar seien. Nach seiner Auffassung ist es möglich, Regeln für effiziente politische Verhaltensweisen aufzustellen und auch zu lehren und so die Menschen von ihren Schlechtigkeiten abzubringen, sie zur Selbstlosigkeit zu inspirieren und Bürgersinn in ihnen zu erwecken. Wäre dem nicht so, so würde er seine Schriftstellerei aufgeben.

Parallel zu dieser Zwiespältigkeit im Hinblick auf die Natur des Menschen verläuft Machiavellis Einschätzung der menschlichen Fähigkeit, das eigene Schicksal zu meistern. Zwei Gegensatzpaare tauchen in seinen Schriften immer wieder auf, und obwohl sie niemals definiert werden, wird ihre Bedeutung doch aus ihrer häufigen Wiederholung in vielen verschiedenartigen Zusammenhängen klar ersichtlich. Das erste, *fortuna* und *virtù,* betrifft die Frage, ob die menschlichen Angelegenheiten völlig dem Zufall unterworfen sind oder ob menschliches Geschick und Mühen einen Einfluß auf sie auszuüben vermögen. Die scheinbar unerbittliche Tyrannis der *fortuna* stimmt Michiavelli pessimistisch, erscheinen die Menschen doch allzuoft nur als hilflose *Opfer ihrer Verhältnisse.* Auf der anderen Seite konstatiert er bei manchen Individuen eine Eigenschaft, die er *virtù* nennt. Diese ist zweifellos nicht nur sittliche Tugend, wenngleich sie häufig Patriotismus, selbstlosen Dienst für andere und Bürgersinn in sich einschließt. Gewöhnlich handelt es sich um einen Begabungskomplex, der Können, Mut, Entschlußkraft, Anpassungsfähigkeit und dazu Rücksichtslosigkeit umfaßt. Vor allem ist dies die Fähigkeit und der Vorsatz, den zur Erzielung festumrissener politischer Ziele jeweils zweckdienlichsten Kurs einzuhalten. Während die große Masse mithin der Laune der *fortuna* unterworfen bleibt, sind doch zumindest einige Menschen imstande, ihr Schicksal teilweise selbst in die Hand zu nehmen.

Die andere – für Machiavelli ebenso wichtige – Polarität ist die von *virtù* (hier eher als korporative denn als persönliche Qualität aufgefaßt) und *Korruption*. Diese stehen an entgegengesetzten Enden des historischen Prozesses, machen doch Staaten wie Menschen einen Entwicklungsgang durch: Geburt, Heranwachsen, Reife, Verfall und Tod. Auf die Herausforderung durch Unordnung reagiert ein junger Staat mit Kriegsbereitschaft und *virtù*. *Virtù* schafft Ruhe, Ruhe erzeugt Trägheit, Trägheit aber Unordnung und Unordnung schließlich Korruption und Verfall. Theoretisch könnte sich dann der ganze Vorgang wiederholen: der Verfall zur Ordnung führen, die Ordnung zu *virtù* und weiter zu Ruhe und Glück – doch unglücklicherweise werden Staaten, die im Niedergang begriffen sind, ausnahmslos anderen, aufstrebenden zur leichten Beute.

Reiche entstehen und vergehen. *Virtù* ist Ursache und Wirkung ihrer Erfolge. Korruption ist Ursache sowie Wirkung ihres Sturzes, ihre Erscheinungsformen sind vielfältig. Politische Zerklüftung, Gottlosigkeit und Unredlichkeit, der Aufstieg von Schurken und die Abweisung von Ehrenmännern, Geilheit und Prasserei, Geiz und die Gier nach äußeren Ehren, fortwährende Zwistigkeiten, Engstirnigkeit und die Verfolgung von Sonderinteressen auf Kosten des Gemeinwohls – dies sind die sichtbaren Zeichen staatlichen Niedergangs. *Korruption* greift überall dort um sich, wo die Gesetzgebung nicht die Interessen der Allgemeinheit, sondern die von Privatpersonen im Auge hat, wo über Krieg, Frieden und Bündnisse nicht zur Mehrung des gemeinschaftlichen Ruhmes, sondern zur Befriedigung der Wünsche einer Minderheit entschieden wird. Am schlimmsten aber ist sie dort, wo Fürst und Volk gleichermaßen den Willen und die Fähigkeit eingebüßt haben, sich gegen ihre

Feinde zur Wehr zu setzen. Dies war nach Machiavellis Auffassung der damalige Zustand Europas (mit Ausnahme der Schweiz und Deutschlands), und auf der untersten Stufe war Italien angelangt, wo die Korruption eine vollkommene war. Den italienischen Fürsten mangelte es an persönlicher, den italienischen Städten an bürgerlicher *virtù*. Sie waren infolgedessen lediglich Spielzeug der grausamen Göttin *Fortuna*.

Als Staatsdenker geht es Machiavelli darum, diese Korruption dokumentarisch zu belegen, sie zu erklären und festzustellen, ob ihr abzuhelfen sei oder nicht. Er bedient sich in allen seinen Werken einer vergleichenden Methode, indem er auf der Grundlage seiner Lektüre der antiken Historiker und der praktischen Erfahrung, die er selbst im Staatsdienst gesammelt hatte, die Verhaltensweisen der Vergangenheit und der Gegenwart untersucht.

Dies Verfahren, so meint er, werde positive Ergebnisse zeitigen, da das menschliche Verhalten im Verlauf der Geschichte stets gleichgeblieben sei. Da die Menschen immer von denselben Wünschen und Leidenschaften angetrieben werden, legt die Analyse gleichartiger Probleme Lösungen nahe, die sich schon als erfolgreich erwiesen haben, macht die Gründe für Fehlschläge offenbar und fördert die für die jeweilige Situation geeignetsten politischen Maßnahmen zutage. Für Machiavelli stellt die Geschichte der römischen Republik einen unvergleichlichen Schatz an politischer Weisheit dar, das moderne Italien und besonders seine unglückselige, doch heißgeliebte Vaterstadt Florenz dagegen einen stinkenden Pfuhl der Torheit.

Was entdeckt Machiavelli bei dieser Gegenüberstellung von antiker Tüchtigkeit und neuzeitlicher Entartung? Vor allen Dingen: *Korruption* läßt sich nicht für immer ausschließen. Selbst Rom sank durch die Korruption des Kaiserreiches von seiner republikanischen *virtú* schließlich so sehr herab, daß es zugrunde ging und zerfiel. Dennoch konstatiert Machiavelli auch, daß es Rom gelungen war, den Verfallsprozeß beträchtlich zu verzögern, und zwar durch regelmäßige Verjüngung seiner politischen Institutionen, Pflege der Religion, unnachsichtige Bestrafung von Übeltätern, Belohnungen und Ehrenstellen für tüchtige Bürger, Einschärfung von Bürgersinn und strenge Beachtung der Gesetze. Hier scheinen sich seine Befunde mit seinen eigenen Erfahrungen zu decken – oder vielmehr mit seinen vorgefaßten Ideen. Ohne ein intaktes Wehrwesen könne es keine guten Gesetze geben, und Wehrhaftigkeit lasse sich nur durch Aufstellung einer Miliz erzielen, einer Bürgerwehr, die in Friedenszeiten regelmäßig Übungen abhalten solle, so daß sie stets einsatzbereit ist. Nötig ist ein Heer von Männern, die bereit sind für ihre Freunde, ihre Angehörigen, ihre Landsleute und ihr Land zu kämpfen und zu sterben. Italiens Abhängigkeit von Banditen, die nur auf ihre persönliche Sicherheit und ihren Vorteil bedacht sind, ist dem Land zum Fluch geworden. Die Söldnerheere sind der Hauptgrund für die Feigheit und Kraftlosigkeit. In dem großen Geschichtsdrama, das vor Machiavelli abrollt, spielen sie die Rolle des Erzschurken.

Mit seiner kalten Ratio und seinem feurigen Temperament, seinem gedrängten Stil und seinen ungenauen Formulierungen, seinen klaren Idealen und verworrenen Argumenten erweist Machiavelli sich als ein sehr vieldeutiger Schriftsteller. Jedes seiner Werke bildet aber ein Teilstück einer kohärenten historischen und politischen Untersuchung, und alle sind so eng miteinander verknüpft, daß man sie nur als Ganzes würdigen kann.

Die *Betrachtungen* stellen die Faktoren heraus, auf denen der langanhaltende Erfolg der römischen Institutionen beruhte, und schlagen Mittel zur Bekämpfung der *Korruption* vor, die Machiavelli aus der Gegenüberstellung von römischer Voraussicht und moderner Torheit gewinnt. Die Ideallösung wäre natürlich die Errichtung einer Republik, doch behandelt Machiavelli die Probleme, die bei extremer Korruption entstehen, und kommt zu dem Schluß, daß es unter solchen Umständen einer „fast königlichen Gewalt“ bedürfe. Allein die *virtù* eines großen Mannes kann die Ordnung wiederherstellen, und nur die schärfsten Maßnahmen werden sich als ausreichend erweisen. Diese hatte Machiavelli bereits in *Der Fürst* erörtert. Dieses Werk handelt ausschließlich von einem total korrupten Gemeinwesen – d.h. von einem Italien, das von den unfähigen Fürsten seiner eigenen Zeit regiert und von fremden Barbarenhorden gedemütigt wird. Die Antwort auf diese Probleme hatte nicht sehr erfreulich geklungen.

Ein rücksichtslos vorgehender Fürst, der entschlossen ist, sich über alle Moralvorschriften hinwegzusetzen, könnte vielleicht Erfolg haben. Die *virtù* dieser Führungsfigur, die hier in erster Linie mit militärischem Können, der Abschaffung der Söldnerheere und der Aufstellung von Bürgerwehren ineinsgesetzt wird, muß die *fortuna* überwinden. Dieser Fürst kann die Oberhand nur gewinnen, wenn er alle Energien auf den Krieg konzentriert. Eine andere Möglichkeit, Italien zu einen und die Fremden aus dem Land zu vertreiben, gibt es nicht.

Die bestmögliche militärische Praxis ist Gegenstand der *Kriegskunst,* der somit zentrale Bedeutung unter Machiavellis Staatsschriften zukommt. Machiavelli konstruiert hier in Fortführung der militärreformerischen Erörterungen in seinen beiden vorangegangenen Schriften eine Modellarmee, die auf seiner Deutung der römischen Institutionen gründet. Er berücksichtigt dabei die seitherigen Fortschritte der Kriegstechnik, zollt der antiken *virtù* im übrigen höchste Bewunderung und äußert sich über die moderne *Korruption* mit abgrundtiefer Verachtung. Obwohl hier notwendigerweise der Akzent auf militärischen Techniken liegt – Rekrutierung, Bewaffnung, Organisation, Bewegung, Feldschlacht und Feldlager –,erklärt er ausdrücklich, daß es ihm in der Hauptsache auf die Einschärfung von Bürgersinn durch militärische Disziplin ankomme sowie auf die Bekräftigung seiner Lehre, daß gute Gesetze nur durch Wehrhaftigkeit zustande kommen und erhalten werden. In einem abschließenden Appell, der wie *Der Fürst* den patriotischen Eifer wieder aufgreift und sich an die Herrscher Italiens wendet, fordert

Machiavelli seinem rat zu folgen und das unterjochte Vaterland auf diese Weise zu befreien.

In der *Florentinischen Geschichte* vermißt man solch aufrüttelnden Ruf zu den Waffen. Es ist dies Machiavellis letzte und am sorgfältigsten ausgearbeitete Schilderung der fortschreitenden Korruption in Italien, wo dem Verlust der Wehrkraft und der während des ganzen fünfzehnten Jahrhunderts praktizierten katastrophalen Abhängigkeit von Söldnerheeren der Verfall der politischen Institutionen auf dem Fuße gefolgt war. Hier liefert Machiavelli die historischen Grundlagen für viele der rein hypothetischen Überlegungen seiner vorangegangenen Schriften, und abermals gibt die römische *virtù* einen Maßstab für die Misere der Gegenwart. Der einzige deutliche Unterschied zwischen diesem Werk und Machiavellis früheren Veröffentlichungen besteht darin, daß die verzweifelte Stimmung des Verfassers hier stärker durchschimmert. Dic *Kriegskunst* war 1521 erschienen, doch Italien blieb gegen die Erneuerungsvorschläge, die Machiavelli darin vorbrachte, ebenso gleichgültig wie gegen seine Kassandrarufe.

Die *Kriegskunst* ist die einzige Hauptschrift Machiavellis, die zu seinen Lebzeiten erschien. Seine übrigen Werke wurden erstmals in den Jahren 1531–32 veröffentlicht und haben seither sowohl im italienischen Original wie auch in Übersetzungen ins Lateinische und in moderne Sprachen weite Verbreitung gefunden. Sie sind immer greifbar gewesen, viel gelesen und tief bewundert worden. Dennoch gründet sich Machiavellis Nachruhm auf einen sehr kleinen Teil seiner Schriften. Bis zu einem gewissen Grade war er selbst schuld daran. Es gefiel ihm, seine Leser zu provozieren und zu schockieren, sie zur Überprüfung ihrer eingefleischten Gewohnheiten zu zwingen und mit seiner fesselnden, aphoristischen Prosa anzuregen. Vor allem aber löste er auf zwei heiklen Gebieten eine lebhafte Diskussion aus.

Der Fürst soll nach seiner Meinung nicht nur etwas Nützliches vorbringen und sich deshalb der herkömmlichen Weisheitssprüche, die den Fürsten sittliche Tugenden einschärften, enthalten, sondern die Tradition geradezu auf den Kopf stellen. Jahrhundertelang hatten die Staatsdenker die Herrscher zu Freigebigkeit, Güte und zum Worthalten ermahnt, damit sie die Liebe ihrer Untertanen gewinnen mögen. Machiavelli räumt ein, daß dies höchst lobenswert sei, wäre die Welt tugendhaft. Das ist sie indessen nicht, und ein Fürst kann nur überleben, wenn er knauserig und grausam ist, Angst und Schrecken verbreitet und seine Zusagen nur so lange einhält, wie es für ihn von Vorteil ist – keinen Augenblick länger. So nämlich verfahren die Herrscher der Welt. Täten sie es nicht, so wären sie bald erledigt. Machiavelli trennt die politische Moral deshalb ganz bewußt von der christlichen Ethik – besonders im Falle eines neuen Fürsten, der in dem Korruptionssumpf, den Italien im frühen sechzehnten Jahrhundert darstellte, seinen Staat intakt zu halten suchte. Der Kontext seiner Werke geriet jedoch rasch in Vergessenheit, und die Nachwelt hat diejenigen Kapitel im *Fürsten,* in denen er diese haarsträubende Moral vertritt, als autonome Lehre behandelt – als ob sie die Eigengesetzlichkeit politischen Verhaltens unter allen Umständen propagierten.

Provokativ erscheinen sodann die Passagen der *Betrachtungen,* in denen Machiavelli eine leidenschaftslose Prüfung des religiösen Glaubens als eines wertvollen Instruments der Politik anstellt, dem Papsttum mit bitteren Vorwürfen Italiens Zerrissenheit und sittliche Verkommenheit zur Last legt und der Erhöhung der Sanftmütigen, Schwachen und Demütigen im Christentum die heidnische Hochschätzung für Männer mit *virtù* entgegenstellt. Für Machiavelli ist eine kleinmütige Religion politisch nutzlos. Solche Argumente warfen unvermeidlicherweise schwierige Fragen auf.

War es ethisch zu rechtfertigen, wenn Herrscher die altüberkommene Rechtschaffenheit und Redlichkeit übten und dadurch die Sicherheit und das Wohlergehen ihrer Untertanen aufs Spiel setzten? Welche Rolle kam der Religion im sozialen Leben zu und wie war ihr Verhältnis zur weltlichen Gewalt beschaffen? Die Machiavellis Werk inhärenten Spannungen riefen von Anbeginn an sehr verschiedenartige

Reaktionen hervor. Stets hat er aufmerksame Leser gefunden, die seinen politischen Scharfsinn und kraftvollen Stil rühmen. Ebenso hat die Art und Weise, wie er Fragen der Moral und Religion abhandelt, immer scharfen Widerspruch erregt. Solche Gegner haben Machiavellis Werk im allgemeinen nicht als Ganzes betrachtet und entsprechend heftiger und nachdrücklicher kritisiert, womit sie sich unverdientermaßen mehr Gehör zu verschaffen vermochten als freundlichere Beurteiler. Das Klischee entstand lange vor dem Ausgang des sechzehnten Jahrhunderts. Ungeachtet – vielleicht auch wegen – der Beliebtheit seiner Bücher gehörte Machiavelli zu den Schriftstellern, deren sämtliche Werke 1557 und 1559 vom Papst auf den Index der verbotenen Bücher gesetzt wurden. In dem Schmähschriften-Krieg, der auf die Ermordung der Hugenotten in der Bartholomäusnacht 1572 folgte, erregte er sodann den wütenden Haß der Protestanten. Als katholische Polemiker in törichten Jubel über die Vernichtung der Ketzer ausbrachen, trat ihnen ein hugenottischer Jurist, Innocent Gentillet, als entschiedener Verfechter der französischen Rittertugenden gegen ihre Besudelung durch Fremdlinge entgegen.

Unter Ausländern wurden die Italiener als besonders verabscheuungswürdig hingestellt, unter den Italienern die Florentiner, unter den Florentinern die Königinmutter Katharina von Medici und ihre Ratgeber, und unter den Ratgebern der längst verstorbene, aber immer noch gefährliche Machiavelli, dessen Schriften die theoretische Rechtfertigung für das heimtückische Blutbad geliefert hätten. Zum Beweis seiner These faßte Gentillet Machiavellis Lehren zu einigen „Tyrannen-Maximen" zusammen, mit denen er die Vielschichtigkeit des Originals auf eine Reihe simpler, amoralistischer Aussprüche reduzierte. *Das Machiavell-Klischee* war da.

Der Name des Florentiners wurde zum Synonym für alles Verabscheuungswürdige und z.B. als solches 1611 in das berühmte *Dictionary of the French and English Tongues* von Cotgrave aufgenommen, welches *Machiavellismus* als

„spitzfindige und raffinierte Politik“, ja als „geschicktes Schurkentum“ definiert. Zwischen dem Ruf und den Schriften Machiavellis klaffte von da an endgültig eine Lücke. Dabei ist es ungeachtet der redlichen Bemühungen ganzer Scharen von Gelehrten des neunzehnten Jahrhunderts bis heute geblieben.

Machiavellistisch, machiavellian, machiavellico, maquivélico, machiavélique: Machiavelli hat für immer in die modernen Sprachen Eingang gefunden, und der finstere Beiklang seines Namens läßt sich nicht mehr tilgen. Vielleicht hat das aber auch sein Gutes. Mancher mag sich von der angeblichen Verruchtheit seiner Bücher dazu verführen lassen, sich in sie zu vertiefen und ihren zeitüberdauernden Gehalt in sich aufzunehmen, handeln sie doch von solchen Dingen wie dem Verhältnis von Politik und Moral, den Grenzen der Staatsgewalt, der Notwendigkeit, Verdienste zu belohnen und angemessene Strafen zu verhängen, der Rolle und Kontrolle ideologischer Strömungen, dem Verhältnis von militärischer Disziplin und bürgerlicher Ordnung. Solche Leser mögen sich fragen, ob der Analytiker Machiavelli vielleicht auch ein Prophet war, und von einem unangenehmen Gefühl beschlichen werden, wenn sie verfolgen, wie er die Erscheinungsformen der Dekadenz beschreibt und ihre Krebsgeschwülste bloßlegt: Verteidigung egoistischer und parteilicher Ziele auf Kosten des Gemeinwohls, Lobhudelei moralischer Verworfenheit, Neutralität aus Kraftlosigkeit, Gleichgültigkeit angesichts eines feindlichen Einmarsches, Abhängigkeit von der Militärmacht anderer im Kampf um die Bewahrung der Freiheit, Unvermögen, das monströse Mißverhältnis zwischen den Bewaffneten und den Waffenlosen zu erkennen ... Machiavelli war vielleicht kein sehr gewandter Dialektiker, ein selektiver Historiker und ein unkritischer Quellenbenutzer, doch konnte er politische Korruption als solche erkennen, wenn er ihr begegnete.

Jean Calvin (1509–1564)

Harro Höpfl

Jean Calvin – Der Staat und die politische Freiheit

Jean Calvin wurde 1509 in Noyon (Picardie) geboren und studierte in Paris, Orléans und Bourges. 1534 nötigte ihn seine Hinwendung zu den von Franz I. verbotenen evangelischen Lehren zur Flucht aus Frankreich. Nachdem er sich schließlich in Genf niedergelassen hatte, bildete er von 1536 bis zu seinem Tod im Jahre 1564 die treibende Kraft der dortigen reformatorischen Bewegung. Darüber hinaus galt seine Hauptsorge dem Fortbestand und der Solidarität der überall in Europa neu ins Dasein getretenen protestantischen Kirchen, mit deren führenden Vertretern er ebenso im Briefwechsel stand, wie mit den weltlichen Protagonisten der Reformation. Als Theologe stand er unter dem Einfluß des großen deutschen Reformators Martin Luther und wußte sich wie dieser auch den Kirchenvätern verpflichtet, vor allem Augustinus. Die aufeinanderfolgenden, jeweils neu bearbeiteten Ausgaben seiner *Unterweisung in der christlichen Religion* und seine biblischen Kommentare waren über Generationen hinaus grundlegende Werke der reformatorischen Theologie.

Seine Anhänger paßten seine Lehre von Staat und Kirche den Verhältnissen größerer, monarchisch regierter Staaten an, gewöhnlich gegen den hartnäckigen Widerstand der Herrscher. Sie gelangten dazu, politischen „Widerstand“ (d. h. einen revolutionären Umsturz) und ein konstitutionelles System zu fordern. Die besonders in Bodins *Sechs Büchern über das Gemeinwesen* (1576) und Hobbes' *Leviathan* (1651) vorgetragenen absolutistischen Staatstheorien stellten dann teilweise eine Antwort auf diese Lehren dar.

Jean Calvin wurde 1509 in Noyon in der Picardie als Sohn eines bischöflichen Beamten geboren. Er studierte scholastische Philosophie und Logik in Paris und wurde 1531 in Bourges Lizentiat der Rechte. Er empfand zeitlebens hohe Achtung vor dem Römischen Recht, doch war inzwischen sein Interesse für die humanistische Opposition gegen die Scholastik erwacht – anders ausgedrückt, für die Meisterwerke der Literatur und Redekunst, die Sitten- und Lebensregeln des griechischen und römischen, heidnischen wie christlichen Altertums. Er nahm auch Privatunterricht im Griechischen, einer Sprache, mit der man im damaligen Frankreich ebenso die lutherische „Ketzerei" wie den Humanismus assoziierte. 1532 veröffentlichte Calvin einen gelehrten Kommentar zu dem Traktat *Über die Milde* des römischen Philosophen Seneca. Er zeigte sich dabei nicht in erster Linie am politischen Gehalt des Werkes interessiert – es handelt von einer der hauptsächlichsten Herrschertugenden – auch nicht an seiner Morallehre (Calvin bevorzugte Cicero), sondern eher an Senecas virtuosem Könnertum als Praktiker der Rhetorik, der Kunst, wirkungsvoll zu reden und zu schreiben. Calvin war kein geborener Politiker.

Um diese Zeit wandte sich Calvin dem evangelischen Glauben zu. Er mußte Frankreich verlassen und ließ sich 1535 in der reformierten Stadt Basel nieder. Hier veröffentlichte er im August 1536 die lateinische Erstausgabe seines theologischen Hauptwerks, der *Christianae religionis Institutio (Unterweisung in der christlichen Religion),* einer streng systematischen Darstellung der reformatorischen Lehre. Er erweiterte und überarbeitete dieses Werk immer wieder; die aufeinanderfolgenden Ausgaben, deren Fassung von 1559–60 als endgültiger Text gilt, dokumentieren Calvins Leben und Denken. Er übersetzte sämtliche Editionen außerdem in ein musterhaftes, kraftvolles Französisch, das er sich vermutlich bei seiner Predigertätigkeit aneignete, der er einen Großteil seiner Arbeitskraft widmete: seine Bildung hatte er gänzlich in Lateinisch erhalten. Das Werk hatte Erfolg und bewirkte, daß Calvin gegen Ende 1536 aufgefordert wurde ein kirchliches Lehramt in Genf zu übernehmen.

In Zusammenarbeit mit anderen, dort bereits tätigen Pfarrern ging Calvin daran, die Genfer Gemeindekirche mit einer solchen Energie und mit einem derartigen Beharren auf Autonomie zu reformieren, daß man ihn und zwei andere Prediger Ostern 1538 aus der Stadt auswies. Er betreute dann die französische Flüchtlingsgemeinde in der bedeutenden Freien Reichsstadt Straßburg und sammelte durch seine Teilnahme an Religionsgesprächen auch außenpolitische Erfahrungen. Im Herbst 1541 rief ihn der Genfer Rat reumütig zurück und akzeptierte einen guten Teil der Vorschläge für eine Reform des Kirchenwesens, die er sogleich unterbreitete. Den Rest seines Lebens widmete er dann der Durchführung der neuen Kirchenordnung.

Die Erfolge, die Calvin in Genf erzielte, verdankte er voll und ganz seinem großen Organisationstalent, seiner persönlichen Autorität und seiner Fähigkeit, sowohl seine geistlichen Kollegen wie auch den sich seinen Plänen häufig widersetzenden Rat von der Richtigkeit seiner Auffassungen zu überzeugen. Sein Status war lediglich der eines Mitglieds der „Compagnie Vénérable des Pasteurs" und des Konsistoriums, einer selbständigen Vertretung der Kirchengemeinde aus sechs Geistlichen und zwölf dem weltlichen Rat entnommenen „Ältesten"; bis zum Jahre 1559 besaß er nicht einmal das Genfer Bürgerrecht. 1543 wurde er wegen seiner Gelehrsamkeit aufgefordert, die zivilen „Ordonnanzen" der Stadt zu revidieren. Er und die anderen Geistlichen – Calvin bestand stets auf der Kollegialität des geistlichen Amtes – setzten beim Rat die Schaffung einer exemplarischen sittlichen wie geistlichen Ordnung durch. 1559 erreichte er endlich, daß in Genf eine Akademie, die spätere Universität, gegründet wurde. Calvin war die meiste Zeit seines Lebens kränklich. Er starb 1564.

Calvin verfaßte die *Institutio,* seine *Kommentare* zu fast allen Büchern des Alten und Neuen Testaments und die Streitschriften und Bücher zur Verteidigung der Gesamtreformation als Theologe. Die Grundfragen des Rechts und des Staates, die die Philosophen, Historiker und Staatsmänner erörterten, interessierten ihn nur insoweit, als sie einer theologischen Betrachtung zugänglich waren. Tatsächlich widerstrebte es ihm, mehr als nur einen einfachen Entwurf für den staatlichen Bereich eines christlichen Gemeinwesens vorzulegen. Er war aber ein Theologe, der eine Kirche zu verwalten hatte, in Genf und außerhalb mit weltlichen Herrschern verhandelte und sich um bedrängte evangelische Glaubensgenossen, vor allem in Frankreich, Gedanken machen mußte. Die Erfahrungen, die er bei all diesen Tätigkeiten sammelte, flossen, von jener anhaltenden Versenkung in die Bibel „durchtränkt", die das eigentliche Studienobjekt des evangelischen Theologen ist, in seine Schriften ein.

Genf, der Ort seiner Tätigkeit, war eine Stadt mit einer nicht unbeträchtlichen Bevölkerung (vielleicht 16.000–18.000 Einwohner, darunter zahlreiche Glaubensflüchtlinge aus ganz Europa), aber von geringer internationaler Bedeutung. Druckereien wurden erst zu Calvins Zeit errichtet; Bankwesen und Uhrmacherei folgten sehr viel später. Anders als die Kantone der Eidgenossenschaft, der es nicht angehörte, befaßte es sich *nicht* mit der gewinnbringenden Lieferung von Söldnern an auswärtige Herrscher. Genf war jetzt noch ohne weltlichen oder geistlichen Regenten, hatte es seinen einstigen Oberherrn, den Fürstbischof, doch jüngst vertrieben. Seine stets gefährdete Unabhängigkeit suchte es durch vorsichtige Diplomatie und kampfentschlossene Wachsamkeit zu sichern: 1534 wurden die außerhalb der Stadtmauern entstandenen Vorstädte zum Zwecke der Erleichterung der Verteidigungsbereitschaft dem Erdboden gleichgemacht. Da es sich in einem ständigen Belagerungszustand befand, drang nicht nur religiöses Eifererturn auf Disziplin und Einheit im Glauben, sondern es hingen daran auch Moral und Überleben des Gemeinwesens.

Die Verfassung dieser freien Stadtrepublik war ziemlich komplex. Die vollziehende Gewalt lag in den Händen der „Messieurs de Genève", auch „Magnifiques Seigneurs" genannt, einer Art Wahlaristokratie, die aus vier „Syndizi“ und etwa fünfundzwanzig Mitgliedern eines „Kleines Rats“ bestand. Die Syndizi wurden alljährlich vom Großen Rat gewählt, dem sämtliche Vollbürger angehörten und der nur zweimal im Jahr zusammentrat. Außerdem existierte ein *Rat der Zweihundert,* der monatlich zusammentrat und ebenfalls für ein Jahr den *Kleinen Rat* wählte. Berufspolitiker, -richter oder -beamte gab es nicht, wenngleich manche Familiennamen immer erneut in den Ratsprotokollen aufscheinen. Die Regierung von Genf war mithin sowohl ein Stadtrat als auch ein unabhängiger Souverän und befaßte sich mit allem, von der Straßenreinigung über Strafprozesse bis hin zur Leitung der Außenpolitik. Letzthin hatten sich die Messieurs der Lehre und des Kults ihrer Untertanen angenommen. Wie anderwärts wurde die reformatorische Erneuerung durch staatliche Erlasse vollendet, was im Endergebnis auf eine beträchtliche Steigerung der Macht und Hoheitsgewalt der weltlichen Herrscher hinauslief. Mit diesem Problem mußte Calvin sich auseinandersetzen.

Nach damaligem Verständnis war ein Gemeinwesen (*civitas;* der Ausdruck „Staat“ gelangte erst seit der Jahrhundertmitte von Italien her nach Norden) ein sowohl geistliches wie weltliches Ganzes. Es setzte sich aus Untertanen zusammen, die sich zum christlichen Glauben bekannten, und aus Herrschern, die sich für deren leibliches und auch seelisches Wohlergehen verantwortlich fühlten. Die reformatorisch gesinnten Landesherren verfügten die Beendigung der geistlichen und weltlichen Gewalt des Papstes über ihre Untertanen und die Aufhebung aller noch bestehenden Privilegien und Jurisdiktionsbefugnisse der Geistlichkeit, um dann die oberste Leitung „ihrer“ Kirchen einfach selbst zu übernehmen. Die Väter der Reformation hatten das nicht gewollt. Ihr Ziel war die Beseitigung der geistlichen Tyrannei der Päpste und Prälaten, die Befreiung der Kirche von weltlichen Gütern und sie befleckender irdischer Macht und vor allem die Rückkehr zu der reinen, innerlichen, nicht käuflichen Spiritualität der Evangelien in scharfer Abgrenzung gegen die rituellen, äußerlichen Zeremonien, die jetzt als der wahre Glaube ausgegeben wurden. Viele Herrscher und obrigkeitliche Personen schienen bereit, ihre Macht zur Förderung dieses reformatorischen Erneuerungswerkes einzusetzen, das ohne ihre Mithilfe ohnehin unausführbar war. Und dies wurde freudig akzeptiert. Die Reformatoren machten sich anfänglich über Mittel und Wege, über Organisationsfragen und -formen nur wenig Gedanken; gottgefälliges Predigen, Bibelübersetzungen in die Landessprachen und die Beseitigung der Mißbräuche erschienen ihnen ungleich wichtiger. Und schon bald darauf wurden gleichgesinnte Landesherren zu unerläßlichen Beschützern gegen Unruhestifter, gegen drohende Gefahren des Sektierertums und die Feindseligkeit katholischer Herrscher und Kaiser. Binnen kurzem stellte sich heraus, daß der für solch einen „Schutz" zu errichtende Preis zu hoch war, doch da war es bereits zu spät für die Rückgewinnung auch nur eines Teils der – auch vordem nur begrenzten – kirchlichen Autonomie, deren man sich im ersten Rausch des Kampfes gegen Päpste und Prälaten entledigt hatte.

Die einzigen politischen Doktrinen, die die Reformatoren unmißverständlich aufstellten, betrafen die Pflicht aller, der Obrigkeit (gemäß Römer 13, 1-2, und dem 1. Petrusbrief 2, 13-14) Gehorsam zu leisten, und das Recht gottesfürchtiger Herrscher und obrigkeitlicher Personen bei der Erneuerung der Lehre, des Kults und der Sitten mitzuwirken. In den späten 1520er Jahren wurde der Obrigkeit darüber hinaus die Pflicht auferlegt, ihre Untertanen von der Seuche der „Ketzerei" (d. h. des Papismus und Sektierertums) zu schützen und für Gottes Ruhm und Ehre gegen Lästerungen und öffentliche Ärgernisse einzutreten. Diese Lehren bewirkten lediglich eine Stärkung der Vormachtstellung der Herrscher in kirchlichen Angelegenheiten.

Das „politische" (letzte) Kapitel der ersten *Institutio,* das kurz nach den Wiedertäuferunruhen in Münster entstand, scheint diejenigen Elemente der evangelischen Lehre, aus denen die Vormachtstellung der weltlichen Herrscher in kirchlichen Dingen erwuchs, noch einmal herauszustellen. Calvin betont, daß der Staat tatsächlich eine gnädige Anordnung Gottes *ist*, nicht nur für „die Kinder der Welt", sondern auch für die Christen von höchster Bedeutung. Dabei haben sich Privatleute nicht in die öffentlichen Angelegenheiten einzumischen. Die Befugnisse der weltlichen Obrigkeit erstrecken sich ebenso auf die Erzwingung der äußerlichen Zeichen der Frömmigkeit (*pietas*) und die Unterdrückung der Ketzerei wie auf die irdische Gerechtigkeit und andere weltliche Dinge. Und entgegen Luthers Lehre von der „Freiheit der Christenmenschen" im Hinblick auf Gesetze und „äußerliche Zeremonien" betont Calvin, daß christliche Freiheit niemals die Christenpflicht zu annullieren vermag und daß Eintracht und gute Ordnung – die Früchte des Gehorsams –, daß Recht und Pflicht die Hauptstützen der Gemeinde seien.

Calvin argumentiert hier, als ob Papisten und Sektierer die einzigen Feinde wären, mit denen es die Reformation zu tun habe. Er hat diese Lehre nie widerrufen. Doch als er später als Geistlicher die Gefahren erkennen mußte, die der reformatorischen Bewegung durch die Vormachtstellung weltlicher Herrscher in kirchlichen Dingen erwuchsen, setzte er die Gewichte seiner Staatslehre anders. Hatte er in der ersten *Institutio* die wahre Kirche nur *negativ* definiert (sie war *nicht* papistisch oder sektiererisch), so war er bei seiner Rückkehr nach Genf gegen Ende 1541 in der Lage, sofort eine umfassende Satzung für die Genfer Gemeindekirche zu entwerfen. Und in den Ausgaben seiner *Institutio* nach 1543 legte er die Grundsätze einer Kirchenordnung fest, wie sie die Heilige Schrift nach seiner Auffassung zwingend gebot und in die sich weltliche Herrscher folglich nicht einzumischen hätten. Er gab auch zu, daß politische Denker und Staatsmänner ohne die Hilfe der Heiligen Schrift zu ganz ähnlichen Schlußfolgerungen über die Grundsätze einer guten Ordnung im *staatlichen* Bereich gelangt seien. Er konnte somit zumindest einen Entwurf, einen Modellplan für ein christliches Gemeinwesen vorlegen.

Dieser Staatsentwurf geht davon aus, daß die durch den Sündenfall entartete Menschennatur von Hochmut und Ungehorsam beherrscht ist, die ins Chaos führen. Ursprung der Ordnung in der Welt ist der Wille Gottes, wie er noch undeutlich als „natürliches Gesetz“ (d. h. die allein vom Menschenverstand etwa der heidnischen Philosophen und von den Staaten der Antike als gültig anerkannten Verhaltensnormen) wahrgenommen, aber im göttlichen Gesetz, welches die Heilige Schrift offenbart, klar und ausdrücklich mitgeteilt wird. Die Wächter der biblischen „Lebensregel“ sind die Prediger der Kirche Gottes. Die weltliche und die kirchliche Obrigkeit sind eingesetzt, um einen bereitwilligen, eifrigen und tatkräftigen Gehorsam gegen Gott zu fördern, wie ihn das göttliche Gesetz gebietet und Leben und Tod Christi bezeugen. Und da jegliche rechtmäßige Hoheitsgewalt, sei es im kirchlichen oder im politischen Gemeinwesen von Gott ist, kann sie nur eine begrenzte und bedingte, dem göttlichen Gesetz untergeordnete Gewalt sein. In seinem *Kommentar zu Senecas De clementia* hatte Calvin noch den herkömmlichen, ursprünglich römischen Rechtssatz, *princeps legibus solutus,* anerkannt, wonach der Fürst über dem Gesetz steht, weil (und insoweit) er imstande sein muß, sowohl die Gesetze zu reformieren, selbst von ihnen Abstand zu nehmen, als auch sie für sein Reich zu vereinheitlichen. Allerdings hatte Calvin seine Billigung „absoluter“ Hoheitsgewalt schon damals nur widerwillig und bedingt ausgesprochen. Jetzt, als Evangelischer, gesteht er nur einen „absoluten“ Gesetzgeber in der Welt zu, nämlich Gott. Die Hoheitsgewalt der geistlichen „Statthalter“, des Klerus, vergleicht er mit jener delegierten und beschränkten Amtsgewalt, die Gesandte, Provinzstatthalter, Vizeregenten und Legaten vom Römischen Kaiser empfingen. Die weltliche Gewalt ist demnach in ähnlicher Weise durch das göttliche Gesetz begrenzt, wenn auch dieses Gesetz der weltlichen Regierung und der Staatsklugheit etwas mehr Bewegungsfreiheit einräumt als der Geistlichkeit. Und weil er der Monarchie ungezügelte, willkürliche und keinerlei Beschränkung duldende Machtausübung – ein Regiment verworrenen menschlichen Wollens – zuordnet, verbannt er sie gänzlich aus der Kirche. Als rechtmäßig wollte er einzig und allein den *primus inter pares,* den Vorsitz eines „Ersten unter Gleichen" anerkennen. Dies war im übrigen nach seiner Auffassung überall ein Erfordernis guter Ordnung.

Calvin pflegte zu sagen, er habe seine Lehre von einer wohlgeordneten Kirche unmittelbar aus der Heiligen Schrift entnommen. Er bestritt dagegen, daß es für die Ordnung der politischen Gemeinde ein gleichwertiges, biblisch begründetes Modell gebe. Für den staatlichen Bereich galt seine zuvor formulierte Lehre vom politischen Gehorsam, so daß *jede* existierende politische Ordnung gottgewollt war – auch die existierenden Monarchien, wie beklagenswert das Verhalten einstiger und gegenwärtiger Fürsten auch sein mochte. Für eine „absolute" Monarchie konnte es trotzdem keinerlei Rechtfertigung geben. Von 1543 an erklärte Calvin sich in der *Institutio* prinzipiell mit der Schlußfolgerung der Philosophen einverstanden, daß eine aristokratische Verfassung, vielleicht mit einer Beimischung demokratischer Elemente (*politia,* die aristotelische, unverdorbene Form der Demokratie), in Anbetracht der menschlichen Unvollkommenheit von allen die beste sei. Es war dies eine Folgerung, zu der er zuerst bei der Aufstellung seiner Kirchenordnung gelangt war. An anderen Stellen seiner Schriften bringt er auch seine Ablehnung von großen Staaten zum Ausdruck, die er mit Angriffslust und Tyrannei in Verbindung bringt: Die Herrscher über Kleinstaaten gingen humaner mit ihren Untertanen um.

Da Gott geistliche wie weltliche Regierungen unabhängig voneinander bevollmächtigt, steht zweifelsfrei fest, daß die eine Autorität nicht das Recht hat, die andere „zurückzustellen". Sie sind folglich – unter Aufrechterhaltung einer gewissen Unabhängigkeit – einander als Teilhaber an einem gemeinschaftlichen Werk zur Zusammenarbeit verpflichtet. Selbst dies war vielleicht mehr als unter damaligen Umständen zu erhoffen war, doch ließ sich Calvin vom Prinzip ebenso wie von der Zweckmäßigkeit leiten. Regenten bekleiden ein hohes Amt und haben Anspruch darauf, daß man sie anhand des Wortes Gottes überzeugt; es geht nicht an, daß die Pfarrer ihnen kraft ihrer geistlichen Amtsgewalt einfach Befehle erteilen.

Calvin benutzte auch weiterhin die von Luther übernommene Terminologie. Dieser hatte (in seiner Schrift *Von weltlicher Obrigkeit,* 1523) den Glauben durch die Errichtung getrennter Gerichtsbarkeitsbereiche und durch spezifische Zielsetzungen für die weltlichen und die geistlichen Obrigkeiten vor den Regierenden zu schützen gesucht. Calvin gibt solche Versuche nahezu vollständig auf und weist beiden Bereichen eine gemeinschaftliche Aufgabe, das gleiche Ziel zu. Es ist natürlich nicht Sache der Obrigkeit das Evangelium zu predigen (wenngleich die Genfer Beamten dafür bekannt waren, daß sie in den Ermahnungen, die ihren Erlassen vorausgingen, gerne moralisierten). Umgekehrt ist es den Predigern des Wortes durch die Heilige Schrift selbst verboten, körperlichen Zwang auszuüben, und die gewöhnliche Zivil- und Strafrechtspflege wie auch die Leitung der auswärtigen Politik sind *an und für sich* nicht ihre Aufgabe. Indem die Kirche zur Frömmigkeit erzieht und zur Rechtgläubigkeit beiträgt, fördert sie Gerechtigkeit und Eintracht in den zivilen Angelegenheiten. Und die Beamten wiederum fördern die Frömmigkeit und die Errichtung des Reiches Gottes auf Erden, indem sie Frieden und Eintracht erzwingen, den Predigern gegenüber den „Verächtern" der Frömmigkeit zur Seite stehen und Ketzerei und Laster bekämpfen.

Calvins Auffassung von der Aufgabe des geistlichen und politischen Regierens läßt sich am besten unter seinem Begriff der „gottesfürchtigen Disziplin" subsumieren. Angesichts des Rufes, in den Calvin und seine puritanischen Anhänger später kamen, wird dieser Begriff jedoch leicht mißverstanden. „Disziplin" meint für Calvin zu keiner Zeit *nur* Zwang oder Reglementierung. Er gebraucht den Ausdruck in der älteren Bedeutung „Unterweisung" oder „Schulung" (*institutio,* wie der Titel seines Hauptwerks lautet), die er in dem Terminus „akademische Disziplin“ bis heute bewahrt hat. Geistliche und weltliche Regierungen werden von Gott eingesetzt, damit sie ihre Gemeinden bzw. Bürgerschaften in der peinlich genauen und bereitwilligen Erfüllung ihrer Pflichten gegen Gott und gegeneinander unterweisen.

Von der Lenkbarkeit und Lernbereitschaft der „Schüler“ hängt es ab, ob bei der Wahl der Unterweisungsmethoden auf Zwang, Bestrafung und Strenge oder auf Wohlwollen, Ermunterung und Milde Nachdruck zu legen ist. Desgleichen hängt es vom bereits erreichten Grad an Frömmigkeit und Rechtschaffenheit ab, ob die Regierung mittels allgemeiner Normen ausgeübt wird, deren Deutung dem einzelnen überlassen bleibt, oder aber mittels detaillierter Befehle und scharfer Überwachung. – Doch da sich selbst die Genfer für eine „Schulung“ wenig aufgeschlossen zeigten und sich ihr widersetzten, waren strenge und genaue Vorschriften oft das gewöhnliche, wenn auch nicht das einzige Erziehungsmittel.

Im beispielhaften Genf gab es anscheinend nichts, was der Aufmerksamkeit der Beamtenschaft oder der Geistlichkeit oder auch beider Instanzen entging – nicht einmal die Wahl der Vornamen, Frisuren, Schmucksachen oder die Zahl der Gänge bei Festessen. Für Calvin gab es nur Privat*personen,* keine Privat*angelegenheiten.* Im sechzehnten Jahrhundert hielt man Sünden und Verbrechen im allgemeinen nicht streng auseinander, und nach Calvins Auffassung war allein der Unterschied zwischen Delikten von Bedeutung, die in die Zuständigkeit eines diesseitigen, weltlichen oder geistlichen Tribunals fielen, und jenen verborgenen Sünden, von denen nur Gott wußte. Und selbstverständlich war das Bekenntnis zum christlichen Glauben und die Teilnahme am öffentlichen Gottesdienst Vorbedingung nicht allein für das Bürgerrecht, sondern bereits für den bloßen Aufenthalt in dem gottesfürchtigen Gemeinwesen.

Schulung und Unterweisung erfordern Ausbilder und Instruktoren, und Gott hat die Beamten und Pfarrer zu solchen bestimmt. Calvin gab sich jedoch niemals der Illusion hin, daß sich die Amtsträgerschaft irgendwo auf dieser Welt aus absolut verläßlichen Dienern des göttlichen Gesetzes zusammensetzen werde. Sein Leitgedanke war hier, daß kein einzelner Amtsträger befugt sein dürfe, nach Belieben zu schalten und zu walten. Er entwarf daher für die Genfer Kirchengemeinde ein kompliziertes System der wechselseitigen Disziplinierung und Ermunterung, das er zum Teil auch lehrmäßig statuierte. Die Pastoren und Beamten sollten nicht nur kollegial zusammenarbeiten, sondern sich auch wechselseitig unterordnen: Die Geistlichen seien Bürger des Gemeinwesens und die Beamten Mitglieder der Kirchengemeinde, und eine jede Gruppe sei für die Disziplin der anderen verantwortlich.

Darüber hinaus las Calvin aus der Heiligen Schrift die Vorschrift zu einer Kollegiatgeistlichkeit heraus (der „Venérable *Compagnie* des Pasteurs“), die die Ausbildung des kirchlichen Nachwuchses selbst in die Hand nimmt und für die Aufrechterhaltung eines hohen sittlichen und wissenschaftlichen Niveaus sorgt; Disziplin meint Ermunterung zu guten und Abhaltung von schlechten Werken. Wir sahen bereits, daß Calvins Bevorzugung einer aristokratischen Staatsform die Möglichkeit eines entsprechenden Systems wechselseitiger Disziplinierung durch die Mitglieder einer vereinigten Beamtenschaft selbst zugrunde lag.

Schließlich und endlich räumt Calvin christlichen Gemeinden zumindest prinzipiell ein Mitspracherecht bei der Wahl ihrer Geistlichen ein, vorausgesetzt daß alles „geziemend und in der gehörigen Ordnung“ vor sich gehe. Desgleichen sollen an die Stelle der Unterweisung um so häufiger Diskussionen treten, je bibelkundiger die Gemeindeglieder sind. Die Disziplin zielt auf das Verständnis und Überzeugen ab, nicht auf mechanisches Auswendiglernen. War es den Genfer Gemeinden auch zunächst nur gestattet, der Ernennung von Predigern routinemäßig zuzustimmen – und widersetzten sich die Geistlichen auch beharrlich und schließlich erfolgreich jeder Einmischung der Behörden –, so wurde der Gemeinde 1560 doch ein Einspruchsrecht gegen vorgeschlagene Predigtamtskandidaten der „Venérable Compagnie“ eingeräumt. In der *Institutio* hatte Calvin bereits die Wünschbarkeit einer gewissen Mitwirkung der Bürger im staatlichen Bereich anerkannt. In anderen Schriften betont er, daß bürgerliche Freiheit – d.h. ein wenn auch eingeschränktes Recht, Herrscher zu wählen (wie es die Bürger Genfs besaßen) – eine göttliche Wohltat sei; die Häufigkeit von „Tyranneien“ erklärte er damit, daß diese Freiheit so häufig mißbraucht worden sei. In Calvins Eintreten für solch eine gelenkte Mitwirkung an der Verwaltung der kirchlichen und der politischen Gemeinde kommt seine Anerkennung der Eindämmung von Willkürherrschaft und der Unterordnung der Herrscher unter das göttliche Gesetz zum Ausdruck.

Dennoch war Calvin nach wie vor nicht bereit die Einführung politischer Neuerungen, vor allem durch Privatpersonen, gutzuheißen. Unter gewöhnlichen Umständen sind Christen nicht befugt sich selbst eine neue politische Ordnung zu geben, mag diese auch noch so wünschenswert sein. In dieser Hinsicht erwiesen sich Calvins Schüler als weit weniger zögerlich. Hielt man sich an das, was Calvin selbst statuierte, so war die Möglichkeit nicht auszuschließen, daß eine gottlose Obrigkeit oder ein Fürst ein Chaos heraufbeschwor und die Kirche tyrannisierte; noch viel weniger konnte man sich dann Tyrannen gewaltsam widersetzen. Auch die Tyrannei sei von Gott verordnet; sie gibt den Christen eine schwere und gründliche geistliche „Prüfung“ in den Tugenden der Geduld und des Gehorsams auf. Wenigstens war Calvin kein „Fürstenschmeichler“ und gab Tyrannen keine „Höflingstheologie“ zur Legitimierung ihrer Untaten an die Hand.

Überdies weist er an einer Stelle seiner *Institutio* vorsichtig darauf hin, daß politische Gemeinschaften häufig schon „Volksbeamte“ vorsähen, die befugt seien Tyrannen Einhalt zu gebieten. Als Beispiele führt er die spartanischen Ephoren, das römische Tribunat und die Generalstaaten oder Parlamente moderner Monarchien an. Die Christen hätten die

Pflicht, solche „Volksbeamten" dort, wo es sie gebe, in ihrem Widerstand gegen „Tyrannei" tatkräftig zu unterstützen. Weiter wollte er nicht gehen, doch seine auswärtigen Gefolgsleute nahmen diese Gelegenheit zu rechtmäßigem politischen „Widerstand" wahr.

Das geistige Erbe, das Calvin seinen Anhängern hinterließ, war in mancher Beziehung vieldeutig. Er hatte den reformierten Protestantismus vor der Degradierung zu einem Werkzeug der Politik bewahrt, ohne ihn gleichzeitig zu einer rein privaten und apolitischen Frömmigkeit herabsinken zu lassen. Überdies hatte er in seinen gedruckten Arbeiten und im Genfer Modell eines jener „Beispiele der besten reformierten Kirchen" geschaffen, auf das sich spätere Generationen von Protestanten gerne beriefen. Sodann vermochten Calvins Anhänger in Frankreich, den Niederlanden, Schottland, England, Polen und Amerika seine Lehren umzuwandeln: Von der durch das göttliche und natürliche Gesetz beschränkten Obrigkeit zum Grundsatz eines durch grundlegende Gesetze beschränkten konstitutionellen Systems und vom „wechselseitigen Verpflichtetsein" der Regenten und Regierten zu einer Vertragstheorie des Gemeinwesens. In ihrer Ablehnung des Absolutismus gingen sie noch über den Reformator hinaus, und es ist kein Zweifel, daß der später so genannte Liberalismus seinen calvinistischen Vorläufern Dank schuldet.

Zwischen der Sicht des Staates als einer Institution zur Erzwingung tugendgemäßen Lebens und eines Werkzeugs der „Erziehung" auf der einen Seite und dem konstitutionellen System auf der anderen Seite besteht jedoch kaum ein Zusammenhang; sie leistete insbesondere der Intoleranz Vorschub. Es waren die Ketzer innerhalb des Calvinismus, nicht Calvins orthodoxe Anhänger, die eher aus prinzipiellen Erwägungen denn in Ermangelung einer besseren Lösung auf der *Trennung von Kirche und Staat* bestanden, und sie waren es, die einer grundsätzlichen religiösen und politischen Freiheit den Weg bereiteten.

Thomas Hobbes (1588–1679)

Richard Tuck

Thomas Hobbes – Die skeptische Staatsgewalt

Thomas Hobbes wurde im Jahre 1588 in Malmesbury (Grafschaft Wiltshire) geboren. Nach dem Besuch der dortigen Lateinschule und Studienjahren in Oxford war er bis an sein Lebensende Hauslehrer und Sekretär der Familie Cavendish, Grafen von Devonshire. In den späten 1630er Jahren begann er mit der Abfassung philosophischer Schriften. In seinem Hauptwerk, *Leviathan* (1651), legt er seine Gedanken dar, wie der Staat den kriegerischen Naturzustand zwischen den einzelnen überwinden kann. Er starb 1679.

Der Zeitraum zwischen dem Tod Calvins und dem Erscheinen des *Leviathan* war von den Nachwirkungen der Reformation beherrscht. Während in Frankreich ein langanhaltender Religionskrieg tobte, wurde im Zuge einer Erhebung (hauptsächlich von Calvinisten) gegen die spanische Oberherrschaft die Republik der Vereinigten Niederlande errichtet. Am Ende des sechzehnten Jahrhunderts waren zwar im Westen starke und festgefügte Staatsgebilde entstanden, doch über Mittel- und Nordeuropa brach die Katastrophe des Dreißigjährigen Krieges herein, der 1648 endete. Die Jahrhundermitte war in vielen Ländern durch Bürgerkriege oder Aufstände gekennzeichnet, unter denen die Cromwellsche Revolution, die 1649 zur Errichtung einer Republik und zur Hinrichtung Karls I. führte, das hervorstechendste Ereignis war. Krieg und Revolution waren zum Hauptgegenstand der Staatsphilosophie geworden und sind die Leitthemen des *Leviathan*.

Im Geburtsjahr von Thomas Hobbes wurde Europa auf dramatische Weise vor Augen geführt, daß seine Zukunft im Zeichen fundamentaler und unauflöslicher ideologischer Spaltungen stehen werde. Er wurde an dem Tag geboren, an dem seine Eltern in Malmesbury (Grafschaft Wiltshire) erfuhren, daß die spanische Armada ausgelaufen sei, nämlich am 5. April 1588. Er bemerkte später, seine Mutter habe „Zwillinge geboren, mich und die Furcht zugleich".

Nach der Niederlage der Armada, zusammen mit dem einhergehenden Sieg der Sieben Provinzen der Niederlande und dem ergebnislosen Ausgang der französischen Hugenottenkriege stand fest, daß die Gegenreformation das durch die Reformation verlorengegangene Terrain niemals zurückgewinnen würde. Die Mehrzahl der größeren europäischen Staaten würde nunmehr Gruppen von Christen enthalten, die als politische und ideologische Gegner bis zur Erschöpfung gegeneinander gekämpft hatten. Dieser neuartige weltanschauliche Pluralismus ließ sich kaum ignorieren, und wenngleich viele entschieden an ihren Überzeugungen festhielten, fühlten sich andere (besonders Staatspersonen) in wachsendem Maße zu einer Art ethischem Relativismus hingezogen. Die Erneuerung des antiken Skeptizismus in den Werken Montaignes und seines Freundes und Anhängers *Pierre Charron* übte einen ungeheuren Einfluß aus. Der Kernsatz, den er dem späten sechzehnten Jahrhundert (gleichwie seinerzeit der ebenso pluralistischen Welt des Hellenismus und des Römerreiches) in Dingen der Ethik verkündete, lautete, daß „man kein einziges Moralgesetz findet, dem das Glück oder die Vermessenheit des Zufalls allgemeine Anerkennung verschafft oder die uneingeschränkte Zustimmung aller Völker gesichert hat". *Montaigne* zog das Resümee: „Was ist das für eine Wahrheit, welcher Berge Grenzen setzen und welche jenseits derselben zur Lüge wird?"

Diese Botschaft richtete sich in der Hauptsache an die Aristoteliker, die damals in allen Bildungsanstalten Europas tonangebend waren. Die Aristoteliker (der verschiedenen mittelalterlichen oder renaissancegemäßen Schattierungen) glaubten an die Existenz von wahrhaft objektiven Moralvorschriften, die von Menschen mit „praktischem Verstand" bei systematischem Nachdenken über das Wesen der Tugenden erkannt werden könnten. Demgegenüber wiesen die Skeptiker auf die absurde Ortsgebundenheit der klassischen Tugenden hin: Viele Gemeinwesen hätten weder Mäßigkeit noch Tapferkeit noch Klugheit geübt und etliche nicht einmal Gerechtigkeit. In den Worten Charrons hatte Aristoteles „schlimmere Absurditäten" statuiert als alle übrigen Philosophen.

Die Angriffe der Skeptiker richteten sich bald auch gegen die Aristotelische Physik. Sie argumentierten, Aristoteles habe zwar gelehrt, daß uns die Beobachtung der Welt zur Erkenntnis ihres wahren Wesens befähigen könne, doch seien Sinnestäuschungen in Wirklichkeit eine alltägliche Erscheinung und universal. Unsere Wahrnehmung der Größe, Form oder Farbe eines beliebigen Gegenstandes sei unzuverlässig, folglich gelte das auch für jede physikalische Theorie. Für diese Zersetzung objektiver Normen, vor allem auf dem Gebiet der Ethik, waren viele damalige Herrscher durchaus aufgeschlossen. So förderte beispielsweise *Richelieu* die Karrieren vieler französischer Skeptiker und machte selbst aus seinem Relativismus keinen Hehl: „In Staatsdingen sind die Schwächsten immer im Unrecht," bemerkte er einmal frostig.

Hobbes erwarb sich sein geistiges Rüstzeug in der Welt der hohen Politik und unter den Herrschern Englands, obgleich er keineswegs einer vornehmen Familie entstammte. Sein Vater war Landvikar und dem Trunk verfallen, seine Mutter Tochter eines Freisassen. Wie so vielen aufgeweckten Jungen aus der unteren Mittelschicht ermöglichte ihm aber das damalige Erziehungswesen ein ungehindertes Fortkommen. Sein Lehrer auf der Lateinschule in Malmesbury erkannte seine Begabung und schickte ihn nach Oxford (wenn auch nicht auf ein „fesches" College). Von dort aus rückte er durch Vermittlung seines College-Rektors in die

Stellung eines Hauslehrers und (faktisch) Sekretärs der Familie von William Cavendish, ersten Grafen von Devonshire.

Dies war eine Aufstiegsmöglichkeit, *une carrière ouverte aux talents,* die im England des siebzehnten Jahrhunderts vielen begabten jungen Männern geboten wurde. Damals konnte ein Großteil der jungen Generation (fast so viele wie in den 1930er Jahren) studieren, wenn auch unter Bedingungen, die viele, Hobbes eingeschlossen, aufs schärfste mißbilligten. In den Häusern des Hochadels boten sich Anstellungs- und Wirkungsmöglichkeiten außerhalb der herkömmlichen kirchlichen und staatlichen Laufbahnen. Von dort aus konnten Intellektuelle wie Hobbes (oder *John Selden* und *John Locke)* Politik und Gesellschaft des damaligen England mit bemerkenswerter Distanz beobachten. Es fällt auf, daß diese drei von gewöhnlichen familiären Bindungen ausgenommen waren und ein mehr auf vertragliche Vereinbarungen als auf Zuneigung gegründetes Leben führten.

Hobbes begann seine Tätigkeit als philosophischer Schriftsteller erst in den späten 1630er Jahren. Bis dahin hatte er nur eine Übersetzung des *Thukydides* veröffentlicht, eine Arbeit, zu der er sich vermutlich durch die düstere Schau eines Kampfes zwischen Männern hingezogen fühlte, die alle von der Überzeugung durchdrungen waren, das Rechte zu tun. Seine bevorzugte Lektüre (über die uns ein Verzeichnis der in seinem Arbeitszimmer in Hardwick, dem Sitz der Familie Cavendish, vorhandenen Bücher Aufschluß gibt) waren die historischen und staatstheoretischen Werke der Humanisten. Von 1628 an verbrachte er einen Großteil seiner Zeit auf dem europäischen Festland als Begleiter seiner adligen Schützlinge auf deren Bildungsreisen, und während der 1630er Jahre befreundete er sich mit einer Gruppe französischer Schriftsteller, die sich die Überwindung des Skeptizismus des späten sechzehnten und frühen siebzehnten Jahrhunderts und die Grundlegung neuer Wissenschaften zum Ziel gesetzt hatten. Mittelpunkt dieser Gruppe war der vielgewandte, rührige *Marin Mersenne,* dem sich der

Mathematiker und Philosoph *Pierre Gassendi,* mit dem Hobbes ständig in Verbindung blieb, und als der berühmteste unter ihnen, *René Descartes,* angeschlossen hatten.

Ihre Überzeugung, daß in allen Sparten menschlicher Forschungstätigkeit, insbesondere auf dem Gebiet der Ethik und Philosophie, neue Wissenschaften möglich seien, entsprang offenbar verschiedenen Entwicklungen in den 1620er Jahren. Großes Aufsehen erregten die Arbeiten Galileis, die in der Veröffentlichung seines *Dialogs über die beiden hauptsächlichsten Weltsysteme* im Jahre 1632 gipfelten. Galilei wies nach, daß die Aristotelische Physik zwar in der Tat falsch war, die skeptischen Einwände gegen den Aristotelismus aber ebenso verfehlt waren. Durch Beobachtung allein könne man ein physikalisches Theorem nicht verifizieren (Galileis Hauptbeispiel war die Erdrotation, die von der Erde aus nicht nachweisbar sei). Die Tatsache der Sinnestäuschung schließe daher die Möglichkeit einer exakten Wissenschaft nicht unmittelbar aus. Eine echte und unverfälschte Physik, die sich nicht auf Beobachtung beschränke und zur Beurteilung konkurrierender Theorien ganz allgemeine, einfache und gefällige Begriffe verwende, sei möglich. Galilei machte nicht nur Vorschläge wie eine neue Physik beschaffen sein könnte, sondern rief faktisch eine ins Dasein: Alle großen Physiker bis hin zu Einstein haben seit jener Zeit in dem von ihm geschaffenen Rahmen geforscht.

Die meisten späteren Historiker haben dem Werk Galileis epochale Bedeutung beigemessen, nicht aber das Werk eines anderen zeitgenössischen Autors, nämlich des *Hugo Grotius,* als auf dem Gebiet der Ethik ebenso epochemachend gewürdigt. Bis zum späten achtzehnten Jahrhundert sahen die Geschichtsschreiber in Grotius einen Gelehrten, der ebenso wie Galilei und Bacon eine völlig neue Wissenschaft begründete, doch seither hat man ihn aus verschiedenen Gründen auf das Abstellgleis der Geschichte des Völkerrechts geschoben. Es ist jedoch kein Zweifel, daß sein Hauptwerk, *Drei Bücher vom Recht des Krieges und des Friedens* (1625), in den Augen der Zeitgenossen die gleiche

Möglichkeit zur Grundlegung einer wissenschaftlichen Ethik eröffnete wie das des Galilei zur Schaffung einer wissenschaftlichen Physik. Grotius greift darin nämlich ausdrücklich sowohl die Aristoteliker wie auch die Skeptiker (in der Person des antiken Skeptikers Karneades) an und macht Vorschläge, die einer Lösung des Dilemmas der Relativisten gleichkommen. Laut Grotius gibt es in der Tat moralische Allgemeinbegriffe, doch anders als bei Aristoteles beschränken sie sich auf ein ethisches Minimum – im Ergebnis auf nur zwei: daß jedermann das Recht hat sich zu verteidigen und für die eigene Erhaltung zu sorgen, und daß niemand das Recht hat, einem anderen mutwillig Schaden zuzufügen: Wenn es um mein oder dein Leben geht, dann darf ich dem meinigen den Vorrang geben, doch darüber hinaus darf ich dich nicht angreifen.

Grotius bezeichnet diese Grundsätze als für jede Gesellschaft wesensnotwendig – d. h. eine Gemeinschaft, in denen sie keine Gültigkeit haben, erscheint ihm undenkbar. Alles übrige müßten sich die Angehörigen eines Gemeinwesens jedoch selbst auferlegen. Insoweit gibt er den Relativisten Recht, als nach seiner Auffassung die meisten mit Entschiedenheit verfochtenen, spezifischen Moralvorstellungen doch zur Kategorie der Hinzufügungen zum „Naturrecht" gehören, das diese Minimalprinzipien darstellen. Das gleiche gelte für die meisten Glaubensanschauungen, denn der Mensch sei, so argumentiert Grotius, von Natur aus nur verpflichtet, zumindest an einen Gott zu glauben, der sich um das Menschenwerk kümmere; irgendwelche anderen religiösen Lehrsätze könnten von der natürlichen Vernunft nicht statuiert werden. Grotius benutzte diese Theorie in den *Drei Büchern vom Recht des Krieges und des Friedens* in erster Linie zur Darlegung der Beziehungen zwischen Staaten (die definitionsgemäß nach den in diesem Kodex niedergelegten, für alle menschlichen Institutionen gültigen Grundsätzen zu gestalten waren und nicht nach irgendwelchen von örtlichen Instanzen vereinbarten Prinzipien). Dennoch wurde ihre allgemeine Bedeutung sogleich erkannt.

Ja, man kann einen Großteil des Staatsdenkens des siebzehnten Jahrhunderts als Versuche zur Rechtfertigung und Systematisierung der Gedanken des Grotius über eine auf ein ethisches Minimum gegründete, aber allgemeingültige Morallehre auffassen.

Ihre Anziehungskraft bestand darin, daß sie ihre Anhänger befähigte, sich sowohl dem eingängigen Relativismus der skeptischen Generation anzuschließen, als auch darzutun, warum es unter allen Umständen richtig sei, „Fanatikern" entgegenzutreten, die alle Menschen in das Prokrustesbett ihrer Ideologie zu zwängen suchten. Die Notwendigkeit einer solchen Theorie wurde durch Grotius' eigenen Lebensgang exemplarisch demonstriert. Er hatte nämlich aus seiner holländischen Heimat fliehen müssen, nachdem sein Gönner, Oldenbarneveldt (faktisch der leitende Minister der holländischen Republik), im Kampf gegen die orthodoxen Calvinisten, die das kirchliche Leben Hollands zu beherrschen trachteten, unterlegen war. Oldenbarneveldt wurde 1619 wegen Hochverrats zum Schafott verurteilt, und Grotius selbst entging diesem Schicksal nur mit knapper Not. Ihr Scheitern führte dem protestantischen Europa sinnbildhaft vor Augen, daß der religiöse Pluralismus, wollte man der von den Kirchen (gleichviel welcher Konfession) drohenden Gefahr begegnen, sowohl eines starken Staates bedurfte wie auch einer einwandfreien ideologischen Begründung für den Einsatz der Staatsgewalt. Die – aus unserer heutigen Sicht – bestürzende These, daß ein intolerantes Staatsgebilde die Gewissensfreiheit am besten zu verteidigen vermöge, wurde erstmalig von Grotius vorgebracht, als er die Möglichkeit und vielleicht sogar Wünschbarkeit des Absolutismus verfocht. Sie wurde während des ganzen siebzehnten Jahrhunderts indessen wiederholt vertreten.

Der Kreis um Mersenne erkannte offenbar, daß Theorien wie die von Galilei und Grotius sich zu neuen Wissenschaften ausgestalten ließen, wenn man ihnen eine allgemeine philosophische Grundlage gab, um die sich ihre Urheber nicht bemüht hatten. Hobbes arbeitete seine eigene Grundlegung offenbar in den späten 1630er Jahren aus, zum Teil im Anschluß an die Lektüre der berühmten *Abhandlung über die Methode* von Descartes (1637), obschon ihre Entstehungsgeschichte noch immer nicht ganz aufgehellt ist. Gegen 1640 zirkulierten in seinem Freundeskreis Abschriften einer in englisch verfaßten Abhandlung mit dem Titel *The Elements of Law,* die die erste vollständige Darstellung seines Systems enthielt. Im Jahre 1642 veröffentlichte er auf lateinisch in einer Auflage von nur wenigen Exemplaren den staatstheoretischen Teil seines philosophischen Hauptwerks, *De Cive (Vom Bürger).* Dieser blieb bis zum neunzehnten Jahrhundert für viele Leser, besonders auf dem europäischen Festland, Hobbes' politische Hauptschrift. In England aber wurde diese Schrift durch den für breitere Kreise bestimmten, englischsprachigen *Leviathan* ersetzt.

Der *Leviathan* erschien 1651 am Ende eines Jahrzehnts, das Hobbes fern der englischen Bürgerkriegswirren in Frankreich verbracht und in dem er eine „Physik" und eine „Anthropologie" verfaßt hatte (Von der ersteren wurde ein Großteil schließlich als erster Teil seines Hauptwerkes unter dem Titel *De Corpore* publiziert, die letztere als zweiter Teil, *De Homine*). Das Hauptstück des *Leviathan* ist *in den beiden* von insgesamt vier Teilen enthalten, die heute eigentlich niemand mehr liest: „Vom christlichen Staat" und „Vom Reich der Finsternis". In diesen legt Hobbes nämlich mit großer Ausführlichkeit dar, in welcher Beziehung seine politische Theorie zu dem drängenden Zeitproblem der kirchlichen Autorität steht, eine Frage, die *De Cive* nur gestreift hatte. Daß er *De Cive* nach wie vor als eine wichtige Darstellung seiner Theorie betrachtete, erhellt die Tatsache, daß er das Werk ungefähr gleichzeitig mit der Veröffentlichung des *Leviathan* aus dem Lateinischen ins Englische übersetzte. Im *Leviathan* folgert er in einem kurzen „Rückblick und Schluß" aus seiner Theorie auch, daß das in England nach der Hinrichtung des Königs 1649 errichtete neue System legitim sei. Die Veröffentlichung ermöglichte es ihm (zusammen mit dem Fehlen einer starken kirchlichen Gewalt im königlosen England), in die Heimat zurückzukehren und dort in Frieden zu leben.

Es war nicht ohne Ironie, daß Hobbes, obwohl in Frankreich einst für kurze Zeit Hauslehrer des verbannten Karl (der ihn später als den „sonderbarsten Kerl, der ihm je begegnet sei“, bezeichnete), den politischen Verhältnissen in England nach der Restauration des Stuartkönigtums sehr viel weniger Geschmack abzugewinnen vermochte. Das lag vor allem daran, daß er nach der Wiederherstellung der anglikanischen Kirchenverfassung seine geistige Freiheit dort stärker bedroht sah als zur Zeit des Independentismus der 1650er Jahre. In seinen letzten Lebensjahren, immer noch auf dem Landsitz der Familie Cavendish ansässig, widmete er sich der Abfassung zahlreicher Streitschriften, in denen er seine Gegner als Verderber der „wahren Philosophie“ hinstellte. Es waren dies in der Hauptsache Kleriker, doch „vermöbelte“ er auch die Mitglieder der 1660 gegründeten Königlich Britischen Akademie der Naturwissenschaften, denen er Vetternwirtschaft, wissenschaftliche und politische Manipulationen und Hegemonialansprüche vorwarf.

Die Juristen beschuldigten er, die Öffentlichkeit auf ähnliche Weise zu hintergehen. Seine letzte politische Schrift war offenbar ein Beitrag zu der Debatte, über das Ausschließungsgesetz (1678/79), in welcher sich der Erbe seines damaligen Gönners, Lord William Cavendish, stark engagiert hatte (und während welcher Locke seine *Zwei Abhandlungen über die Regierung* verfaßte). Sein langes Leben (er starb im Alter von einundneunzig Jahren) umspannte somit die Zeit von der Niederlage der Armada bis zur „Exklusionskrise“. Er steuerte zu jedem einschneidenden Ereignis dieser Zeit einen Kommentar bei.

Der Kern des Hobbesschen Denkens ist in seinen rein philosophischen oder metaphysischen Schriften enthalten. In diesen legt er (ebenso wie Descartes) dar, daß wir absolut sichere Kenntnis einzig und allein von den Vorgängen in unserem Inneren haben können, von unseren „Ansichten“ *(seemings)* oder „Einbildungen“ *(fancies),* wie Hobbes sie nennt. Ohne Reflexion wissen wir nicht einmal, daß eine Außenwelt existiert, geschweige wie sie in Wirklichkeit beschaffen ist, beruhen doch all unsere Sinneswahrnehmungen vielleicht in ähnlicher Weise nur auf Täuschungen, wie wir das von einigen (Träumen, optischen Täuschungen usf.) sicher wissen. Er gibt den Skeptikern somit voll und ganz Recht, betont aber nichtsdestoweniger, daß *etwas Ähnliches wie Wissen oder Wissenschaft* möglich sei. Insbesondere meint er, wir wüßten, welche Form eine passable wissenschaftliche Erklärung haben müsse, weigert sich im Unterschied zu Descartes aber, als Antwort auf den Skeptizismus einen Gottesbeweis zu verwenden. Gott bleibt für ihn (wie für alle Skeptiker) etwas, das nur durch Glauben zu erfahren ist, niemals durch Vernunft.

Er argumentiert statt dessen wie folgt: Wenn wir hinreichend nachdenken, erkennen wir, daß das Weltall in Bewegung befindliche Körper enthalten muß. Das hat darin seinen Grund, daß unsere „Ansichten" die Eigenschaft des Wechsels zeigen. Niemand richtet den Blick auf eine statische Welt. Wir wissen daher, daß so etwas wie Wandel existiert, können ihn uns aber nur als Wechsel der Stellung im Raum vorstellen, und der Raum ist das, was Körper einnehmen. Überdies kann sich kein Körper selbst in Bewegung setzen, denn könnte er es, so läge kein Grund dafür vor, weshalb er damit zu einer bestimmten Zeit eher denn zu einem anderen Zeitpunkt beginnt. Jedwede Bewegung wird daher durch den Anstoß anderer Körper verursacht. Wir können deshalb sicher wissen, daß eine in Bewegung befindliche Welt existiert, wenn uns ihr eigentlicher Charakter auch immer verborgen bleiben wird – eine Erklärung für das Aufkommen einer bestimmten „Ansicht" kann nur hypothetisch sein, kann dieselbe Erscheinung doch stets durch mehr als einen physikalischen Vorgang hervorgerufen werden.

Hobbes glaubte tatsächlich, daß alle Wissenschaft im Grunde Ballistik sei (und seine allgemeine Theorie wurde der Gelehrtenwelt denn auch erstmalig als Beitrag zu einem von Mersenne 1644 herausgegebenen Buch mit dem Titel

Ballistica unterbreitet). Weil Galileis Physik sich in Begriffen der Ballistik darstellen ließ, war sie eine mögliche Wissenschaft; weil die Aristotelische Physik sich nicht so darstellen konnte, war sie keine. Doch selbst Galilei hatte nicht *notwendigerweise* recht; seine Hypothese war lediglich von allen die einleuchtendste und nach logischen Prinzipien erarbeitet. Hobbes glaubte auch, daß jede Anthropologie und Psychologie in denselben Begriffen formuliert werden müsse: Das menschliche Denken kommt durch direkte physikalische Wechselwirkungen zustande und ist grundsätzlich auf die gleiche Weise wie jeder andere Zweig der Ballistik erklärbar. Die herkömmlichen Vorstellungen von der Willensfreiheit waren damit obsolet geworden, wenngleich Hobbes weiterhin zwischen vernünftigem oder methodischem, zwischen irrationalem oder unmethodischem (Wortassoziationen, Träume, Irrsinn usw.) Denken unterschied.

Vermittels derselben metaphysischen Theorie sucht Hobbes nachzuweisen, daß eine wissenschaftliche Ethik in der Art von Grotius möglich ist. Seine zentrale These lautet, daß, genauso wie die menschliche Wahrnehmung der Körperwelt an sich eine gänzlich unzuverlässige Richtschnur für das in der Welt Vorhandene ist, es auch keinerlei Möglichkeit irgendeiner unmittelbaren Wahrnehmung *moralischer* Realitäten gibt. Außerhalb des eigenen Schädels gibt es von nichts ein sicheres Wissen. Der einzelne Mensch kann sich bei allen Handlungen doch nur an seinen Gedanken und Wünschen orientieren. Weiterführende moralische Aussagen sind deshalb nicht möglich:

„*Wir nennen etwas ,gut'*, wenn es Gegenstand unseres Begehrens, *,schlecht', wenn es Gegenstand unseres Hasses und unserer Abneigung, ,widerwärtig' und ,niedrig', wenn es Gegenstand unserer Verachtung ist. Diese Wörter ,gut', ,schlecht' und ,verächtlich' werden stets relativ gebraucht je nach dem, der sie benutzt. Es gibt jedoch nichts, das einfach und absolut so ist noch auch irgendeine allgemeingültige, aus der Natur der Gegenstände selbst herzuleitende Richtschnur für Gut und Böse.*“

Doch wenn dem auch so ist, so lassen sich doch einige Verallgemeinerungen über die Einstellungen aller Menschen aufstellen. Insbesondere würden Hobbes zufolge alle Menschen, und seien sie sonst über alle möglichen Dinge verschiedener Meinung, übereinstimmend im Tod das schlimmste Übel sehen.

Hobbes bringt sodann ein sehr scharfsinniges und oft mißverstandenes Argument vor. Diese allgemeine Übereinstimmung, daß der Tod für jeden das größte Übel sei, impliziere einige andere allgemeingültige Moralvorschriften – d. h. Vorschriften, die auch dann gelten würden, wenn übergeordnete Gesittungsnormen oder Bräuche fehlten. Erstens wird allgemein Einverständnis darüber herrschen, daß, was immer jemand tut, um sich vor dem Tode zu bewahren, dies das Richtige für ihn ist und daß er berechtigt ist, so zu handeln. Dies entspricht dem ersten der beiden Prinzipien des Grotius, dem Recht auf Selbstverteidigung.

Zweitens kann man kein solches Argument für die Richtigkeit irgendeiner anderen Handlungsweise ins Feld führen und folglich niemandem (zumindest nicht mit demselben Anspruch auf Allgemeingültigkeit) das Recht zubilligen, irgend etwas anderes zu tun, was nicht seinem eigenen Schutz dient. Es ist dies ein Gesichtspunkt, dem man oft nicht genügend Beachtung geschenkt hat, doch weist Hobbes wiederholt darauf hin, besonders in einigen Anmerkungen, die er 1647 in einer zweiten Auflage von *De Cive* hinzufügte. Dort faßt er seine Position wie folgt zusammen: „Sollte aber jemand etwas als für seine Erhaltung nötig erklären, was er selbst nicht dafür hält, so würde er damit gegen die natürlichen Gesetze verstoßen“ (d. h. ohne moralische Berechtigung handeln). Hobbes – man kann es nicht oft genug wiederholen – ist kein Utilitarist: Er glaubt nicht, daß irgend jemand ohne weiteres befugt ist, die Befriedigung seiner eigenen Bedürfnisse zu maximieren, wenn diese Bedürfnisse nicht in unmittelbarer Beziehung zu dem Mindestzweck der Sicherung seines eigenen Lebens stehen. Dieser Aspekt der Hobbesschen Theorie entspricht dem zweiten der beiden

Grundsätze von Hugo Grotius, dem Verbot, einem anderen *mutwillig* Schaden zuzufügen.

Der dritte und in mancher Weise wichtigste Punkt ist, daß alle Menschen von Natur aus zu beurteilen vermögen, was ihrer eigenen Selbsterhaltung dient. Diese Folgerung ergibt sich ohne Schwierigkeit aus Hobbes' profunder Skepsis hinsichtlich einer vollkommenen Welterkenntnis. In den meisten Fällen ist es völlig ungewiß, durch welche Handlungsweise wir uns wirklich zu erhalten vermögen, und objektiv betrachtet, kann man jemanden, der ehrlich überzeugt ist, in seinem eigenen Interesse zu handeln, nicht eines Irrtums zeihen. In manchen Fällen kann natürlich keinerlei Zweifel herrschen: Wenn ein Fremder sich naht und uns angreift, liegt es auf der Hand, was wir zu tun haben. Doch in den meisten Situationen herrscht sehr viel mehr Ungewißheit.

Die ersten beiden der oben umrissenen Implikationen hätte die Grotiussche Theorie ohne weiteres bestätigt, doch diese dritte widerstreitet ihr zutiefst, führt sie Hobbes doch zu dem Schluß, daß im Naturzustand, in dem alle Menschen gemäß ihren schwankenden Überzeugungen handeln würden, ihre Handlungen durch die gleiche Instabilität gekennzeichnet sein würden. Die Menschen würden zu Recht oder zu Unrecht zu dem Schluß kommen, daß alle anderen Menschen eine Gefahr für sie darstellten, und das Resultat wäre ein Kampf: Jeder gegen jeden. Das menschliche Leben wäre, nach Hobbes' bekanntestem Anspruch „einsam, armselig, ekelhaft, tierisch und kurz".

Hobbes fügt dem entschiedenen ethischen Relativismus der antiken Skeptiker somit eine neuartige skeptische Besorgnis hinzu. Selbst wenn ein minimaler, aber allgemeingültiger Moralkodex vorhanden wäre, dessen mögliche Existenz in Gestalt des Rechts auf Selbstverteidigung, und zwar *allein* auf Selbstverteidigung, Hobbes zugesteht, so würde das nicht notwendigerweise stabile Anschauungen und Verhaltensweisen in sich schließen, ist die Anwendung ethischer Prinzipien auf die reale Welt doch selber eine ungewisse Sache. Diese neue Besorgnis ist es, die ihn zwingt, über Grotius hinauszugehen, und wer den Skeptizismus ernst nimmt, muß sich nach wie vor mit ihr auseinandersetzen. Er legt aber auch in etwa eine Lösung dieses Problems vor, hält er doch dafür, daß das Wissen um diese Instabilität alle Verständigen veranlassen würde, in den Bereichen, in denen Ungewißheit herrscht, auf ihr privates Urteil gänzlich zu verzichten. Sie würden durch solch einen Verzicht nichts wirklich Substantielles verlieren, denn gemäß seiner Hypothese können sie auf den Gebieten, aus denen sie sich zurückziehen, keinerlei Gewißheit erlangen und werden doch in allen anderen Bereichen ihre eigene Urteils- und Handlungsfähigkeit behalten. Sie würden aber beschließen, alle Überlegungen über die ihrer Selbsterhaltung dienlichen Maßnahmen (in Zweifelsfällen) einem Souverän oder einer souveränen Institution zu übertragen, das heißt soviel wie (nach den Worten des *Leviathan)* „*... einen Menschen oder eine Versammlung von Menschen bestimmen, die ihre Person verkörpern sollen und bedeutet, daß jedermann alles als eigen erkennt, was derjenige, der auf diese Weise seine Person verkörpert, in Dingen des allgemeinen Friedens und der allgemeinen Sicherheit tun oder veranlassen wird, und sich selbst als Autor alles dessen bekennt – und dabei den eigenen Willen und das eigene Urteil seinem Willen und Urteil unterwirft*".

Der Souverän ist „jener große Leviathan oder besser, um es ehrerbietiger auszudrücken, ... jener *sterbliche Gott*", der seither eine so große Rolle in der Geschichte des politischen Denkens gespielt hat und der auf dem berühmten Frontispiz der Erstausgabe des *Leviathan* dräuend über einer friedvollen Landschaft aufragt. Für uns symbolisiert dieses düstere Bild heute eine unbarmherzige und allmächtige Staatsgewalt, doch muß man betonen, daß die Zeitgenossen das Buch nicht notwendigerweise mit denselben Empfindungen lasen. Ja, viele von Hobbes' frühesten Kritikern waren selbst entschiedene Royalisten, die das deutliche Empfinden hatten, daß seine Theorie in mancherlei Beziehung die bestehenden politischen Machtstrukturen untergrabe. Sie hatten recht, sind doch Hobbes' Schriften in vielerlei

Hinsicht höchst und überraschend libertär. So gibt er beispielsweise in seiner Darstellung der legitimen Staatsgründung zu verstehen, daß im Falle der *Gewißheit,* wenn es nicht im mindesten zweifelhaft sei, daß ein Angriff stattfinde, das Recht auf Selbstverteidigung unverzichtbar sei. Demgemäß schlug Hobbes zum Entsetzen eines Großteils seiner Leser vor, daß selbst ein Verbrecher auf dem Wege zum Galgen das Recht habe sich zu widersetzen und seine Wächter zu töten. Überdies gesteht er dem Souverän nur zweierlei zu: sich selbst zu verteidigen und im Interesse der Erhaltung seiner Untertanen zu handeln. Gleichwie bei einem einzelnen im Naturzustand soll sein eigenes wohlerwogenes Urteil über das, was dem einen oder anderen dieser beiden Ziele dient, den Ausschlag geben. Greift er aber darüber hinaus, so macht er sich eines Naturrechtsbruches schuldig. Sein Souverän kann deshalb in moralischer Beziehung beunruhigenden Beschränkungen unterliegen: So soll er beispielsweise nicht das Recht haben seinen Untertanen eine Einkommensnivellierung aufzuzwingen, ausgenommen er ist fest davon überzeugt, daß dies zur Erhaltung ihres Lebens unbedingt erforderlich ist (wenn auch seine Untertanen zugegebenermaßen selbst nicht das Recht haben sollen ihren Souverän wegen einer solchen Handlungsweise zu stürzen).

Der Hauptgrund, weshalb die zeitgenössischen Leser von Hobbes' *De Cive* und *Leviathan* erschraken, war jedoch der, daß er seinem Souverän absolute Macht in allen geistigen und religiösen Angelegenheiten zusprach und daß dies in gewisser Hinsicht der Hauptzweck seiner Einsetzung war. Auch dies mag uns in höchstem Maße bedenklich erscheinen, doch müssen wir uns vor Augen halten, welche Absicht diesem Teil von Hobbes' Theorie zugrunde lag. Hobbes war fest davon überzeugt, daß die Übel des siebzehnten Jahrhunderts aus tiefverwurzelten, aber ungerechtfertigten Glaubensüberzeugungen herrührten – aus Glaubensüberzeugungen, die sowohl durch die aristotelischen Dogmen der mittelalterlichen Kirche wie auch durch die Staatslehren der Antike und von Humanisten wie Machiavelli gefördert worden waren. Nach seiner Auffassung fehlte diesen Ideen jegliche philosophische Grundlage, handelte es sich doch ausnahmslos um Lehrmeinungen, die die Skeptiker widerlegt hätten. Männer, die danach gehandelt hatten, hatten die Welt in den Religionskriegen des sechzehnten Jahrhunderts und den Kriegen und Revolutionen seiner Gegenwart in eine Katastrophe gestürzt. Fest verwurzelte, mit mächtigen Institutionen eng verbundene Glaubensanschauungen waren ihm ein Greuel: Es galt die Menschen gegen Fanatiker zu verteidigen, die mit physischer Gewalt vorgingen.

Die Machtbefugnis des Staates, Entscheidungen über ideologische Fragen zu treffen, ist die notwendige Vorbedingung für den Einsatz zur Zerschmetterung der Ideologen. Es ist sehr zweifelhaft, ob Hobbes will, daß sein Souverän eigene, dezidierte, aber irrige Glaubensüberzeugungen vertritt. Nach Auffassung Hobbes' und vieler seiner Zeitgenossen soll der Staat keine Ideologie vertreten, da seine Funktion doch eindeutig und nicht strittig sei; die Institutionen, von denen eine Unterdrückung Andersdenkender ausging, waren vor allem Kirchen, bestand ihr ganzer Daseinszweck doch darin, den Menschen den Glauben an mancherlei unwahrscheinliche Dinge einzuflößen. In der Tat tritt Hobbes im *Leviathan* mit beredten Worten für die Freiheit der philosophischen Forschung ein:

„Unsere eigenen Seefahrten erweisen und alle wissenschaftlich Gebildeten anerkennen, daß es Antipoden gibt, und täglich stellt sich immer mehr heraus, daß die Jahre und die Tage durch Erdbewegungen bedingt sind. Nichtsdestoweniger hat die kirchliche Gewalt Männer bestraft, die in ihren Schriften eine solche Lehre zur Diskussion gestellt haben, um ihr Für und Wider abzuwägen. Doch mit welcher Begründung?“

Hobbes meint sodann, daß Unterdrückung legitim wäre, falls gute, *politische* Gründe dafür sprächen, läßt aber durchblicken, daß es solche nicht gebe – und wohl auch nicht geben werde.

Der *Leviathan* ist nach wie vor zu kaufen und hat seit seiner Erstveröffentlichung ständig Leser gefunden. Was hat er uns heute noch zu sagen? Vielleicht mehr als irgendeiner früheren Generation. Denn auch wir sind in politische Strukturen eingezwängt, die im Zuge schrecklicher, grundstürzender ideologischer wie militärischer Konflikte entstanden sind, auch wir vermögen die Glaubensüberzeugungen, die einige mächtige Zeitgenossen mit solcher Leidenschaft vertreten, nicht ernst zu nehmen. Wir teilen mit Hobbes das Dilemma des Skeptikers: Wenn es sich als unmöglich herausstellt, die Wahrheit solcher Weltanschauungen zu beweisen, sind wir dann instabilen Verhältnissen und Konflikten preisgegeben und ist unser Leben (und heute vielleicht auch das Leben aller anderen Menschen) von Fanatikern bedroht? Wenn uns Hobbes' Antwort mißfällt, so müssen wir sie doch zumindest ernst nehmen und einen Alternativentwurf vorlegen, der die entscheidenden Fragen ebenso zielstrebig anpackt, wie er es tat.

John Locke (1632–1704)

John Dunn

John Locke – Staatliche Gewalt als anvertrautes Gut

John Locke wurde 1632, im siebten Regierungsjahr Karls I., in Wrington (Grafschaft Somerset) geboren – vor dem Ausbruch des Englischen Bürgerkriegs und vor der Abfassung der staatstheoretischen Hauptwerke des Thomas Hobbes. Einer puritanischen Familie entstammend, verbrachte er seine frühen Mannesjahre an einer der Universitäten (Oxford), die Hobbes so tief verachtete. Nachdem er dort die traditionelle scholastische Philosophie studiert hatte, wandte er sich der Medizin zu und wurde 1667 Hausarzt, vertrauter Sekretär und Freund von Lord Ashley, dem nachmaligen Earl of Shaftesbury. Den Rest seines Lebens, mehr als drei Jahrzehnte, widmete er philosophischen und theologischen Studien und der großen Politik. 1683 nötigte ihn seine Verbindung mit Lord Ashley, der wegen Hochverrats verhaftet worden war, zur Flucht nach Holland. Dort entfaltete er eine ausgedehnte schriftstellerische Tätigkeit. 1689 kam er mit Wilhelm von Oranien in seine Heimat zurück, wo er 1704, im zweiten Regierungsjahr der Königin Anna, starb. Seine heutige Berühmtheit beruht auf drei bedeutenden Schriften, die sämtlich erstmalig im Jahre 1689 im Druck erschienen: dem *Versuch über den menschlichen Verstand,* dem *Brief über die Toleranz* und den *Zwei Abhandlungen über die Regierung.*

John Locke wurde 1632 in einem kleinen Dorf in der Nähe von Bristol geboren. Er entstammte einer puritanischen Familie von Händlern und kleinen Landbesitzern. Sein Vater war Justizbeamter, diente jedoch auch im Englischen Bürgerkrieg, der mit der Hinrichtung König Karls I. endete, als Offizier in den Reihen des Parlamentsheeres. Einer seiner damaligen militärischen Vorgesetzten vermittelte anscheinend dem jungen Locke den Besuch der berühmten Schule in Westminster und des Oxforder Christchurch College. Hätte Locke sich in jungen Jahren damit begnügt den Weg des geringsten Widerstandes zu gehen und Geistlicher zu werden, so wäre er wohl zeitlebens in Oxford geblieben oder hätte, reichbegabt wie er war, ein hochdotiertes Kirchenamt angestrebt. Indessen regte sich bei ihm schon frühzeitig eine ausgesprochene Abneigung gegen solch einen Werdegang. Er konzentrierte seine Energie auf die Erweiterung seiner medizinischen Kenntnisse (die einzige Alternative, die in Frage kam) und war fest entschlossen, seine Chance wahrzunehmen.

Seine große Stunde war schließlich gekommen, als er, schon Mitte Dreißig, eine lebensgefährliche Leberoperation leitete, der sich der einflußreiche Politiker Lord Ashley unterziehen mußte. Der Eingriff bei dem Schwerkranken gelang wider Erwarten, die beiden Männer wurden enge Freunde, und während der nächsten anderthalb Jahrzehnte stand Locke Ashley (ab 1672 1. Earl of Shaftesbury), dessen turbulente politische Laufbahn schließlich mit einem Desaster endete, unablässig zur Seite.

Als der in Ungnade gefallene Shaftesbury 1683 starb, hatte er fast dreißig Jahre im Zentrum der britischen Politik gestanden. Zuweilen im Besitz einer gewaltigen Machtfülle und von großem Einfluß am Hof, war er zeitweise aber auch völlig uneins mit seinem Souverän gewesen und hatte drohend einen revolutionären Umsturz angekündigt oder vielleicht sogar geplant.

Die Erfahrungen seines Gönners als leitender Minister der Krone wie auch als Umstürzler und Verschwörer prägten

Lockes politische Anschauungen in hohem Maße. Aus dem scharfen Gegensatz zwischen diesen beiden Perspektiven und der Intensität, mit der er jede von ihnen durchdachte, resultierten die Klarsichtigkeit und Tiefgründigkeit von Lockes Staatsdenken, insbesondere in den *Zwei Abhandlungen über die Regierung*. Unter den großen Staatsschriften stehen diese nahezu einzig da. Sie gehen einerseits durchgängig davon aus, daß eine tüchtige und vertrauenswürdige Regierung für eine auf komplizierter territorialer Arbeitsteilung beruhende Gesellschaft unerläßlich ist, wie sie andererseits aber auch darauf bestehen, daß jede politische Gemeinschaft angesichts himmelschreiender Ungerechtigkeiten letztlich das Recht haben muß, ihrer Regierung gewaltsam Widerstand zu leisten und sie, wenn möglich, durch eine bessere zu ersetzen.

Dank den sorgfältigen Untersuchungen von Peter Laslett wissen wir heute, daß die *Zwei Abhandlungen* in den frühen 1680er Jahren für eine nationale Oppositionsbewegung gegen König Karl II. verfaßt wurden. Ihre genauen Abfassungsdaten sind uns im einzelnen nicht bekannt, doch steht fest, daß Locke damit den politischen Widerstand von seiten der Mehrheit des Volkes gegen den regierenden Monarchen, nötigenfalls unter planmäßiger Gewaltanwendung, zu rechtfertigen beabsichtigte. Im Mittelpunkt der politischen Auseinandersetzungen stand die Thronfolge, denn Karls Erbe, sein Bruder Jakob, Herzog von York, bekannte sich zur katholischen Konfession, und viele englische Protestanten waren nicht gewillt, die Herrschaft eines offenkundig katholischen Königs hinzunehmen. Statt dessen forderten sie im Zuge einer Bewegung, die Shaftesbury von seinem Londoner Wohnsitz aus sorgfältig dirigierte und die bald das ganze Land erfaßte, Jakob vermittels Parlamentswahlen und durch das Parlament selbst von der Thronfolge auszuschließen und an seiner Stelle den Herzog von Monmouth, einen der unehelichen Söhne Karls II., zum Thronfolger zu bestimmen. Es gelang Karl schließlich, den Widerstand seiner Gegner zu brechen. Die Umsichtigeren und Listigeren unter ihnen, darunter auch Locke, gingen daraufhin nach Holland ins Exil; von den übrigen ließ der König einige Anführer hinrichten. 1685 folgte ihm Jakob II. auf dem Thron.

Erst die „Glorreiche Revolution" des Jahres 1688, die die königliche Familie nach der Landung Wilhelms von Oranien zur Flucht nach Frankreich zwang, ermöglichte Locke die Rückkehr aus seinem holländischen Exil. 1689 – er war jetzt Ende fünfzig – veröffentlichte er erstmalig drei bedeutende Werke. Zwei von diesen, die *Zwei Abhandlungen über die Regierung* und der *Brief über die Toleranz,* sind staatstheoretische Schriften. Sein wichtigstes Werk aber, der *Versuch über den menschlichen Verstand,* ist eine allgemeine Erörterung des Wesens und der Grenzen des Wissens, die politische Fragen nur ganz am Rande berührt.

Die beiden Staatsschriften waren für recht verschiedene Leserkreise bestimmt. Der *Brief über die Toleranz* wurde in Holland verfaßt und zuerst in Latein, das immer noch die Sprache der Wissenschaft war, veröffentlicht. Es war dies ein Mahnruf angesichts einer europäischen Krise, der Einschließung der protestantischen Gemeinden Frankreichs und der Niederlande durch den militanten katholischen Absolutismus Ludwigs XIV. Durch die Aufhebung des Edikts von Nantes 1685 und die von starkem Druck französischer Truppenverbände auf die Niederlande begleiteten Hugenottenverfolgungen in Frankreich fühlte sich die protestantische Bildungsschicht dieser Länder von Fremdherrschaft, religiöser Intoleranz und autokratischem Absolutismus bedroht.

Unter dem Druck dieser Ereignisse brach Locke im *Brief über die Toleranz* eine Lanze für die Religionsfreiheit, wobei er Anschauungen revidierte, die er ein Vierteljahrhundert zuvor in seinen frühesten Schriften als junger Oxforder Universitätslehrer dargelegt, aber niemals publiziert hatte. Der *Brief* ist eine klassische Rechtfertigung des Rechts auf Glaubensfreiheit und ungestörte Religionsausübung. Locke führt darin aus, daß für den Christen aufrichtiger Glaube eine notwendige Voraussetzung der wahren Gottesverehrung und wahre Gottesverehrung wiederum für sein Heil unerläßlich ist. Jedweder Anspruch von Menschen, anderen religiöse Lehren oder Formen der Glaubensausübung vorzuschreiben, stellt einen ruchlosen und lächerlichen Versuch dar, sich an die Stelle Gottes zu setzen. Er muß notwendigerweise jegliche Willfährigkeit, die er von seinen Opfern zu erlangen vermag, beeinträchtigen. Niemand kann für jemand anderen etwas glauben oder wissen; der Versuch, die Verantwortung für die Glaubensanschauungen eines anderen zu übernehmen, ist daher ebenso absurd wie anstößig. Herrscher oder Staaten, die solches versuchen, machen sich nicht nur lächerlich, sondern mißbrauchen darüber hinaus ihre legitimen Befugnisse. Von diesen Befugnissen dürfen sie nämlich genau genommen nur zum Schutz der weltlichen Güter und Interessen ihrer Untertanen Gebrauch machen; sie befähigen sie weder zwischen irgendeinem Menschen und Gott zu vermitteln, noch geben sie ihnen die Berechtigung dies zu versuchen. Das Heil eines jeden Mannes und einer jeden Frau ist letztlich ihre eigene Angelegenheit. Für die weitaus meisten christlichen Staaten jener Zeit, für die protestantischen ebensosehr wie für die katholischen, mit ihren engen Bindungen zwischen staatlicher und kirchlicher Gewalt, war dies eine Lehre von unerhörter Radikalität. Heute ist dies ein moralischer und politischer Gemeinplatz, wenn auch oft „ein Gebrauch, bei dem der Bruch mehr ehrt als die Befolgung."

Im *Brief über die Toleranz* selbst gibt es jedoch zwei wichtige Vorbehalte. Der Anspruch auf Duldung besteht nicht im Falle religiöser Bindungen, die zugleich die Verpflichtung zur Subversion einschließen (Locke dachte dabei an die englischen Katholiken). Noch auch gilt er, was uns mehr überrascht, für Atheisten. Daß es für einen Staat gefährlich (oder auch nur unklug) wäre, denjenigen Leuten, die sich freimütig als seine Todfeinde bekennen, Rechte einzuräumen, liegt auch heute noch auf der Hand, und es ist bemerkenswert, daß dies einer der beiden Hauptgründe war, die den jungen Locke dazu veranlaßten, einen Anspruch auf Duldung zu verneinen. Der Ausschluß der Atheisten erregt in uns heute wohl Bedenken. Für Locke war der Anspruch auf Toleranz ein religiöses Recht, das auf der Unmittelbarkeit der Verantwortlichkeit des einzelnen gegenüber Gott und seiner Beziehung zu ihm beruhte. Den Atheisten aber fehlt es nun einmal an einer Beziehung zur Gottheit. Von daher können die aus der Anerkennung religiöser Pflichten resultierenden Vorrechte kaum geltend gemacht werden. Der Kernpunkt für Locke ist indessen, daß ihnen nicht nur ein schlimmes Schicksal bevorsteht (etwas, das wohl ihre eigene Angelegenheit wäre), sondern daß sie überdies schon im irdischen Leben eine akute Gefahr für ihre Mitmenschen bilden, einen staatlichen Mißstand in sich, fehlt es ihnen doch an festen, rationalen Gründen für sittliches Handeln. In den Drohungen und Verheißungen eines jenseitigen Lebens sieht Locke die vernunftgemäße Grundlage irdischer Ethik.

Man muß sich darüber klar sein, daß diese These für sein Denken von zentraler Bedeutung ist, ergeben sich daraus doch weitgehende Folgerungen für die Anwendbarkeit seiner Rechtfertigung der Toleranz in einer modernen, säkularisierten Gesellschaft. Die Argumente, die er für die Abwegigkeit aller Versuche, Glauben zu erzwingen, und für die unbedingte Unabhängigkeit der Wahrheit von der Macht anführt, fallen immer noch ins Gewicht, obschon man hinter die erstgenannten ein Fragezeichen setzen muß angesichts der technischen Möglichkeiten zur Manipulation von Glaubensüberzeugungen, wie sie den Rücksichtsloseren unter den modernen Machthabern zur Verfügung stehen. Die Argumente, die er für das Recht auf eigene, den kirchlichen oder staatlichen widerstreitende Glaubensüberzeugungen vorbringt, weisen aber, entfernt man ihre religiöse Prämisse, eine zu dürftige Basis auf, als daß sie allein zur Rechtfertigung moderner Forderungen nach Rede- und Gedankenfreiheit dienen könnten. Es würde dem modernen Menschen als eine ziemlich drastische Einschränkung der Meinungs- und Gedankenfreiheit erscheinen, wenn niemand denken oder sagen dürfte, es gebe keinen Gott (oder auch nur, es gebe *möglicherweise* keinen Gott). Eine entscheidende

Schwäche des Lockeschen Rechtsanspruchs auf Toleranz stellt aus heutiger Sicht die Quelle dieses Anspruchs dar: Was ist es denn, das den Menschen das Recht geben soll, auf der Duldung ihrer Glaubensanschauungen oder Kulthandlungen durch ihre Mitmenschen zu bestehen?

Ebendas, was ihnen dies Recht gibt, liefert auch den Rahmen, innerhalb dessen Locke in den *Zwei Abhandlungen über die Regierung* die Zwecke und Grenzen der staatlichen Gewalt im allgemeinen erörtert:

„Alle Menschen nämlich sind das Werk eines einzigen allmächtigen und unendlichen weisen Schöpfers, die Diener eines einzigen souveränen Herrn, auf dessen Befehl und in dessen Auftrag sie in die Welt gesandt wurden. Sie sind sein Eigentum, denn sie sind sein Werk, von ihm geschaffen, daß sie so lange bestehen, wie es ihm gefällt, nicht aber, wie es ihnen untereinander gefällt."

Die Quelle der menschlichen Pflicht, Rechtsansprüche zu achten, die andere mit gutem Grund geltend machen, nennt Locke das „Naturgesetz". Es sind dies die Normen, die Gott für den Gang der von ihm erschaffenen Welt aufgestellt hat. Die übrige Welt, in der die Menschen leben, geht selbsttätig ihren Gang gemäß dem Willen Gottes.

Der Mensch kann jedoch entscheiden, ob er die göttlichen Normen, das Naturgesetz, einhalten will oder nicht. Und er tut dies auch. Allzu häufig beschließt er, sie nicht zu befolgen. Innerhalb der naturgegebenen Ordnung sind alle Menschen gleich geschaffen. Doch in dem Maße, in dem sie ihr eigenes Leben leben und die Gesellschaften, die sie bilden, sich wandeln und erweitern, treten in ihnen viele verschiedenartige Ungleichheiten zutage. Eine der bedeutsamsten und hartnäckigsten ist die politische Ungleichheit, eine sehr ausgeprägte Form von Ungleichheit, die zwischen einer Regierung und ihren Untertanen existiert. Zur Zeit Ludwigs XIV. bedurfte es – wie auch noch in unseren Tagen mit Blick auf die Herren Reagan und Gorbatschow (von Pol Pot und General Pinochet mal ganz zu schweigen) – einer beträchtlichen Vorstellungskraft, um sich zu vergegenwärtigen, wie sich diese Form von Ungleichheit ins Konzept von Gottes Schöpfung fügte.

Die *Zwei Abhandlungen über die Regierung* stellen einen Versuch dar, den Zweck der staatlichen Gewalt zu erklären und ihren legitimen Machtbereich zu definieren, wer ihr mit welchen Maßnahmen in den Arm fallen darf, falls sie sich über den ihr gesteckten „Rahmen" hinausbegibt. Locke war sich zweifellos völlig darüber im klaren, daß obrigkeitliche Gewalt in der Praxis auch einzig und allein zu dem Zweck existieren und ausgeübt werden kann, die Raubgier und Selbstsucht eines Tyrannen zu befriedigen. Ein Großteil staatlicher Gewalt und Tätigkeit ist – in den 1980er ebenso wie in den 1680er Jahren – nichts anderes als eine schlimme Heimsuchung, unter der ihre hilflosen Opfer schwer zu leiden haben. Eine solche Gewalt hat in Gottes Schöpfung keinen Platz; sie ist eine schwere Verletzung des Naturgesetzes. Die Staatsmacht aber kann und sollte den Interessen der Bürger dienen. Sie kann (und sollte pflichtgemäß) ihr Leben, ihre Freiheiten und ihr Eigentum, kurzum ihre Rechte schützen. Ihr Zweck – in der ethischen Theorie, wenn auch nicht immer in der historischen Erfahrung – ist, daß diese Interessen wirksam wahrgenommen und insbesondere einzelne daran gehindert werden, die diesseitigen Interessen oder Rechte der anderen mehr oder weniger gewaltsam zu beeinträchtigen.

Noch einmal: Es ist wichtig, daß die Staatsmacht nicht befugt ist, ihren (nach Auffassung Lockes) ungleich bedeutungsvolleren religiösen Interessen zu dienen. Die Staatsgewalt hat in allererster Linie die Aufgabe, dem natürlichen Gesetz, dem *Law of Nature,* ein weitaus größeres Maß an Beachtung zu sichern, als ohne sie vorhanden wäre. Da ohne staatliche Gewalt alle Männer und Frauen in allen Auseinandersetzungen, die sie miteinander führen, Richter in eigener Sache sein würden, müßte eine Regierung schon sehr korrupt sein, wenn sie nicht in der Lage wäre, ihren Untertanen einige wirkliche Dienste zu erweisen. Die Einstellungen der Untertanen gegenüber ihrer Regierung sollten dementsprechend dem Ausmaß dieser wirklichen Dienste angepaßt sein (und werden das in gewissem Ausmaß auch sein).

In groben Zügen betrachtet, gibt es zwei Kategorien von Regierungen: legitime und illegitime. Illegitime Regierungen (zum Beispiel diejenigen, deren Macht sich allein auf Eroberung gründet) besitzen keinerlei politische Autorität gegenüber ihren Untertanen, wenngleich sie natürlich eine wirksame Zwangsgewalt über dieselben auszuüben vermögen. Die (in Lockes Darstellung nur sehr vage formulierte) Verschiedenheit von legitimen und illegitimen Regierungen beruht auf Unterschieden hinsichtlich ihrer Ursprünge (der Bedingungen, unter denen sie ihre Tätigkeit beginnen) oder der Grundlage ihres Machtanspruchs. Beide Unterschiede hängen am Vorhandensein oder Nichtvorhandensein der Zustimmung der Untertanen. Eine wahrhaft politische Gemeinschaft *(civil society)* ist ein von Menschen, die von Natur aus gleich sind, aus freien Stücken gegründetes Gemeinwesen. Sie leitet ihren Machtanspruch aus der früheren Zustimmung ihrer Mitglieder her, Angehörige *einer* politischen Gemeinschaft zu sein, sowie aus der nachfolgenden Tätigkeit von politischen Institutionen, die dieselben befähigen, diese Zustimmung u.a. auf dem Gebiet der Gesetzgebung und der Steuererhebung zu erteilen oder zu versagen. Da die absolute Monarchie jegliche Fundierung durch die Zustimmung ihrer Untertanen und jegliche Verantwortung für dieselben ablehnt, kann sie nicht als echte politische Gemeinschaft gelten und besitzt somit keine legitime Machtbefugnis.

Lockes Unterscheidung wirft vielerlei Probleme auf, mit denen wir uns aber hier nicht zu befassen brauchen. Für uns ist von Wichtigkeit, daß sie eine klare und einfache Antwort auf die Frage nach dem Zweck der staatlichen Gewalt bietet. Der Hauptzweck der Staatsgewalt besteht darin, daß sie innerhalb einer politischen Gemeinschaft die Vorzüge der Unparteilichkeit mit wirksamen Zwangsbefugnissen bei Auseinandersetzungen zwischen ihren Mitgliedern kombiniert und ebendiese Mitglieder mit deren vereinten Kräften gegen auswärtige Bedrohungen verteidigt.

In dem Maße, in dem legitime Regierungen diese politischen Ziele verwirklichen, können sie von ihren Untertanen Gehorsam und Unterstützung verlangen, die ihnen dann auch zuteil werden. Sogar ursprünglich illegitime Regierungen, denen es aber gelingt, diese Zwecke zu realisieren, haben Anspruch auf ein gewisses Maß an Zusammenarbeit seitens ihrer Untertanen und dürften in der Praxis gleichfalls darauf zählen können. Alle Regierungen genießen notwendigerweise einen gewissen Ermessensspielraum, der in England als „Prärogative" bekannt war, können sie doch ohne solche allem übergeordneten Rechte ihre Aufgabe nicht erfüllen. Da selbst die legitimste Regierung über diesen Ermessensspielraum verfügt und verfügen muß, stellt jede Regierung eine potentielle Gefahr dar, gegen die auch die kompliziertesten rechtlichen und institutionellen Aushilfen keine völlige Sicherheit bieten. Jedoch können fehlende gesetzliche Beschränkungen oder eine unzweckmäßige institutionelle Einrichtung die ihr innewohnenden Gefahren natürlich noch beträchtlich erhöhen. So stellt beispielsweise die absolute Monarchie eine ernsthafte, ständige Bedrohung dar. Legitime politische Macht ist nach Auffassung Lockes ein anvertrautes Gut. Sie leitet sich von einer Art Vertrag zwischen den Mitgliedern einer Gesellschaft her, kann aber selbst nicht durch festumschriebene vertragliche Rechte und Pflichten bestimmt werden. Sie wird vielmehr von Herrschern (oder neuerdings von gewählten Berufspolitikern) nach deren bestem Ermessen im Namen von Untertanen ausgeübt. Die Menschen brauchen eine Regierung, und wenn diese ihren Interessen erfolgreich dienen soll, dann müssen sie auch imstande sein, ihr Vertrauen zu schenken.

Im Hinblick auf Institutionen geht die eindeutigste Unterscheidung, die Locke bei der Bestimmung legitimer und illegitimer Herrschaftsformen in den damaligen Staaten machte, von der Rolle einer gewählten gesetzgebenden Körperschaft, einer Legislative aus. Durch solch eine gewählte gesetzgebende Versammlung – im Falle Englands das Unterhaus (the House of Commons) – vermag jede neue Generation die ihr überkommenen Gesetze zu ändern und zugleich stillschweigend ihre Zustimmung zu denjenigen zu geben, die sie beibehalten will.

Zumindest ebenso wichtig ist, daß sie auch zu entscheiden vermag, wieviel die Regierung von ihren privaten Hilfsquellen für öffentliche Zwecke wie zum Beispiel die Landesverteidigung beanspruchen darf. Steuerstreitigkeiten zwischen Regierung und Volk gaben damals wie heute immer wieder Anlaß zu Reibereien zwischen Herrschern und Beherrschten. Ja, im Europa des siebzehnten Jahrhunderts waren sie wahrscheinlich die Hauptursache für bewaffneten Widerstand gegen die Staatsgewalt. Dort, wo eine gewählte gesetzgebende Versammlung das Steuerbewilligungsrecht besaß, war eine klare Trennung zwischen individuellen Besitzrechten und den Ansprüchen einer Regierung möglich. Ohne diese institutionelle Vorkehrung schien ein Ausgleich zwischen den Rechten der einzelnen und dem Recht und der Pflicht einer Regierung, die Hilfsquellen ihrer Untertanen zu deren Verteidigung gegen auswärtige Feinde einzusetzen, schwer vorstellbar. Eine Besteuerung, der das Volk nicht durch seine gewählten Vertreter im Parlament zugestimmt hatte, wie zum Beispiel das Schiffsgeld, das Karl I. vor dem Englischen Bürgerkrieg zu erheben versuchte, war ein gegen das Recht auf Eigentum selbst gerichteter Angriff.

Während der amerikanischen Revolution 1775–1781 wurden aus den *Zwei Abhandlungen* am häufigsten jene Stellen zitiert, in denen Locke staatlichen Steuern, denen die politische Zustimmung durch die gesetzgebenden Körperschaften der besteuerten Gemeinwesen fehlte, jegliche Berechtigung absprach. Die Abhängigkeit der staatlichen Steuererhebungsbefugnisse von der Zustimmung einer gewählten Legislative war zu der Zeit, als Locke seine *Zwei Abhandlungen* verfaßte, seit fast einem Jahrhundert eines der Hauptthemen des englischen Verfassungskonflikts gewesen, wenn diese Frage auch in den 1680er Jahren bei der sogenannten „Exclusion controversy“ eine nicht ganz so zentrale Rolle spielte wie bei den Ereignissen, die dem Englischen Bürgerkrieg und der amerikanischen Revolution vorausgingen. Lockes eigener Beitrag hierzu war nützlich, bestach aber nicht gerade durch zwingende Logik oder Originalität.

Sehr viel neuartiger war jedoch die Art und Weise, wie Locke die Natur des Eigentumsrechts selbst abhandelte. Daß er den Eigentumsbegriff überhaupt zu analysieren beschloß, ergab sich zum Teil eher zufällig aus einer ideologischen Kontroverse. Soweit uns bekannt, scheint er dieser Frage vor den 1680er Jahren zu keinem Zeitpunkt ein ernstliches theoretisches Interesse entgegengebracht zu haben. Damals wollte er auf eine sehr spezifische Weise für die politischen Wertvorstellungen und Absichten der Partei Shaftesburys eintreten. Die *Zwei Abhandlungen* sind eine staatstheoretische Schrift, aber eben auch, und zwar ganz ausdrücklich, eine weitschweifige Widerlegung einer royalistischen Rechtfertigungsschrift aus der Zeit des Bürgerkriegs, der *Patriarcha* von Sir Robert Filmer.

Filmer war ein interessanter Denker, der auch auf anderen Gebieten stark auf Lockes Betrachtungsweise einwirkte. So regte er ihn beispielsweise zu einer sehr ausführlichen und scharfsinnigen Untersuchung über den sittlichen und sozialen Charakter des Verhältnisses der Geschlechter an, zu einer Analyse, die Lockes streng politische Folgerungen freilich nicht so sehr kennzeichnete, wie man es vielleicht hätte erwarten dürfen. Der bedeutsamste und potentiell ärgerlichste Aspekt der Arbeit Filmers war indessen der Schaden, den er der inhaltlichen Klarheit der gängigen nichtabsolutistischen Auffassungen vom Recht auf Eigentum zufügte.

Filmers eigene Anschauung vom Status des Eigentums war dabei keineswegs von zwingender Logik. Doch die Frage, die er zur Diskussion stellte, wie nämlich ein wirkliches Recht von Individuen, Teile der göttlichen Schöpfung zu besitzen, jemals entstehen konnte, war – damals wie heute – recht unangenehm. Wenn Gott, wie der große holländische Naturrechtslehrer Hugo Grotius annahm, den Menschen die Welt ursprünglich zu gemeinsame Besitz gegeben hatte, wie konnte dann irgendein einzelner Mensch dazu gelangen, gegenüber allen anderen ein Recht auf irgendein Stück von ihr geltend zu machen? Grotius' eigene Antwort war denkbar einfach. Sie lautete, kurz gesagt: das sei möglich, indem die Menschen ein Abkommen miteinander träfen.

Diese These war jedoch, wie Filmer betonte, alles andere als zwingend. Ganz abgesehen von der geschichtlichen Unwahrscheinlichkeit, daß die gesamte Menschheit in einem einzigen Abkommen beschlossen haben sollte, die Welt ein für allemal aufzuteilen. Es bleibt völlig unklar, warum später zur Welt gekommene Menschen, die an diesem vermeintlichen Urabkommen nicht beteiligt waren, daran gebunden sein sollten. Unseren heutigen Vorstellungen vom Eigentumsrecht haftet immer noch, vor allem im zwischenstaatlichen Bereich, viel von der bedenklichen Unwahrscheinlichkeit der Grotiusschen Auffassung an, und es überrascht kaum, daß in dem Maße, in dem wir immer mehr Einzelheiten über die historischen Verkettungen erfahren, aus denen die heutigen Eigentumsrechte entstanden sind, unsere Zweifel wachsen, ob wir sie tatsächlich als genuine wirkliche *Rechte* zu betrachten haben.

Im fünften Kapitel seiner *Zweiten Abhandlung* versucht Locke, eine andersartige und gewichtigere Antwort auf Filmer zu geben. Diese ist nicht deshalb wichtig, weil sie besonders klar und überzeugend ist oder war, sondern weil die beiden hauptsächlichen und scharf entgegengesetzten modernen Lehrmeinungen über die Natur und den Umfang des Rechts auf Eigentum darauf aufbauen: die liberale Theorie des freien Güteraustauschs, einschließlich des Verkaufs von Arbeitskraft, und die sozialistische Theorie, die im Verkauf von Arbeitskraft einen wahren Ausbeutungsprozeß erblickt. Locke argumentiert, Gotte habe den Menschen die Welt zu gemeinsamem Nutzen und Freude gegeben. Um sie zu nutzen und sich an ihr zu erfreuen, bedürfen sie keiner wechselseitigen Zustimmung. Die Grundlage ihrer jeweiligen Berechtigung, die Welt zu nutzen oder sich Teile davon anzueignen, ist ihre Arbeit, das Werk ihrer eigenen Körper, die ohne Zweifel von Natur aus jedem von ihnen selbst gehören, zumindest gegenüber allen anderen Menschen. Er erklärt auch, der Einsatz der menschlichen Arbeitskraft habe die natürliche Welt in ein sehr viel produktiveres und blühenderes Gebiet verwandelt; der Wert der jetzt vorhandenen materiellen Güter sei größtenteils durch den Menschen geschaffen worden. Wer hart arbeitet und das natürliche Gesetz befolgt, verdient es und ist auch berechtigt Gottes Welt zu genießen.

Daß die Beziehung dieser Doktrin zur Gesellschaftsordnung im Britannien des siebzehnten Jahrhunderts (und auch im Großbritannien, im Amerika, Rußland oder China des zwanzigsten Jahrhunderts, problematisch ist, liegt auf der Hand. Zwischen Gottes Schöpfung – der Natur – und den tatsächlichen Möglichkeiten von Männern und Frauen, sie zu „genießen", liegt eine verworrene Geschichte von Gewalt, Betrug, Mühen und Leiden, deren Einzelheiten größtenteils für immer untergegangen sind. Wer weiß schon, wem heute was gehören sollte? Ist der Begriff des Eigentumsrechts überhaupt so beschaffen, daß der Gedanke an einen vollen moralischen Anspruch überhaupt darauf anwendbar ist?

In Lockes eigener Darstellung führen zwei wichtige Details – die angeblich auf allgemeiner Übereinstimmung beruhende Rolle des Geldes und die angeblichen Zustimmungen zur privaten Aneignung von Grund und Boden – zu einer anstößigen Verschleierung der theoretischen Beziehungen zwischen der gottesgesetzten natürlichen Ordnung und den tatsächlichen Eigentumsverhältnissen einer jeden Gesellschaft. Wenn Grotius recht hat, dann sind Ansprüche auf Eigentumsrecht moralisch anfechtbar und ermangeln einer festgefügten Grundlage. Es ist nicht verwunderlich, daß die Forderung nach einer einleuchtenderen Begründung seit den 1680er Jahren keinerlei Abschwächung erfahren hat, ja vielleicht sogar mit wachsender Intensität vorgetragen worden ist. Wir verfügen sicherlich über keinen größeren Wissensfundus, als er Locke seinerzeit beim Zusammenschustern seiner Argumente zur Verfügung stand, wenn auch diese naturgemäß in den darauffolgenden drei Jahrhunderten breiter ausgebaut und bisweilen klarer formuliert worden sind. Aller Wahrscheinlichkeit nach dürfte jedoch in einer Welt, in der die Natur nicht mehr als Gottes Schöpfung aufgefaßt wird, eher Grotius denn Locke recht gehabt haben.

Locke verfaßte die *Zwei Abhandlungen* in der Absicht, den nationalen politischen Widerstand gegen einen Souverän zu rechtfertigen, der nach seiner Auffassung seine Pflichten als Treuhänder verletzt hatte, und er publizierte sie, um die Absetzung eines anderen Souveräns zu rechtfertigen, den er genauso beurteilte. Das Buch schließt mit einer Verteidigung des Rechts auf Revolution und des Rechts auf Absetzung einer Regierung, die nicht mehr den Interessen ihrer Untertanen dient, sondern sie statt dessen in ihrer ureigenen Sphäre stark bedroht. Das Eintreten für dieses politische Recht dürfte uns heute als eine Selbstverständlichkeit erscheinen, obschon es immer noch eine Vielzahl von Orten in der Welt gibt und immer geben wird, an denen es sich nicht gerade empfehlen würde, nachdrücklich darauf zu bestehen ... Das Recht schlecht zu regieren wird von modernen Staaten selten in Anspruch genommen (außer in der Praxis). In diesem Bereich dürften Lockes Argumente heute nur geringes Interesse hervorrufen, da sie sich inzwischen völlig durchgesetzt haben.

Nicht mit seinen Staatsschriften hat Locke einen tiefgreifenden, aber äußerst zweifelhaften und beunruhigenden Einfluß auf das moderne Politikverständnis ausgeübt, sondern mit seinem großen *Versuch über den menschlichen Verstand,* der Bibel der europäischen Aufklärung. Das Bild, das dieses Buch von der Formbarkeit der Menschen entwirft und von der Art, in welcher ihre Glaubensüberzeugungen, Einstellungen und Charaktere ausgebildet werden, beschwingte, zu welchem Zweck auch immer, die Phantasie seiner Nachfahren. Moralisierende Intellektuelle und politische Machthaber und -aspiranten hegen von jeher die Hoffnung, daß man die Menschen dazu bringen kann, zu denken und zu fühlen, wie es idealerweise wünschenswert oder praktisch und bequem wäre. Seit dem achtzehnten Jahrhundert hat dieses Trugbild die moderne politische Vorstellungskraft unablässig genarrt und die Welt, in der wir heute leben, gestaltet und wieder umgestaltet. Wenngleich Locke selbst dieser Phantasie auch nicht im mindesten Geschmack abzugewinnen vermochte, so haben doch nur sehr wenige andere Denker dieser Fiktion in so starkem Maße durch ihre theoretischen oder praktischen Bemühungen den Weg bereitet.

Jean-Jacques Rousseau (1712–1778)

Robert Wokler

Jean-Jacques Rousseau – Verfall der Sitten und Wiederherstellung der Freiheit

Rousseau wurde 1712 in Genf geboren. Er erhielt nur eine mangelhafte Schulbildung, floh 1728 aus seiner Heimatstadt und führte danach ein unstetes Leben in Frankreich, Italien, England und der Schweiz. 1750 machte ihn sein *Diskurs über Kunst und Wissenschaft* mit einem Schlag berühmt. Er stellt darin die Behauptung auf, daß die Fortschritte der Zivilisation zum Niedergang der Moral geführt hätten. Auf dieser These, mit der er sich gegen den Geist der Aufklärung auflehnte, baute er einen Großteil seiner späteren Schriften auf. Nachdem er in seinem zweiten *Diskurs über die Ungleichheit* (1755) in ähnlicher Weise die Institution des Privateigentums angegriffen hatte, legte er 1762 im *Gesellschaftsvertrag* sein Modell einer Sozialordnung zur Rettung der Menschheit vor. Im selben Jahr veröffentlichte er unter dem Titel *Émile* einen Traktat über Erziehung, der als sein bedeutendstes Werk gilt. Von den französischen und Schweizer Behörden wegen seiner radikalen Anschauungen und seiner Kritik am Christentum verfolgt, lebte er während seiner restlichen Jahre beständig in der Furcht, geheimnisvolle Mächte hätte sich gegen ihn verschworen. Er starb 1778 in Ermenonville bei Paris. Gegen Ende des Jahrhunderts sollten seine politischen Ideen, die zu seinen Lebzeiten weithin auf Unverständnis gestoßen waren, dann im Zuge der Französischen Revolution die Menschen inspirieren und entflammen.

Rousseau war wahrscheinlich der tiefgründigste und sicherlich der einflußreichste Staatsdenker des achtzehnten Jahrhunderts. In den letzten drei Jahrzehnten seines ruhelosen Lebens – fast ständig im Brennpunkt des allgemeinen Interesses – setzte er sich durch die Lehren, die ihn in ganz Europa berühmt und berüchtigt gemacht hatten, der Verfolgung von seiten staatlicher Behörden aus. Keiner anderen Persönlichkeit der Aufklärung wurden genialere oder gefährlichere Gedanken zugeschrieben. Wenn die französischen Revolutionäre aller Schattierungen später urteilten, sie hätten die politischen Ideen der Aufklärung in die Praxis umgesetzt, beriefen sie sich vor allem auf die Theorien Rousseaus.

Wie die meisten führenden Literaten seiner Zeit hatte Rousseau neben der Politik auch noch viele andere Interessen. So fand er großen Anklang als Komponist und Verfasser eines ausgezeichneten *Wörterbuches der Musik,* zu der er sich stärker hingezogen fühlte als zu irgendeinem anderen Gebiet. Hatte er sich in einigen seiner Frühschriften hauptsächlich mit Ethnologie befaßt, so galt seine Leidenschaft in späteren Jahren vor allem der Botanik. Auf beiden Gebieten haben seine Veröffentlichungen die Anerkennung der Fachforscher gefunden; insbesondere wird er aufgrund seiner Beiträge zur Völkerkunde bisweilen als Initiator dieser Wissenschaft in ihrer modernen Form bezeichnet. Darüber hinaus gewinnt in Rousseaus *Träumereien* die im achtzehnten Jahrhundert aufkommende romantische Naturschwärmerei erstmalig leidenschaftlichen Ausdruck, während die *Nouvelle Héloïse* der meistgelesene Roman seiner Epoche war. Schließlich ist festzustellen, daß seine *Bekenntnisse* die bemerkenswerteste Autobiographie seit Augustinus darstellen und daß sein *Émile* die bedeutendste Schrift über Pädagogik nach Platos *Staat* ist. Überragende Bedeutung gewann Rousseau aber als Sittenlehrer und Staatsdenker.

Rousseau gelangte bereits 1743, als er im Alter von 31 Jahren Sekretär des französischen Gesandten in Venedig geworden war, zu der Überzeugung, daß im menschlichen Leben alles letztlich von der Politik abhänge. Er schrieb den Niedergang dieser Stadt ihrer unzulänglichen Verfassung zu. Später erinnerte er sich, daß er dort erstmalig die Abfassung eines politischen Traktats ins Auge gefaßt habe; die Beobachtung, daß der Charakter eines Volkes stets durch seine Regierung geformt wird, hätte ihn zu diesem Plan inspiriert. Von diesem Traktat, an dem er jahrelang arbeitete, wurde nur ein Auszug veröffentlicht, der *Gesellschaftsvertrag* (1762), wobei die venezianische These, von der er darin ausging, das Fundament seines gesamten Staatsdenkens bildete. Zeitlebens behauptete er, daß wir nur das seien, was unsere Regierungen aus uns machten und daß unsere Laster deshalb nicht der menschlichen Natur entsprängen, sondern vielmehr der Art und Weise, in der wir schlecht regiert worden seien. Auch die Tugend hatte nach seiner Auffassung ihre Wurzeln in „Politik"; aus dieser Überzeugung heraus versah dieser unübertreffliche Tugendfreund des achtzehnten Jahrhunderts mehrere seiner Werke mit der Aufschrift „Jean-Jacques Rousseau, Bürger von Genf", war Genf doch seine Geburtsstadt, die Wiege seiner politischen Bildung und der Brennpunkt seiner vaterländischen Begeisterung. In seiner Philosophie waren Gut und Böse somit wesentlich politische Werte, unseren Herzen von den Verfassungsprinzipien, die uns beherrschen, eingeprägt.

Rousseau war sicherlich nicht der erste bedeutende Denker, der in der Politik den entscheidenden Faktor der menschlichen Gesellschaft sah. Tatsächlich war er wohl einer der letzten, da sich das politische Denken des neunzehnten Jahrhunderts doch dadurch auszeichnete, daß es den Wirtschaftskräften, der Klassenstruktur oder aber der öffentlichen Meinung größeres Gewicht beimaß. Es heißt daher bisweilen, daß sich ungefähr seit dem Ende des achtzehnten Jahrhunderts die politische Theorie ganz in Richtung auf Wirtschaft und Gesellschaft verlagert habe. Die These, der Mensch sei im Grunde ein politisches Wesen, wurde überdies spätestens im antiken Griechenland aufgestellt. Rousseau ließ sich, wie er häufig betonte, zu einem guten Teil von griechischen Denkern inspirieren, vor allem von Plato.

Rousseaus Hervorhebung der moralischen Auswirkungen von Politik unterscheidet sich jedoch von der Auffassung der Mehrzahl seiner antiken Vorgänger, möglicherweise aus folgenden zwei Gründen: Einmal betrachtet er politische Systeme als künstlich und das Leben des Menschen innerhalb derselben als Umwandlung seiner Natur. Zum zweiten forschte er nicht nur oder auch nur in erster Linie nach den Ursprüngen der Tugend, sondern mehr noch nach den politischen Wurzeln des Lasters. Die erste Betrachtungsweise liegt insbesondere seiner Auffassung vom Gesellschaftsvertrag zugrunde, die zweite seiner Geschichtsphilosophie im allgemeinen.

Rousseau konzipierte die Grundzüge seiner Geschichtsphilosophie im Jahre 1749. Die Akademie in Dijon hatte damals folgende Preisaufgabe gestellt: „Hat der Fortschritt der Wissenschaften und Künste zur Verfeinerung der Sitten beigetragen?“ „Nein!“, dachte Rousseau, und in einer plötzlichen Erleuchtung erschien ihm die ganze Menschheitsgeschichte als ein großes Panorama, worin Elend und Laster in dem Maße zugenommen hatten, wie die Sitten mit dem Fortschritt der Zivilsation verfallen waren. Ehe künstliche Bedürfnisse und falsche Werte die Formen unserer Lebensführung bestimmten, so argumentiert er in seinem *Diskurs über Kunst und Wissenschaft,* seien unsere Sitten einfach und natürlich gewesen. Waren unsere Vorfahren noch robuste Leute, so hat der übertriebene Luxus, den die Aufklärung nährt, uns unserer ursprünglichen Vitalität beraubt und uns an die „Segnungen“ der Zivilsation versklavt. Die Spartaner waren ein kerngesundes Volk, solange sie noch keine Bekanntschaft mit Kunst und Wissenschaft gemacht hatten; dagegen war Athen, der zivilisierteste Staat des Altertums, außerstande seinem Abstieg in die Despotie Einhalt zu gebieten. Mit der wachsenden Größe Roms ging gleichfalls der Niedergang seiner militärischen und politischen Macht Hand in Hand. Ungefähr das gleiche Schicksal, schließt

Rousseau seine Ausführungen, sei auch für die Fortschritte aller anderen Kulturen kennzeichnend: Überall „breiten die Wissenschaften, Schriften und Künste Blumengirlanden über die Eisenketten, die die Menschen beschweren."

Diese erste Darstellung unserer Sittenverderbnis in Rousseaus *Diskurs über Kunst und Wissenschaft* ist stark von Montaigne, Plutarch, Seneca und Plato beeinflußt und daher von seinen Hauptschriften vielleicht die am wenigsten schöpferische. Die Akademie erkannte ihr indessen den ersten Preis zu, und die Sensation, die sie erregte, verwandelte den unbekannten Literaten, der Rousseau bis dahin gewesen war, fast über Nacht in die berühmteste Geißel der Aufklärung.

Allgemeine Berühmtheit verschaffte ihr u.a. die Art und Weise, wie sie eine Anschauung vom heroischen Kampf zwischen Tugend und Laster auf den Kopf stellte, die fast zu einem festen Bestandteil des Zeitgeistes geworden war. *Voltaire* war das Sprachrohr vieler zeitgenössischer Aufklärer, als er die Tugend dem Wissen zugesellte und die fortschreitende Hebung der Sitten im Lichte des langsamen Erwachens des neuzeitlichen Europas aus finsteren Jahrhunderten des Aberglaubens und der Unwissenheit darstellte. Dagegen pries *Rousseau* offenbar die Vorzüge eines goldenen Zeitalters der Barbarei, von dem „die aus der Gnade gefallene Menschheit" um einer abgöttischen Wißbegier willen herabgestiegen sei. Er erweckte dadurch nicht nur den Eindruck, einem wilden Urzustand gegenüber der Kultur den Vorzug zu geben, sondern schien nach Auffassung seiner aufgeklärten Zeitgenossen auch vergessen zu haben, daß die Haupturheberin des Elends und der Verzweiflung in der damaligen Welt, die christliche Kirche, ihre Macht auf eine ganz ähnliche, durch Unwissenheit untermauerte Mystik gründete, wie sie ihm in der alten Welt so sehr zusagte. Voltaire und seine Anhänger verurteilten diese Vision unserer ungesitteten Unschuld und warfen Rousseau vor, er habe die Sache der politischen und religiösen Reform, die der eigentlich hätte vertreten müssen, verraten, um zu einem plumpen und wilden Naturzustand zurückzukehren. – Diese Kritik an Rousseaus Geschichtstheorie war in vieler Hinsicht äußerst ungerecht, stellte aber eine der Hauptthesen seiner Philosophie – in der er selbst den Leitgedanken aller seiner Werke sah – gebührend heraus: daß unser Schöpfer alles gut gemacht habe, alles von Menschen Geschaffene aber verderbt und schlecht sei. Das Böse war nach Rousseaus Auffassung das kennzeichnende Ergebnis menschlicher Tätigkeit, wenn auch nicht immer das Ziel menschlichen Strebens.

In den Schriften der frühen 1750er Jahre entwickelte er seine Sichtweise der moralischen Auswirkungen der Kultur, hauptsächlich die von der Musik und der Sprache ausgehenden Einflüsse, Gegenstände, die dann auch seine Aufmerksamkeit in anderen Zusammenhängen in Anspruch nahmen. Die in der modernen Welt fortschreitende Loslösung der Musik von der Sprache – den Verlust der Flexionsendungen in manchen Sprachen, sinnentleerte Lieder – nahm er zum Maßstab für den allgemeinen Sittenverfall. In seinem *Versuch über den Ursprung der Sprachen,* den er damals abzufassen begann, stellte er den Niedergang der Zivilisation anhand von Redewendungen dar, die die wachsende Entzweiung der Menschen veranschaulichen sollten: Hatte der Wilde noch *Aimez-moi* – „Liebt mich!" – gesagt, so der Barbar statt dessen *Aidez-moi,* – „Helft mir!" – und der Kulturmensch sagte dann *Donnez de l'argent* – „Her mit dem Geld!" – Doch selbst in diesem Bezugsrahmen maß er den politischen Folgen des kulturellen Fortschritts die größte Bedeutung bei und behauptete, daß diejenigen Sprachen, die sich von der Musik losgelöst hätten – in der Hauptsache Französisch, Englisch und Deutsch gegenüber den klassischen Sprachen Griechisch und Latein –, die betreffenden Völker zu passivem Verhalten gegenüber Autoritätsansprüchen verleiteten und freiheitsfeindlich seien.

Kritische Einwände gegen seinen ersten *Diskurs* veranlaßten ihn in diesen Jahren auch, sich eingehender mit den politischen und sozialen Ursprüngen der Laster zu befassen.

Unser Verlangen nach künstlerischem und wissenschaftlichem Ruhm, behauptete er, sei in der Regel in unseren übertriebenen Ansprüchen an das Leben und in dem Drang begründet, unsere Mitbürger zu beherrschen. Im Zuge einer Umgestaltung seines „Laster-Stammbaums“ macht er jetzt den Vorschlag, der Ungleichheit den ersten Platz einzuräumen, die den Reichtum erzeugt habe, welcher wiederum Luxus und Faulheit ermögliche: Auf dieser fragwürdigen Grundlage sei der Aufbau unserer Künste und Wissenschaften erfolgt. In seinem zweiten *Diskurs über den Ursprung der Ungleichheit* von 1755 arbeitete er diese revidierte Fassung seiner Geschichtsphilosophie bis ins einzelne aus und hatte es dabei auch auf jene Einrichtung abgesehen, die er inzwischen als die grundlegendste aller Institutionen, die das Prinzip der Ungleichheit in sich tragen, erkannte hatte, – das Privateigentum.

„Der erste, der ein Stück Land einzäunte und sich herausnahm zu sagen: ‚Das gehört mir!‘, und Leute fand, die einfältig genug waren, es zu glauben“, bemerkt Rousseau betrübt in dieser Schrift, „war der wahre Gründer der bürgerlichen Gesellschaft.“ Alle Verbrechen der Menschheit, so argumentiert er, rührten letztlich von der Aneignung der Erde durch einige wenige auf Kosten anderer her, was die Armen dazu zwang, sich den Reichen entweder zu unterwerfen oder sie ihres Besitzes zu berauben. Die Institution des Privateigentums ist aber nicht nur für den Ausbruch von Kriegen verantwortlich, sondern auf sie muß auch die Einsetzung von Regierungen zurückgehen, wobei die Reichen die Armen schließlich dazu verleiteten, ihre Differenzen beizulegen. Rousseau zufolge mußte der Staat anfänglich auf einer Art von betrügerischem Sozialpakt fundiert gewesen sein, der alle Menschen durch Zurückweisung ihrer Ansprüche auf das Eigentum der anderen zur Friedfertigkeit verpflichtete. Da jeder nur in bezug auf das, worauf er einen legitimen Besitzanspruch geltend machen konnte, Schutz genoß, waren die Armen auf diese Weise in die permanente Abhängigkeit von den Reichen geraten und – blindlings an ihr Schicksal gekettet – wähnten sie sich doch in dem Glauben, sie hätten ihre Freiheit gewonnen. So sei es überall in der Welt, dachte Rousseau in gleicher Manier in einer anderen Schrift über den Kriegszustand. Die gesamte zum Verhungern verdammte Menschheit werde von einer Handvoll Tyrannen unterdrückt: „Mit der furchtbaren Macht des Gesetzes als Waffe herrschen die Starken über die Schwachen."

In seinem zweiten *Diskurs* entwickelt Rousseau diese Thesen in Form einer mutmaßlichen Menschheitsgeschichte. Er sucht darin auch den Ursprung der Familie und der Landwirtschaft zu erklären und stellt die verschiedenen Regierungsformen dar, die anfänglich eingesetzt worden sein müßten, und zwar mit Blickrichtung auf die unterschiedlichen, aber immer ungleichen Verteilungen des Privateigentums, auf denen sie basierten. Rousseau gibt an, daß er bei seiner Darstellung der Ungleichheit genötigt gewesen sei, „die Tatsachen beiseite zu lassen", und wenn er auch die ihm zur Verfügung stehenden Zeugnisse über den Wilden und den Primitiven anführt, so muß man doch nachdrücklich auf den grundlegend spekulativen Charakter seiner Argumentation hinweisen. Das Bild, das er von der Urzeit entwirft, ist im Grunde aus seiner Darstellung der zeitgenössischen Gesellschaft abstrahiert, und da seine Schilderung eines besitzlosen Naturzustandes eine Fiktion ist, ist der Versuch, dorthin zurückzukehren, sinnlos. Er betont denn auch, man müsse seinen Weg in dieser Welt gehen und ihren Regierungen Gehorsam leisten; was ihn anbetraf, so war er unfähig, außerhalb der Gesellschaft zu leben oder sich gar von Eicheln zu ernähren.

Durch seine hypothetische Rekonstruktion der Vergangenheit gelangte Rousseau jedoch zu mehreren bemerkenswerten Feststellungen auf dem Gebiet der Staats- und Gesellschaftslehre, von denen drei besondere Aufmerksamkeit verdienen.

Erstens stellt seine Rückführung unseres moralischen Niedergangs auf die Institution des Privateigentums eine Anzahl von Naturrechtslehren (hauptsächlich des siebzehnten Jahrhunderts) in Frage und war insbesondere auch dazu bestimmt, die Lehren von Hobbes und Locke zu widerlegen. Die meisten Naturrechtsdenker, behauptet er, schrieben der menschlichen Natur vielschichtige Züge oder Einrichtungen zu – wie zum Beispiel Vernunft, Sprache oder Sinn für Gerechtigkeit –, die allein in der Gesellschaft erworben werden könnten. Rousseau warf solchen Denkern deshalb vor, sie gingen bei der Aufstellung ihrer unannehmbaren Regierungs-Vorschriften von einer unbegründeten Einschätzung der menschlichen Natur aus. Vor allem Hobbes und Locke erregten diesbezüglich seinen Zorn, nahm doch der eine an, daß der Krieg, und der andere, daß das Privateigentum der menschlichen Natur gemäß sei. Rousseau hält ihnen entgegen, daß in Wirklichkeit keine dieser Einrichtungen in unserem ursprünglichen Naturzustand habe existieren können; beide seien soziale Phänomene, die sich im Laufe der menschlichen Geschichte entwickelt hätten, wobei der von Hobbes beschriebene Naturzustand des Krieges aller gegen alle im Anschluß an wie durch die Eigentumsbildung nach Locke entstanden sei.

Zweitens geht Rousseaus Abstraktion des Naturmenschen vom Typ des Gesellschaftsmenschen von einer grundlegenden Zweiteilung unserer physischen und sittlichen Eigenschaften aus. Die Moral, so betont er, leite sich nicht von der menschlichen Natur her, sondern sei vielmehr aus der Denaturierung des Menschen in der Gesellschaft zu erklären, wobei die auffallenden Ungleichheiten, die unser Leben bestimmten, etwas völlig anderes seien als die unbedeutenden natürlichen Abweichungen unter den Menschen. Insbesondere ist das Privateigentum nicht Ausdruck der menschlichen Natur, sondern eine Deformation derselben; es ist eine künstliche Einrichtung und erfordert entgegen Lockes Auffassung sogar die Zustimmung derjenigen, die keines haben. Es scheint, daß Rousseaus Darstellung dieser fundamentalsten ökonomischen Einrichtung statt dessen von einer politischen Begründung ausgeht. Das Besitzstreben und die Anerkennung von Besitzrechten resultieren ihm zufolge aus menschlicher Eitelkeit und der allgemein bejahten Forderung nach ungleicher Verteilung der öffentlichen Wertschätzung. Nach seiner Auffassung bringt das Eigentum das Grundprinzip der Autorität zum Ausdruck.

Drittens rückt Rousseaus Bild von einer der Gesellschaft entzogenen Menschennatur den Wilden anderen Tieren näher als dem zivilisierten Menschen. Der *Diskurs über die Ungleichheit* befaßt sich zu einem guten Teil mit Zoologie, und es ist bemerkenswert, daß der von ihm ersonnene und bisweilen als Orang-Utan bezeichnete – einzeln lebende, nomadisierende, fruchtfressende, träge und moralisch indifferente – Wilde eine etwas unheimliche Ähnlichkeit mit dem wirklichen Orang-Utan Südostasiens zeigt. Rousseaus einfühlsame Schilderung der tierischen Instinkte im zweiten *Diskurs* ist fast ebenso eindrucksvoll wie seine Darstellung der Menschennatur. Sie führt ihn zu der Annahme, daß wir uns von Natur aus von den Tieren unterscheiden: Erstens nicht so sehr kraft unseres Verhaltens als vielmehr unserer Fähigkeiten – insbesondere unserer Freiheit von jeder Herrschaft selbst durch harmlose Instinkte – und zweitens durch unsere „Vervollkommnungsfähigkeit" *(perfectibilité),* ein von ihm geprägtes Wort, mit dem er zu erklären versucht, wie es kommt, daß allein wir in der Welt der Natur zu moralischer Hebung oder zu Korruption fähig sind. Der Mensch ist nach seiner Auffassung das einzige Lebewesen, das seine eigene Geschichte, zu welchem Zweck auch immer, zu gestalten vermag, und die Geschichte unserer mißbrauchten Vervollkommnungsfähigkeit habe dafür gesorgt, daß wir in Gesellschaft ein elenderes Leben zu führen hätten, als es allen anderen Tieren beschieden sei.

Im *Gesellschaftsvertrag* von 1762 führt Rousseau einige dieser auf die Denaturierung des Menschen in der Gesellschaft bezüglichen Thesen weiter aus, doch fast in umgekehrter Richtung – d.h. nicht mehr den schroffen Abhang des Lasters hinab, sondern einen erhebenden Tugendpfad hinauf. Angesichts der berühmten Bemerkung im ersten Kapitel: „Der Mensch wird frei geboren, aber überall liegt er in

Ketten“, dürften die Leser des *Gesellschaftsvertrags* eine Fortführung des *Diskurses über die Ungleichheit* erwartet haben. Tatsächlich bietet Rouseau jedoch einen alternativen Gesellschaftsentwurf, eine Anweisung zur Änderung und Verbesserung der im *Diskurs* beschriebenen Staatsformen.

„In Gesellschaftsangelegenheiten“, behauptet Rousseau jetzt, „sind die Grenzen des Möglichen weniger eng, als wir glauben“, denn ungeachtet unserer Entartung in der Gesellschaft seien wir immer noch zur Selbstverbesserung fähig. Schon seine Idee von der politischen Bestimmung der Sitten grenzte seine Theorie gegen jede Lehre einer geschichtlichen Zwangsläufigkeit ab, nach welcher vom Willen des Menschen unabhängige Kräfte unsere Misere verursacht hätten. Im *Gesellschaftsvertrag* zielt er auf eine Reform unseres politischen Wollens ab, auf eine ideale Rechtsordnung, genauso wie er im *Diskurs über die Ungleichheit* die Grundlagen der existierenden Rechtsordnung dargelegt hatte. Während der in seiner früheren Schrift erwähnte Pakt also unseren moralischen Verfall eingeleitet haben sollte, soll uns die in seinem *Gesellschaftsvertrag* geforderte Übereinkunft dagegen zu moralischer Gesundheit und Kraft inspirieren.

Bei dieser Zielsetzung wäre nichtsdestoweniger eine ebenso tiefgreifende Umwandlung unserer Natur erforderlich, wie sie uns bereits in umgekehrter Richtung widerfuhr. Der von Rousseau geforderte Alternativvertrag bedingt gleichfalls eine Denaturierung des Menschen und „die Ersetzung einer ursprünglichen physischen Unabhängigkeit, wie wir sie von der Natur mitbekommen haben, durch eine anteilige und moralische Existenz.“ In dem Maße, in dem Rousseau glaubte, daß eine politische Gesellschaft auf Zustimmung fundiert ist, betrachtete er das Laster wie auch die Tugend als künstlich.

Die Prinzipien seines *Gesellschaftsvertrags* versteht man vielleicht am besten, wenn man sie den Bestimmungen der im zweiten *Diskurs* dargelegten Übereinkunft gegenüberstellt. Während unsere Vorfahren einst durch Legitimierung der Ungleichheit auf ihre Freiheit Verzicht geleistet haben müssen, muß der wahre Gesellschaftsvertrag unsere Freiheit und Gleichheit zusammen verwirklichen. Dies seien die beiden Prinzipien, so verkündet er, die sich eine jede Rechtsordnung zum Hauptziel setzen müsse, und ein Gutteil seines Werkes ist der Erklärung gewidmet, warum das so sein sollte. Nachdem er bereits den moralischen und politischen Bereich unseres Lebens gegen den natürlichen und physischen abgegrenzt hat, behauptet Rousseau nunmehr, daß einem jeden von ihnen unterschiedliche Formen der Selbstbestimmung oder Freiheit angemessen seien. Ohne Regierungen, so argumentiert er, könnten die Menschen natürliche Freiheit in dem Sinne genießen, daß sie dem Wollen anderer nicht unterworfen seien, doch sei diese Art von Freiheit nur der Befriedigung ihrer natürlichen Triebe verhaftet. Allein in der politischen Gesellschaft, deren Errichtung den Verzicht auf unsere natürliche Freiheit erfordert, ist die Verwirklichung entweder bürgerlicher oder moralischer Freiheit möglich. Die erstere macht uns allerdings vom Gemeinwesen abhängig, die zweite gehorsamspflichtig gegenüber Gesetzen, die wir uns selber geben.

Rousseaus Verbindung von Freiheit und Gesetz ist ein zentraler Bestandteil seiner politischen Doktrin: Indem er nämlich unsere moralische Freiheit als durch von uns selbst gemachte Gesetze sowohl begründet als auch begrenzt darstellt, sucht er zu zeigen, wie politische Systeme unseren Freiheitsspielraum tatsächlich vergrößeren könnten. Nach Auffassung der meisten früheren Theoretikern des Gesellschaftsvertrags müssen sich die Menschen der Freiheit oder der Rechte, die sie von Natur aus genießen, größtenteils entäußern, wenn sie eine Gesellschaft bilden und sich unter den Schutz ihrer Gesetze begeben. Für Rousseau dagegen würden wir durch den Verzicht auf unser Recht, zu tun, was uns beliebt, und durch die Verpflichtung, nach unserem gemeinschaftlichen Ermessen zu handeln, unsere Freiheit nicht einbüßen, sondern sie vielmehr gewinnen. Eine alte Auffassung der Freiheit als sittliche Selbstbestimmung erneuernd, faßt Rousseau so die Möglichkeit ins Auge, uns in entsprechend konstituierten Staatswesen wahrhaft frei zu machen: durch sein unerschütterliches Festhalten am *politischen Freiheitsbegriff* grenzt er sich am schärfsten von allen anderen Theoretikern des Gesellschaftsvertrags ab.

Er behauptet, daß der Staat nur dann ein Freiheitsinstrument sein könne, wenn alle seine Untertanen gleichzeitig souverän seien, denn nur dann könne von einer wirklichen Selbstregierung des Volkes die Rede sein. Dieser Begriff der *Volkssouveränität,* die allen Bürgern absolute Macht durch gesetzgebende Versammlungen verleiht, faßt die Lehre zusammen, auf die sich Rousseaus Nachruhm wohl hauptsächlich gründet und deren Bedeutung in der Geschichte des politischen Denkens kaum zu überschätzen ist. Vor dem *Gesellschaftsvertrag* war das Souveränitätsprinzip stets – vor allem in den Theorien von Bodin und Hobbes – auf die oberste Gewalt des Herrschers eines Staates, im allgemeinen eines Monarchen, hingeordnet. Für Rousseau bezieht sich der Ausdruck jedoch auf den beherrschten Teil eines Volkes ebensosehr wie auf seinen herrschenden Teil, und indem er es in seine Darstellung des Volkswillens mit einbezieht, verknüpft er das Prinzip eher mit der moralischen denn mit der physischen Seite des menschlichen Lebens, eher mit dem Recht als mit der Macht oder der Gewalt.

Eine ähnliche These hatte er schon im Bereich der Künste aufgestellt: Sein *Brief an d'Alembert über das Theater* (1758) enthält die Forderung nach öffentlichen, brüderlichen Volksfesten als Alternative zu den Vorführungen von Berufsschauspielern, auf daß faktisch die ganze Welt und nicht nur ein paar Winkel derselben zur Bühne werde. In dieser Hinsicht hatte kein einziger bedeutender Staatstheoretiker vor ihm jemals so viel Hingabe an den Gedanken einer gemeinschaftlichen Selbstdarstellung oder der Selbstregierung des Volkes gezeigt. Rousseau behauptet, das einfache Volk könne zwar betrogen und irregeführt werden, doch biete die *Volkssouveränität* den einzig möglichen Schutz gegen die Despotie. Nur wenn das gesamte Volk an der Gesetzgebung teilnimmt, kann es dem Machtmißbrauch, den einige möglicherweise auszuüben suchen, Einhalt gebieten. Im Zusammenhang mit dieser zwangsweisen Teilnahme an der souveränen Volksversammlung schlägt Rousseau in einer einzig dastehenden, aber oftmals falsch ausgelegten Stelle des *Gesellschaftsvertrags* vor, daß, wer sich weigere, dem allgemeinen Willen Gehorsam zu leisten, „gezwungen" werden sollte, „frei zu sein".

Der *„Allgemeinwille"* ist Rousseaus Ausdruck für die Ausübung der Volkssouveränität; er ordnet ihn ebenso dem von den stimmberechtigten Mitgliedern des politischen Körpers geförderten öffentlichen Interesse oder Gemeinwohl zu, wie auch dem Einzelwillen jedes Bürgers. Dieses Wohl – oft entgegen den Privatinteressen derselben Person – ist zu gewährleisten.

Damit eine souveräne Volksversammlung auch tatsächlich in Übereinstimmung mit ihrem eigenen Allgemeinwillen handele, sind, so fügt er hinzu, mindestens zwei Vorkehrungen zu treffen: erstens dürften im Staat keine Teilverbände oder „Cliquen" existieren und zweitens Herrschaftsfunktionen niemals durch Repräsentanten ausgeübt werden. Zuweilen betont er, daß der Allgemeinwille notwendigerweise „Splittergruppen" entgegentreten, sie aber nicht unbedingt ausschließen müsse. Doch in beiden Fällen unterscheidet sich seine Vorstellung von der Rolle dieser Gruppen in der Politik auffallend von der anderer europäischer und amerikanischer Denker des achtzehnten Jahrhunderts wie Montesquieu und Madison, die die Ansicht vertraten, das Gemeinwohl sei nur durch „partikularistischen Konflikt" realisierbar. Wenn Rousseau meinte, seine Prinzipien würden sich am ehesten in Kleinstaaten mit verhältnismäßig wenig Wählern wie zum Beispiel Korsika bewähren, so wohl vor allem deshalb, weil er hoffte, der Souverän werde letztlich im Geiste völliger Einmütigkeit entscheiden.

Auf der anderen Seite besteht er darauf, daß alle stimmberechtigten Mitglieder eines Gemeinwesens Gehör finden und jeder seine eigenen Auffassungen allein vorbringen müsse. Die Repräsentation der Souveränität durch irgendeine parlamentarische Körperschaft hält er für illegitim. Während viele seiner Zeitgenossen wie Montesquieu und Voltaire die in der Verfassung und im Parlament von England verkörperten liberalen Prinzipien rühmten, bezeichnete Rousseau das englische Repräsentativsystem als unvereinbar mit der Freiheit der Wähler. „Das englische Volk", heißt es im *Gesellschaftsvertrag,* „glaubt frei zu sein, aber es täuscht sich sehr. Es ist nur frei während der Wahl der Parlamentsmitglieder. Der Gebrauch, den es in den kurzen Augenblicken von seiner Freiheit macht, verdient nichts besseres, als daß es sie wieder verliert."

Rousseaus Prinzipien leiten sich von seiner Auffassung der bürgerlichen und moralischen Freiheit her, umschließen aber auch seine Forderung nach Gleichheit, ohne welche die Freiheit nach seiner Ansicht nicht lebensfähig ist. Alle Grundnormen seines Gesellschaftsvertrags – vom völligen Verzicht eines jeden auf seine natürlichen Rechte bis zur unparteiischen Durchführung der Herrschaft des Rechts und zur unbeschränkten Teilnahme jedes Bürgers an der gesetzgebenden Gewalt – weisen auf seine Lehre von der Gleichheit aller. Das gleiche gilt für seine Aussagen über das Eigentum, in dem er abermals den Ursprung aller Ungleichheit und die Quelle der Sklaverei sieht. Er schlägt jedoch nicht vor, daß die Abschaffung der Sklaverei auch die Abschaffung des Eigentums erfordere – zweifellos weil sich daraus ein Widerspruch zwischen seiner Gleichheits- und seiner Freiheitsforderung ergeben hätte. Damit die Freiheit nicht zur Versteigerung käme, müsse, so argumentiert er, extremer Reichtum untersagt werden, doch sieht er im Kleinlandbesitz, besonders in Republiken mit überwiegend agrarischer Erzeugung, mehr ein Zeichen von Selbstbehauptung als eine Gefahr für den Staat. An keiner Stelle redet er einer sozialistischen Gleichheit das Wort, etwa durch Umwandlung aller Arbeitsmittel in Gemeineigentum.

Im *Gesellschaftsvertrag* legt Rousseau auch ein Regierungskonzept vor, welches in starkem Ausmaß durch die Staatsphilosophie von Montesquieu beeinflußt ist. Nach dieser müssen verschiedene Länder ihrem Klima, Terrain und vor allem ihrer Bevölkerung entsprechend angemessene, unterschiedliche Regierungsformen haben. Je größer ein Staat sei, so verlangt er, um so konzentrierter müßten in der Regel seine Hoheitsgewalten sein, wenngleich er der Monarchie wie auch dem Großflächenstaat im allgemeinen ablehnend gegenübersteht, weil ihre Bürger weniger Freiheit genössen. Die Demokratie war nach seiner Auffassung als Staatsform indessen genauso instabil, teils wegen ihrer Anfälligkeit für interne Streitigkeiten, teils weil sie nur durch das (undurchführbare) beständige Zusammentreten des ganzen Volkes zur Verwaltung der öffentlichen Angelegenheiten aufrechterhalten werden könnte. Die Regierungsform, die er bevorzugte, war daher, zumindest für Staaten von mittlerer Größe und mäßigem Wohlstand, die Aristokratie, allerdings nur unter der Voraussetzung, daß ihre Beamten durch Wahl bestimmt würden. Die Hauptursache war für ihn jedoch, daß die Regierung niemals souverän sein und keinerlei gesetzgeberische Zuständigkeit haben sollte; sie sollte die Gesetze lediglich den jeweiligen Umständen entsprechend anwenden. Die Gesetzgebungshoheit des ganzen Volkes, sein moralischer Wille, ist jeder Art von Regierung übergeordnet. Die letztere verkörpert lediglich die Exekutivgewalt des Staates.

Waren Rousseaus Betrachtungen über die Regierung dazu bestimmt, seine politische Theorie auf den Boden der Tatsachen zurückzubringen, so steigerten seine Darlegungen über den Gesetzgeber die Theorie ins Erhabene. Man darf die Gestalt des Gesetzgebers in seiner Philosophie ebensowenig mit dem gesetzgebenden Souverän wie mit seiner Auffassung von der Regierungsgewalt verwechseln. Ja, die Stellung, die der Gesetzgeber in den öffentlichen Angelegenheiten einnimmt, ist derart außergewöhnlich, daß er zwar allein die Gründung eines Staates ermöglicht, nach dem Abschluß des Gesellschaftsvertrages indessen in keiner Weise mehr dazugehört. Rousseau bezeichnete Lykurg in der alten und Calvin in der modernen Welt als „Gesetzgeber“ und fügte in einem anderen Zusammenhang den Juden Moses, den Römer Numa Pompilius und laut einigen Interpreten sogar den fiktiven Wolmar aus seiner *Nouvelle Héloïse* hinzu. Diese Persönlichkeiten zeichneten sich hauptsächlich durch Weisheit bei der Aufstellung von Verfassungsprinzipien und durch die Fähigkeit aus, die Menschen durch Anrufung göttlicher Mächte zu überzeugen an sie zu glauben.

Es wird nicht ganz deutlich, welche Stellung Rousseau dem Gesetzgeber eigentlich zuweist, doch kann kein Zweifel darüber bestehen, welches Problem dieser Begriff lösen soll. Denn man kann sich nur schwer vorstellen, wie Menschen wohl ohne den Gesetzgeber Normen aufstellen sollten, die sie ja nicht eher zu begreifen vermöchten, als bis sie darunter gelebt hätten. Es ist dies eine Schwierigkeit, mit welcher alle himmelstürmenden Doktrinen, die von einer positiven moralischen Verwandlung des Menschen ausgehen, vertraut sind seit dem „Herrscher-Philosophen“ im *Staat* von Plato.

Die gleiche Mischung von Erhabenheit und Pragmatik, die man in Rousseaus Darstellungen des Gesetzgebers und des Staates findet, erscheint auch in seinen übrigen politischen Schriften, besonders in seiner *Verfassung Korsikas* und den *Betrachtungen über die Regierung von Polen*. Beides sind ausführliche Untersuchungen über die angemessene Regierungsform für noch „unerfahrene“ Staatswesen, deren Bürger ihn gebeten hatten, als ihr Gesetzgeber zu fungieren. Wäre Korsika nicht französische Provinz geworden und Polen nicht geteilt worden, so hätte man im späten achtzehnten Jahrhundert vielleicht die Anwendung der Prinzipien des *Gesellschaftsvertrags* auf die Verfassungen existierender Staaten, und zwar durch ihren Urheber selbst, miterleben können. Die Umsetzung seiner Theorie in die politische Praxis lag übrigens zweifellos in Rousseaus Absicht. Er wies nachdrücklich darauf hin, indem er seine Philosophie für diesmal der Platos und auch Mores gegenüberstellte, daß er kein überirdisches, utopisches Ideal aufgestellt habe.

Sein *Gesellschaftsvertrag,* so betonte er, sei ganz im Gegenteil dazu bestimmt, die theoretische Grundlage eines ihm vertrauten Staatsgebildes, nämlich der Verfassung von Genf, zu erhellen. Die derzeitigen Behörden seines Heimatstaates hätten die Prinzipien dieser Verfassung verraten, und ebendies sei der Grund, weshalb er sich ihren Zorn zugezogen habe. Dies war eines der Hauptargumente seiner dritten größeren Staatsschrift, der *Briefe vom Gebirge* (1764).

Den heftigsten Entrüstungssturm erregte zu seinen Lebzeiten jedoch das vorletzte Kapitel des *Gesellschaftsvertrags* über die bürgerliche Religion. Rousseau betont darin die Bedeutung eines religiösen wie politischen Fundaments unserer bürgerlichen Verpflichtungen, gemäß welchen die Bürger aus vaterländischer Gesinnung heraus ihre Pflicht erfüllen und lieben und sich in der gemeinschaftlichen Anbetung einer allmächtigen, gütigen und duldsamen Gottheit vereinen. Dieser Aspekt seiner Staatslehre zeigt zu einem guten Teil den Einfluß Machiavellis, doch machte er sich damit weder bei den geistlichen und politischen Instanzen seiner Zeit noch bei vielen ihrer führenden Kritiker beliebt. Den auf die Reform des Ancien Régime hinarbeitenden *philosophes* erschien sein religiöser Eifer als Verrat an der Aufklärung und als fragwürdige Wiederaufnahme einer kritiklosen Gläubigkeit an der Schwelle eines Zeitalters der Vernunft. Auf der anderen Seite brachte er mit seiner entschiedenen Verdammung des Christentums, das in seinen Gläubigen eine sklavische Gesinnung erzeuge und deshalb die Tyrannei begünstige, die Geistlichkeit ebenso wie die staatlichen Behörden gegen sich auf. Darüber hinaus enthielt sein „Glaubensbekenntnis des savoyischen Vikars“ in *Émile,* welches im selben Jahr wie der *Gesellschaftsvertrag* erschien, in scharfer Abgrenzung gegen den Offenbarungsglauben sein vollständigstes und deutlichstes Bekenntnis zur natürlichen Religion, und das erzürnte diese Instanzen noch mehr.

Ihre Mißbilligung war ein furchtbarer Schlag für Rousseau, von dem er sich im Grunde nie wieder erholte. Sowohl

Émile wie auch der *Gesellschaftsvertrag* wurden in Paris konfisziert oder verboten und *in Genf öffentlich verbrannt.* Zur Flucht aus der französischen Hauptstadt gezwungen und in seiner Heimat von Verhaftung bedroht, führte er von 1762 an das Leben eines von Land zu Land gehetzten Emigranten, der sich häufig genötigt sah, unter fremdem Namen zu reisen, und Beschützern preisgegeben war, deren wahre Absicht, wie er bald argwöhnte, darin bestand, ihm Fallen zu stellen und ihn zu verleumden. Wirkliche Verfolgungen verschlimmerten die paranoiden Zustände, unter denen er ohne jeden Zweifel zumindest seit Mitte der 1760er Jahre litt. Bis an sein Lebensende blieb er überzeugt, daß seine einstigen Freunde, mit denen zusammen er „die Avantgarde der Aufklärung" gebildet hatte – Diderot, d'Alembert, d'Holbach und Grimm, später auch Voltaire, Hume und viele andere – zusammen mit seinen politischen Widersachern eine riesige Verschwörung gegen ihn angezettelt hätten. Er starb im Jahre 1778, nachdem er kurz zuvor nördlich von Paris eine Zuflucht gefunden hatte.

Wenngleich Rousseau sich den Hauptvertretern der Aufklärung entfremdet hatte, so besaß er doch auch eine große Anzahl leidenschaftlicher Anhänger sowohl in ganz Frankreich und in den radikalen Kreisen von Genf als auch – und vielleicht vor allem – an den Peripherien des aufgeklärten Europa: in Italien, Schottland und Deutschland, wo unter seinen jüngeren, ihn bewundernden Zeitgenossen *Kant* und *Goethe* hervorragten. Zur Zeit der Französischen Revolution, während der die Handschrift seiner *Bekenntnisse* dem Konvent überreicht und seine Gebeine feierlich im Pariser Panthéon beigesetzt wurden, erreichte sein Einfluß auf das Leben und Denken des achtzehnten Jahrhunderts den Gipfelpunkt. Kein anderer zeitgenössischer Denker hatte die Forderung der Revolutionäre – Liberté, Egalité, Fraternité – nach Freiheit, Gleichheit und Brüderlichkeit klarer zum Ausdruck gebracht. Und zumal der politische Werdegang des „unbestechlichen" Robespierre – in seinem Kampf gegen Ämterpatronage und Pfaffentheologie, in seiner patriotischen Begeisterung und der Förderung des Kults des Höchsten Wesens – stellte neben vielem anderen die denkbar fanatischste Praktizierung der Lehren Rousseaus dar.

Seinerseits hatte Rousseau im *Émile* behauptet, sein Zeitalter stehe an der Schwelle eines Jahrhunderts der Revolutionen, die den Sturz der europäischen Monarchien herbeiführen würden. Er selbst befürwortete aber niemals eine Revolution und bemerkte statt dessen, daß die Freiheit der gesamten Menschheit niemals das Blut auch nur eines Menschen rechtfertigen könne. Dennoch: Als die von ihm vorhergesagte Revolution ausbrach, ließen sich viele ihrer Wortführer bei der Formulierung ihrer Programme und Verfassungen von seiner leidenschaftlichen Philosophie inspirieren.

Marx, dessen eigene Geschichtstheorie und Vorstellungen von Eigentum, Ideologie und Entfremdung eine starke Ähnlichkeit mit den Anschauungen Rousseaus haben, fühlte sich diesen aber nicht sonderlich verhaftet, hauptsächlich weil er glaubte, sie seien in einer rein bürgerlichen Revolution verwirklicht worden, in der er bloß die Voraussetzung der proletarischen Revolution sah. Doch haben sich marxistische Theoretiker, die im „wissenschaftlichen" Sozialismus eine festumrissene Moralphilosophie vermissen, oft von Rousseaus Staatsideen inspirieren lassen. Das gleiche gilt für Vertreter anderer radikaler Richtungen: Liberale, Nationalisten, Verfechter einer demokratischen Mitwirkung und sogar für Anarchisten, denen vielleicht nicht Rousseaus Souveränitätsbegriff, wohl aber seine Auffassung von Autonomie zusagte. Wenngleich er die Ansicht vertrat, daß unsere Moral von der Politik geformt wird, hat doch kein Staatsdenker vor oder nach ihm jemals eine politische Theorie vorgelegt, die in stärkerem Maße von einem leidenschaftlichen moralischen Bewußtsein erfüllt gewesen wäre.

Adam Smith (1723–1790)

John Robertson

Adam Smith – Gesellschaftsphilosophie im Zeitalter der Aufklärung

Der im Jahre 1723 in Kirkcaldy (Grafschaft Fife) geborene Adam Smith zählt zu den Hauptvertretern der Aufklärung und gilt heute als der Begründer der wissenschaftlichen Volkswirtschaftslehre. Er verbrachte die meiste Zeit seines Lebens im heimatlichen Schottland und war zeitweilig Professor an der Universität Glasgow. Sein erstes Buch war die *Theorie der ethischen Gefühle* (1759), sein zweites und bedeutendstes der *Wohlstand der Nationen* (1776). Nach den blutigen Religions- und Bürgerkriegen des siebzehnten und vor den revolutionären Umwälzungen des neunzehnten Jahrhunderts geboren, lebte Smith in einer Welt wachsenden Wohlstands und beispielloser Geistesfreiheit. Wie sein Zeitgenosse Rousseau war er den Lehren der großen Staatsphilosophen des siebzehnten Jahrhunderts, Hobbes und Locke, verpflichtet, doch besteht seine spezifische Leistung in der Verbindung von Politik, Ethik und Ökonomie zur Schaffung einer neuen Gesellschaftsphilosophie. Obwohl Smith 1790, unmittelbar vor der Umwandlung seiner Welt durch die Französische und die Industrielle Revolution, starb, ließen sich im darauffolgenden Jahrhundert sowohl Mill als auch Marx von seiner Sozialphilosophie inspirieren und herausfordern.

Adam Smith mag sich für manchen in einer Essayreihe über politische Denker etwas sonderbar ausnehmen. Berühmtheit erlangte er ohne Zweifel als Wirtschaftstheoretiker, in der Tat als *der* Begründer der modernen Wirtschaftswissenschaft, und es läßt sich nicht leugnen, daß in seinem Hauptwerk, *Wohlstand der Nationen,* die Politik eine sehr viel geringere Rolle spielt als die Ökonomie. Dennoch wäre es irreführend, in Smith nur einen Nationalökonomen zu sehen. Sein Denken wies eine bedeutsame politische Größe auf: Für ihn waren Wirtschaft und Politik Dimensionen einer umfassenderen Philosophie.

Das soll nicht heißen, daß Smith im gleichen Maße Staatsphilosoph war wie einige der hier zuvor behandelten Denker. Das zielgerichtete Interesse am politischen Leben, das Aristoteles, Machiavelli, Hobbes und Locke auszeichnete, war ihm fremd.

Insoweit Smith die Politik im Rahmen einer weiter gespannten Philosophie betrachtet, hat er in der Tat mehr mit den religiösen Denkern Augustinus, Thomas von Aquin und Calvin gemein. Smith unterscheidet sich aber auch von diesen, und zwar auf grundsätzliche Weise: Er befaßt sich ausschließlich mit der zeitlichen Welt und schließt alle geistlichen Überlegungen aus. Er ist weder Staatsdenker noch Theologe, sondern Sozialphilosoph. Darin liegt jedoch seine Originalität und Größe.

Einer von Smiths Schülern nannte ihn später den Newton der Sozialphilosophie. Der Vergleich mit diesem Titanen des Geistes mag eine Überschätzung selbst von Adam Smiths Format bedeuten, doch weisen die historischen Leistungen der beiden Denker gleichwohl eine auffallende Ähnlichkeit auf. Isaac Newton schuf in der Weiterentwicklung der von bedeutenden Vorgängern wie Francis Bacon und Galilei geleisteten Arbeit eine neue „Naturphilosophie“ und stand damit am Gipfelpunkt der Revolution im naturwissenschaftlichen Denken, die sich im siebzehnten Jahrhundert vollzog. Adam Smith stand als Urheber einer neuen Sozialphilosophie, die aus bereitgestellten Materialien einer vergleichbaren Reihe von Vorgängen schöpfte, in einem ähnlichen Verhältnis zur Aufklärung des achtzehnten Jahrhunderts. Ehe wir die Themen und Prinzipien der Gesellschaftsphilosophie von Adam Smith untersuchen, müssen wir daher die soziale und geistige Umwelt etwas genauer in Augenschein nehmen, aus dem diese neue Lehre erwuchs.

Adam Smith wurde 1723 in Kirkcaldy (Ostschottland) geboren; sein Vater war kurz zuvor verstorben. Smith blieb unverheiratet; außer seiner Mutter scheint keine Frau in seinem Leben eine Rolle gespielt zu haben. Somit von familiären Pflichten entbunden, widmete er seine Arbeitskraft zeitlebens der Lehre und Forschung und übernahm erst in vorgerücktem Alter ein Staatsamt, das ihn von seiner wissenschaftlichen Tätigkeit ablenkte. Es ist von Interesse festzuhalten, daß seine äußeren Lebensumstände denen Newtons glichen, doch muß es natürlich dahingestellt bleiben, ob es zwischen Lebensumständen und Lebensleistung einen Zusammenhang gibt. Wenigstens gab sich Smith (anders als Newton) ungeachtet seiner Zurückgezogenheit stets liebenswürdig. Schüchtern und zerstreut, vielleicht sogar ein wenig eifersüchtig über seine Ideen wachend, wußte er doch die Sympathien seiner Zeitgenossen zu gewinnen.

Bei der Formung eines Sozialphilosophen dürften persönliche Lebensumstände auf jeden Fall weniger wichtig sein als der gesamtgesellschaftliche Kontext. Diesbezüglich ist es nämlich außerordentlich bedeutungsvoll, daß Smith nicht als Engländer, sondern als Schotte zur Welt kam. Schottland hatte im achtzehnten Jahrhundert in noch höherem Grade als heute ein eigenständiges Gepräge und unterschied sich von England in seinen wirtschaftlichen und politischen Verhältnissen wie auch in der Denkungsart.

Während die englische Wirtschaft sich schon seit dem sechzehnten Jahrhundert entwickelte und heranwuchs, machte die schottische Wirtschaft erst im späten siebzehnten Jahrhundert erste Fortschritte. Nachdem die Entwicklung jedoch in Gang gekommen war, vollzog sie sich in einem auffallend raschen Tempo: Offenkundige Rückständigkeit wandelte sich innerhalb eines Jahrhunderts in Wohlstand. Das Schottland, in dem Adam Smith aufwuchs und wirkte, bot somit ein bemerkenswertes Beispiel für die Wünschbarkeit wirtschaftlichen Wachstums.

Gleichzeitig hatte sich der politische Status des Landes grundlegend gewandelt: Im Jahre 1707 wurde die Union von England und Schottland zum Königreich Großbritannien und die Vereinigung der Parlamente beider Länder vollzogen. Damit hatte Schottland seine formelle Selbständigkeit eingebüßt. Dieser Wandel erhöhte die Aufgeschlossenheit der Schotten für die den gesellschaftlichen Zusammenhalt fördernden Werte und Kulturgüter und regte sie gleichzeitig an, politische Institutionen im größeren Rahmen ihrer Beziehungen zu anderen Gesellschaften zu betrachten. Vor allem kam den Schotten jetzt zu Bewußtsein, daß man den moralischen und politischen Zustand einer Gesellschaft nicht unabhängig von ihrer Wirtschaftslage beurteilen kann und daß wirtschaftliche Entwicklung zwangsläufig Veränderungen von Werten wie von Institutionen zur Folge hat. Ebendies waren, wie wir sehen werden, die zentralen Probleme der Sozialphilosophie Adam Smiths.

Die besonderen Erfahrungen auf wirtschaftlichem und politischem Gebiet brachten es mit sich, daß sich das Schottland des achtzehnten Jahrhunderts auch in seiner Geisteshaltung von England unterschied. So war es ohne jeden Zweifel für die Ideen der europäischen Aufklärung sehr viel aufgeschlossener. Zu Anfang des achtzehnten Jahrhunderts pflegte es enge Kontakte zum Königreich Neapel, einem Staat, dessen wirtschaftliche Aussichten ebenso wie die Schottlands von seinen politischen Beziehungen zu Großmächten abhingen und dessen Philosophen die Verbindungen zwischen Wirtschaft und Politik besorgt diskutierten. Vor allem ließen sich die Schotten aber von den Denkern der französischen Aufklärung inspirieren. Adam Smith selbst verehrte Voltaire und anerkannte Rousseaus Genialität, wenngleich Montesquieu wohl noch wichtiger für ihn war, dessen Hauptwerk *Der Geist der Gesetze* zeigte, wie die Politik in ihrem gesamtgesellschaftlichen Kontext zu verstehen sei. Aus gutem Grund wurde Montesquieu als der Bacon der neuen Sozialphilosophie gefeiert.

Adam Smith war in Schottland keineswegs der einzige, der sich von den europäischen Aufklärern wertvolle Anregungen holte. Er zählte vielmehr zu einer bestimmten Gruppe von Philosophen, der sogenannten „Schottischen Aufklärung“. Diese wollten die Erfahrungen verarbeiten, die man in Schottland in jüngster Zeit auf wirtschaftlichem und politischem Gebiet gemacht hatte. Sie zeichneten sich in noch höherem Grade als die Aufklärungsphilosophen des europäischen Festlandes durch ihr gemeinsames Interesse an Untersuchungen über den „Fortschritt der Gesellschaft“ aus.

Unter Smiths schottischen Zeitgenossen ist besonders *David Hume* hervorzuheben, sein vertrautester Freund. Berühmt als Erkenntnistheoretiker, war Hume aber auch ein Sozialphilosoph. Seine Gesellschaftsphilosophie fand ihren Niederschlag in einer Reihe glänzender Essays, in denen er einzelne Themen der Volkswirtschaft und der Politik behandelte. Die zentralen Thesen, die alle diese Abhandlungen durchziehen, sind die Wünschbarkeit wirtschaftlicher Entwicklung und die daraus resultierende Notwendigkeit, angemessene Veränderungen der sozialen Werte und der politischen Institutionen herbeizuführen. Hume bemühte sich in den Smith interessierenden Fragen nicht um eine systematische Darstellung, doch ließ sich Smith unablässig von den Einsichten des Freundes inspirieren. Bei der Schaffung der neuen Sozialphilosophie stand Hume zu Smith wie Galilei zu Newton.

Für Smiths Entschluß zu einer Systematisierung seiner Gesellschaftsphilosophie waren zwei Faktoren maßgebend. Einmal war Smith, der von 1751 bis 1764 an der Universität von Glasgow lehrte, im Unterschied zu Hume „durch und durch Professor“ (J. Schumpeter). Als solcher hatte er Überblicksvorlesungen über Moralphilosophie und Rechtswissenschaft zu halten, in denen er erstmals Ethik, Volkswirtschaft und Politik zu einem Ganzen zusammenfaßte. Ein zweiter Faktor, der Smiths Verfahrensweise zugrunde lag, war sein Philosophiebegriff. Dieser war, wie er betonte, von Newton inspiriert, dessen Philosophie Smith als „ein System“ bezeichnete, „dessen Teile sämtlich enger miteinander verknüpft sind als die irgendeiner anderen philosophischen Hypothese“. Es war dies ein anspruchsvoller Begriff: Er bedeutet, daß sich unser Verständnis der Sozialphilosophie von Smith in erster Linie auf die Werke gründen muß, die er vollendete und publizierte. Die Nachschriften seiner rechtswissenschaftlichen Vorlesungen sind für die Darlegung von Themen nützlich, die in seinen publizierten Schriften aufscheinen, aber dort nicht näher ausgeführt werden. Das Wesentliche seiner Sozialphilosophie muß man jedoch seinen Büchern, der *Theorie der ethischen Gefühle* und dem *Wohlstand der Nationen* entnehmen. Smith plante zwar die Abfassung eines dritten Buches über Recht und Staat, doch ist es bezeichnend, daß alle Entwürfe dazu kraft letztwilliger Bestimmung verbrannt werden mußten: Offensichtlich war er der Meinung, daß sie das der Philosophie angemessene hohe Niveau nicht erreichten.

Erwähnenswert sind drei Themen, die in Smiths rechtswissenschaftlichen Vorlesungen am ausführlichsten behandelt werden. Eines davon ist die Gerechtigkeit. Die Bewahrung der Gerechtigkeit, erklärte Smith zu Beginn seiner Vorlesungen, sei „das vordringlichste Ziel und der Endzweck eines jeden Regierungssystems“. Smith definierte die Gerechtigkeit als die Abwesenheit von Schadenszufügung an der Person, dem Eigentum oder dem Leumund.

Mit anderen Worten: Er vertritt einen „zu-Recht-weisenden“ (korrektiven) Gerechtigkeitsbegriff, der dazu bestimmt ist, jedem einzelnen das ihm bereits Gehörende zu sichern. Smith verwirft den weiterführenden Gedanken, daß die Gerechtigkeit auch „ausgleichend“ sein könnte und die Zuteilung oder Neuverteilung von Gütern entsprechend den Bedürfnissen oder Verdiensten der Menschen impliziert.

Ein zweites Thema, das Smith in seinen Vorlesungen ausführlich behandelte, ist der Ursprung des Staates und die Grundlage des Gehorsams. Smith verwirft ausdrücklich die Auffassung von Hobbes und Locke, daß sich der Gehorsam auf eine Art „Urvertrag“ oder eine Übereinkunft zwischen den Gesellschaftsmitgliedern gründe (Dabei bestreitet Smith auch, daß Gott, der für Lockes Theorie des Gehorsams unerläßlich gewesen war und der Hobbes mindestens viel Kopfzerbrechen bereitet hatte, für die Sache überhaupt von Relevanz sei.). Smith argumentierte statt dessen, daß der Gehorsam in dem Maße, wie sich die Menschen, um zu überleben und sich fortzupflanzen, zu Gesellschaften zusammenschlossen, einfach aus Gewohnheit erwachsen sei. Der Gehorsam entsprang zuallererst der schlichten Achtung vor der Autorität, besonders der durch Wohlstand erworbenen Autorität. In dem Maße, in dem die Menschen die Notwendigkeit erkannten, zur Bewahrung von Gerechtigkeit und Frieden in der Gesellschaft einer Regierung Gehorsam zu leisten, wurde dieser Gehorsam dann durch den Sinn für ihre Interessen untermauert. Aber die Gewöhnung zu gehorchen, so betonte Smith, erfolge schrittweise. Ihre Stärke und die Stärke der Regierung selbst hänge von dem Stadium ab, das die Gesellschaft in ihrer historischen Entwicklung erreicht habe.

Die historische Entwicklung oder, wie Smith es nannte, die „Stadien der Gesellschaft“ sind das dritte Thema, das in seinen Vorlesungen besonders ausführlich behandelt wurde. Nach Smith könnte man das Entwicklungsstadium einer Gesellschaft durch die Art und Weise kennzeichnen, wie ihre Mitglieder ihren Lebensbedarf deckten. Die „Lebens-Mittel“ der Menschen bestimmten wiederum ihren Eigentumsbegriff und folglich ihr Verständnis von Recht und Staat. Die primitivste Gesellschaft bestand aus Jägern, die faktisch weder Eigentum noch Staat kannten. Das „zweite Stadium“ bildeten die Hirten, die Groß- und Kleinviehherden zum Eigentum hatten und somit rudimentäre Vorstellungen von Recht und Staat besaßen. Drittes und viertes Stadium standen im Zeichen von Landwirtschaft und Handel, welch letzterer sich auf natürliche Weise aus der Landwirtschaft heraus entwickelte. In diesen Gesellschaften wurden die Eigentumsverhältnisse immer komplexer und machten starke Regierungen zur Erhaltung einer stabilen Rechtsordnung erforderlich. Man muß jedoch betonen, daß diese Theorie nicht behauptete, daß sich als Reaktion auf wirtschaftlichen Fortschritt automatisch angemessene Justiz- und Staatsorgane entwickelt hätten. Die Theorie war im Gegenteil darauf angelegt, die von den Regierenden in jedem Stadium zu bewältigenden Probleme, besonders auch im letzten, gewerbsmäßigen Stadium, herauszustellen.

Die in den Vorlesungen angestellten Untersuchungen über Gerechtigkeit, Gehorsam und die historischen Stadien der Gesellschaft bildeten eine unerläßliche Vorstufe für die von Smith entwickelte Sozialphilosophie. Mehr als eine Vorstufe waren sie indessen nicht. Denn Smith legte weniger eine Philosophie der Gesellschaft als vielmehr eine Philosophie der Wirtschaftsgesellschaft vor. In den beiden Publikationen, in denen er seine Sozialphilosophie darlegt, geht er davon aus, daß die *Wirtschaftsgesellschaft* die höchste Stufe der geschichtlichen Entwicklung bildet, und macht ihr Vorhandensein zum Ausgangspunkt seiner Ausführungen. Sein Ziel war es, die Prinzipien aufzuzeigen, die die Funktionsweise der Wirtschaftsgesellschaft auf dem Gebiet der Ethik, der Ökonomie und der Politik bestimmen. Hatte Smith seine Zeitgenossen zunächst zum Verständnis ihrer Gesellschaft befähigt, so wollte er, wie weiter unten zu zeigen sein wird, sie anschließend ermutigen, diese zu verbessern und sogar zu vervollkommnen.

Sein erstes Buch war die *Theorie der ethischen Gefühle*; es erschien 1759, als Smith noch in Glasgow wirkte. Darin sucht er zu zeigen, wie die Menschen zur Entwicklung ihrer ethischen Gefühle oder Werte gelangen. Seine Theorie gründet auf dem Begriff der Sympathie. Sympathie, erklärt Smith, sei das Mittel, dessen sich die Einzelnen bei der Beobachtung der Handlungen ihrer Mitmenschen bedienten, um sich dann moralische Urteile über sie zu bilden. Die Werte, die dem Menschen in der Wirtschaftsgesellschaft dabei als besonders achtenswert erscheinen, sind die Gerechtigkeit und die Klugheit. Smith stellt die Bedeutung der Gerechtigkeit klar heraus, bietet aber seine ganze Gewandtheit bei der Behandlung der Klugheit auf, als ob diese die dem handeltreibenden Menschen eigentümliche Tugend wäre. Der kluge Mann ist vorsichtig und bescheiden, aufrichtig, fleißig und genügsam. Smiths Analyse bleibt jedoch bei dieser Aussage nicht stehen. Es zeigt sich, daß die Menschen Klugheit nicht um ihrer selbst willen oder lediglich zur Befriedigung ihrer materiellen Bedürfnisse üben. Sie üben sie um des Rufes willen, den diese ihnen bei ihren Mitmenschen einbringen soll. Der Reichtum, den der Kluge erwirbt, wird nicht erstrebt, weil er an sich notwendig ist, sondern weil er andere beeindruckt. Der Lebensbedarf eines Menschen – Essen und Kleidung, Familie und häusliche Bequemlichkeit – läßt sich mit dem Lohn des einfachsten Arbeiters bestreiten: darüber hinaus ist all „die Plackerei und Hetze dieser Welt“ nichts anderes als das Streben nach Reichtum, Macht und Überlegenheit.

Mit dieser Feststellung gab Smith die Stichhaltigkeit der Kritik zu, die sein Zeitgenosse der Aufklärung, Rousseau, an der Ethik der Wirtschaftsgesellschaft geübt hatte. Im Unterschied zu Rousseau war Smith jedoch nicht bereit, wirtschaftliche Werte rundweg zu verdammen. Er suchte sie vielmehr auf dreierlei Weise zu verteidigen. Er argumentierte, daß erstens der Drang nach Reichtum und Macht zwar Ungleichheit in der Gesellschaft zur Folge habe, eine solche Ungleichheit aber stabilisierend wirke: Insbesondere stärke sie das Gerechtigkeitsgefühl der Menschen, und ohne Gerechtigkeit könne es keinerlei Ordnung und Frieden geben. Zweitens hob Smith hervor, daß die Ungleichheit der Besitzverhältnisse nicht bedeute, daß die Armen ihren Lebensbedarf nicht zu decken vermöchten. Smith formulierte es so: Die Augen des Reichen sind größer als sein Magen; er ist außerstande mehr lebensnotwendige Waren zu konsumieren als der Arme. Zudem muß der Reiche die von ihm erzielten Überschüsse für von anderen produzierte Güter aufwenden, wodurch er zur Ausbreitung des Wohlstandes in der Gesellschaft beiträgt. Schließlich, wenn auch mehr versuchsweise, äußerte Smith die Ansicht, daß in dem Maße, in dem der Wohlstand aller wachse, auch ihre Fähigkeit, die Gesamtheit der ethischen Werte anzustreben, zunehmen werde – nicht nur Gerechtigkeit und Klugheit, sondern auch den mehr umgänglichen Wert des Wohlwollens für andere. Die Wirtschaftsgesellschaft biete allen ihren Mitgliedern in einem Ausmaß, wie es keine ihrer Vorgängerinnen vermocht habe, die Aussicht auf ein zivilisiertes, tugendgemäßes Leben.

Smith war jedoch mit seiner eigenen Würdigung der wirtschaftlichen Werte noch nicht ganz zufrieden. In einer kurz vor seinem Tode abgeschlossenen überarbeiteten Ausgabe der *Theorie der ethischen Gefühle* räumte er ein, daß die Neigung, die Reichen und Mächtigen zu verehren und die Armen und Niedrigen zu verachten, „die hauptsächliche und häufigste Ursache der Verderbheit unserer ethischen Gefühle" sei. Dessen ungeachtet bemühte er sich um eine angemessene Antwort. Er deutet an, daß möglicherweise einige wenige weise und tüchtige Männer die große Tugend der Selbstbeherrschung in so hohem Grade zu üben vermöchten, daß sie sich über die korrumpierenden Tendenzen der Wirtschaftsgesellschaft erheben könnten. Smith führte den Gedanken einer moralischen Elite aber nicht weiter aus. Der „Wirtschaftsmensch", so lautete anscheinend seine These, kann bestenfalls ein anständiges, aber nicht ein wahrhaft tugendgemäßes Leben führen. Darüber hinaus muß man anderwärts nach einer Antwort auf die ethischen Probleme der Wirtschaftsgesellshaft suchen: im Bereich der Politik und der Institutionen, von dem der *Wohlstand der Nationen* handelt.

Der *Wohlstand der Nationen* erschien im Jahre 1776, nachdem Smith seine Glasgower Professur niedergelegt, Frankreich und die Schweiz bereist und eine Zeitlang in London gelebt hatte. Als erste umfassende Darstellung der Volkswirtschaftslehre ist das Buch berühmt für seine Erklärung der Marktgesetze. Diese Gesetze wurden von Smith als „das offenkundige, einfache System der natürlichen Freiheit" gepriesen. Smith begrüßte die freie Marktwirtschaft der Wirtschaftsgesellschaft indessen nicht um ihrer selbst willen: Der Markt ist Mittel zu einem Zweck. Dieser Zweck ist das wirtschaftliche Wachstum oder, wie Smith es nannte, „die Zunahme der Wohlhabenheit". Wirtschaftswachstum hatte, wie Smith abermals zugibt, Ungleichheit zur Folge – mehr Ungleichheit als die früheren Stadien der menschlichen Gesellschaft gekannt hatten. Smith wies jedoch mit einer Fülle von wirtschaftswissenschaftlichen Argumenten nach, daß solch eine Ungleichheit keineswegs mit größerem Wohlstand für alle unvereinbar ist – ja, ihn vielmehr erzeugt. Durch die Arbeitsteilung und den Markt wird die Wirtschaftsgesellschaft in die Lage versetzt, einen Zustand „allgemeiner Wohlhabenheit" zu erreichen, in dem selbst die untersten Bevökerungsschichten nicht nur über eine Existenzgrundlage verfügen, sondern auch viele der Annehmlichkeiten des Lebens genießen. Kurz gesagt, die Marktwirtschaft rechtfertigt sich für Smith dadurch, daß sie nicht nur einige, sondern alle bereichert. Er besteht darauf, daß das Glück einer Gesellschaft, unabhängig von den moralischen Folgen wirtschaftlichen Handelns, zuerst nach der Verbesserung der Lage ihrer Arbeiter zu bemessen ist.

Rechtfertigt sich sein System der natürlichen Freiheit auch durch den allgemeinen Wohlstand, so bemerkte Smith jedoch auch, daß solch ein System als Utopie zu betrachten sei. Damit wollte er, wie noch zu zeigen sein wird, das System der natürlichen Freiheit keineswegs diffamieren, sondern nur auf die Hindernisse aufmerksam machen, die sich seiner Verwirklichung entgegenstellen. Diese Hindernisse werden im *Wohlstand der Nationen* offensichtlich, handelt das Werk doch nicht nur von der Wirtschaft, sondern auch von *„politischer Ökonomie"*. Folglich muß es sich auch mit dem Staat befassen.

Die Regierung einer Wirtschaftsgesellschaft stellte Smith vor ein großes Problem. Einmal sind die staatlichen Einrichtungen „unproduktiv“: Diejenigen, denen die Rechtspflege, die Landesverteidigung und andere öffentliche Dienste obliegen, produzieren selbst keinerlei Wohlstand, sondern konsumieren die von anderen Gesellschaftsmitgliedern erzeugten Überschüsse. Ein noch schwierigeres Problem entsteht dadurch, daß der zunehmende Wohlstand der Wirtschaftsgesellschaft nicht nur Ungleichheit hervorruft, sondern auch Klassenkonflikte. Insbesondere, so argumentierte Smith, gerieten die Interessen des Standes der Kapitaleigner in zunehmendem Maße in Gegensatz zu denen der Gesellschaft insgesamt, da die Gewinnrate in der Regel in dem Maße sinke, in dem der Wohlstand der Gesellschaft wachse. Die Kapitaleigner hätten daher, schrieb Smith im weiteren, „ein Interesse daran, die Leute zu täuschen und sogar zu unterdrücken“, und würden auf jede nur denkbare Weise die Regierung zu überreden versuchen, zu ihren Gunsten in das Marktgeschehen einzugreifen. Dabei würde, fügte Smith düster hinzu, wohl keiner der beiden anderen hauptsächlichen Stände der Wirtschaftsgesellschaft, die Grundbesitzer und die Arbeiterschaft, imstande sein, sich den Kapitaleignern zu widersetzen. In einer Wirtschaftsgesellschaft würden die Grundbesitzer träge und die Arbeiter durch die ständig fortschreitende Arbeitsteilung degradiert.

Diese Untersuchung der Regierungsfrage bestätigt offensichtlich die pessimistischen Schlußfolgerungen über den moralischen Zustand der Wirtschaftsgesellschaft, zu denen Smith in der *Theorie der ethischen Gefühle* gelangt war. Doch wenn Smith eine Antwort auf dieses Problem in Begriffen von sittlichen Grundprinzipien auch sehr schwierig erschien, so konnte er im *Wohlstand der Nationen* doch eine institutionelle und politische Lösung vorschlagen. Der erste Teil dieser Lösung bestand darin, daß er eine Beschränkung der staatlichen Aufgabenbereiche forderte. Eine Regierung habe in erster Linie die Pflicht für Gerechtigkeit zu sorgen und das Eigentum zu schützen. Außerdem müsse sie die Gesellschaft gegen militärische Angriffe verteidigen. Aber die Regierung sollte gemäß Smiths Bestimmung von Gerechtigkeit keinesfalls die Wirtschaftsfreiheit antasten und noch weniger eine Neuverteilung des Wohlstandes versuchen. Überdies, so argumentierte Smith, sollten diejenigen Institutionen, die sich als erforderlich erwiesen, wirtschaftlichen Leistungskriterien unterworfen sein. – Wenn man bei der Organisation des Militärwesens und der Rechtspflege angemessene ökonomische Prinzipien walten läßt und sicherstellt, daß die Kosten der lebensnotwendigen öffentlichen Einrichtungen so weit wie möglich von ihren Benutzern bestritten werden, dann läßt sich die „unproduktive" Last einer Regierung minimieren.

Dem Problem der Fähigkeit der Kapitaleigner, aus eigensüchtigen Motiven die Autorität einer Regierung zu untergraben, ist jedoch mit beschränkter wirtschaftlicher Staatsleitung allein nicht beizukommen. Um dieser Gefahr zu begegnen, drängte Smith darauf, die Regierung der Gesellschaft gegenüber rechenschaftspflichtig zu machen. Die Erhebung von Steuern zum Bestreiten der Staatsverwaltungskosten sollte mit allgemeiner Zustimmung erfolgen; die Streitkräfte sollten von denjenigen befehligt werden, die sich als Führernaturen in der bürgerlichen Gesellschaft bewährt hätten. Gleichzeitig forderte Smith die staatliche Vermittlung von Volksschulbildung einschließlich einer allgemeinen militärischen Ausbildung mit dem Ziel, die arbeitende Klasse zur Teilnahme am politischen Leben zu ermuntern. Smith hoffte offensichtlich, daß solch eine Einbeziehung aller Gesellschaftsschichten in die öffentlichen Angelegenheiten die Regierenden befähigen würde, sich den Sonderinteressen der Kapitaleigner zu widersetzen. Wie weit eine solche Beteiligung gehen sollte, blieb unklar: Anscheinend hatte Smith nicht die unmittelbare Mitwirkung aller im Sinne, sondern ein System der politischen Vertretung wie es das britische Parlament darstellt.

Daß Smith ein repräsentatives Regierungssystem vorschwebte, wird durch die bemerkenswerteste Idee im ganzen *Wohlstand der Nationen* bestätigt, nämlich den Vorschlag einer Realunion zwischen Großbritannien und seinen amerikanischen Kolonien. Als der *Wohlstand der Nationen* 1776 erstmals veröffentlicht wurde, erschien diese Idee eine Lösung der Krise zu bieten, die in den Beziehungen zu den Kolonien eingetreten war und im Sommer desselben Jahres zur Unabhängigkeitserklärung führte.

Zur Überwindung dieser Krise, so argumentierte Smith, müsse Britannien nicht nur alle Beschränkungen der kolonialen Handelsfreiheit aufheben, sondern die Kolonien auch zur Repräsentation in einem vereinigten Reichsparlament legitimieren. Eine solche Repräsentation sollte der Steuerlast entsprechen, und wenn der amerikanische Beitrag, wie zu erwarten sei, den britischen übersteige, dann sollte man doch den Sitz des Parlaments von London nach New York verlegen. Mit anderen Worten: Smith wollte Amerika einen ähnlichen Anteil am britischen repräsentativen Regierungssystem einräumen, wie ihn sein Heimatland Schottland seit 1707 besaß. In einem sehr viel größeren Maßstab sollte die Lektion zur Anwendung kommen, die die Schotten damals gelernt hatten: daß eine Wirtschaftsgesellschaft ihre politischen Institutionen in den gleichen internationalen Rahmen einbauen sollte wie ihre Wirtschaftsbeziehungen.

Smith räumte selbstverständlich ein, daß sein Vorschlag einer Realunion utopisch sei, und legte der britischen Regierung dringend nahe, die Kolonien für den Fall, daß sich diese Idee eben nicht verwirklichen lasse, einfach freizulassen. Es ist jedoch außerordentlich bezeichnend, daß Smith jenen Kritikern, die ihm rieten, seinen Vorschlag aus späteren Auflagen des *Wohlstand der Nationen* zu streichen, kein Gehör schenkte.

Smiths Entschluß, an seinem Entwurf auch nach dem Verlust der Kolonien festzuhalten, deutet darauf hin, daß er für ihn von Anbeginn als Utopie von Wichtigkeit war. Tatsächlich bildete er das politische Gegenstück zu seiner anderen Utopie, dem „offenkundigen und einfachen System der natürlichen Freiheit“ im Wirtschaftsleben.

In Smiths Engagement für diese Utopien liegt m. E. der Schlüssel zu seiner gesamten Sozialphilosophie. Smith neigte in der Politik wie in der Philosophie in starkem Maße dazu, ideelle Systeme unter ästhetischen Gesichtspunkten zu beurteilen: Durch ihre klare Gliederung und ihre umfassende Weite rütteln politische Lehrgebäude die Menschen auf, das Glück der Gesellschaft zu fördern. Diese ästhetisierende Betrachtungsweise mag wiederum mit seinem hohen Begriff vom Amt des Gesetzgebers zusammenhängen, der durch weise Reformen die Ruhe und das Glück seiner Mitbürger sichern soll.

Bei der Verknüpfung der Funktionen des Gesetzgebers mit der Anwendung politischer Systeme war Smith sorgsam darauf bedacht, den Handlungen dieses Gesetzgebers strenge Grenzen zu setzen. Sein Gesetzgeber sollte nicht dem Platonischen Herrscher-Philosophen und noch weniger Rousseaus Halbgott in Menschengestalt gleichen. Smith bestand darauf, daß der Gesetzgeber sein politisches System nicht im ganzen und auf einmal zur Anwendung bringen dürfe:

Schritt für Schritt müsse er vorgehen und das System den Lebensumständen seiner Mitbürger anpassen. Tatsächlich dürfte Smith nicht einen einzelnen Gesetzgeber, sondern eine parlamentarische Legislative im Sinn gehabt haben, keine schlagartige große Staatsreform, sondern eine fortwährende systematische Anpassung der staatlichen Institutionen an die Erfordernisse der Wirtschaftsgesellschaft.

Die meisten Aufschlüsse über die zugrundeliegende Vision der Gesellschaftsphilophie von Smith vermittelt die Vorstellung vom Gesetzgeber, seinen Systemen oder Utopien, so behutsam diese auch vorgetragen werden. Diese Philosophie will die Wirtschaftsgesellschaft nicht bloß verstehen, sondern es geht ihr auch darum, sie zu verbessern. Nur wenn Philosophen diese Probleme erfassen und Gesetzgeber dann die zur Gewährleistung von Sicherheit und Glückseligkeit erforderlichen Maßnahmen treffen, wird die

Wirtschaftsgesellschaft auf den Zustand allgemeiner Wohlhabenheit hin fortschreiten, aus dem sie sich in erster Linie rechtfertigt.

Smith ist seit seinem Tod im Jahre 1790 nie für lange Zeit in Vergessenheit geraten. Er teilt indessen das Schicksal vieler visionär veranlagter Denker, von deren Leistungen sich nachfolgende Generationen mit ihren spezifischen Interessen oft eine einseitige Auffassung bildeten. Die unmittelbare Aufnahme seines Werkes zu Beginn des neunzehnten Jahrhunderts stand in zweifacher Hinsicht unter einem ungünstigen Vorzeichen. Da waren auf der einen Seite die Vertreter der politischen Ökonomie und ihre Gesinnungsfreunde.

Diese hielten zwar Smiths Namen hoch, doch spalteten sie seine Philosophie, indem sie seine Lehre von der Wirtschaft ohne Bezugnahme auf seine politische Theorie und seine Morallehre behandelten. Die Frühsozialisten und Marx selbst andererseits wollten zwar eine Sozialphilosophie schaffen und stellten ihre Wirtschaftslehre in einen ethischen und politischen Rahmen, nahmen aber die Lobsprüche der Bewunderer Smiths zum Nennwert und bekämpften ihn als den ersten bürgerlichen Politökonomen. Marx verfügte zwar über eine eingehende Kenntnis der Wirtschaftslehre von Smith und kritisierte sie ausführlich, vermochte aber die ihr zugrundeliegende sozialphilosophische Vision nicht zu erfassen.

In der zweiten Hälfte des neunzehnten Jahrhunderts setzte sich dann die Auffassung durch – zum Teil sicherlich, weil die Sozialisten ihn verworfen hatten –, Smith sei ein im Grunde konservativer Denker. Dies konnte nicht viel mehr als eine Vermutung sein, die sich auf Smiths offenkundiges Eintreten für eine Beschränkung der Staatstätigkeit und der Staatsausgaben gründete; denn mit Smiths weiteren Forderungen nach Gegengewichten gegen feste Interessen und einer Reform der Institutionen durch gesetzgeberische Maßnahmen vermochten sich Konservative nur in begrenztem Ausmaß anzufreunden.

Tatsächlich waren es die Liberalen, die Smiths Lehren am gründlichsten den Zeitumständen anpaßten. So gestaltete Gladstone auf der zögernden Suche nach einem weltlichen Ersatz für die theologisch ausgerichtete Politik, auf die er sich vor 1850 gestützt hatte, das neue Kredo des Liberalismus aus einer Mischung, die sich aus dem Freihandelsgedanken, der Forderung nach Beschränkung der Staatstätigkeit und einem durchgreifenden, parlamentarischen Gesetzgebungsprogramm zusammensetzte. Wenn Gladstone dieses Kredo auch nicht insgesamt ausdrücklich auf die Lehren von Adam Smith gründete, so ist dessen Philosophie doch wohl zu keiner Zeit einer Verwirklichung näher gekommen. Um die Jahrhundertwende erwogen die britischen „liberalen Imperialisten" sogar die Schaffung einer Empire-umfassenden Freihandelsunion, wobei nur hier und da ein Zeitgenosse (darunter der schottische Romancier John Buchan) die Verbindung zu Smith erkannte.

Um die Mitte des zwanzigsten Jahrhunderts hatte *Keynes,* dessen Plädoyer für ein staatliches Investitionsprogramm in den politischen Kreisen Großbritanniens weithin Zustimmung fand, Smith in den Schatten gestellt. Die jüngste konservative Reaktion gegen den *Keynesianismus* hat eine Rückbesinnung auf Smith herbeigeführt – wobei sich nur abermals herausstellte, daß sein Gedankengut nicht notwendigerweise in allem konservativen Erwartungen entspricht. Die Schwierigkeiten, denen sich konservative Theoretiker in England wie in Amerika gegenübersehen, sind von zweierlei Art.

Auf der einen Seite bringt Smiths System der Wirtschaftsfreiheit mehr als nur eine Beschränkung der Staatstätigkeit und der Staatsausgaben mit sich, sieht es doch auch das ständige Eingreifen des Staates zur Kontrolle der Sonderinteressen der Kapitalisten vor. Auf der anderen Seite sind die von Smith aufgezeigten moralischen Konsequenzen der Wirtschaftsfreiheit unvereinbar mit der Forderung vieler Konservativer nach einer organischen, „formierten" Gesellschaft. Wenngleich wohl kein Konservativer Smith verwerfen möchte, haben doch viele gute Gründe, von seinem Gedankengut nicht allzuviel Gebrauch zu machen.

Inwieweit kann die Sozialphilosophie von Adam Smith heute noch Gültigkeit beanspruchen? Es ist sicherlich nach wie vor möglich von einer Anwendung des Systems der natürlichen Freiheit auf marktwirtschaftlich orientierte moderne Gesellschaften auszugehen. Die Staatstätigkeit würde sich dann auf die Rechtspflege und die Landesverteidigung beschränken, müßte aber auch zwecks Verhinderung der geringsten Marktverzerrung, sei es von seiten des Unternehmertums, sei es von seiten der Arbeiterschaft, einschreiten. Doch die Enttäuschungen, die die Befürworter einer solchen Politik immer wieder angesichts von Gesellschaften erleben, die ständig komplizierter werden, als es Smiths eigene war, lassen dieses Unterfangen immer weniger lohnend erscheinen. Es gilt dann, sich weniger pedantisch, aber vielleicht mit mehr Gewinn auf die wesentlichen Inhalte von Smiths philosophischer Vision zurückzubesinnen.

Drei Schwerpunkte heben sich aus der hier gegebenen Darstellung der Philosophie von Adam Smith heraus: Wirtschaftswachstum sollte mit dem Ziel angestrebt werden, den Lebensstandard aller zu verbessern. Zur Sicherung des Wirtschaftswachstums sollten die staatlichen Institutionen gegenüber der Gesellschaft rechenschaftspflichtig gemacht werden – was bedeutet, daß sie unter Umständen genauso international sein müssen wie die hauptsächlichsten Wirtschaftsbeziehungen dieser Gesellschaft; außerdem sollten diese Institutionen der ständigen Überprüfung durch den Gesetzgeber unterliegen. Schließlich und endlich hat die Gesellschaftsphilosophie selbst die Aufgabe, dem Gesetzgeber Leitideen und Utopien an die Hand zu geben.

John Stuart Mill (1806–1873)

John Gray

John Stuart Mill – Die Krise des Liberalismus

John Stuart Mill wurde 1806 in London geboren und starb 1873. Er erlangte Berühmtheit als Logiker, Nationalökonom, Staatstheoretiker und Sozialreformer; Gladstone nannte ihn den „Heiligen des Rationalismus". Obwohl Gegner vieler Aspekte des Lebens und der Moral seiner viktorianischen Zeitgenossen, genoß er wegen seiner Aufrichtigkeit und Fairness doch allgemeine Achtung und war kurzzeitig Mitglied des Unterhauses für Westminster (1865–1868). In seiner Abhandlung *Die Freiheit* wandte er sich gegen den Konformismus, den er im damaligen England wahrzunehmen glaubte, und trat für die Rechte des einzelnen ein. Er war aber auch für viele soziale Anliegen aufgeschlossen und suchte die Massenbewegungen seiner Zeit eher zu mäßigen als zu unterbinden. In seiner optimistischen Überzeugung, daß der Gebrauch der Vernunft die Grundvoraussetzung für die Lösung der sozialen Frage sei, war und blieb Mill dem viktorianischen Zeitgeist verhaftet und sah nur wenige der entscheidenden Triebkräfte voraus, die die Geschichte des zwanzigsten Jahrhunderts prägen sollten.

Warum sollte man John Stuart Mill heute noch lesen? Man mag ihn wie Plato und Locke lesen wollen – als einen politischen Denker, der in seinen Schriften die vorherrschenden Tendenzen seiner Zeit in einen Gesellschaftsentwurf einbringt, den wir nachvollziehen, uns aber nicht zu eigen machen können. Wenn wir Mill auf diese Art lesen, so können wir auf historische Belehrung hoffen, auf ein vertieftes Verständnis mancher Ideen und Ideale, die das politische Leben unserer Zeit prägen und deren Wurzel im Denken und in der Gesellschaft des neunzehnten Jahrhunderts liegen, nicht aber auf Hilfe bei der Suche nach Auswegen aus den Krisen, die uns heute zu schaffen machen. Unser Interesse an ihm wird das eines Geschichtsforschers sein, der Mills Beitrag zu dem Gedankengut untersucht, das unsere derzeitige Auffassung von Staat und Gesellschaft bestimmt. Die historischen Einsichten, die solch eine Betrachtungsweise von Mills Lebenswerk vermittelt, mag zum Verständnis unserer derzeitigen politischen Misere beitragen und uns dadurch mittelbar praktischen Nutzen bringen, doch irgendwelche praktische Hilfe bei unserem Bemühen um Bewältigung der Gegenwartsprobleme dürfen wir uns von dieser Einstellung zu Mill nicht versprechen.

Im Gegensatz hierzu sind viele Mill-Kenner der Ansicht, daß seine Schriften vieles enthalten, was auch für uns heute direkt von Bedeutung ist. Wenn Mill sich mit Problemen wie der individuellen Freiheit und der sozialen Kontrolle auseinandersetzt, die Risiken und Zukunftsaussichten demokratischer und sozialistischer Massenbewegungen abschätzt, die Grenzen wirtschaftlichen Wachstums und die Stellung der Frau in der Gesellschaft erörtert, so behandelt er Themen, die uns nicht nur immer noch beschäftigen, sondern an die Spitze der politischen Prioritäten gerückt sind.

Die meisten Mill-Kenner vermögen dem Urteil nicht zuzustimmen, daß seine einschlägigen Schriften uns nichts mehr zu sagen hätten. Nach ihrer Auffassung haben unsere heutigen Nöte und Hoffnungen zu viel mit denen Mills gemeinsam, als daß man sich mit einer rein historischen Betrachtungsweise zufriedengeben könnte. Sie meinen, daß Mills Schriften nicht nur wichtige Aufschlüsse über die Vergangenheit, sondern auch zeitüberdauernde Aussagen zur Politik enthalten.

Die hier umrissenen gegensätzlichen Einstellungen zu Mill bezeugen eine echte Divergenz im politischen Denken unserer Zeit – letztlich Uneinigkeit darüber, ob Mills Auffassung vom Menschen und der Gesellschaft allgemeine Gültigkeit beanspruchen kann und noch Wirkungskraft besitzt. Man findet bei Mill nämlich sämtliche zentralen Themen des neuzeitlichen Liberalismus, die sehr viel klarer und folgerichtiger behandelt werden als bei jedem anderen Autor. John Stuart Mill ist der liberale Denker par excellence. Den Kern seines Denkens bilden die moralischen und politischen Ansprüche des einzelnen. Es fußt auf der Überzeugung, daß der Gebrauch der Vernunft die Beilegung fundamentaler sozialer Konflikte ermöglicht, und gibt der Hoffnung Ausdruck, daß die Zukunft des Menschen glücklicher sein wird als seine Vergangenheit. *Individualistisch, rationalistisch, optimistisch* – diese vertrauten begrifflichen Bezeichnungen charakterisieren Mills liberale Einstellung sehr zutreffend und markieren eine Denktradition, die auch heute noch Maßstäbe für das sittliche Verhalten und das politische Leben setzt. Doch inwieweit ist Mills liberale Weltanschauung den Problemen, vor denen wir heute stehen, noch angemessen? Was von seinem Liberalismus hat nach den Stürmen, die durch das zwanzigste Jahrhundert brausten, noch Bestand. Um diese Fragen beantworten zu können, gilt es sich zunächst über Mills Verhältnis zu früheren und zeitgenössischen Staatsdenkern Klarheit zu verschaffen. Wir müssen feststellen, wie die Geistestradition beschaffen war, an die er anknüpfte, und wie er sie mit Blickrichtung auf die großen Probleme seiner Zeit umgestaltete.

Von zentraler Bedeutung sind in diesem Zusammenhang Mills komplexe Verbindungen mit dem englischen Utilitarismus. Diese von Jeremy Bentham (1748–1832) begründete Lehre machte zum Prüfstein aller Moralvorschriften und sozialen Vorkehrungen den Beitrag, den sie zum Gemeinwohl, oder, wie man oft zugespitzt formuliert hat, „zum größtmöglichen Glück der größtmöglichen Zahl" leisteten. Die Utilitaristen suchten die Kunst der Gesetzgebung als eine Lehre von der menschlichen Natur in die Reihe der Wissenschaften zu erheben. Sowohl bei Bentham wie auch bei dessen Anhänger James Mill (John Stuarts Vater) fußte der Utilitarismus auf einem eindeutigen, aber engen und begrenzten Menschenbild. Die Menschen werden als besonders komplizierte Naturwesen aufgefaßt, als passive Geschöpfe, deren Geistestätigkeit Assoziationsgesetzen unterliegt und deren Handlungen vom Luststreben bestimmt sind.

Dies war eine ebenso asoziale wie ahistorische Auffassung vom Menschen, ignorierte sie doch die Prägung der Persönlichkeit durch das Leben in der Gesellschaft und das überlieferte Kulturgut. Es war eine auf umfassende Weite und Allgemeingültigkeit Anspruch erhebende Lehre, nach welcher der utilitaristische Reformer und Gesetzgeber die Aufgabe hat, die gesellschaftlichen Institutionen derart zu gestalten, daß sich das Bestreben eines jeden, seinen Vergnügungen nachzugehen, harmonisch mit den Interessen anderer Menschen verbindet und somit dem Allgemeininteresse dient. Im öffentlichen Leben Englands fand diese Lehre Ausdruck in der Bewegung der sogenannten „philosophischen Radikalen“, die in den mittleren Jahrzehnten des neunzehnten Jahrhunderts den Utilitarismus bei der Reform des öffentlichen Gesundheitswesens, der lokalen Selbstverwaltung, der Rechtspflege und des Staatsdienstes in die Praxis umsetzten. Die Utiliaristen waren der Überzeugung, daß es durch Anwendung der Wissenschaft von der menschlichen Natur möglich sei – im Zuge der Reform der Gesellschaft und der Einführung eines vernunftgemäßen Bildungswesens – die Menschen in der Weise „umzubilden“, daß sie die besten Voraussetzungen für ihren Platz in einer Gesellschaft mitbrächten, die im Blick auf ein Höchstmaß an Glückseligkeit organisiert sei.

John Stuart Mill war selber Gegenstand eines utilitaristischen Experiments gewesen, die Wirkungskraft einer vernunftgemäßen Erziehung zu ermessen. Von seinem Vater, James Mill, nach strengen Grundsätzen unterwiesen und zu täglicher Lektüre angehalten, las er bereits in früher Kindheit die griechischen und lateinischen Klassiker im Original und studierte politische Ökonomie, als er noch keine dreizehn war. Er sollte als eine Art Musterbeispiel einer utilitaristischen Persönlichkeit heranwachsen, zur Förderung der allgemeinen Glückseligkeit aufs beste befähigt, doch zu einem glücklichen Menschen machte ihn diese Art der Erziehung nicht. Im frühen Mannesalter geriet er in eine schwere seelische Krise, erlitt einen Nervenzusammenbruch und verfiel in eine tiefe, langandauernde Depression, die er nur allmählich und unter Schwierigkeiten überwand. Diese Persönlichkeitskrise zwang ihn, alle seine Ansichten neu zu entwerfen, und den Utilitarismus, den ihn sein Vater gelehrt hatte, kritisch zu überdenken. Nach seinem Dafürhalten wurde seine schließliche Genesung durch die Empfänglichkeit für Einflüsse wie zum Beispiel Gedichte und Naturschönheiten gefördert, die der klassische Utilitarismus, die Theorie von Jeremy Bentham und James Mill, außer acht gelassen hatte. Aufgrund ihrer einseitigen und mechanistischen Auffassung vom Menschen übersahen die klassischen Vertreter des Utilitarismus die hohe Bedeutung, die der Individualität, der Selbstbildung und dem Innenleben bei der Förderung von Freude und Glück zukommt. Sie hatten in erster Linie Veränderungen in den äußeren, sozialen Lebensverhältnissen gefordert und der Persönlichkeit des Menschen in ihrer Besonderheit und Einzigartigkeit nur geringe Aufmerksamkeit geschenkt.

Von den Dichtern der englischen „Seeschule“ (Wordsworth, Coleridge und Shelley) und der deutschen Philosophie inspiriert, nahm Mill seine eigene depressive Lebensphase zum Anlaß, eine Umbildung der klassischen utilitaristischen Auffassung vom Menschen zu versuchen. Sie sollte die menschliche Natur als ein tätiges, schöpferisches und zur Sinnesänderung fähiges Wesen erkennen und der Eigenart eines jeden einzelnen vollauf gerecht werden. Diese Korrektur seines Menschenbildes führte Mill zu einer gewandelten Auffassung vom menschlichen Glück. Die Menschen erstrebten Freude und Glück nicht in Gestalt einer Reihe von mehr oder weniger langandauernden oder intensiven Vergnügungen, sondern als Erfolg in einem tätigen Leben, in dem sie ihre Fähigkeiten und verschiedenartigen Begabungen frei entfalten können. Bei dieser Korrektur der alten utilitaristischen Auffassung vom Glück stand Mill unter dem Einfluß von Aristoteles, für den menschliches Glück in einem Zustand des Wohlbefindens besteht, der durch die Ausübung der spezifischen menschlichen Fähigkeiten erreicht wird. Auch der deutsche Gelehrte und Erzieher *Wilhelm von Humboldt* beeinflußte sein Denken. Von Humboldt erkannte, daß die Bedürfnisse der einzelnen Menschen so unterschiedlich und so verschieden sind, daß auch Freude und Glück eines jeden Menschen gewisse Eigentümlichkeiten aufweisen, durch die er sich von jedem anderen Menschen unterscheidet.

In seiner Abhandlung *Über den Utilitarismus* (1861) gab Mill einen Überblick über diese Korrekturen seiner Auffassung vom Menschen und vom menschlichen Glück. Aber die Grundlagen für diese Modifikation der alten utilitaristischen Lehre legte er in Essays, die er in den 1830er Jahren verfaßte, sowie in seinem gewaltigen *System der deduktiven und induktiven Logik* (1843). Mill hoffte, daß es möglich sein würde, die neue Auffassung von der menschlichen Natur, zu der er gelangt war, durch eine neue Wissenschaft – die Ethologie oder Wissenschaft von der Charakterbildung – zu untermauern, in der er eine Nachfolgerin der alten, bankrotten utilitaristischen Wissenschaft von der Menschennatur sah. Ferner meinte er, daß diese neue Wissenschaft von der Kultur und der Persönlichkeit, die fester als ihre Vorgängerin auf die verwickelte Komplexität von Geschichte und Gesellschaft gegründet sein würde, den ethischen und politischen Auffassungen des Liberalismus als Basis dienen könnte.

Mills Überarbeitungen der utilitaristischen Philosophie wirkten sich spürbar auf den Verlauf seines gesellschaftskritischen und politischen Denkens aus. Am deutlichsten werden sie vielleicht in allen Abschnitten seiner Erörterung der individuellen Freiheit. In seiner Abhandlung *Die Freiheit* (1859) verteidigt Mill die Freiheit des Denkens, der Gedankenverbindungen und der Lebensführung mit der Begründung, daß nur in einer freiheitlichen Umgebung, in der viele konkurrierende „Lebensexperimente" gewagt werden könnten, jeder von uns auch hoffen könne, sein eigenes spezifisches Glück zu suchen und zu finden. *Die Freiheit* richtet sich nicht nur oder auch nur in erster Linie gegen repressive Gesetze, die freiwillige Zusammenschlüsse untersagen und die Entfaltung neuartiger sozialer Lebensformen hemmen, sondern auch, und zwar in der Hauptsache, gegen die Tyrannei einer allzu kritischen öffentlichen Meinung. Es geht Mill darum, die Freiheit des einzelnen vor einengenden Konventionen ebenso zu schützen wie vor der Bevormundung durch Justizorgane.

Dementsprechend schlägt er vor, jede Beeinträchtigung der individuellen Freiheit durch „ein ganz einfaches Prinzip" zu regeln, nämlich durch sein sogenanntes *Freiheitsprinzip*. Gemäß diesem darf niemandes Freiheit eingeschränkt werden, es sei denn, daß seine Handlungen die Interessen anderer schädigen (oder zu schädigen drohen). Tatsächlich ist Mills Prinzip bei weitem nicht so einfach wie er es hinstellt, doch sieht er darin eine wirksame Schranke gegen Eingriffe in die Freiheitsrechte, die die Entfaltung der menschlichen Individualität hemmen. Das Prinzip würde nicht immer dazu dienen, den Freiheitsraum, den die Menschen zur Zeit Mills genossen, zu erweitern, meinte er doch, daß auf einigen Gebieten, wie zum Beispiel in bezug auf die Freiheit Kinder zu zeugen, der den Interessen anderer zugefügte Nachteil die Einrichtung sozialer und gesetzlicher Beschränkungen rechtfertigen könnte. Indem Mill als notwendige Voraussetzung einer berechtigten Freiheitseinschränkung festlegte, daß sie nur für Handlungen gelten dürfe, die anderen einen Nachteil zufügen, suchte sein Prinzip jedoch dem einzelnen für Handlungen, die allein ihn selbst etwas angehen, einen jeder sozialen Kontrolle entzogenen Bereich zu garantieren. Innerhalb dieses Bereichs könnten einzelne (und ihre zustimmenden Partner) auch solche Formen der Lebensführung ausprobieren, die den gängigen Moralvorstellungen widersprechen oder gar ihre eigenen Interessen schädigen würden. Der Freiheitsraum der Bürger muß als unantastbar gelten, kann sich die menschliche Individualität doch allein auf diese Weise zu hoher Blüte entfalten und das Wohlergehen des Menschen als eines fortschrittlichen Wesens auf lange Sicht gewährleistet werden.

Mills neue Auffassung vom Menschen – eine Auffassung, die in nichtutilitaristischem Gedankengut wurzelte, die er aber unablässig mit seinem utilitaristischen Erbe in Einklang zu bringen suchte – war die Triebkraft seiner lebenslangen Bemühungen um eine Erneuerung des Liberalismus und dessen Verknüpfung mit den großen sozialen Bewegungen der Zeit. Kennzeichnend für seine Sorge, daß neue, in jedem Fall potentiell freiheitsfördernde Bewegungen dennoch die mühsam errungene persönliche Freiheit gefährden könnten, sind seine Schriften über Demokratie und Sozialismus. In seiner Schrift *Die Freiheit* hatte Mill sorgenvoll die Möglichkeit ins Auge gefaßt, daß das Wachstum der Demokratie zu einer Tyrannei der Mehrheit führen könnte, bei der die berechtigten Ansprüche einzelner und auch kleiner Gruppen auf der Strecke bleiben würden. Unter dem Einfluß der Schriften des großen liberalen französischen Aristokraten *Alexis de Tocqueville* (Über die Demokratie in Amerika) unterbreitete Mill in seinen späteren *Betrachtungen über die Repräsentativverfassung* (1861) eine Reihe von Vorschlägen – für die Schaffung eines Zweikammersystems und eines komplizierten Verhältniswahlsystems, für Dezentralisierung und Selbstverwaltung –, die alle darauf zugeschnitten waren, die Demokratie zu verwirklichen bei gleichzeitiger Eindämmung der Gefahren, die sie für die Freiheit heraufbeschwört.

In diesen Vorschlägen tritt uns Mill im wesentlichen immer noch als ein klassischer Liberaler entgegen, dem es darum geht, den staatlichen Bereich einzugrenzen, und der überzeugt ist, daß Willkürherrschaft nicht dadurch erträglicher wird, daß eine demokratische Mehrheit sie ausübt. Mill übersah niemals die Grundwahrheit, daß Demokratie und Freiheit nicht ein und dasselbe, sondern recht unterschiedliche Ideale sind, die sich in der Praxis gegenseitig zu kräftigen, aber auch zu schwächen vermögen. Angesichts der faktischen Nichtumkehrbarkeit der demokratischen Bewegung in England suchte er ihre Forderungen zu mildern und die Freiheitsrechte des einzelnen und von Minderheiten fest zu verankern.

Den sozialistischen Bewegungen seiner Zeit gegenüber verhielt sich Mill nicht minder ambivalent. Er erkannte durchaus, daß das emporkommende kapitalistische Wirtschaftssystem Gefahren für die Individualität und die Gerechtigkeit in sich barg, aber er verwarf stets den revolutionären Sozialismus wie auch Katastrophentheorien, die ihm in den Schriften der französischen Radikalen begegneten. Entgegen vielen Darstellungen haben die sozialistischen Vorschläge, die Mill selbst unterbreitete, wenig mit dem *Fabianismus* (sozialist. Lehre in England, die eine vergesellschaftete Wirtschaft nicht auf dem Wege der Revolution wie im Marxismus, sondern durch allmähl. Reformen erreichen will) oder mit dem Programm gemein, das in der Zeit nach dem Zweiten Weltkrieg von der britischen Labour-Regierung verwirklicht wurde. Mill trat zu keiner Zeit für eine Verstaatlichung wichtiger Industriezweige ein und betrachtete sogar den im Werden begriffenen Wohlfahrtsstaat seiner Zeit mit Mißtrauen.

Seine Vorschläge konzentrierten sich auf zwei Bereiche: den Übergang der Betriebe in das Eigentum der Arbeiter und die Umverteilung der Einkommen und Vermögen. Mill glaubte, daß der freie Wettbewerb zwar eine wesentliche Garantie gegen Unfähigkeit und Ausbeutung biete, daß aber das durchschnittliche kapitalistische Wirtschaftsunternehmen eine schädliche Trennung der Interessen der Arbeiter, der Firmenleitung und der Eigentümer geradezu institutionalisiere. Im typisch kapitalistischen Betrieb seien die Arbeiter in der Regel der Geschäftsführung gehorsamspflichtig und an der Wirtschaftlichkeit des Unternehmens kaum interessiert. Genauso wie Mill im staatlichen Bereich für eine erweiterte Teilnahme an der lokalen Selbstverwaltung eintrat, hoffte er im Wirtschaftsleben auf das Wachsen einer Arbeiterselbstverwaltung. Der Großteil der Wirtschaftstätigkeit sollte schließlich von konkurrierenden Arbeiter-Produktionsgenossenschaften ausgeübt werden; die Betriebsleiter sollten als Angestellte der „Arbeiter-Eigentümer" (worker-owners) fungieren.

In Hinblick auf die Güterverteilung trat Mill für eine Besteuerung ein, die ein, die eine breite Streuung des Wohlstands ohne Bestrafung des Unternehmertums oder gewinnbringender Tätigkeiten fördern sollte. So regte er eine Vermögenszuwachs- oder Erbschaftssteuer an, die nicht dem Schenkungsgeber, sondern dem Empfänger auferlegt werden sollte. Diese sollte einen Anreiz zur Verbreitung von Wohlstand ohne die Folge einer Mittelübertragung auf den Staat bieten. Mills Sozialismus war somit eine Form von Markt-Sozialismus mit starkem Nachdruck auf der Neuverteilung der persönlichen Vermögen.

Mills politische Ökonomie unterscheidet sich in einem wichtigen Punkt von der aller anderen klassischen Nationalökonomen, Marx eingeschlossen, und nähert sich hier vielen modernen Anliegen. In seinen *Grundsätzen der politischen Ökonomie* (1848) sah er eine Zeit kommen, in der das Wirtschafts- und Bevölkerungswachstum zum Stillstand kommen würde. Alle klassischen Nationalökonomen hatten eine solche Entwicklung ins Auge gefaßt, doch erblickt Mill als einziger darin die Gelegenheit zu einer großangelegten Umwandlung gesellschaftlicher Werte. Er sieht voraus, daß das unablässige Streben nach Wirtschaftswachstum nicht nur auf die eisernen Zwänge begrenzter Ressourcen stößt, sondern auch Soziallasten verursachen wird, die seine Vorteile für alle vermindern. Er stellt sich eine Gesellschaft vor, in der Produktion und Bevölkerung stagnieren, technische und kulturelle Neuerungen indessen eine niveauvollere Freizeitgestaltung ermöglichen. Das Kapitel „Der stationäre

Staat“ in den *Grundsätzen der politischen Ökonomie* enthält Mills beste Darstellung der ihm vorschwebenden idealen Gesellschaft: Es ist dies eine Gesellschaft, deren Mitglieder nach den höheren Genüssen des Geistes streben, sich an Kulturgütern und Naturschönheiten erfreuen, durch keine tiefen Klassengegensätze getrennt sind, aber häufig schöpferische Kontroversen über geistige Probleme und solche der Lebensführung austragen, die Freiheit auch des anderen respektieren, aber nie unkritisch gegen sich selbst oder andere sind. Individualistisch, pluralistisch, demokratisch und sozialistisch, doch auf den Schutz von Minderheitsrechten und die Bewahrung der Vorzüge des freien Wettbewerbs bedacht – das ist Mills liberale Utopie. Was ist davon zu halten?

Um Mills liberale Grundsätze und ihre Relevanz für die Probleme von heute richtig einzuschätzen, muß man sich vor Augen halten, daß Mill seine Auffassungen teils angesichts der Unzulänglichkeiten des Utilitarismus und teils als Antwort auf die drängenden sozialen Fragen seiner Zeit ausarbeitete. Er glaubte, in einer Übergangszeit zu leben, in der althergebrachte Überzeugungen und Einrichtungen reformiert oder durch neue ersetzt werden müßten. Die Aufgabe, die er sich stellte, bestand darin, eine allgemeine Philosophie für eine solche soziale Umgestaltung zu entwikkeln. Seine eigene Version des liberalen Utilitarismus erfüllte nach seiner Auffassung viele der Aufgaben, die einst das Christentum wahrgenommen hatte, und zwar nicht nur als Staatsdoktrin, sondern sogar als privater Verhaltenskodex. Seine Vorschläge im Bereich von demokratischen und sozialistischen Reformen sowie zu anderen Problemen – etwa zu der Frage der geschlechtlichen Diskriminierung, die er in seiner immer noch lesenswerten Schrift *Die Hörigkeit der Frauen,* einer der klassischen Darlegungen der Ziele der Frauenbewegung, behandelt – zielten darauf ab, der neuen Sozialordnung den Weg zu bereiten. Unsere Frage ist mithin im Zusammenhang einer Bewertung der Einstellung Mills zu seiner eigenen Zeit und seines Urteils über die Zukunftsaussichten seiner Gesellschaft zu behandeln.

Man kann nicht sagen, daß Mill viele der grundstürzenden Entwicklungen des zwanzigsten Jahrhunderts voraussah. Er neigte dazu, die zu seiner Zeit erkennbaren Strömungen herauszustellen, und es besteht kein Zweifel, daß er fest mit der Ausbreitung der beherrschenden Institutionen des liberalen England – parlamentarisches Regierungssystem, freies Unternehmertum und freie Presse – über die ganze Welt rechnete. Daß die große bürgerliche Zivilisation von 1815–1914 sich als ein von Epochen des Krieges und der Tyrannei umschlossenes „Friedensjahrhundert" herausstellen würde, wäre ihm nicht in den Sinn gekommen. Mit der Ausnahme von *Friedrich Nietzsche* (1844–1900) und *Jacob Burckhardt* (1818–1897; bed. Historiker und Prof. in Basel) teilten alle Zeitgenossen Mills seinen Mangel an prophetischer Sicht; keiner von ihnen ahnte die unheilvolle Realität des zwanzigsten Jahrhunderts voraus: Holocaust, Gulag, die unaufhaltsame Vermehrung von Massenvernichtungswaffen und das Emporkommen tolalitärer Massenbewegungen.

Was Mill betrifft, so lag dies zum Teil an seiner Auffassung von der menschlichen Natur. Ungeachtet seiner Bemühungen, sein Menschenbild von den groben Irrtümern des klassischen Utilitarismus zu reinigen, erscheint uns seine Auffassung immer noch als einseitig rationalistisch und in ihrem Optimismus allzu unrealistisch. Die moderne Tiefenpsychologie hat dunkle Kräfte in der menschlichen Seele aufgedeckt, die gegen alle Ratschläge liberaler Vernunft taub sind. Ein großer Teil der Geschichte unseres Jahrhunderts hat im Zeichen von Bewegungen gestanden, die Mills Theorie von der menschlichen Natur nicht voraussah, ja nicht einmal erklären kann. Der unablässige Fortschritt, mit dem er rechnete, hing letztlich von der Wirklichkeitsnähe seines Menschenbildes ab. Heute, wo wir wissen, daß der Mensch unbeweglicher und unlenksamer ist als Mills Theorie postulierte, haben wir weniger Anlaß, uns die Zukunft des Menschen als eine Verbesserung gegenüber seiner Vergangenheit vorzustellen.

Das Urteil der Geschichte über Mills Versuch, einen neuen Liberalismus als Antwort auf die Nöte seiner Zeit zu formen, ist nicht gerade günstig ausgefallen. Sein Argwohn gegen die Demokratie und seine Vorschläge zur Vermeidung einer demokratischen Willkürherrschaft der Mehrheit verdienen nach wie vor Beachtung, auch wenn demokratische Einrichtungen sich nicht in dem Maße als dauerhaft und unumkehrbar erwiesen haben, wie Mill es erwartete.

Mills Vision von einem dezentralisierten Markt-Sozialismus scheint, so reizvoll dies manchen heute auch erscheinen mag, den Entwicklungstendenzen der modernen Wirtschaft völlig zu widersprechen. Ebenso wie Mills Vorschläge für eine Neuverteilung würde seine Forderung nach Schaffung von Produktionsgenossenschaften aus der Wirtschaft ein Mittelding zwischen sozialistischer Kommandowirtschaft und kapitalistischer Marktwirtschaft machen, das einige der Mängel eines jeden Wirtschaftstyps aufweist und weniger lebensfähig als beide zusammen erscheint.

Dort, wo eine Art Markt-Sozialismus ausprobiert worden ist, wie zum Beispiel in Jugoslawien, mußten große Verluste an Effizienz und Vermögenswerten in Kauf genommen werden. Ganz allgemein setzt der Gedanke einer aus Produktionsgenossenschaften bestehenden Selbstverwaltungswirtschaft die Auflösung von industriellen Großbetrieben voraus, mit der Folge einer beträchtlichen Einbuße an Wirtschaftlichkeit, wie sie keine moderne Gesellschaft in Kauf zu nehmen gewillt ist.

Weiterhin scheint Mills Eintreten für einen „stationären Staat" völlig unrealistisch in einer Zeit, in der die Masse der Menschheit ein stetiges Wirtschaftswachstum braucht, um sich allmählich aus Not und Armut zu befreien, die seit unvordenklichen Zeiten ihr Schicksal ist. Wenngleich Mill selbst kein Utopist war, so erscheint sein Entwurf einer Gesellschaft von Individualisten, die, in Produktionsgenossenschaften organisiert, für einen „stationären Staat" Güter erzeugen, doch ganz und gar utopisch und im Widerspruch zu allen vorherrschenden Zeittendenzen.

Von Mills Versuchen, den klassischen Liberalismus durch Anpassung an die Forderungen seines Jahrhunderts zu revidieren, haben die libertären (= extrem freiheitlichen) Vorschläge seiner Schrift *Die Freiheit* die Probe der Zeit vielleicht am besten bestanden. Angesichts dessen, daß die meisten fortgeschrittenen Gesellschaften durch kulturellen Pluralismus und eine Vielzahl von Lebensmöglichkeiten gekennzeichnet sind, scheint so etwas wie Mills *Freiheitsprinzip* durchaus angemessen, wenn auch nur als Mindestvoraussetzung für ein friedliches Nebeneinander rivalisierender Traditionen. Seine Forderung nach einer Trennung von Legalität und Moralität und seine kritischen Vorbehalte gegen staatliche Bevormundung wurden von der öffentlichen Meinung bejaht und sind in Reformen des Ehescheidungsrechts, der Bestimmungen gegen homosexuelle Betätigung und des Presserechts eingeflossen. In seinem unnachgiebigen Widerstand gegen jeglichen gesetzlichen Zwang, der die Aufrechterhaltung eines einheitlichen Normensystems in der Gesellschaft zum Ziel hat und die Menschen vor sich selber schützen will, übertrifft Mill den progressiv denkenden Teil der heutigen öffentlichen Meinung sogar und weist auf weitere Möglichkeiten libertären Fortschritts hin, die durchaus Beachtung verdienen. Auf vielen anderen Gebieten widerspricht Mills libertäre Anschauungsweise, mit der er sich als unmittelbarer Nachfolger des klassischen Liberalismus von Adam Smith und David Hume zu erkennen gibt, zwar der heutigen fortschrittlichen Denkart, ist aber deshalb keineswegs antiquiert. Seine Überzeugung, daß ein staatliches Bildungswesen dazu dienen könnte, eine allgemeine Mittelmäßigkeit zu fördern, erscheint heute anders als um die Mitte des neunzehnten Jahrhunderts keineswegs als Panikmache. Sein Vorschlag, daß der Staat, statt ein eigenes Erziehungswesen zu betreiben, die Schulbildung durch Bestreitung der den Familien daraus erwachsenden Kosten finanzieren sollte, ist in einer multikulturellen und gemischtrassischen Gesellschaft wie z.B. in Amerika und Großbritannien durchaus bedenkenswert.

Wenn Mill uns heute noch etwas zu sagen hat, dann eher in der Fortführung des klassischen Liberalismus denn durch seine Bemühungen um eine durchgreifende Revision der liberalen Weltanschauung. Insoweit seine Werke politische Lehren enthalten, wie wir sie heute brauchen, leiten sie sich von der Tradition dieses klassischen Liberalismus her, die ihm von Autoren wie *Alexis de Tocqueville* vermittelt wurde. Sein eigenes Vorhaben einer revisionistischen Ausdeutung des Liberalismus hat uns genauso wenig zu bieten wie seinen Zeitgenossen.

Unser Urteil über Mills Denken hängt somit letzten Endes davon ab, wie wir die Zukunftsaussichten seines Liberalismus einschätzen. Wie schon ausgeführt, hat Mills hoffnungsfrohes, rationalistisches Credo die Katastrophen unserer Zeit nur zu einem geringen Teil überdauert. Wo immer seine Stimme uns heute noch erreicht, erinnert er an die skeptischen und pessimistischen klassischen Liberalen der schottischen Aufklärung, deren Fortschrittshoffnungen stets mit Ahnungen sozialen Verfalls und einer Erneuerung von Barbarei untermischt waren. Da uns sein Werk derart noch immer zugänglich ist, sollte man es keinesfalls nur aus dem Blickwinkel der Geistesgeschichte lesen. Zugleich sollte uns die geringe praktische Relevanz von Mills Liberalismus zu einem älteren Liberalismus zurückführen, der sich weniger hoffnungsfroh gab, und darüber hinaus zu den Werken des Begründers des modernen Individualismus, *Thomas Hobbes,* der in die Politik einer Zeit hineinzuwirken suchte, die, vom Lärm barbarischer Glaubenskämpfe erfüllt und von Friedenssehnsucht durchdrungen, der unseren nicht unähnlich war.

Karl Marx (1818–1883)

Terrell Carver

Karl Marx – Totengräber des Kapitalismus

Karl Marx wurde 1818 in Trier als Kind jüdischer Eltern geboren, die später zum protestantischen Glauben übertraten. Er studierte in Bonn, Berlin und Jena, wo er promovierte, und wirkte danach als radikaler Journalist und politischer Schriftsteller, häufig in Zusammenarbeit mit *Friedrich Engels*. Er ließ sich schließlich in London nieder, wo er *das Kapital* verfaßte, das ebenso wie *Das Kommunistische Manifest* heute zu den am meisten veröffentlichten, übersetzten und vertriebenen Werken seit der Erfindung der Buchdruckerkunst zählt. Er starb 1883 in London.

Die Lebenszeit von Karl Marx fiel mit jenen Jahrzehnten des neunzehnten Jahrhunderts zusammen, in denen die moderne Industrie mit ihren neuen Produktionstechniken das Gesicht und das soziale Gefüge Europas und Nordamerikas von Grund auf wandelte und auch in andere Weltgegenden vordrang.

In seinen Schriften erweist sich Marx als Rationalist, Nachfahre der Aufklärung und Anhänger des damals in Frankreich und England aufkommenden Sozialismus. Seine politische Zielsetzung war revolutionär, wie es sich für einen Radikalen der 1840er Jahre und Teilnehmer an den einschneidenden Ereignissen des Jahres 1848 gehörte. Die Politik des zwanzigsten Jahrhunderts trägt das unverkennbare Gepräge der kritischen Ablehnung der kapitalistischen Gesellschaft durch Marx und seiner Forderung nach einer kommunistischen Alternative.

Karl Marx ist der politische Theoretiker des Kapitalismus. Die Hingabe, mit der er sich diesem Gegenstand während der vier Jahrzehnte von 1843 bis 1883 widmete, war wahrhaft erstaunlich. Niemand hat auch nur im entferntesten Ähnliches geleistet, schuf er doch eine allgemeine Theorie der Gesellschaft und des sozialen Wandels und eine spezielle Theorie der kapitalistischen Gesellschaft. Eine Untersuchung dieser Theorien führt uns nicht von der Politikwissenschaft weg zur Nationalökonomie, sondern zu einer neuen Auffassung von der Wirtschaft als einem in hohem Maße politischen Bereich und der Politik als einer entscheidend durch das Wirtschaftsleben strukturierten Sphäre. Marx fühlte sich bei seinem Studium des Menschen und der Gesellschaft ebensowenig an die akademische Tradition der Beschränkung auf ein Spezialgebiet gebunden, wie bei seiner Beteiligung an der internationalen Arbeiterbewegung die politische Beschränkung auf einen Nationalstaat für ihn maßgebend war.

Für Marx ist das, was am Arbeitsplatz geschieht, im Kern politisch für den einzelnen und, in der „bisherigen Geschichte", für seine Herrscher. Für den einzelnen wie für die Gesellschaft stellt der bloße Erwerb des Lebensunterhalts – Produktion, Konsum, Austausch und Verteilung – die Struktur dar, innerhalb welcher sich das persönliche Leben und die nationale Politik abspielen. Die Art und Weise, wie diese wirtschaftlichen Tätigkeiten organisiert sind, ist selbst ein Politikum, formbar und strittig.

Um die Mitte des neunzehnten Jahrhunderts spürte man schmerzhaft die tiefgreifenden Umwälzungen in Gesellschaft, Wissenschaft und Technik, von denen *Das Kommunistische Manifest* (1848) eine so eindrucksvolle Schilderung gibt:

„Unterjochung der Naturkräfte, Maschinerie, Anwendung der Chemie und Industrie und Ackerbau, Dampfschiffahrt, Eisenbahnen, elektrische Telegrafen, Urbarmachung ganzer Weltteile, Schiffbarmachung der Flüsse, ganze aus dem Boden hervorgestampfte Bevölkerungen – welch früheres Jahr-

hundert ahnte, daß solche Produktionskräfte im Schoß der gesellschaftlichen Arbeit schlummerten?"

Marx war vor allem der politische Theoretiker der kapitalistischen Entwicklung mit ihrer Einführung neuer Technologien, neuer gesellschaftlicher Organisationsformen, ihrer Vermittlung neuer Werte und Erwartungen an Gesellschaften auf der ganzen Welt, die auf solche Erschütterungen in keiner Weise vorbereitet waren. Die Spannungen, die die wirtschaftlichen und sozialen Veränderungen in diesen Gesellschaften hervorriefen, waren gewaltig, wie in vergleichbaren Gesellschaften noch heute. Wenn Volkswirtschaften umstrukturiert werden, spitzt sich die politische Lage zu, und Regierende wie Regierte verlangen nach Orientierung. Es ist kein Zufall, daß der Einfluß von Marx am stärksten in Ländern ist, in denen unlängst moderne Produktionstechniken eingeführt worden sind und westliche Konsumgewohnheiten Platz gegriffen haben oder die Entwicklung dahin tendiert.

Dieser Prozeß einer rapiden wirtschaftlichen Expansion und gesellschaftlichen Umgestaltung erregte sein Interesse und beanspruchte seine intellektuellen Kräfte voll und ganz. Marx identifizierte sich mit der Sache der Arbeiter in den neuen Industrien und mit den Unterdrückten generell. Seine eigenen Arbeiten sollten, wie er betonte, streng wissenschaftlich sein, für gelehrte Spezialisten bestimmt, deren Forderungen nach Exaktheit er bejahe, während er ihnen aber an politischem Bewußtsein überlegen sei. Die Gesellschaftswissenschaft von Karl Marx entwickelte sich aus seiner politischen Grundeinstellung. Er selbst popularisierte seine Analyse des Kapitalismus für Zuhörer aus der Arbeiterschaft in den Vorträgen *Lohnarbeit und Kapital* (1849) und *Wert, Preis und Profit* (entstanden 1865). Dieser Verbindung von politischem Engagement und wissenschaftlicher Analyse fehlt es an Unparteilichkeit und Distanz, die doch seit der Zeit von Marx mit wissenschaftlicher Arbeit assoziiert werden. Wissenschaftler, ob auf naturwissenschaftlichem oder gesellschaftswissenschaftlichem Gebiet, haben es nach moderner Auffassung mit *Tatsachen* und nicht mit *Werten* zu tun. Für Marx konnte es eine wertfreie Betrachtung der Gesellschaft oder irgendeiner ihrer Erscheinungsformen nicht geben, da Werte selbst ein unabdingbarer Bestandteil des Wissenschaftlers wie seines Gegenstandes seien. Sein Werk hat zumindest den Vorzug, daß es keinerlei Zweifel darüber aufkommen läßt, warum er es schuf und wozu es bestimmt war. Seine Darlegungen über Gesellschaft, soziale Veränderungen und Kapitalismus können selbst einem Leser, der seine politischen Überzeugungen nicht teilt, mancherlei Aufschlüsse geben; denn gerade sein Engagement ließ ihn immer weiter in den Mechanismus, ja (wie er behauptete) bis zu den entscheidenden Triebkräften unserer Gesellschaft vordringen. Marxens wissenschaftliches Werk sollte nach seiner eigenen Auffassung zu keiner Zeit weitere Forschungen unterdrücken.

Herkunft und frühe Jahre von Karl Marx enthalten so gut wie keinerlei Hinweise auf seine spätere Lebensleistung und weltgeschichtliche Bedeutung. Er wurde 1818 in Trier geboren. Seine Familie gehörte ursprünglich dem Judentum an, doch war sein Vater, um seine Laufbahn als Rechtsanwalt zu sichern, 1817 zur evangelisch-lutherischen Kirche übergetreten. Die Familie Marx war wie auch das damalige Rheinland politisch liberal. Der Sohn Karl erhielt auf dem Gymnasium eine humanistische Bildung sowie darüber hinaus, u.a. von seinem zukünftigen Schwiegervater, der in der Nähe lebte, literarische, philosophische und politische Bildungselemente vermittelt. Es ist jedoch zu bemerken, daß die in jungen Jahren verfochtene liberale Anschauung nicht zwangsläufig zu dem Linksradikalismus und Kommunismus führt, für den Marx als Mittzwanziger eintrat. Viele Liberale werden mit fortschreitendem Alter konservativ und bilden sich im Blick auf ihre Zukunftsaussichten und ihre Karriere einen eigennützigen Standpunkt. Umgekehrt sind viele Revolutionäre aus einem streng konservativen Milieu hervorgegangen: ein Musterbeispiel ist *Friedrich Engels* (1820–1895), der Freund von Marx und gelegentliche Mitautor.

Während seiner Studienzeit von 1835 bis 1841 schloß sich Marx einem Kreis liberaler Intellektueller an, die unzufrieden mit dem Konservatismus der preußischen Monarchie waren. Der hierarchischen Ordnung und staatlichen Zensur, dem Christenglauben und ererbten Wohlstand, die vom Regime vertreten wurden, setzten sie die egalitären Lehren von den Menschen- und Bürgerrechten, die parlamentarische Regierung, die Duldung von Glaubensausübung und Skeptizismus sowie die Pressefreiheit entgegen. Dies war für konservative Begriffe ein revolutionäres Programm. Die staatlichen Behörden leiteten Schritte ein, um allen freidenkerischen Radikalen den Zugang zu den akademischen Berufen zu versperren und die Universitäten von ihrem Einfluß zu säubern. Die Liberalen selbst untermauerten ihre Anschauungen durch eine phantasievolle Interpretation der Lehren von *Georg Wilhelm Friedrich Hegel* (1770–1831), dessen dunkle und höchst vieldeutige Philosophie, die seit 1807 in Einzelausgaben veröffentlicht und von 1832–45 in einer ersten Gesamtausgabe publiziert wurde, eine dominierende Rolle im damaligen deutschen Geistesleben spielte. Hegels Absicht war es zu zeigen, wie sich die Vernunft in jedem Bereich der Welt, einschließlich der Politik, verwirklicht. Diejenigen, die in Hegels Werk eine unausgesprochene Kritik an der bestehenden Ordnung sahen und es dazu als eine kritische Methode auffaßten, die über seine konservativen Anschauungen hinausging, waren als *Junghegelianer* (z.B. *David Friedrich Strauß,* 1808–1874, und *Ludwig Andreas Feuerbach,* 1804–1872) bekannt. Dieses politische Umfeld wurde für Marx das entscheidende Bildungserlebnis.

In seiner eigenen Lebensskizze (1859 im Vorwort zu der Schrift *Zur Kritik der politischen Ökonomie* veröffentlicht) erwähnt Marx seine Studienjahre nur beiläufig (und die Junghegelianer überhaupt nicht) und stellt statt dessen seine erste verantwortliche Stellung heraus: die redaktionelle Leitung der in Köln erscheinenden liberalen *Rheinischen Zeitung*. Daß der vierundzwanzigjährige Marx zum Chefredakteur bestellt wurde, weist schon an sich auf die Schwierigkeiten hin, auf die die Zeitung bei ihrem Versuch stieß, unter Umgehung der Pressezensur den vorsichtigen Liberalismus zu vertreten, den ihre Geldgeber befürworteten. Während des halben Jahres, das dem Verbot der Zeitung (im März 1843) vorausging, kam Marx zum erstenmal in die „Verlegenheit" über „sogenannte materielle Interessen" mitsprechen zu müssen – d.h. über Fragen im Zusammenhang mit der Neugestaltung Deutschlands nach modernen kapitalistischen Prinzipien und der staatlichen Politik, diese zugunsten einiger auf Kosten anderer zu fördern. Er beschloß sich aus dieser „Verlegenheit" zu helfen, indem er sich umfassende theoretische und praktische Kenntnisse des modernen Wirtschaftslebens aneignete, jede falsche Rechtfertigung der Auswirkungen des Kapitalismus auf einzelne und auf ganze Gesellschaftsklassen gründlich entlarvte und in ähnlicher Weise jede Utopie einer sozialistischen und kommunistischen Alternative zum Kapitalismus deutlich herausstellte.

Marx begann dieses Projekt 1844 mit den *Ökonomisch-philosophischen Manuskripten* (die er in Paris schrieb, aber die nicht zu seinen Lebzeiten veröffentlicht wurden). In den darauffolgenden Jahren griff er in Schriften wie *Die Heilige Familie* (1845), *Die deutsche Ideologie* (entstanden 1845–47) und *Das Elend der Philosophie* (1847) die Junghegelianer an. Er warf ihnen Unkenntnis der Tatsachen des modernen Wirtschaftslebens vor; sie *interpretierten* die Welt nur, „es komme aber darauf an", behauptete er in seinen *Thesen über Feuerbach* (entstanden 1845), „sie zu *verändern*".

Mit seiner Kritik der politischen Ökonomie, seiner Lebensarbeit, wollte Marx den Übeln, die zweifellos dem Kapitalismus zur Last zu legen waren, auf den Grund gehen und derart die Untauglichkeit des Systems im ganzen nachweisen. Keine graduelle Reform, so argumentierte er, könne jemals die Tendenz des kapitalistischen Systems zu immer gefährlicheren zyklischen Krisen und zunehmender

Massenarbeitslosigkeit beseitigen. Marx selbst konnte nur den ersten Band seiner umfassenden Analyse der kapitalistischen Wirtschaftsweise herausgeben; er erschien 1867 unter dem Titel *Der Produktionsprocess des Kapitals.* Eine englische Übersetzung, die ihm besonders am Herzen lag, wurde 1887, vier Jahre nach seinem Tod, publiziert.

Marx forderte den Kommunismus, in dem „die Gesellschaft auf ihre Fahnen schreiben [wird]: Jeder nach seinen Fähigkeiten, jedem nach seinen Bedürfnissen!“, im Prinzip als Alternative zum Kapitalismus (so in diesem Zitat aus seiner *Kritik des Gothaer Programms,* 1875). Er legte die Institutionen der neuen Gesellschaft aber nie im einzelnen fest. Dies entsprach seiner Abneigung gegen utopische Pläne und seiner Rücksicht auf die nationalen und internationalen Probleme, die sich bei der schließlichen „Vereinigung“ der Proleatrier aller Länder“ (so lautet das Schlagwort des *Kommunistischen Manifests*) zur Ersetzung des Kapitalismus durch eine planmäßige Organisation der Produktion und (mit der Zeit) ein geldloses Verteilungssystem ergeben würden.

Obwohl Marx behauptete, daß die Nutznießer des Kapitalismus nicht kampflos auf ihre Macht und ihren Besitz verzichten würden, trat er nicht für Gewalt als etwas in sich Gutes ein und äußerte sich auch nicht über die politische Rolle einer kommunistischen Partei innerhalb der von ihm gelegentlich erwähnten „Diktatur des Proletariats“. In der Schrift *Der Bürgerkrieg in Frankreich* (1871) nahm er zu dem kurz zuvor niedergeschlagenen Aufstand der revolutionären Pariser Gemeinderäte (*Commune de Paris* 18. März–29. Mai 1871) Stellung. Dieser Artikel enthält eine Bekräftigung zur parlamentarischen Demokratie: Die Landgemeinden oder auch die Arbeitsstätten sollen ihre Angelegenheiten durch Bezirksversammlungen verwalten und diese dann wieder Abgeordnete zur Nationalversammlung schicken.

Die Abgeordneten sollen nicht mehr Privilegien genießen als die übrige arbeitende Bevölkerung, strikt an die Instruktionen ihrer Wähler gebunden und jederzeit absetzbar sein, falls diese erklärten, daß sie ihre Anweisungen nicht ausgeführt hätten. Marx äußerte nur wenig Zweifel an der Wünschbarkeit und Durchführbarkeit eines kommunistischen Produktions- und Verteilungssystems, einer demokratischen, repräsentativen und verantwortlichen Gesellschaftsordnung und der Überlegenheit einer Planwirtschaft über den kapitalistischen Markt im Hinblick auf die Produktionsmittel, auf Güter für den individuellen Konsum sowie auf die Arbeitskraft selbst.

Darüber hinaus basierte seine Zukunftsvision einer Vereinigung der Arbeiter aller Länder zu einer internationalen antikapitalistischen Oppositionsbewegung auf der optimistischen Grundannahme, daß die unzweifelbar vernunftwidrigen Auswirkungen des nationalen Wettstreits unter den Kaufleuten und die Absurditäten der zyklischen Krisen die Arbeiter (und aufgeschlossene Intellektuelle) direkt zu denselben Schlußfolgerungen gelangen lassen würden, zu denen er in seiner Kritik gekommen war.

Marxens eigene Erlebnisse als Revolutionär während der Ereignisse von 1848–49 beflügelten seine Eingebung. Als die liberale Aufstandsbewegung weite Teile Europas erfaßte, gab er in Köln die *Neue Rheinische Zeitung* heraus und schrieb zahlreiche Artikel, in denen er für Liberalismus eintrat und die Interessen der im Entstehen begriffenen Arbeiterklasse umriß. Doch die Liberalen wurden zerschmettert oder mußten Kompromisse schließen, die politische Reaktion erhob ihr Haupt, und Marx mußte von 1849 an sein Leben als Emigrant in England, nurmehr an der Peripherie der deutschen und kontinentalen Politik, verbringen.

In den entbehrungsreichen 1850er Jahren, in denen er sich nur mühsam als Artikelschreiber über Wasser halten konnte, widmete er jede freie Minute seiner *Kritik der politischen Ökonomie*. Wenngleich er 1864 die Internationale Arbeiter-Vereinigung mitbegründete, betätigte er sich doch politisch nur wenig, sei es in der Gewerkschaftsbewegung oder in der 1869 in Deutschland gegründeten Sozialdemokratischen Arbeiterpartei. Nach der Auffassung von Marx waren jedoch seine – theoretischen und abstrakten und angeblich allgemeingültigen – Arbeiten zur politischen Ökonomie überall dort, wo der Kapitalismus sich entwickelt hatte oder eingeführt worden war, in Europa oder anderwärts, von allergrößter politischer Bedeutung.

In seiner allgemeinen Gesellschaftstheorie tritt er der Auffassung entgegen, daß allein unsere – religiösen, philosophischen, überlieferten oder nur politischen – Ideen die Gesamtstruktur schaffen, innerhalb welcher wir unser Leben führen und weitreichende Entscheidungen treffen. Er führt an, daß „die Produktionsweise des materiellen Lebens den sozialen, politischen und geistigen Lebensprozeß überhaupt bedingt". Änderungen der Produktionstechnik und die Reorganisation der Produktion stellen für Marx somit die wichtigsten Strukturelemente der modernen Gesellschaft dar, die die Art und Weise der sich vollziehenden Änderungen in der Rechtsordnung, den politischen Institutionen, der Religion und sogar in der Ästhetik und Philosophie bestimmen: „Mit der Veränderung der ökonomischen Grundlagen wird der ganze ungeheure Überbau langsamer oder rascher umgestaltet."

Marx bezeichnet diese (1859 im Vorwort zur *Kritik der politischen Ökonomie* niedergelegten) Einsichten als „Leitfaden" oder Grundregel seiner Studien, insbesondere der kapitalistischen Gesellschaft, in deren Rahmen seine Waren-, Geld- und Kapitaltheorie die Grundgesetze aufzeigen sollte, die die Funktionsweise des Kapitalismus bestimmen. In einem scheinbar schwer verständlichen Werk über politische Ökonomie stoßen wir somit auf den Kern von Marxens politischer Theorie: Die Dynamik der kapitalistischen Wirtschaftsverhältnisse bringt die modernen Gesellschaftsklassen hervor – in erster Linie Arbeiter (oder „Proletarier") und Kapitalisten (oder „die Bourgeoisie") –, und mit der Klassenstruktur entsteht das ganze Netz gegensätzlicher Interessen, innerhalb dessen sich das moderne politische Leben abspielt. Nach der Auffassung von Marx kann eine Darstellung der politischen Phänomene nur dann Anspruch auf wissenschaftliche Exaktheit haben, wenn sie eine gründliche Analyse der wirtschaftlichen Interessen der Beteiligten einschließt.

Den diagnostischen Blick von Marx bezeugen seine Untersuchungen über Zeitereignisse: *Die Klassenkämpfe in Frankreich* (1850) und *Der achtzehnte Brumaire des Louis Napoleon* (1852). Der Brumaire (= Nebelmonat) ist der zweite Monat im französischen Revolutionskalender (22. Oktober bis 20. November). Das erste ist ein Bericht über die revolutionären Kämpfe 1848–49 und das zweite eine Fortsetzung über die Jahre 1850–51, in denen Louis Bonaparte, ein Neffe Napoleons I., durch einen Staatsstreich das Ende der Zweiten Republik herbeiführte, eine Militärdiktatur errichtete und sich schließlich zum Kaiser der Franzosen ausrufen ließ. In diesen lebendigen Arbeiten analysiert Marx die aufsehenerregenden Geschehnisse im damaligen Frankreich, indem er die komplizierten Wechselwirkungen zwischen Einzel- und Klasseninteressen in dem durch revolutionäre Umtriebe, politische Intrigen, Parteihader und persönliche Launen bestimmten Klima untersucht. Im Vorwort zum *Achtzehnten Brumaire* erklärt er, er wolle darin zeigen, *„wie der Klassenkampf in Frankreich Umstände und Verhältnisse schuf, welche einer mittelmäßigen und grotesken Personage das Spiel der Heldenrolle ermöglichten.“* Zu Beginn der Schrift selbst formuliert er allgemeiner: *„Die Menschen machen ihre eigene Geschichte, aber sie machen sie nicht aus freien Stücken, nicht unter selbstgewählten, sondern unter unmittelbar vorgefundenen, gegebenen und überlieferten Umständen.“* Seine Ausgangsposition ist somit nicht deterministisch (d.h. nicht alles ist kausal vorbestimmt): Er behauptet nicht, daß sich jedes Ereignis nur so zugetragen haben könne wie es eingetreten sei, sondern lenkt den Leser vielmehr von einzelnen und Parteien zu den wirtschaftlichen Interessen hin, gemäß welchen sie ihre Entscheidungen zu treffen haben.

Die Schrift handelt auf jeden Fall ebenso von der Zukunft wie von der Vergangenheit. Marx geht es bei seiner Entlarvung Louis Bonapartes und der Widersprüche, die seiner politischen Linie und Position zu eigen waren, darum, den jüngst unterlegenen Liberalen und Proletariern Mut zu machen, sie davon zu überzeugen, daß dieses Regime zum Untergang verurteilt sei, und nachzuweisen, daß „das unklare Hinundhertappen“ Bonapartes „bald diese, bald jene Klasse ... demütigen ... und alle gleichmäßig gegen sich aufbringen“ werde.

Marxens Untersuchungen über nichtkapitalistische Gesellschaften sollten seine Auffassung untermauern, daß sich der Kapitalismus definitionsgemäß von früheren Gesellschaftsformen des Westens und anderer Weltgegenden, den untergegangenen ebenso wie den noch bestehenden, von Grund auf unterscheidet: „In großen Umrissen können asiatische, antike, feudale und modern bürgerliche Produktionsweisen als progressive Epochen der ökonomischen Gesellschaftsformation bezeichnet werden“ (Vorwort von 1859). Sein besonderes Interesse gilt dem Römischen Reich, dem Übergang zum Feudalismus, dem weiteren Übergang zum Kapitalismus, der russischen Semstwo-Verwaltung und der indischen Dorfgemeinde. Ein Großteil seiner Forschungsarbeit über die nichtkapitalistischen Gesellschaften vollzog sich unter peinlicher Beachtung der Unzulänglichkeiten seines Quellenmaterials, so daß er weder eine gänzlich zusammenhängende Theorie nichtkapitalistischer Gesellschaften im allgemeinen oder in spezifischen Fällen vorlegen konnte noch auch eine vollständig durchgeführte theoretische Darstellung der Ursprünge des Kapitalismus selbst.

Genauso wie sich nach Marx der Kapitalismus wesenhaft von anderen, bereits entwickelten Gesellschaftsformen unterscheidet, so verschieden ist er auch von der kommunistischen Gesellschaft, die auf ihn folgen soll. Nach seiner Auffassung beruht die Stärke des Kapitalismus auf der Art und Weise, wie er eine Zeitlang den technischen Fortschritt und das Wirtschaftswachstum fördert. Dieses Zeitalter soll aber nach seiner Voraussage zu Ende gehen, da ständig sich verschlimmernde Wirtschaftskrisen den Einsatz der neuen, durch die menschliche Erfindungskraft erzeugten Produktionstechniken behindern. Allein eine klassenlose Gesellschaft könne von der modernen Produktionstechnik den bestmöglichen Gebrauch machen und ihre Fortentwicklung gewährleisten.

Nach Marx ist der Zusammenbruch der kapitalistischen Gesellschaft deshalb unvermeidlich, weil die Profitrate als Teil des in der Industrie angelegten Gesamtkapitals ständig fallen muß. Er leitet dieses „Gesetz der progressiven Tendenz der Profitrate zum Sinken“ aus seiner Theorie ab, daß allein die menschliche Arbeitskraft den Wert der Waren schafft, die wir auf dem Markt austauschen. In dem Maße, in dem die Industrie zur Erhöhung der Produktivität der Arbeit zunehmend Maschinen einsetzt, zeigt die Zahl der Arbeiter die Tendenz, im Verhältnis zu dem in Industrieanlagen angelegten Kapital zu sinken. Marx argumentierte, daß Neuinvestitionen immer schwieriger zu finanzieren sein würden, weil sie im Vergleich zum Profit, den eine abnehmende Zahl von Arbeitskräften zu erzeugen vermöge, immer kostspieliger werden würden. Die Produktion zur Erzielung von Profiten führt so gesehen ihren eigenen Untergang in dem Maße herbei, in dem die Investitionen zurückgehen, die Arbeitslosigkeit zunimmt und Vertrauenskrisen das System erschüttern. Die sozialistische Alternative, die Marx vorschlägt, ist die „planmäßig bewußte“ Organisation der Produktion, deren Vorzüge angeblich auf der Hand liegen im Vergleich zu dem widerspruchsvollen, selbstzerstörerischen und ungeheuer verschwenderischen Charakter des in seiner Analyse dargestellten Kapitalismus.

Der Sozialismus, dessen Hervorgehen aus dem Kapitalismus Marx so überzeugt erwartete, sollte auf dessen technischen Errungenschaften aufbauen. Die sozialistische Gesellschaft werde die Vermögenswerte der Kapitalisten, die für Marx die Eigentümer der Produktionsmittel sind, enteignen und die Produktionsmittel selbst kontrollieren. Über die Frage, wie und warum die damaligen Arbeiter und ihre Sympathisanten diesen Wandel herbeiführen sollten, äußerte sich Marx, von Zeitungsartikeln abgesehen, kaum.

Theorien über Bewußtseinsbildung, politische Aktionen und Organisationen finden sich in seinen Werken nur in kargen Ansätzen.

Marxens politische Theorie ist nicht von der herkömmlichen Art. Sie ist weder eine Theorie der menschlichen Bedürfnisse oder der menschlichen Natur noch eine Theorie des Staates und des Bürgertums, der Gerechtigkeit, des Rechts und der Rechte. Sie ist eher eine Theorie der Struktur, innerhalb welcher sich politische Ideen, Verhaltensnormen und Institutionen herausbilden. Es ist eine Struktur, die, wie er sagt, diese Erscheinungen „bedingt" und der diese „entsprechen" (1859; Vorwort). In einem Brief vom 5. März 1852 faßte er zusammen, was er in seiner Lehre als eigentümlich und ursprünglich erachtete:

„Was ich neu tat, war 1. nachweisen, daß die Existenz der Klassen bloß an bestimmte historische Entwicklungsphasen der Produktion gebunden ist; 2. daß der Klassenkampf notwendig zur Diktatur des Proletariats führt; 3. daß diese Diktatur selbst nur den Übergang zur Aufhebung aller Klassen und zu einer klassenlosen Gesellschaft bildet."

Man hat „Leitfaden" oder die Grundregel von Marx als deterministisch und daher falsch verworfen, da es sich doch immer wieder gezeigt hat, daß einzelne ebenso wie ganze Gruppen durchaus bereit sind entgegen ihren wirtschaftlichen Interessen zu handeln. Betrachtet man aber seine Verallgemeinerungen eher als „dehnbar" – indem man zum Beispiel davon ausgeht, daß die ökonomischen Interessen in der Regel oder im allgemeinen nur begrenzende oder bedingende Auswirkungen auf das Verhalten haben –, dann sind seine Thesen, so wird eingewendet, bestenfalls nur vage und schlimmstenfalls banal. Es ist jedoch bemerkenswert, daß Marx seine Verallgemeinerungen lediglich als Anleitung betrachtete. Im geistigen Umfeld seiner Zeit fanden diese Verallgemeinerungen echte Zielgruppen in jenen, die sonst eine andere Auffassung vom Wesen der Gesellschaft und vom sozialen Wandel hatten oder sich im Grunde über ihre diesbezüglichen Ansichten im unklaren waren. Seine Grundregel diente Marx bei seinen Analysen als „Erkennungsmerkmal“, das die Interessenkonflikte aufdeckte, die sich unter der glatten Oberfläche zeitweiliger politischer Übereinkünfte verbargen, und die Akteure des politischen Lebens auf die Wahrscheinlichkeit künftiger Meinungsverschiedenheiten oder noch schlimmerer Spätfolgen aufmerksam machte. So war die politische Theorie von Marx auf politisches Handeln ausgerichtet – ja, auf Wechselwirkung zwischen dem Forscher und seinem Forschungsgegenstand –, wollte der Theoretiker doch aus einer Untersuchung der Ereignisse lernen und dann sein Wissen zur Einflußnahme auf weitere Entwicklungen verwenden.

Marxens eingehende Untersuchungen über die Dynamik der kapitalistischen Gesellschaft zeigten die Logik des Systems auf, wie er sie den Werken zeitgenössischer Nationalökonomen entnahm. Ein beträchtlicher Teil seiner Analyse hat ohne jeden Zweifel die Probe der Zeit bestanden (so die Darlegungen über die Ausbeutung, den Arbeitstag und die Maschinen in der modernen Industrie). Doch steht auch fest, daß einige seiner wesentlichen Definitionen und Gesetze (die Theorien des Wertes, des Mehrwertes und der Profitrate) selbst rein theoretisch betrachtet schwer haltbar sind. Es ist immer noch nicht klar, ob der Kapitalismus deshalb fortbesteht, weil der von Marx konstatierte logisch unausweichliche Zusammenbruch noch immer von den gleichfalls aufgezeigten Gegenkräften aufgehalten wird, oder ob die Marxsche Analyse des kapitalistischen Systems einfach irrt, wenn sie ihm eine Reihe von Eigenschaften zuschreibt, die seinen Zusammenbruch herbeiführen sollen. Auf jeden Fall unterschätzte er offensichtlich die in der kapitalistischen Gesellschaft wirksamen ökonomischen und politischen Faktoren, die ihr die Zustimmung breiter Massen sichern, und schätzte die revolutionäre Begeisterung der Arbeiter für ein kommunistisch ausgerichtetes alternatives System zu hoch ein.

Das Marxsche Gedankengut gewann hauptsächlich durch die Werke seines Freundes Friedrich Engels (geb. 1820) Einfluß, der von 1844 an bis zum Tod von Karl Marx (1883) aufs engste mit ihm verbunden war. Engels überlebte Marx um zwölf Jahre und verfaßte während dieser Zeit mehr als zwanzig Einleitungen und Vorworte zu verschiedenen Ausgaben von dessen Werken. Er besorgte auch die Edition des zweiten und dritten Teils des *Kapitals* aufgrund von Niederschriften, die sich im Nachlaß fanden.

Zu Marxens Lebzeiten arbeiteten die beiden jedoch nur bei der Abfassung von drei größeren Schriften zusammen (der *Heiligen Familie,* der *Deutschen Ideologie* und dem *Kommunistischen Manifest*) und veröffentlichten ihre eigenen Schriften während dieser Zeit unter ihren eigenen Namen (ausgenommen einige wenige anonym publizierte Schriften und von Engels auf englisch verfaßte und unter dem Namen von Marx veröffentlichte Werke wie zum Beispiel *Revolution und Konterrevolution in Deutschland,* 1851–52). Die Ansicht, daß sie ihre eigenständigen Werke als gemeinschaftliche „Kompositionen“ betrachteten, findet im Briefwechsel zwischen Marx und Engels keine Stütze, wenngleich sie natürlich von Zeit zu Zeit Informationen und Unterlagen austauschten.

Bis zu welchem Grad das Werk von Engels genau dasselbe aussagt wie das von Marx, ist heute genauso strittig wie die Frage, ob Engels in einigen Punkten, die Marx nicht unmittelbar behandelte, für diesen sprach oder nicht. Auch bleibt die Möglichkeit offen, daß Marx in späten Jahren Ideen von Engels zustimmte, die zu seinen eigenen Schriften im Widerspruch standen. Ein großer Teil des traditionellen Marxismus, ja, die traditionelle Interpretation des Lebens und der Werke von Marx, gleichviel ob promarxistisch, antimarxistisch oder unparteiisch, leitet sich aus Engels' Werken und aus seiner Sicht des Verhältnisses zu Marx her. Grundannahmen wie diese, daß alles, was Engels vorbringt, in jedem Fall mit den Aussagen von Marx gleichzusetzen sei, sind bei jeder ernsthaften Würdigung ihrer Lebenswege völlig unangebracht, nicht zuletzt, weil eine solche Annahme von der Zuverlässigkeit der Angaben Engels' ausgeht.

Bei der Präsentation des Lebenswerkes von Marx maß Engels der Methode besondere Bedeutung bei (sicherlich weit mehr als Marx) und berief sich diesbezüglich vor allem auf Hegel (wiederum mehr als Marx in dessen seltenen Ausführungen zu diesem Thema). Engels stellte das Werk von Marx in einen philosophischen Kontext und legte dessen Verhältnis zu herkömmlichen Begriffen wie Materialismus und Idealismus dar und ebenso zu spezifisch Hegelschen Begriffen wie Widerspruch und Dialektik. Darüber hinaus schrieb Engels Marx die „Erkenntnis" zu, daß Natur, Geschichte und Denken allgemeinen Bewegungs- und Entwicklungsgesetzen unterliegen, obwohl Marx selbst diese „Dialektik" nirgendwo formuliert hatte. Engels war somit der Urheber einer ganzheitlichen Auffassung des Marxschen Werkes und wurde zur höchsten Autorität des „wissenschaftlichen" Systems, welches die Schriften von Marx angeblich vertreten.

Engels prägte die Formeln *„materialistische Geschichtsauffassung"*, *„historischer Materialismus"* und *„falsches Bewußtsein"*, die ebenso wie viele andere Formeln und Auffassungen von Engels gewöhnlich Marx zugeschrieben werden. Engels' Bemühungen Marx zu systematisieren und zu verwissenschaftlichen, trugen wiederum dazu bei, daß diesem für immer das Attribut des Doktrinärs und Dogmatikers angeheftet wurde.

Wenngleich er den Ergebnissen seiner Untersuchungen zu keiner Zeit mißtraute und Auffassungen, die er für irrig hielt, stets mit Vehemenz entgegentrat, steht heute doch fest, daß diese autoritäre Auffassung des Menschen Karl Marx und seines Werkes überzeichnet ist. Auf jeden Fall wird sie dem vorsichtig zögernden, suchenden und selbstkritischen Charakter eines Großteils seiner Schriften in keiner Weise gerecht.

Das Werk von Karl Marx kann sich auch ohne die materialistische „Dialektik" von Engels durchaus behaupten, von den Kommentatoren ganz zu schweigen, die es seit der Lebenszeit von Marx selber im Bannkreis der konstruierten verschiedenen „Marxismen“ vergötzt oder verteufelt haben. Marx selbst hat unsere Auffassung von politischer Theorie, ja, von der Politik überhaupt grundlegend gewandelt.

Alan Ryan

Das Zeitalter der Moderne I – Die Erneuerung des Liberalismus

Bertrand Russell wurde 1872 als Sproß eines liberalen Adelsgeschlechts in Ravenscroft (Monmouthshire) geboren. Sein Großvater war der Premierminister Lord John Russell. Sein Vater, Viscount* Amberley, war Radikaler, Frauenrechtler und Internationalist. Aufgrund seiner Leistungen auf dem Gebiet der Logik und der Mathematik wurde Bertrand Russell in seinen dreißiger Jahren Mitglied der Königlich Britischen Gesellschaft der Naturwissenschaften und in seinen siebziger Jahren mit dem Verdienstorden ausgezeichnet. Er bekleidete aber niemals für längere Zeit ein akademisches Amt und wurde ebenso durch seine Streitschriften und sein Eintreten für nukleare Abrüstung berühmt wie durch seine rein philosophischen Werke. Als er 1970 starb, stand er wegen seiner Gegnerschaft zum amerikanischen Engagement in Vietnam immer noch im Brennpunkt öffentlicher Auseinandersetzungen.

* brit. Adelstitel zwischen Baron und Earl

Richard Henry Tawney wurde 1880 als Sohn eines hohen Beamten der indischen Zivilverwaltung (sein Vater war der Leiter des Indian Education Service) geboren. Tawney widmete sein Leben drei Aufgaben: der Erforschung der Wirtschaftsgeschichte des siebzehnten Jahrhunderts, der wir seine ausgezeichnete Monographie *Religion und Frühkapitalismus* verdanken, der Förderung der Erwachsenenbildung – er gehörte zu den Gründern des britischen Volkshochschulverbandes – und der Labour-Partei, deren Gewissen er dreißig Jahre lang war bis zu seinem Tode im Jahre 1962.

Der 1921 in Baltimore (USA) geborene *John Rawls* hat die ihm zugewachsene Berühmtheit nie gesucht. Obwohl seit mehr als dreißig Jahren Professor für Philosophie an der Universität Harvard, hatte er sich an den Meinungskämpfen, die Amerika während dieser Zeit spalteten, öffentlich nie beteiligt. Er lebte zurückgezogen und hat doch in einem erstaunlichen Ausmaß durch die bloße Qualität einer Anzahl von Abhandlungen, die in philosophischen Zeitschriften erschienen und in seinem Meisterwerk *Eine Theorie der Gerechtigkeit* gipfelten, in die politischen Auseinandersetzungen außerhalb der akademischen Welt hineingewirkt.

Es heißt oft, das zwanzigste Jahrhundert habe keine politischen Denker hervorgebracht, die einen Vergleich mit Locke, Mill oder Marx aushalten könnten, von Hobbes, Aristoteles oder Plato zu schweigen. Fast ebenso oft wird behauptet – unter Hinweis auf die von permanenter geistiger Gärung erfüllten kontinentaleuropäischen Länder –, daß diese merkwürdige Leere nur das angelsächsische Staatsdenken kennzeichne. Diese Auffassung wurde vor gut zwanzig Jahren von Perry Anderson in mehreren Essays vorgetragen, die in der New Left Review unter dem Titel *The Peculiarities of The English* erschienen und starke Beachtung fanden. Die in der britischen Politik herrschende Ruhe hat bewirkt, daß man sich dort nicht sonderlich gedrängt fühlte, die geistigen Grundlagen des sozialen und politischen Lebens kritisch zu überdenken. Mehr noch fällt ins Gewicht, daß wegen des Ausbleibens von Klassenkämpfen und revolutionären Bedrohungen der bestehenden Ordnung keine Ideologen im Namen einer großen gesellschaftlichen Klasse in Erscheinung getreten sind – kein *Georg Lukacs,* der das

Verhältnis zwischen der marxistischen Philosophie, dem Proletariat und seiner Vorhut, der Kommunistischen Partei, festzulegen suchte; und auch kein *Antonio Gramsci,* der die marxistische Theorie des Klassenkampfes auf eine Gesellschaft anwandte, in der die katholische Kirche die Rolle eines Horts der Reaktion oder einer revolutionären Kraft spielen könnte.

Zu diesen Gegensätzen wäre dreierlei zu sagen: Erstens, daß die bedeutungs- und wirkungsreichste Philosophie des zwanzigsten Jahrhunderts apolitisch oder auch unpolitisch war. *Jean-Paul Sartre* zum Beispiel vermochte als politischer Analytiker nie recht zu überzeugen, verstand es aber, die Qualen und Ängste des Intellektuellen, der um jeden Preis in die Politik hineinwirken möchte, hervorragend zu gestalten. Das kurze Getändel *von Martin Heidegger* mit dem Nationalsozialismus war kein durchdachter Versuch, aus seiner Analyse menschlicher Verlassenheit im Angesicht des Todes politische Folgerungen zu ziehen. *Albert Camus* beeindruckt als Romancier ungleich stärker denn als politischer Denker. Die Seelenqual des einzelnen war die Stärke des *Existentialismus,* nicht die politische Organisation.

Zweitens beeindruckten die Schüler von Marx eher als politische Techniker und Taktiker denn als politische Denker. *Lenin* und *Trotzkij* ragen unter den Akteuren der Politik ohne Zweifel durch die Art und Weise hervor,wie sie Rußland in den Wirren des Jahres 1917 ihren Willen aufzwangen, doch als Staats- und Gesellschaftstheoretiker sind sie eigentlich nur wenig ernst zu nehmen. Lenins Vermächtnis besteht in seiner Theorie der revolutionären Partei und in seinen Gedanken über die Techniken der Machtübernahme. Seine Ansichten über soziale Ordnung und Wirtschaftsführung sind von geradezu absurder Einfältigkeit, und die Roheit seiner Ansichten über Zustände, die einen revolutionären Befreiungskampf rechtfertigen könnten, ist erschreckend. Die Bedeutung Lenins und Trotzkijs als politische Akteure läßt sich kaum abschätzen, doch herausragende Staatstheoretiker sind sie nach meinem Dafürhalten nicht.

Am wichtigsten ist vielleicht der dritte Punkt. Das zwanzigste Jahrhundert hat starke Zweifel an der Macht der Vernunft erweckt. Der Erfolg des Nationalsozialismus, der aus seiner Verachtung der Ratio kein Hehl machte, führte seinen Anhängern wie seinen Opfern vor Augen, daß Appelle an die Vernunft im politischen Leben nur eine begrenzte Wirkung zeigen. Das Aufkommen einer analytischen, jede Metaphysik ablehnenden Philosophie gab dem Zweifel an der Existenz von rational begründbaren ethischen Werturteilen eine ziemlich feste Untermauerung, zumindest in den Augen von Intellektuellen. Bücher wie A. J. Ayers *Sprache, Wahrheit und Logik* verbreiteten die Auffassung, ethische Aussagen seien eine Art „gefühlsbedingter Knüppel", weder verifizierbar noch falsifizierbar. Diese Theorie wurde wegen der Art und Weise ihrer Zergliederung von Sätzen, wie „Demokratie ist besser als Faschismus" („Demokratie – hurra!, Faschismus – buh!") oft „Buh!-hurra!-Ethik" genannt. Noch vor dem Erscheinen dieser philosophischen Strömung hatten sich um die Jahrhundertwende Soziologen und Psychologen bereits der Erforschung der irrationalen und unbewußten Triebfedern menschlichen Verhaltens zugewandt (vgl. hierzu H. Stuart Hughes: Consciousness and Society – Bewußtsein und Gesellschaft).

Unter den Erforschern des Unbewußten ragt natürlich *Freud* hervor. Doch auch unter den Soziologen schrieben Autoren wie Georges Sorel über die Rolle irrationaler „Mythen" als Triebkräfte für menschliches Handeln und bemühten sich streng wissenschaftlich orientierte Denker wie *Max Weber* um Aufklärung des widersprüchlichen Aufeinanderwirkens von Vernunft und Unvernunft.

Ich möchte meinen, daß sich die angelsächsische Tradition weder als langweilig noch als leer und auch nicht als außerstande erwiesen hat, den Herausforderungen durch Marxismus und Irrationalismus zu begegnen. Ja, nach meinem Dafürhalten zeigen drei Denker – Bertrand Russell, Richard Henry Tawney und John Rawls – zusammen, daß die liberale Tradition hier keineswegs ein so schlimmes Schicksal gehabt hat, wie ihre Kritiker behaupten. Man sollte natürlich hinzufügen, daß Russell „eine Art Sozialist“ war, Tawney zeitlebens der britischen Arbeiterpartei angehörte und in der Zwischenkriegszeit ihre Entwicklung maßgeblich beeinflußte und Rawls nach amerikanischen Begriffen ein entschieden radikaler Liberaler ist.

Russells Reaktion auf die Schrecken des Krieges, auf die Häßlichkeit und Öde eines Großteils der modernen Industriegesellschaft und auf das Gefühl der Sinnlosigkeit, das viele ernsthafte und feinfühlige Menschen selbst in besten Lebensverhältnissen empfinden, stellte aber im wesentlichen eine Umgestaltung der Werte und Ideale seines „weltlichen Paten“ John Stuart Mill im Lichte der soziologischen und psychologischen Einsichten des zwanzigsten Jahrhunderts dar. Tawneys eindringlicher Appell an den Gemeinschaftssinn, seine Verdammung von Habsucht und Eigennutz und sein Sich-Berufen auf die englischen Radikalen des siebzehnten Jahrhunderts, die einstmals darauf bestanden, daß dem „Ärmsten ein Leben ermöglicht werden müsse, wie es der Reichste führt“, erinnerten die Leser des zwanzigsten Jahrhunderts daran, daß der Liberalismus Lockes auf einer Ethik des Dienstes für die Gesellschaft fußte, die sie noch mehr benötigen als Lockes Zeitgenossen.

Rawls' *Theorie der Gerechtigkeit* ist ein Werk, das bei seinem Erscheinen im Jahre 1971 als klassische Darstellung gerühmt wurde und im Laufe der Jahre noch an Bedeutung gewonnen hat. Er tritt darin für eine auf den liberalen Wohlfahrtsstaat hinauslaufende Lösung ein, gegen doktrinäre Schwärmer, die die Rechte des Privateigentums verfechten, auf der einen Seite, wie gegen revolutionär denkende, doktrinäre Schwärmer, die ein zukünftiges Zeitalter des Weltfriedens und allgemeinen Wohlstands herbeisehnen, auf der anderen Seite.

Rawls' Theorie schließt eine sozialistische Lösung der sozialen Frage ebensowenig aus wie alle Alternativen zum Sozialismus. Seine Leistung besteht darin, daß er die grundlegenden Ideale des Liberalismus überprüft und ihnen unter

Berücksichtigung der Erfahrungen des zwanzigsten Jahrhunderts größere Glaubwürdigkeit verleiht.

Wenn ich mit Russell beginne, so zum Teil aus chronologischen Gründen. Wenngleich er fast bis zu seinem Tod (1970) im Alter von achtundneunzig Jahren in der Bewegung für nukleare Abrüstung aktiv war, verfaßte er seine interessanteste politische Schrift im Jahre 1915: *Grundlagen für eine soziale Umgestaltung* lautet der Titel, unter dem er eine Reihe von Vorlesungen veröffentlichte, die er im Rahmen seiner Kampagne gegen den Ersten Weltkrieg und die allgemeine Wehrpflicht in mehreren britischen Industriestädten zu halten gedachte. Unter Berufung auf das Landesverteidigungsgesetz wurde ihm seine Agitationstätigkeit in Liverpool und Glasgow untersagt, doch wurden seine Vorträge daraufhin von anderen verlesen und waren ohnehin kurz danach überall für ein paar Pennies im Druck zu haben.

In den *Grundlagen* wirft Russell die Frage auf, warum die Menschen in den kriegsführenden Staaten nicht ein Verhalten an den Tag legten, wie er und sie es als „vernünftig" zu bezeichnen pflegten: Warum kämpften Männer an der Somme gegeneinander, zwischen denen es eigentlich gar keinen ernsthaften Zwist gab, und wo die wirklichen wirtschaftlichen Streitigkeiten der rivalisierenden Kolonialmächte sich doch auf dem Verhandlungswege hätten bereinigen lassen? Russell glaubt zwei Gründe dafür gefunden zu haben:

Erstens lassen sich die Menschen, statt mit Überlegung zu handeln, von ihren Leidenschaften fortreißen: Instinkten unterworfen, die Befriedigung um jeden Preis verlangen, berechnen sie nicht, was zu ihrem Besten dienen oder sie glücklich machen würde. Gewiß empfinden die Menschen Freude über die Befriedigung eines sie treibenden Verlangens – der Maler freut sich, wenn er sein Bild vollendet, der Bergsteiger, wenn er den Gipfel bezwungen hat –, aber sie machen sich nicht die Mühe festzustellen, welche Dinge ihnen am meisten Vergnügen bereiten, um dann ihr Verlangen danach zu orientieren. Der Mathematiker, der einen Lehrsatz zu beweisen sucht, ist gegebenenfalls, wenn auch nicht gern, bereit, sich um dessentwillen zu Tode zu hungern. Nicht das Vergnügen daran verlockt ihn, sondern ihn treibt *das Bedürfnis nach einem geistigen Triumph.* Wenn Menschen gegeneinander kämpfen, ist das für sie kein Genuß, doch werfen sie sich trotzdem bereitwillig in die Schlacht. Russell fürchtete immer, daß der modernen Industriegesellschaft eine chronische Anfälligkeit für Kriege innewohne, weil sie so viele Antriebe unterdrücke, dem Drang, sich mit der Welt auseinanderzusetzen und sie zu beherrschen, entgegenarbeite und viele Menschen in einen Zustand versetze, in dem fast jeder alte Zwist reizvoller erscheint als die lähmende Langeweile des Alltagslebens.

Zweitens konstatiert Russell, daß der Mensch von zwei verschiedenartigen Bestrebungen motiviert wird: vom Besitzstreben und von schöpferischen Impulsen. Das Besitzstreben läßt uns Dinge begehren, die sich einfach nicht teilen lassen, deren Besitz uns deshalb mit anderen entzweit. Die schöpferischen Impulse dagegen lassen uns erstreben, was man teilen kann. Das Bild, das ich male, ist nicht etwas, das ich allein behalten kann oder möchte: Die Freude eines anderen daran vermag die meinige nicht zu mindern. Die westliche Kultur krankt daran, daß wir uns auf die Befriedigung unseres Besitzstrebens und nicht unserer schöpferischen Impulse ausgerichtet haben. Russell will damit nicht sagen, wir seien einfach habsüchtig und geldgierig geworden; er wurde nicht müde zu betonen, daß die Menschen bei weitem nicht so materialistisch dächten und handelten, wie die meisten Autoren annähmen. Russell erkannte, nach meiner Auffassung sehr richtig, daß die Rockefellers und Pierpoint Morgans unmöglich das Verlangen nach noch mehr Geld umtreiben könne – besäßen sie doch mehr davon, als sie auszugeben in der Lage seien. Es mußte vielmehr der Machttrieb sein: Über mehr Geld als alle anderen Menschen zu verfügen, ist sowohl eine Quelle der Macht über sie, als auch ein Beweis dafür, daß man diese Macht besitzt. Die „Raubritter“ des amerikanischen Kapitalismus waren tatsächlich Raubritter, was ihre Motivation betraf – und auch was die Vernünftigkeit ihres Verhaltens betraf.

Russell machte sich niemals anheischig, Lösungen für die von ihm erkannten Probleme vorzulegen, noch auch hielt er an den Lösungen, die er fand, eisern fest. Das bekannteste Beispiel hierfür war sein Vorschlag eines atomaren Präventivkriegs gegen die UdSSR vom Jahre 1948: Fünf Jahre später wollte er diejenigen, die daran erinnerten, verklagen – obwohl er ihn drei Jahre lang mehrmals in Druckschriften verbreitet hatte. 1959 räumte er dann ohne weiteres ein, daß er den Vorschlag in der Tat einmal gemacht, seine Meinung aber mit Recht geändert habe, als diese Politik nicht mehr sinnvoll erschienen sei. Tatsächlich spricht einiges für die Annahme, daß die Amerikaner von ihrer Überlegenheit hätten Gebrauch machen sollen, als sie diese hatten, und es sich ziemlich anders überlegen sollten, nachdem es den Russen gelungen war, einen ungefähren nuklearen Gleichstand herzustellen; sehr viel sonderbarer scheint es, daß Russell seine frühere Meinung so vollständig zu vergessen vermochte, daß er die Erinnerung daran für eine kommunistische Lüge hielt.

In den *Grundlagen für eine soziale Umgestaltung* argumentiert Russell nüchterner. Er vertritt darin Auffassungen, denen die heutigen britischen Sozialdemokraten wohl größtenteils zustimmen würden. Die Industriebetriebe sollten zu Arbeiter-Produktionsgenossenschaften umgestaltet werden, ausgenommen dort, wo dies nicht praktikabel wäre (wie bei der Eisenbahn) und so etwas wie „gewählte Betriebsleiter" angebracht sein würden. Das soll nicht heißen, daß die Kapitaleigner, wie es die Marxisten fordern, unterschiedslos zu enteignen sind; sie sollen vielmehr abgefunden und des Rechts auf Ernennung von Betriebsleitern sowie ihres Anteils am Gewinn beraubt werden. Wie sehr Russell den traditionellen Anliegen des Liberalismus und Radikalismus verhaftet ist, zeigt sich noch deutlicher in seinen allgemeinen Ausführungen über die Grenzen der Staatsgewalt. Bezeichnenderweise denkt er nicht im entferntesten an ein

„Absterben“ des Staates, wie es die marxistische Theorie postuliert, und er glaubt auch nicht, daß es – wie Marx gleichfalls optimistisch prophezeite – im Sozialismus so etwas wie Macht und Politik nicht mehr geben würde, sondern einzig und allein sozialistische Selbstverwaltung.

Was Russell als Ziel vorschwebt, ist mehr oder weniger das, was Radikale seines Schlages immer schon erstrebten: mittels der Staatsgewalt die Kapitalvermögenseinkommen von Grund- und Zinshausbesitzern sowie ähnlichen Leuten „wegzusteuern“, die aus der produktiven Arbeit anderer riesige Gewinne erzielen. Auf diese Weise soll dann ein soziales Netz geschaffen werden, damit diejenigen, die zeitlebens schwer gearbeitet haben, nicht im Armenhaus enden. Ein öffentliches Schulwesen soll ins Leben gerufen und die wissenschaftliche Forschung sowie andere geistige Tätigkeiten sollen gefördert werden. Gleichzeitig soll durch entsprechende Vorkehrungen dafür gesorgt werden, daß der Staat nicht die Möglichkeit erhält in die Privatsphäre seiner Bürger einzudringen, ihre Gewissensfreiheit zu beschneiden und ganz generell ihre Lebenseinstellung zu reglementieren.

Dieses Programm wird häufig von Kritikern der Linken wie der Rechten als widerspruchsvoll hingestellt – wobei die letzteren die Ansicht vertreten, daß der Staat für die Landesverteidigung, die Rechtspflege und öffentliche Ordnung sorgen und seine Bürger im übrigen sich allein durchschlagen lassen sollte, während die ersteren meinen, daß der Staat jedem Zweck dienstbar gemacht werden könne, den das Volk als Ganzes oder seine Repräsentanten für gut befinden.

Die Folgerichtigkeit von Russells Thesen beruht auf der ihnen zugrunde liegenden Auffassung von der menschlichen Psyche. Russells Kritiker haben ihm stets vorgeworfen, daß er in seinem Urteil über die Zukunftsaussichten der Menschheit ständig zwischen Euphorie und Verzweiflung hin- und herschwanke. So bemerkte der ihm durchaus wohlgesinnte *Keynes* einmal: „Bertie glaubt, die Politik sei im Grunde furchtbar einfach; derzeit läuft alles schlecht, weil die Menschen böse und verrückt sind; sie brauchen sich aber nur ordentlich zu benehmen, dann wird alles herrlich sein."

Ganz so angreifbar ist Russell jedoch keineswegs; nach seinem Dafürhalten zeigt die Menschheit, hin und her taumelnd, bald wundervolle, bald erschreckende Eigenschaften, doch wird dieser Taumel nicht durch bloße Willensanstrengung verursacht – unterschiedliche Verhältnisse bringen unterschiedliche Seiten unseres Wesens zum Vorschein. Das ist der Grund dafür, daß das Nachdenken über politisches Handeln überhaupt von Nutzen ist. Die immer gleiche Menschennatur setzt jeglicher Staatstätigkeit angemessene Schranken. Macht korrumpiert die Menschen, doch nicht immer und nicht, wenn die Staatsbürger in ihrer Gesamtheit ihre Rechte kämpferisch zu wahren wissen. Der tätige Wohlfahrtsstaat geht folglich mit Dezentralisierung einher, mit dem ernsthaften Bemühen um wahre Gleichberechtigung der Geschlechter, mit Einrichtungen, die die Arbeit nicht in Plackerei ausarten lassen, sondern sie reizvoll und interessant machen, und mit einem Bildungswesen, das die Kinder zu geistiger Regsamkeit und sexueller Unverklemmtheit erzieht und ihnen Gemütswerte vermittelt, ohne einer falschen Sentimentalität Vorschub zu leisten. Insgesamt läuft dies auf einen Liberalismus hinaus, der dem neuen Wissen um unsere Irrationalität Rechnung trägt und sie schöpferischen Zwecken dienstbar zu machen sucht.

Russell war immer Individualist. In seiner Autobiographie kommt er immer wieder auf das bedrückende Einsamkeitsgefühl zu sprechen, das ihn zeitlebens begleitete: Er könne sich Überwältigung durch ein flüchtiges, ekstatisches Zusammengehörigkeitsgefühl vorstellen, doch bedinge das soziale und politische Leben immer eine Art Kompromiß zwischen den Ansprüchen unserer Individualität und den Bedürfnissen anderer. Genauso wie er im Ersten Weltkrieg im Kampf gegen die allgemeine Wehrpflicht den Eindruck gewann, daß er für die Mitwirkung in Ausschüssen gänzlich ungeeignet sei, war er stets der Auffassung, daß das Ideal einer auf völlig spontaner Zusammenarbeit gegründeten Gesellschaft – wie es die Anarchisten vertraten – lediglich auf Wunschdenken beruhe. Mehr als ein Gleichgewicht zwischen guten und üblen Dingen schien ihm nicht erreichbar.

Neben anderem war es ebendies, was Russell sozialistischen Zeitgenossen bis zu einem gewissen Grade verdächtig machte. In diesem Zusammenhang ist es lehrreich, die Unterschiede aufzuzeigen, die zwischen Russell und Tawney bestanden. Beide waren schließlich nichtmarxistische Sozialisten, beide traten für weitgehende Dezentralisierung ein, beide erwarteten, daß der funktionslose Aktienbesitzer verschwinden werde, und beide forderten ausreichende Bildungsmöglichkeiten für alle Kinder ohne Unterschied des Standes und der Geldbörse. Beiden erschien die Verwirklichung des Sozialismus auf revolutionärem Wege unmöglich: Die damit einhergehenden Zerstörungen würden die Arbeiter, deren Befreiung sie doch herbeiführen sollte, zu einer noch kümmerlicheren Existenz verurteilen und sie noch strengerer staatlicher Bevormundung aussetzen, während der dadurch erzeugte Haß das politische Leben über Jahre hinaus vergiften würde. Tawney war ohne Zweifel weniger radikal – oder mehr praktisch – orientiert als Russell: Er besaß schließlich sehr viel mehr Erfahrung mit aktiver Gewerkschaftsarbeit und trug zur Schaffung von Tarifkommissionen zur Verbesserung der Lage der Leichtlohngruppen bei. Dennoch steht fest, daß Russell und Tawney zu der Bewegung gehörten, die in der Arbeiterpartei das Instrument zur Durchführung der Ziele des radikalen Liberalismus sah und der diese so viel zu verdanken hat.

Wer beide Autoren kennt, wird dem heftig widersprechen wollen – und mit Recht. Ich habe absichtlich alles ausgelassen, was die beiden tatsächlich trennt und was Russell schließlich in weit höherem Grade zu einem Liberalen als zu einem Sozialisten und Tawney zu einem sehr viel entschiedeneren Sozialisten als Russell macht. Russells Individualismus und sein Interesse an den irrationalen Elementen im menschlichen Leben macht ihn zu einem elitären Denker nicht in Hinsicht auf Menschen, sondern auf ihre Lebenspraxis. Nichts käme der Entdeckung einer wichtigen abstrakten Wahrheit gleich: 1914 verfaßte Russell eine Schrift über die Ethik des Krieges, in der er dem Menschen ein allgemeines Recht auf Selbstverteidigung bestreitet. Dieses Recht würde die Tötung eines Straßenräubers, der uns mit vorgehaltener Pistole bedroht, rechtfertigen. Allerdings fährt Russell fort zu behaupten, daß jemand, der zum Beispiel gerade einen hochbedeutsamen mathematischen Lehrsatz entdeckt habe, ohne jeden Zweifel um der Erhaltung des Theorems willen den Angreifer töten dürfe.

Es ist unvorstellbar, daß Tawney diesen Gedanken jemals hättc nachvollziehen können. Nach seiner Auffassung von einer menschenwürdigen Gesellschaft kann dort jedermann jeden auffordern, sich zum Teufel zu scheren, doch verspürt niemand Lust dazu. *The Acquisitive Society* und die berühmtere Schrift *Equality* gehen von der Annahme aus, daß der fleißige, anständige Durchschnittsengländer vor Gottes Antlitz genauso wichtig ist und für die Gesellschaft sein sollte wie der mit ekstatischer Hingabe nach Erkenntnis strebende Mathematiker – ganz zu schweigen von dem müßigen Grundbesitzer. Das Sinnlosigkeitsgefühl des einsamen Intellektuellen, das Russell so zu schaffen machte, war Tawney fremd, und es drängte ihn auch nicht, immer wieder einmal einer gleichgearteten Seele sein Inneres zu offenbaren. Er glaubte eher, daß die meisten Menschen glücklicher und zufriedener sein würden, wenn sie das – berechtigte – Empfinden hätten, eine gesellschaftlich nützliche Tätigkeit auszuüben. So hat zum Beispiel bei der Erörterung des Erziehungswesens Russell stets die Auslese der Intelligentesten und Besten im Auge, während Tawney immer auf den absurden Talentverlust abhebt, den ein nichtegalitäres Bildungswesen mit sich bringe, und nach Möglichkeiten zur Förderung eines gutnachbarlichen Verhaltens und brüderlicher Gefühle durch ein einheitliches Schulsystem Ausschau hält. Auch hatte Russell keinerlei Verbindung zum britischen Volkhochschulverband, in dem Tawney so lange aktiv war, und keine Vorstellung von der Art und Weise, wie der einfache Mann in komplizierte Sachverhalte ein Maß an gesundem Verstand und Gewitztheit einbringen könnte, das Intellektuellen unter Umständen völlig abgehen dürfte.

Nach meiner Auffassung wirkt Tawney als Charakter sympathischer, doch könnten Skeptiker entgegnen, daß Tawney nur deshalb an den gesunden Menschenverstand des einfachen Mannes glauben konnte, weil er niemals nach einer befriedigenden Erklärung dafür suchte, wie „normale Menschen" im zwanzigsten Jahrhundert dazu kamen, Konzentrationslager zu leiten und Sprengbomben sowie bereits zweimal Atombomben auf ihre Mitmenschen abzuwerfen. Die Rechtschaffenheit der Denkweise Tawneys und sein Vertrauen auf die altgewohnte Höflichkeit und Geduld des Engländers sind sehr nett und haben sich bisher als durchaus vernünftige Anleitungen zum Handeln erwiesen. Aber reichen sie für unsere vielfältigen Ängste und Sorgen aus?

Möglicherweise ist das Gefühl, daß die politische Theorie zwischen übertriebenem Wehklagen über die Schrecken des zwanzigsten Jahrhunderts auf der einen Seite und vernünftigem Reformismus auf der anderen Seite irgendwie „festsitze", einer der Faktoren, denen die bis vor kurzer Zeit an den englischen und amerikanischen Universitäten herrschende Sterilität der politischen Theorie zuzuschreiben ist. Der in Daniel Bells berühmtem Aufsatz über das Ende der Ideologien (*The End of Ideology,* 1954) vorgebrachte Gedanke schien die allgemeine Meinung auf eine einfache Formel zu bringen. Der Marxismus war einfach unglaubhaft, und man konnte sich nur schwer Gewerkschaften und politische Parteien vorstellen, die mit ehrlicher Überzeugung den Inseln der Seligen oder den „Elysäischen Feldern" zustrebten. Es blieb offenbar nur noch die Verwaltung der Wohlstandsgesellschaft übrig, wo sie existierte, und das Bestreben ihr nachzueifern, wo es sie nicht gab. Politische Theoretiker brauchte eine solche Welt kaum; Gesellschaftswissenschaftler waren möglicherweise von einigem Nutzen – sie konnten Ratschläge zur Erhaltung der Vollbeschäftigung, zur vorbeugenden Verbrechensbekämpfung usw. geben –, doch benötigte man nicht politische Theoretiker, gab es doch im Grunde keine ernsthaften politischen Meinungsverschiedenheiten mehr. –

Es ist schwer zu sagen, was der in dem Bellschen Aufsatz beschriebenen Situation ein Ende bereitete: die Verschärfung des Negerproblems in den Vereinigen Staaten, der Vietnamkrieg, zunehmendes Unbehagen über das nukleare Patt – all dies spielte eine Rolle. Wie dem auch sei: Während der marxistische Utopismus von *Herbert Marcuse* wiedererweckt und von Studenten mit dem Ruf *„Die Phantasie an die Macht!"* auf die Straßen von Paris getragen wurde, unternahm John Rawls, Professor für Philosophie an der Universität Harvard, den jüngsten Versuch zur Wiederherstellung der Bollwerke des Liberalismus gegen blinde Reaktion und wilden Utopismus.

Rawls hatte seit der Mitte der 1950er Jahre tiefgreifende Untersuchungen über die Grundprinzipien des Liberalismus angestellt und veröffentlichte 1971 *A Theory of Justice* (deutsche Übersetzung unter den Titel *Eine Theorie der Gerechtigkeit,* 1975). Anders als die meisten philosophischen Neuerscheinungen kam seine Monographie nicht tot aus der Presse, sondern wurde für fast jeden amerikanischen Intellektuellen zur Pflichtlektüre. Diese Theorie setzte sich zum Ziel die Grundprinzipien darzulegen, die jeder denkfähige Mensch zu akzeptieren genötigt sein würde, wenn er die Grundlagen für eine Gesellschaft auszuarbeiten hätte, in der er würde leben und irgendeine Stellung von ganz oben bis ganz unten bekleiden müssen. Rawls argumentiert, daß wir angesichts eines solchen Gedankenexperiments zwei Grundsätze institutionalisieren würden.

Der erste lautet, daß jeder das Maß an Freiheit genießen soll, das mit dem gleichen Freiheitsraum für alle anderen vereinbar ist. Der zweite legt fest, daß Gewinne aus gesellschaftlicher Zusammenarbeit in einer Weise zu verteilen sind, daß der am schlechtesten Bezahlte dabei möglichst gut wegkommt. – Der intuitive Gedanke, der diesem zweiten Prinzip zugrunde liegt, ist denkbar einfach: Angenommen, du weißt, daß, wenn man Menschen materielle Anreize bietet ihre Talente auf verschiedene Arten zu entwickeln, diese dann eines Tages besser dastehen werden als du. Du solltest dann feststellen, welche ihnen gebotenen Anreize dir die bestmögliche Bezahlung sichern. Wenn mein Einkommen zwanzigtausend Pfund beträgt, weil deine Verwaltungstätigkeit mit vierzigtausend Pfund honoriert wird, während, wenn du nur zwanzigtausend Pfund bekommst, ich nur zehntausend Pfund erhalte, dann sollte ich dafür eintreten, daß man dir vierzigtausend Pfund zugesteht. – Überdies ist die Reihenfolge dieser beiden Prinzipien festgelegt: Das *erste* hat vor dem *zweiten* den absoluten Vorrang – kein vernünftiger Mensch würde seine Freiheit aufs Spiel setzen, nur um in Wohlstand leben zu können.

An keinen von uns ist jemals die Aufforderung ergangen, die Grundsätze zu formulieren, nach denen die Gesellschaft, in der wir leben, regiert werden sollte, und fast alle haben wir eine ziemlich klare Vorstellung von der uns zukommenden sozialen Stellung. Dies ist jedoch der Punkt, auf den Rawls setzt. Unser Wissen um unsere eigenen Talente und Neigungen und unser Wissen um unsere wahrscheinliche Stellung im Leben wirken der sozialen Gerechtigkeit entgegen. Wir machen uns entweder des *einfachen Egoismus'* schuldig, indem wir gerade soviel wie möglich als Preis für die Zusammenarbeit mit unseren Mitmenschen zu erzielen suchen, oder aber eines *komplizierten und selbstbetrügerischen Egoismus'*, indem uns unsere soziale Stellung über unseren wahren Wert täuscht. – Lehrer sind überzeugt, daß die Allgemeinheit ihre Arbeit in grotesker Weise unterschätzt, Ärzte, daß sie alle völlig überarbeitet sind usw. – Beim Nachdenken über diese jedermann vertrauten Tatsachen erkennen wir, daß eine Möglichkeit, Klarheit über das Wesen einer gerechten Gesellschaft zu gewinnen, darin besteht, daß wir uns fragen, welchen Regeln wir alle zuzustimmen vermöchten, falls uns die Kenntnis fehlte, die uns entweder zu Selbstsucht verleitet oder irrige Vorstellungen von Gerechtigkeit in uns erweckt.

Der Gedanke ist der, daß wir in diesem Zustand der Unwissenheit darüber nachdenken würden, was mit uns geschehen könnte, falls wir uns auf der untersten Ebene der gesellschaftlichen Hierarchie befänden, und daß das einzige Vernünftige dann wäre, Regeln zu statuieren, die den Menschen der untersten Rangstufe ein möglichst gutes Auskommen sicherten. Was die bürgerlichen Freiheiten betrifft, das Recht auf ein unparteiisches Verfahren und andere Grundrechte, so meint das Grunderfordernis, daß andere uns nicht als Mittel zum Zweck benutzen sollten, nicht mehr, als daß wir so frei wie möglich sein möchten und es ebensowenig ertragen können, in der Gewalt anderer zu sein, wie diese sich unserer Gewalt unterwerfen würden. Im Kern sind Gerechtigkeit und die liberalen Grundrechte in sozialen Institutionen verankerte Widerspiegelungen des Wunsches, in den Genuß der Wohltaten der gesellschaftlichen Zusammenarbeit zu kommen, doch mit einer Vorsicht, die unser Wissen um die begrenzte Selbstlosigkeit der Menschen und ihre Neigung zur Ichbezogenheit spiegelt.

Rawls betont, daß all dies nichts darüber aussage, ob dem Sozialismus oder der sozialen Marktwirtschaft der Vorzug zu geben sei. Ein „natürliches Recht" auf Privateigentum existiert ebensowenig wie ein natürliches, vorrangiges Eigentumsrecht an unseren Talenten oder Fähigkeiten. Es gibt nur diejenigen Rechte, auf die rational denkende Vertragspartner ihr Gesellschaftssystem gründen würden. Trotzdem setzt die Theorie, um nicht in Widerspruch zu den Forderungen der Gerechtigkeit zu geraten, der Durchführung einer sozialistischen Gesellschaftsordnung enge Grenzen.

Zum Beispiel würden das Elternrecht und das Prinzip der freien Berufswahl, die zu unseren Grundfreiheiten gehören, jeden Gedanken an die Schaffung einer Kommandowirtschaft nach sowjetischem Vorbild von vornherein ausschließen, es sei denn als Notstandsmaßnahme in Kriegs- oder Bürgerkriegszeiten, wenn das gesamte Grundrechtssystem in Gefahr ist. Es scheint ohne Zweifel leichter, die Theorie unter so etwas wie „wohlfahrtsstaatlich-kapitalistische Bedingungen“ in die Praxis umzusetzen. Es sind dies jedoch, falls überhaupt kapitalistische, ganz sicherlich wohlfahrtsstaatliche Bedingungen; die am schlechtesten Gestellten haben Anspruch darauf, so gut wie möglich gestellt zu werden – sie sollen nicht auf die Gutwilligkeit oder Mildtätigkeit der Wohlhabenden angewiesen sein. Oder anders ausgedrückt: Die besser Gestellten haben nur auf solche Vorteile Anspruch, die auch ihren weniger gut gestellten Mitmenschen zugute kommen. Und Rawls' Theorie ist ohne jeden Zweifel eine radikal-liberale. Betrachten wir beispielsweise die Theorie des zivilen Ungehorsams, zu der Rawls sich bekennt. Während Russell seine Kampagnen für zivilen Ungehorsam mit der allgemeinen Begründung rechtfertigte, daß man nichts unversucht lassen dürfe, was den Absturz in den atomaren Holocaust verhindern könnte, will Rawls den zivilen Ungehorsam in die Tagespolitik einbringen. Treuepflicht gegenüber dem Staat besteht nur, wenn dieser ein gerechter Staat ist.

Wenn der Staat im allgemeinen Gerechtigkeit übt, werden wir von anderen Gehorsam ihm gegenüber nur erwarten, weil ihnen die allgemeine staatliche Gerechtigkeit bewußt ist. Weicht er vom Wege der Gerechtigkeit ab, so sollten wir ihm unter allen Umständen den Gehorsam aufkünden, um auf seine Mängel aufmerksam zu machen und eine Überprüfung durch diejenigen zu fordern, die die fragwürdigen Entscheidungen getroffen haben. Rawls würde beispielsweise so argumentieren, daß, wer gegen den Vietnamkrieg protestiert und sich geweigert hatte, den Staat bei der Einberufung junger Männer zum Einsatz in einer ungerechten Sache zu unterstützen, nicht einer Revolution Vorschub geleistet habe, sondern zu erkennen gegeben habe, daß er um das allgemeine Wohl besorgt gewesen sei.

Im Blick auf meine eingangs erhobene Forderung, eine moderne liberale Theorie müsse sich einerseits mit den marxistischen Angriffen auf den Liberalismus und andererseits mit den irrationalen Begründungen politischer Triebkräfte auseinandersetzen, erscheint Rawls' Theorie sowohl altmodischer als die Theorien Russells und Tawneys, dafür aber auch in mancher Weise erfolgreicher. Sie ist insofern altmodischer, als sie einfach davon ausgeht, daß, wenn wir nur scharf über unsere ethischen Pflichten nachdenken und uns bemühen sie zu erfüllen, wir im großen und ganzen auch richtig handeln werden. Rawls bietet interessante Ausführungen über politische Psychologie. Die Art und Weise, wie eine egalitäre Gesellschaft Brüderlichkeit und Toleranz erzeugen wird, geht indessen im Gegensatz zu Freud, Sorel oder Marcuse die Zweifel über unsere Beweggründe nicht zielstrebig an. Auf der anderen Seite ist seine Theorie zum Unterschied von der Russells weniger dem Einwand ausgesetzt, es handele sich bei ihr lediglich um die Ergüsse eines romantischen Individualismus, und zum Unterschied von der Tawneys weniger dem Vorwurf ausgesetzt, sie sei provinziell und hebe zu sehr auf die Traditionen einer einzelnen Gesellschaft ab. Und verglichen mit beiden Theorien verliert sie eine hochwichtige Aufgabe nicht aus den Augen: die Entlastung des Liberalismus von dem Vorwurf, seine Auffassung von Gerechtigkeit und seine Begriffe von den Menschenrechten seien nichts weiter als ein Schutzschirm für die kapitalistische Wirtschaftstätigkeit.

Diese sozialistischen Theorien liberaler oder reformerischer Denker verfügen weder einzeln noch in ihrer Gesamtheit über die erregende Spannung, die beispielsweise den Utopismus Marcuses oder den sehnsüchtigen Republikanismus Hannah Arendts auszeichnet. Sie zeigen vielleicht weniger Gemütstiefe als einige konservative Theorien – sei es der besonnene, an Hegel anknüpfende Konservatismus eines Engländers wie *Michael Oakeshott* oder der „Blut-und-Boden"-Konservatismus eines Franzosen wie *Charles Maurras*. Soweit die Politik jedoch überhaupt ernsthaften Überlegungen zugänglich ist und sich nicht in der Erzeugung von Hochstimmung, Weltschmerz und Verzweiflung erschöpft, vollzieht sich das Nachdenken im allgemeinen in diesem mittleren Bereich. Dort braucht sich das zwanzigste Jahrhundert der Russell, Tawney und Rawls keineswegs zu schämen.

Liam O'Sullivan

Das Zeitalter der Moderne II – Kritiker der Gegenwart: Herbert Marcuse und Hannah Arendt

Herbert Marcuse wurde 1898 in Berlin geboren, studierte an den Universitäten Berlin und Freiburg Philosophie und arbeitete an dem von Max Horkheimer geleiteten Institut für Sozialforschung, dem er nach seiner Emigration in die Vereinigten Staaten (1938) zugehörig blieb. Im Zweiten Weltkrieg war er Sektionschef im US-Außenministerium. Nach langjähriger Forschungstätigkeit an bedeutenden amerikanischen Universitäten wurde er Professor für Politikwissenschaft an der University of California. Sein Name ist untrennbar mit dem Aktionismus und Verbalismus verknüpft, der die politischen Unruhen der späten 1960er Jahre, die Studentenrevolte, die neue Linke und die „Politik der Phantasie" kennzeichnete. Er starb 1980.

Hannah Arendt wurde 1906 in Hannover geboren und studierte bei Heidegger, Jaspers und Husserl Philosophie. Nach ihrer Flucht aus Deutschland lebte sie zunächst in Frankreich und emigrierte 1941 in die Vereinigten Staaten. Während dieser Zeit war sie als Mitarbeiterin verschiedener jüdischer Organisationen politisch aktiv. Nach mehrjähriger Tätigkeit als Verlagslektorin lehrte sie an bedeutenden amerikanischen Universitäten Politikwissenschaft und machte sich durch Essays, polemische Schriften wie auch durch zeitüberdauernde politikwissenschaftliche und philosophische Werke einen Namen. Seit ihrem Tod im Jahre 1975 ist ihr Ansehen als überragende Denkerin und stark ausgeprägte Persönlichkeit stetig gewachsen.

Die Auffassung, daß in unserem Jahrhundert Weltkatastrophen und lähmende Erkenntnisse in Hinsicht auf die Natur des menschlichen Geistes selbst das Entstehen großangelegter staatstheoretischer Entwürfe verhindert hätten, ist eine anglo-amerikanische Idee, ein mittelatlantischer – man könnte fast sagen „NATO-spezifischer" Gedanke. In der Epoche des KZ, der Atombombe und des Bürokraten schien es, daß das Schreiben und Lehren – mit Engagement und dem Anspruch auf Beachtung – über die Condition humaine, „die menschliche Bedingtheit im Ganzen" (H. Arendt), oder über Politik, sich eher als ein Teil des Menschheitsproblems darstelle denn einen Beitrag zu möglichen Lösungen leiste. Eine Zeitlang schienen die Weltprobleme des zwanzigsten Jahrhunderts der Staatsphilosophie die Sprache verschlagen zu haben. Dies galt insbesondere für Großbritannien und die Vereinigten Staaten, wo eine gewisse Distanz von den zentralen Geschehnissen und ideologischen Kämpfen der Auffassung Vorschub geleistet hatte, daß Ausschwitz und der Archipel Gulag, Freud und Marx den Beweis für die Lügenhaftigkeit politischer Verheißungen lieferten. Oftmals sind es dann Emigranten, Vertriebene und heimatlose Intellektuelle gewesen, die sich am unmittelbarsten von diesen Katastrophen und Konflikten betroffen gefühlt und durch ihre Versuche, sie begreifbar zu machen, neue Wege zur Ortsbestimmung der Gegenwart gewiesen haben.

Zu ihnen zählen *Herbert Marcuse* und *Hannah Arendt.* Beide haben manches miteinander gemein, doch trennt sie auch vieles. Beide wurden in Deutschland geboren, studierten dort, kamen als Emigranten in die Vereinigten Staaten und wurden erst nach einer langen Zeit relativer Unabhängigkeit in mittleren Jahren Universitätslehrer. Beide erlangten im reifen Alter eine gewisse Berühmtheit und zogen die Aufmerksamkeit der Öffentlichkeit auf sich, waren freilich auch umstritten. Beide waren durch die Gegnerschaft zum Nationalsozialismus und den Aufstieg totalitärer Herrschaftsformen geprägt und beschäftigten sich vorrangig mit

Problemen der Massenzivilisation. Marcuse und Arendt sind insofern vergleichbar, als sie beide durch die geistige Tradition Europas geprägt worden sind, sich mit entscheidenden Fragen auseinandersetzen und die Krisen der Zeit tiefgreifend und umfassend erörtern. In ihrer weltanschaulichen Einstellung, ihrer Diagnose der politischen Zustände der Gegenwart und ihrer Haltung zu möglichen Lösungen für die Misere der Moderne stehen sie einander diametral gegenüber.

Es erregte einiges Erstaunen, als die Losung „Marx, Mao, Marcuse!“ einen Autor in den Vordergrund rückte, der als Hegelforscher, kritischer Analytiker Sowjetrußlands sowie mit sorgfältig ausgearbeiteten Untersuchungen über Psychoanalyse und Kulturkritik hervorgetreten war. Bis zu seinem Tod im Jahre 1980 blieb Marcuses Name gleichbedeutend mit politischem Radikalismus.

Ein gemeinsamer Zug aller radikalen Auffassungen von Politik von den ältesten Zeiten bis heute ist der, daß sie dem politischen Leben, wie es ist, eine Vision menschlicher Möglichkeiten entgegensetzen, die vielleicht unter den jeweiligen Verhältnissen sichtbar geworden sind, der allgemeinen Erfahrung indessen zutiefst widerstreiten. Man stellt sich ein „Goldenes Zeitalter“ vor, eine in jeder Beziehung humane Welt, bunt und üppig, in der sich alle bisher vernachlässigten Lebensmöglichkeiten verwirklichen lassen. Solch ein Radikaler ist immer voller Empörung über die Kluft zwischen dem, was ist, und dem, was sein sollte, zwischen der Misere, Vergeudung, Unwahrhaftigkeit und den tödlichen Gefahren der Gegenwart und der Freude, Fülle, Bedeutsamkeit und Sicherheit einer möglichen Zukunft. Begreift der Konservative die Gegenwart, die er eher zu schätzen pflegt, mit Blickrichtung auf eine Vergangenheit, deren Errungenschaften es für künftige Generationen zu bewahren gilt, so neigt der Radikale dazu, sie als eine Zeit der Spannungen und Schwierigkeiten zu betrachten, die eine neue Bewegung hervorzubringen oder deren Entstehen abzuwürgen vermögen, während ihm die Vergangenheit als ein Beweis für Möglichkeiten wie auch als eine Kette von Niederlagen erscheint. Der Konservative und der Radikale haben ein unterschiedliches Verhältnis zur Dimension der Zeit, eine unterschiedliche Auffassung vom Charakter der Geschichte.

Marcuse vertritt einen zweiflerischen Radikalismus: Obschon nicht gänzlich hoffnungslos, schätzt er die Möglichkeiten, seine Ziele zu verwirklichen, doch eher negativ ein. Seine Einstellung zur Gegenwart ist durch Empörung, Trostlosigkeit und Pessimismus gekennzeichnet, seine Sehnsucht nach einem zukünftigen „Goldenen Zeitalter" durch nachdrückliche Hervorhebung der Mächte und Hindernisse, die sich seiner Verwirklichung entgegenstellen. Die Vorgänge in der modernen Welt resultieren nach Marcuses Auffassung ganz überwiegend aus einer Machtkonzentration zugunsten von Strukturen, die das Leben abstumpfen und mißbrauchen und positive menschliche Energien verkümmern lassen, um sie zur Abstützung ihrer Herrschaft auszubeuten. Die heutige industrielle Zivilisation mit ihren „Kriegsführungsstaaten", ihrem Konsumzwang, ihrer Umweltzerstörung, ihrer zunehmenden Gewalttätigkeit und ihrem Zynismus, der Banalität und Leere ihrer Kultur und ihrer *Massenbewußtseinsverwaltung* ist ständig und in wachsendem Maße von Katastrophen, dem Wiederaufleben des Faschismus und totalitärer Abgeschlossenheit bedroht.

Für Marcuse ist das Emporkommen des Totalitarismus im zwanzigsten Jahrhundert kein Zeitphänomen von allgemeinem Charakter. Es gilt, zwischen den großen Diktaturen, zwischen Nationalsozialismus und Stalinismus, zu unterscheiden. Der Nationalsozialismus ist eine Geschwulst, eine Art Tumor des Monopolkapitalismus, eine Barbarei, hervorgebracht von einem Kapitalismus, der mit seinem Latein am Ende ist. Die Sowjetmacht ist eine Art Tyrannei, die Beherrschung von Völkern durch unangreifbare Eliten, eine Art Perversion des Marxismus, die zum Teil durch einen weltumspannenden Kampf mit den kapitalistischen Mächten bedingt ist. Beide stellen eine Zerschlagung der traditionellen

Hoffnungen der Linken auf eine Revolution mit Hilfe einer politisierten Arbeiterklasse dar.

Von diesen Thesen ausgehend legt Marcuse eine Kritik der modernen Zivilisation vor, auf die sich sein Ruf in erster Linie gründet, und zwar vor allem in den beiden polemischen und spekulativen Schriften *Eros and Civilization* (1953; dt. u. d. T. *Eros und Kultur,* 1957; *Triebstruktur und Gesellschaft,* 1965) und *One-Dimensional Man* (1964; dt. u. d. T. *Der eindimensionale Mensch,* 1970), die, zunächst eine Art „Geheimtip", in den späten 1960er Jahren zu – möglicherweise größtenteils ungeprüften – Befreiungsemblemen wurden.

Eros und Kultur ist eine sehr ambitiöse Untersuchung, die die Befreiungsverheißung anhand einer Prüfung der Theorien und Umstände zu retten versucht, die am stärksten darauf schließen lassen, daß sie eine Unmöglichkeit und Illusion ist. Ziel des Werkes ist zum Teil eine Auseinandersetzung mit der Diagnose Sigmund Freuds (dessen Thesen und Einsichten im allgemeinen für die Politikwissenschaft ein Stein des Anstoßes sind), daß der Fortschritt der Zivilisation notwendigerweise mit allgemeiner Verdrossenheit erkauft wird und zwangsläufig Unzufriedenheit im Gefolge haben muß. Der Titel der Schrift knüpft an den von Freuds Aufsatz *Das Unbehagen in der Kultur* an, in dem dieser einen (umstrittenen) Destruktions- oder Todestrieb postuliert, dessen Auslösung diejenigen herbeiführen, die die Übel der Gesellschaft durch revolutionären Übereifer zu heilen suchen.

Nach Freuds Auffassung sind die Hoffnungen auf ein „Goldenes Zeitalter" illusorisch und stellen den Versuch dar, die unterdrückten Energien und Verlangen auszuleben, die geheimen Wünsche zu befriedigen, die dem gesellschaftlichen Brauchtum so zuwider sind, es zersetzen und den Individuen bei der Erfüllung der Aufgaben, die ihnen das Leben zuweist, verhältnismäßig unbewußt bleiben. Unbewußte Bedürfnisse und Wünsche können in dem Maße, in dem sie unterdrückt und verdrängt werden, zur Leidensquelle werden und zu neurotischen Fehlhaltungen in Gestalt von Perversionen und Regressionen führen. Durch Psychoanalyse vermag das reife Individuum genügend Selbstbeherrschung zu gewinnen, um die ihm sichtbar gewordenen Triebe zu unterdrücken und diese Energien durch Arbeit und Sublimierung notwendigen und anspruchsvollen Aufgaben dienstbar zu machen. „Befreiung“ ist allerdings eine Möglichkeit, die Freud mit äußerster Vorsicht und Nüchternheit betrachtet.

Denjenigen, die (wie Marcuse) der Grundkonzeption des späteren Freud zustimmen, müssen die Hoffnungen der Radikalen unerfüllbar erscheinen. Ebendies ist u.a. der Grund dafür, daß die von so verschiedenartigen Denkern wie *Erich Fromm* und *Wilhelm Reich* unternommenen Versuche zur Politisierung der Psychoanalyse von einer Revision oder Aushöhlung der Grundthesen der Psychoanalyse ausgegangen sind. Marcuse versucht auf dem Boden des orthodoxen Freudianismus zu bleiben und trotzdem an einer radikalen Zukunftsvision festzuhalten. Zu diesem Zweck will er dartun, daß die Zivilisation selbst pathogen, daß Fortschritt eine Form von Barbarei geworden ist. In diesem Sinne ist die moderne Welt mit den Schäden, die sie den Menschen zufügt, und ihren unheimlichen Gefahren Ausdruck einer exzessiven Vorherrschaft der Gesellschaft über die menschlichen Bedürfnisse, wenn ihre gewaltige und in Wirklichkeit großenteils überflüssige Güteranhäufung auch materiellen Überfluß ermöglicht. Die leidende Menschheit sollte endlich die Möglichkeit erhalten sich zu entspannen und sich der längst überfälligen, vielseitigen Freisetzung und Entfaltung ihrer Triebenergien zu widmen. Marcuse kombiniert einen Gedanken von Marx mit der Konzeption Freuds, wenn er behauptet, daß die Industriegesellschaft einen unnötigen Preis, eine „zusätzliche Unterdrückung“ individueller Neigungen erzwinge, indem sie den Lebensprozeß der Individuen auf die Anhäufung materieller Entgelte von zweifelhaftem oder schädlichem Charakter lenke. Die Überflußgesellschaft bietet den einzelnen nach seiner Auffassung keine lohnenden Lebensaufgaben mehr, und die „Wirklichkeit“, mit der wir uns auseinanderzusetzen gezwungen sind, wird von beherrschenden Mächten organisiert und kontrolliert, die ihren fortschrittlichen Charakter eingebüßt haben. Der vorwärtsdrängende Moloch Kapitalismus ist übers Ziel hinausgeschossen und überwiegend zum Zerstörer menschlicher Möglichkeiten wie der Natur geworden.

In Marcuses Variante der Psychoanalyse ist die Befreiung des Eros (des Lebenstriebes) sowohl möglich als auch notwendig. Sie ist indessen nur erreichbar, wenn eine höhere Kultur ins Dasein tritt als jene, die Freud sich anscheinend vorzustellen vermochte. Marcuse zufolge haben die Forderungen der Arbeitswelt und die Gebote einer historisch gewordenen Gesellschaft im Zuge der Beschleunigung der Warenproduktion das Leben der Menschen derart geformt, daß harte Arbeit und Triebverzicht, das sogenannte „Leistungsprinzip“, zum Lebensprinzip geworden sind; eine eingewurzelte Disziplin und angeborene Strebungen, die sich unter den oben beschriebenen Umständen überlebt haben. Man kann sie indessen nicht einfach abschaffen; denn das wäre gleichbedeutend mit der Beseitigung der Errungenschaften der Kultur, der Zerstörung der Menschenwelt als solcher. Befreiung ohne Ersetzung des Leistungsprinzips durch eine andere, dem Menschen angemessenere Lebensgrundlage würde einen Rückfall in den Naturzustand zur Folge haben.

Wo bietet sich uns eine alternative Lebensgrundlage außerhalb einer technisierten industriellen Wirklichkeit, die sich überlebt hat? Wie kann Freiheit sich auf humane Weise, sinnvoll entfalten? Marcuse glaubt, daß die Welt der künstlerischen Kreativität und Leistung, die ästhetische Dimension, Hinweise auf solch eine neue Richtung birgt. In der Kunst erkennen wir die Möglichkeit zur Fundierung eines Lebens, in dem „Ordnung Schönheit und Arbeit Spiel ist“. Eine neue Bewußtseinsform kann sich herausbilden, in der das ästhetische Prinzip sozusagen der Allgemeinheit zugänglich wird. Die Tätigkeiten der Menschen werden einen spielerischen Charakter annehmen, so daß die Art von Freiheit, die der Künstler in der bürgerlichen Gesellschaft als für das

Museum schaffende Randfigur und als Bohemien genießt, alle Beziehungen zwischen Mensch und Mensch zu durchdringen vermag. Arbeitsteilung und Entfremdung werden dann der Vergangenheit angehören und Mensch und Natur in Harmonie sein.

Diese Übertragung kalifornischer Freizeitwerte auf die Menschheit als Ganzes ist nicht einfach auf Marcuses eingestandene „romantische Sentimentalität" zurückzuführen. Es ist dies nach seiner Auffassung eine reale Möglichkeit, die auch einen gewissen materiellen Wohlstand bietet. In dem Maße, wie die Arbeit im herkömmlichen Sinne überflüssig wird, können spielerische und künstlerische Werte an die Stelle des Leistungsstrebens treten. Die ästhetische Dimension – die in der Philosophie Kants einen zentralen Platz unter den menschlichen Anlagen erhält und von Schiller zu einem Prinzip der Bildung und der persönlichen Entwicklung erhoben wird – läßt sich derart als zukunftsträchtige Alternative zu den harten Zwängen der Arbeit und des alteingewurzelten Leistungsprinzips auffassen. Der ewige Kampf zwischen den „alten Widersachern" Eros und Thanatos (dem Todestrieb) kann nun zugunsten des Lebens und gegen den Tod ausgehen. Das Utopia, das Marcuse entwirft – mit einer intensiven Rückwendung zu einem lange Zeit unterdrückten Narzißmus, der die Menschen die Welt umklammern und als ihr Eigentum betrachten läßt –, verleiht der Existenz eine angemessene Würde und Bedeutsamkeit und ist tatsächlich „voll und ganz menschlich". Doch gleichgültig, ob diese Vision zutrifft oder nicht, für Marcuse bleibt sie dennoch durch nahezu unüberwindliche Hindernisse von der Wirklichkeit getrennt.

Die moderne Gesellschaft, wie *Der eindimensionale Mensch* sie abschildert, ist nicht bloß aggressiv, ausbeuterisch und einer übermächtigen herrschenden Klasse ausgeliefert, sondern neuerdings auch imstande, die Kräfte, die sich ihr widersetzen könnten, zu absorbieren. Dies gilt nicht allein von dem vermeintlichen Träger der Revolution, der Industriearbeiterschaft, die nach Marcuses Vermutung eine geheime Absprache mit einer kapitalistischen Gesellschaft getroffen hat, die „ihre Bedürfnisse verwaltet". Es gilt von den Ideen, von der Wissenschaft, ja auch von der Kunst. Die Seichtheit und Mittelmäßigkeit des modernen Lebens ist für Marcuse eine Folge dieser Absorption. Die moderne Wirklichkeit ist tyrannisch, weil sie die Macht des „Negativen" leugnet. Allein die bekannten Tatsachen haben Realität. Ideen, Thesen oder Phantasievorstellungen, die sich mit den pragmatischen Bedürfnissen des gegenwärtigen Zustandes nicht in Einklang bringen lassen, werden entweder beiseite geschoben oder erhalten eine positive Funktion im Rahmen der bestehenden Gesellschaft.

Die Künste, die Wissenschaften und die Philosophie werden eingeengt, als Anweisung zur Habgier und zur Weiterentwicklung der Kriegstechnik mißbraucht oder auf uninteressante Themen beschränkt. Und die sich tolerant gebende moderne Gesellschaft bietet eine „repressive Entsublimierung", eine *oberflächliche* Befreiung, die Konflikte entschärft und kritische Energien reduziert. Er konstatiert eine zunehmende Fähigkeit, jedwede Verweigerung, jedwede Infragestellung der vorhandenen Denk- und Ausdrucksmittel zu neutralisieren. Angesichts der Verwaltung des Bewußtseins hat die Phantasie keinen Spielraum mehr, der uns tatsächlich befähigt, zwischen dem, was ist, und dem, was sein sollte, zu unterscheiden. Es ist möglich, in den Aktivitäten von Randgruppen –Studenten, Schwarzen, verschiedenen Minderheiten – und in Befreiungskämpfen der Dritten Welt die Grundlage für eine Weigerung zu erblicken, sich den Forderungen und Denkweisen des Kapitalismus zu fügen. Trotzdem befürchtet Marcuse, daß die bestehende Ordnung durch die Perfektionierung der Kontrolltechniken unangreifbar geworden sei und vielleicht nur durch eine Katastrophe beseitigt werden könne. Die moderne Toleranz biete immer mehr Ventile für Zynismus und Aggressivität. Während die Gesellschaften des Ostens mit Waffengewalt niedergehalten würden, sei der Westen in gewisser Weise in einer noch schlimmeren Lage, so daß die Weigerung sich absorbieren zu lassen, bereits auf der Ebene der Phantasie im Schwinden begriffen sei.

Es ist heute noch nicht möglich ein Urteil über die Bedeutung oder den Wert der Ideale Marcuses abzugeben oder die Alternative, die sie umschließen, angemessen zu würdigen. Er beruft sich in seinen Schriften auf verschiedene rivalisierende Traditionen, die einander eigentlich von Grund auf widerstreiten. Seine Analyse ist ein Kombinationsversuch von Marxismus und Utopismus, von Freudschem Pessimismus und dessen Überwindung und unternimmt es, den Geist der Romantik mit dem der Aufklärung zu vereinigen. Am Ausgang des zweiten Jahrtausends haben seine teils nur verblümt angedeuteten und dunklen, teils klaren und mit Leidenschaft vorgetragenen Thesen einen chiliastischen, apokalyptischen Beiklang. Erscheint bei ihm manches ungerecht, undurchdacht und als schlechter Journalismus, so mutet anderes wiederum gelehrt, wohldurchdacht und vielleicht tiefgründig an. Doch stets waltet, wie er es ausdrückt, „wie am Schluß einer Shakespeare-Tragödie die Hoffnung, daß es künftig anders werden kann“.

Mit den Themen, mit denen Linksradikale wie Herbert Marcuse an die Öffentlichkeit getreten sind, setzt sich auch Hannah Arendt auseinander. Sie konstatiert im Blick auf die Probleme der heutigen Welt faktisch dieselben Symptome, gelangt indessen zu einem ganz anderen Urteil über die Natur des Leidens. Das zentrale Problem der Politik ist für sie der Kampf des Lebens gegen den Tod – nicht wie für Marcuse eines biologisch verstandenen Lebens gegen einen mechanistischen Tod, sondern vielmehr eines menschlichen, sinnvollen Lebens gegen das Zermürbtwerden durch biologischen Verfall, der alles menschliche Streben zur Nutz- und Sinnlosigkeit zu verdammen scheint.

Ein zentraler Gedanke, der alle ihre Schriften durchdringt, ist für Arendt das wunderbare Gefühl der Neuheit, der Zukunftsmöglichkeiten, das die Geburt eines Kindes in uns erweckt. Das herausragendste Ereignis überhaupt, das der „Natalität“, des Neubeginns, der unvorhersagbaren

Möglichkeiten, die das einzigartige und unersetzliche Individuum am Anfang seines Lebens in sich birgt, beherrschte ihr Denken seit ihren ersten Studien (Dissertation über Augustinus). Die Verwirklichung der Freiheitsverheißung, die Entfaltung unseres Menschentums in einem tätigen Leben, ist der Weg, auf dem der einzelne – der, wie die Griechen betonten, „nur einen Tag lang lebt" – Unsterblichkeit zu gewinnen vermag. Die Politik bekommt existentielle Bedeutung, insofern für Arendt im öffentlichen Leben Freiheit Wirklichkeit zu werden vermag. Die Dunkelheit unserer Zeit resultiert daraus, daß uns die Räume, in denen unser Menschentum ins Dasein treten könnte, verschlossen sind und die Bedingungen der Freiheit nicht mehr begriffen werden.

Ihr Argumentationsgang ist vielschichtig, aber in sich stimmig. Wie für so viele der abendländischen Tradition verpflichtete politische Denker ist auch für Hannah Arendt die antike Welt und insbesondere die griechische Polis ein ständiger Bezugspunkt. In der Polis mit ihrem hochentwickelten öffentlichen Leben waren nach ihrer Ansicht die Voraussetzungen gegeben, die Bürgerversammlungen mit Debatten über gemeinsame Angelegenheiten ermöglichten. Durch den Austausch ungewöhnlicher Gesichtspunkte über Gegenstände von allgemeinem Interesse bilden sich Meinungen heraus und entsteht Individualität. Die Menschen werden sowohl vereinigt als auch voneinander getrennt. Politik, Beratung und das öffentlich vor anderen in Erscheinungstreten in dem Bestreben, sich eher auszuzeichnen als zu dominieren, gelten ihr als wesentliche Bestandteile eines tätigen Lebens. Durch offenes Miteinander-Reden im öffentlichen Raum kommt das Handeln (welches das Sprechen einschließt) zur Blüte. Nach griechischer Auffassung, so Hannah Arendt, erlangt das menschliche Leben Bedeutung durch unsterbliche Worte und Taten, durch von anderen im Gespräch unaufhörlich gefeierte zeitüberdauernde Handlungen.

Wie wirkt sich alles dies auf unser Gegenwartsverständnis aus? Im Hauptwerk ihrer mittleren Schaffensphase, *The Human Condition* (1958, dt. u.d. T. *Vita activa oder Vom tätigen*

Leben, 1967), baut Hannah Arendt ihren zentralen Gedanken zu einer Theorie der menschlichen Natur aus. In der Suche nach Sinn und Bedeutung im Raum des Handelns sieht sie einen hervorstechenden Wesenszug der Menschheit. Wir sind von Natur aus erdgebundene, zum Arbeiten bestimmte Wesen, zwecks Befriedigung unserer biologischen Bedürfnisse. Die Arbeit ist ihrem ganzen Wesen nach biologisch. Die Menschen sind hier an die Aufeinanderfolge der Jahreszeiten gebunden; sie kämpfen um ihr Überleben als „Tiergattung", um dann – Stoffwechselvorgängen unterworfen – unbemerkt wieder von der Erde zu verschwinden. Die Verherrlichung dieser Tätigkeiten, die Auffassung vom Menschen als einem *animal laborans,* weist uns der Welt der Natur und der Namenlosigkeit zu. Sie verschleiert auch den spezifischen Charakter des Arbeitens. Im Unterschied zur Arbeit unseres Körpers verfertigt das Werk unserer Hände Gebrauchs- und „Kunstgegenstände", die sich durch Haltbarkeit auszeichnen.

Das Wesen des Herstellens, wie es der Handwerker betreibt, besteht darin, daß es sowohl die Persönlichkeit zum Ausdruck bringt wie auch uns Werkzeuge, Gerätschaften, Wohnstätten, einen Rahmen für unser Tätigsein, eine „Welt" zur Verfügung stellt. Das Handeln schließlich, das selbstbestimmt und frei ist und durch das sich unser menschlicher Charakter manifestiert, erfordert Lebensumstände, die die Befriedigung unserer körperlichen Bedürfnisse durch Arbeit und die Schaffung des Gefüges unseres gemeinschaftlichen Lebens durch Herstellen gewährleisten. Arendt zieht hier wiederum die antike Unterscheidung heran zwischen der Sphäre des Haushalts, die biologische und wirtschaftliche Tätigkeiten erfordert und uns ein Privatleben ermöglicht, und der Welt der Polis, die uns einen Raum zum Handeln, einen öffentlichen Bereich gibt. Nach Arendt ist es ein Kardinalfehler an eine Befreiung von der Notwendigkeit und von der Arbeit auf politischem Wege zu glauben. Das ist das Ziel von Revolutionären, die ihre Aufgabe verkennen.

Mit der Moderne, so argumentiert sie, sind die drei Bereiche des Arbeitens, des Handelns und des Herstellens zusammengefallen. Das Herstellen ist durch die Massenfabrikation zur bloßen Arbeit geworden, deren Erzeugnisse nicht zum Bewahren, sondern zum Verbrauch bestimmt sind. Die Richtung der Kunst geht immer mehr auf Unterhaltung; sie wird zur *Wegwerfware* und erfüllt, der Ruhe und Erholung dienend, wiederum nur eine biologische Notwendigkeit. Und der politische Bereich hat, so argumentiert sie, seine charakteristische Eigenart dadurch eingebüßt, daß an die Stelle von Beratungen über gemeinsame Zwecke im Raum der Freiheit die zwanghafte Konzentration auf die Verwaltung der Lebensbedürfnisse getreten ist. Die Bürokratie als die Herrschaft des Amtes (oder „niemandes“) wird aufgebläht und das politische Leben konzentriert sich in wachsendem Maße auf wirtschaftliche und soziale Probleme; Expertenstäbe nehmen das Heft in die Hand, und es kommt immer seltener zur Meinungsbildung und einem echten Austausch dezidierter Standpunkte.

Beispiele und Anzeichen von *wirklicher Politik im Arendtschen Sinne* kommen aber immer wieder vor, so in Gestalt der Gemeindeversammlungen, die nach wie vor in den Vereinigten Staaten stattfinden, von Arbeiter- und Soldatenräten – wie sie in revolutionären Situationen besonders in Rußland und Deutschland und erneut in Ungarn 1956 in Erscheinung traten –, der Pariser Kommune und möglicherweise im Zuge der Studentenbewegung der 1960er Jahre. Nach ihrer Auffassung werden dort im Streben nach den in der Massengesellschaft verlorengegangenen Möglichkeiten Spontaneität, Ernsthaftigkeit und Autonomie sichtbar. Das gleiche gelte auch für die Politik der von den normalen Einflußmöglichkeiten ausgeschlossenen Arbeiterbewegung.

In dem Maße, wie der öffentliche Raum in Hannah Arendts spezifischem Sinn schrumpft, wird auch der Bereich des Privaten zunehmend kleiner. Die Gesellschaft (nach ihrer Auffassung eine moderne Entwicklung) dehnt sich aus, um unser aller Leben auszufüllen; die Menschen werden überflüssig, ersetzbar und austauschbar und *das Individuum* wird zu einer Art Fiktion. Große Taten, wie sie, von einmaligen Individuen vollbracht, den Kern der „echten" Geschichte ausmachen, büßen ihren Sinn ein. Der Drang nach Unsterblichkeit wird übertragen auf den gesellschaftlichen Fortschritt, der ein Eigenleben bekommt. Derartige Prozesse werden im Totalitarismus aufs äußerste getrieben, der für sie die spezifisch moderne Herrschaftsform darstellt.

In der politisch-soziologischen Untersuchung *The Origins of Totalitarianism* (1951; dt. u.d. T. *Elemente und Ursprünge totaler Herrschaft,* 1955), durch die sie erstmals bekannt wurde, unternimmt sie es, die Kräfte aufzuzeigen, die die Entstehung des Totalitarismus ermöglichten, und die Bedeutung seiner eigentlichen Absicht, nämlich der Zerstörung der Individualität, darzulegen. Im Rahmen einer sorgfältig ausgearbeiteten Analyse will sie den Nachweis führen, daß der Totalitarismus, Nationalsozialismus und Stalinismus eingeschlossen, eine alptraumhafte Ausweitung weitverbreiteter Zeittendenzen darstellt. Die Massengesellschaft habe die Vorbedingungen für seine Heraufkunft geschaffen. Durch Imperialismus, Kolonialismus und das Wachstum des Nationalismus seien Bewußtseinsformen ins Dasein getreten, in welchen die Menschheit als unbegrenzt gefügig und durch Machtausübung und Willensanstrengung veränderbar erscheint. Sinn und Bedeutsamkeit im Leben könnten durch Hinopferung des einzelnen für die Gesamtheit erreichbar sein.

Die kurzlebige Geschichte totalitärer Staaten – mit ihrer Willkür- und Gewaltherrschaft darauf berechnet, die einzelnen noch weiter voneinander zu trennen und zu einer Masse zu zermahlen, mit ihrer weniger auf Indoktrination als auf Ausschaltung des Denkens abzielenden Propaganda, mit ihrer gigantomanischen Akzentuierung grundstürzender Vorhaben, die zeigen sollen, daß alles möglich ist – ist die Geschichte eines großangelegten Versuchs, die Grundlagen für eigenständiges Handeln zu zerstören. Der Genozid, von Bürokraten im Konzentrationslager administriert, ist nicht einfach als Zeugnis unermeßlicher Grausamkeit und exzessiver Macht aufzufassen noch auch als Werkzeug irgendwelcher Sonderinteressen. Völkermord hat es auf der Erde immer schon gegeben; Grausamkeit und Brutalität erleben wir alle Tage. Schreckensregiment und Genozid beruhen nach ihrer Auffassung nicht auf Willkür, sondern sind darauf berechnet, alle menschlichen Sinnzusammenhänge zu zerstören. In diesem Sinne, so meint sie, ist das Konzentrationslager ein „Experiment" für die totale Herrschaft überhaupt. Es als Form von Machtausübung aufzufassen, wäre verfehlt, denn Macht ist ein politisches Phänomen, das aus dem gemeinschaftlichen Handeln von einzelnen hervorwächst. Es ist vielmehr die direkte Entwicklungslinie einer Massengesellschaft, in welcher die Ideologie Sinn stiftet und in der entwurzelte und isolierte Menschen infolge des Zusammenbruchs der Öffentlichkeit wie der Privatheit totaler Manipulation preisgegeben sind.

Hannah Arendt ist Pessimistin. Die Politik ist nach ihrer Auffassung immer schon ein Kampf zwischen Freiheit und Tyrannei gewesen. Doch die neuen Herrschaftsformen sind insofern viel gefährlicher als die Tyrannei, als sie auf klinisch ausgeklügelte Weise das Fundament menschlichen Handelns selber zu eliminieren suchen. Sie will jedoch eher warnen als prophezeien. Nach ihrer Auffassung vom Zeitalter der Moderne hat der Niedergang des öffentlichen Raums die Möglichkeit eröffnet, die Politik systematisch auf Lügen zu gründen. Die Lüge ist endemisch in totalitären Systemen, die eine fiktive Welt zu schaffen zu suchen, in der alles möglich ist. Hierin unterscheidet sich Arendt grundsätzlich von Marcuse. Für Arendt besteht ein Hauptproblem der Moderne darin, daß die Menschen *allzu geneigt* sind, die Phantasie über die Wirklichkeit zu stellen. „Wirklichkeit" ist selbst ein Produkt des öffentlichen Raums, denn nur dort, wo wir gemeinsam handeln, so daß andere sehen und hören können, was auch wir bezeugen, wird Wahrheit verkündigt. Fehlt es an einem öffentlichen Raum und erhellenden gemeinsamen Erfahrungen, dann kann die Phantasie ungebunden regieren, und ganze Bevölkerungen werden zum Spielball demagogischer Illusionisten. Wirklichkeitssinn und der damit einhergehende gesunde Menschenverstand sind unsere einzigen Waffen gegen die heimtückische Aufzwingung „schöner neuen Welten“.

Es wäre irreführend, Herbert Marcuse und Hannah Arendt einander gegenüberzustellen, wie wenn sie diametral entgegengesetzte Auffassungen verträten – er als Sonderfall eines Radikalen, sie als ungewöhnliche Konservative usw. Beide zeigen doch, daß Offenheit und Sensibilität für bedeutsame Fragen schöpferisches Nachdenken über die Probleme, die wir alle angehen müssen, zu stiften vermögen. Dies eint sie in gewisser Weise.

Joachim Starbatty

Das Zeitalter der Moderne III – Plädoyer für die Marktgesellschaft

Fragt man politische Bannerträger, die für eine marktwirtschaftliche Renaissance stehen, nach den Denkern, die auf ihre Ideen und Handlungen den stärksten Einfluß ausgeübt hätten, so fallen die Namen der Nationalökonomen Friedrich August von *Hayek* und *Joseph Schumpeter* sowie des Philosophen *Karl Popper*. Man mag einwenden, diese Namen würden genannt, weil man sie gerade „trüge". Doch man täusche sich nicht, die Ideen solcher oder anderer Denker prägen stärker, als die im Rampenlicht der Aktion stehenden Politiker vielleicht selbst glauben. Der Nationalökonom John Maynard Keynes, der die Welt der Politik aus seiner Beratungstätigkeit her gut kannte, sagte: „Aber früher oder später sind es Ideen, und nicht erworbene Rechte, von denen die Gefahr kommt, sei es zum Guten oder zum Bösen".

Schumpeter und v. Hayek standen nicht immer so hoch im Kurs. Vor fünfzehn Jahren noch – so sagt v. Hayek von sich selbst – habe man ihn weithin für ein Fossil gehalten, das auf verlorenem Posten seinen letzten Kampf gegen Staatsinterventionismus und Inflationismus kämpfe, und Schumpeters Stern schien neben dem strahlenden Licht der Lehren seines gleichaltrigen Kollegen und Widerparts Keynes zu verlöschen. Heute hat v. Hayek wieder ein großes Auditorium, und gerade junge Menschen hören ihm zu. Auch Schumpeters Stern leuchtet wieder. Von ihm geprägte oder inspirierte Begriffe – *dynamischer Unternehmer, Pioniergewinne, schöpferische Zerstörung, vorstoßender und nachfolgender Wettbewerb* – gehören mittlerweile zum Vokabular ambitionierter Politiker. Popper blieb ein solches Auf und Ab erspart. Er genießt eine gleichbleibend hohe Wertschätzung. Obwohl (oder vielleicht auch weil) er sich als Philosoph mit grundsätzlichen Fragen – etwa mit wissenschaftstheoretischen Problemen – auseinandersetzt, sind seine Erkenntnisse von unerhörter Praxisrelevanz, nicht für den politischen Alltag, wohl aber für ordnungspolitische Weichenstellungen.

Schumpeter, v. Hayek und Popper stammen aus derselben Stadt – Wien –, und ihre Lebensläufe gleichen sich; sie haben ihr Land verlassen oder verlassen müssen; ihre Einstellung zu oder ihre Auseinandersetzung mit Marx und dem auf Marx aufbauenden Sozialismus hat ihr Denken geformt und herausgefordert. Sie haben einander gekannt. Schumpeter schätzte den Gelehrten v. Hayek („dessen Gelehrsamkeit nur von seinem Charme übertroffen wird"); v. Hayek hat Hochachtung vor Schumpeter, wenngleich ihm dessen ordnungspolitische Aussagen über die zukünftige Wirtschafts- und Gesellschaftsordnung nicht gefallen; v. Hayek und Popper sind Freunde.

Daß *Wien* die Heimat dreier Denker ist, die in der Welt unserer Ideen einen besonderen Rang einnehmen, ist kein Zufall. Zählen wir die Namen der berühmten Söhne Wiens aus der damaligen Zeit auf, so war Wien geradezu eine Genieschmiede. Es ist wohl keine Übertreibung, wenn man Wien vor dem Ersten Weltkrieg als geistiges Zentrum Europas ansieht. Wien bündelte die kulturelle Tradition der k. u. k.-Monarchie. Der Vielvölkerstaat der Habsburger – aus der Retrospektive und vor dem Hintergrund anderer Modelle des Zusammenlebens verschiedener Völker in gewisser Weise ein Hort der Toleranz – war offen für die verschiedensten Impulse und machte aus den Bewohnern dieser Stadt gebildete und tolerante Europäer.

Nach dem Ersten Weltkrieg war Wien ein Ort des Umbruchs. Popper schildert in seiner Autobiographie „Ausgangspunkte" die erregenden Debatten um die Gesellschaftsentwürfe eines besseren Morgen, nachdem die alte Ordnung des Habsburgerreiches zerbrochen war. Die richtige Form war noch nicht gefunden, und allenthalben rang und stritt man leidenschaftlich darum.

Joseph Alois Schumpeter erlebte diese Zeit als bereits anerkannter Nationalökonom und teilweise als politisch Verantwortlicher. Geboren am 8. Februar 1883 in Triesch (Mähren) war er nach dem Tode seines Vaters nach Wien übersiedelt. Nach der Heirat seiner Mutter mit einem Feldmarschall der österreichisch-ungarischen Monarchie kam er in den für seine Entwicklung so wichtigen Jahren mit Kultur und Lebensweise der Wiener Aristokratie in enge Berührung und besuchte das vornehmlich den Nachwuchs der Aristokratie ausbildende Theresianum: „Er ist bis zu seinem Lebensende der kultivierte österreichische Gentleman der alten Schule geblieben" (Erich Schneider). Über das juristische Studium kam er, wie für die damals ausgebildeten Ökonomen üblich, zur Wirtschaftswissenschaft. Den stärksten Einfluß haben *Eugen von Böhm-Bawerk* und *Friedrich von Wieser* auf ihn ausgeübt. In v. Böhm-Bawerks Seminaren, die eine magische Anziehungskraft auf die begabtesten Studenten ausübten, kam er mit Emil Lederer, Ludwig von Mises, Felix Somary und den hervorragendsten Vertretern sozialistischen Gedankengutes wie *Otto Bauer* und *Rudolf Hilferding* in Berührung. Oft und gern habe er über die Fruchtbarkeit gerade jener Seminardiskussionen gesprochen, berichtet Schneider, und auch nie verschwiegen, daß hier sein Interesse an den Problemen des Sozialismus geweckt worden sei.

Schumpeter machte durch glänzende Veröffentlichungen bald auf sich aufmerksam, wobei seine frühe schöpferische Entfaltung – als Fünfundzwanzigjähriger – in theoretisch-programmatischen Aufsätzen und einer gewaltigen theoriegeschichtlichen Monographie („Das Wesen und der Hauptinhalt der theoretischen Nationalökonomie") phänomenal ist. Auf Grund dieses Werkes setzte v. Böhm-Bawerk in Wien seine Habilitation durch. Nach einem kurzen Gastspiel als Professor in Czernowitz, einer kleinen Stadt in der Bukowina, ganz im Osten der Donaumonarchie, damals in jenem Teil des Balkans ein Zentrum deutscher Kultur, verschaffte ihm v. Böhm-Bawerk eine ordentliche Professur in Graz.

Schumpeters politischer Ehrgeiz reichte über die Universität hinaus. Auf Empfehlung seines früheren Seminarkollegen Otto Bauer wurde er im März 1919 Finanzminister in einer sozialdemokratischen Regierung. Wegen sachlicher und persönlicher Differenzen nahm er einen wenig ehrenvollen Abschied. Er übernahm danach die Leitung einer Privatbank und war nach wenigen Jahren Bankrotteur. Nach glänzendem Start war Schumpeter im Zenith seines Lebens ein mit Schulden belastetes „Nichts" (Erich Schneider). In dieser Situation der Verzweiflung und der bittersten Resignation erhielt er von der Universität Bonn (1925) einen Ruf auf den Lehrstuhl für Finanzwissenschaft. Die neue Wirkungsstätte gab seinem Leben Halt und Richtung. Als Aufgabe wartete dort auf ihn die Weiterführung der in der „Theorie der wirtschaftlichen Entwicklung" (1911) angelegten Ansätze zu einer Theorie sowohl des Geldwesens als auch des Konjunkturzyklus. Im Jahre 1932 folgte er einem Rufe an die amerikanische Harvard-University. Er tat es nicht gern – mehr in der Stimmung der Resignation denn des Aufbruchs; vielleicht wollte er das sinkende Schiff „Europa" verlassen. Rein gefühlsmäßig war er aber geneigt, mit ihm unterzugehen (Arthur Smithies).

Er ist in den USA nie richtig heimisch geworden. Während der Zeit des Zweiten Weltkriegs war er sogar isoliert. Sein Herz hing an Europa. Er war nie ein Mann der unbedingten Parteinahme gewesen. Seine differenzierende Betrachtungsweise wurde nicht verstanden. Er litt auch darunter, daß sich die Fachwelt von seiner Sicht der wirtschaftlichen Entwicklung abwandte und stattdessen auf die Keynessche Botschaft – staatliche Steuerung der Gesamtnachfrage – hörte. Schumpeters umfassendes konjunkturelles Hauptwerk, „Business Cycles“ (1939), lagert ungelesen in den Bücherregalen. Publizistischen Erfolg brachte ihm dagegen seine Version der kapitalistischen Entwicklung in „Capitalism, Socialism and Democracy“ (1942), die Erweiterung der „Theorie der wirtschaftlichen Entwicklung“ um die soziologische Dimension. Er sah den „Kapitalismus“ in Schönheit (wegen seiner Erfolge) untergehen und ein sozialistisches Zeitalter heraufziehen. Doch hat er sich gegen den Vorwurf des Defätismus geradezu leidenschaftlich zur Wehr gesetzt. Er starb in der Nacht vom 7. auf den 8. Januar 1950 in Connecticut, USA.

Friedrich August von Hayek gehört zur dritten Generation der Wiener Schule der Nationalökonomie. Einer seiner Lehrer, Ludwig v. Mises, besuchte mit Schumpeter zusammen Eugen v. Böhm-Bawerks Seminare. Geboren am 8. Mai 1899 in Wien entstammt er einer Familie von Wissenschaftlern und akademischen Lehrern, in der vor allem die Naturwissenschaften gepflegt wurden. Zurückgekehrt aus dem Ersten Weltkrieg studierte v. Hayek Rechtswissenschaft und Nationalökonomie. Er promovierte zum Doktor jur. (1921) und zum Doktor rer. pol. (1924) und übernahm 1927 die Leitung des neugegründeten Österreichischen Instituts für Konjunkturforschung. Mit der Schrift „Geldtheorie und Konjunkturtheorie“ habilitierte er sich 1929 in Wien.

Konjunkturforschung ist für v. Hayek mehr als das Suchen nach einem zyklischen Musterkreislauf oder die Zusammenstellung und prognostische Interpretation statistischer Reihen; es geht ihm um die Darlegung der eigentlichen Ursachen der Depression, um so das Umschlagen der Konjunktur in die Depression zu vermeiden und aus der Kenntnis der Zusammenhänge über Schuld und Schicksal der Arbeitslosigkeit befinden zu können (Karl Brandt).

F. A. v. Hayeks konjunktur- und geldtheoretische Schriften fanden schnell internationale Anerkennung. Auf Einladung von Lionel Robbins, der ein Gegengewicht zur „Keynes-Schule“ in Cambrigde schaffen wollte, hielt er an der London School of Economics Vorlesungen und übernahm dort 1931 einen Lehrstuhl. In den nun einsetzenden Auseinandersetzungen mit Keynes und seinen Gefolgsleuten ging es um die Vorherrschaft der zutreffenden konjunkturtheoretischen Konzeption und um deren politischen Einfluß: „Wenn die endgültige Geschichte der ökonomischen Analyse der dreißiger Jahre geschrieben werden wird, wird Professor Hayek einer der führenden Charaktere in diesem Drama sein (es war wirklich ein Drama) … Damals waren Hayeks neue Theorien die maßgebliche Herausforderung für Keynes' neue Theorien. Wer hatte recht, Keynes oder Hayek?“ (John Hicks). Keynes' „Allgemeine Theorie der Beschäftigung, des Zinses und des Geldes“ (1936) beendete das Drama – zunächst. Später sagte v. Hayek, daß er dieses Buch und seine Wirkung zunächst nicht ernst genommen habe; dann schwieg er, um die ökonomische Zunft nicht gegen sich einzunehmen und um weiter Gehör auf anderen Gebieten zu finden. Sein Buch „The Road to Serfdom“ (1944), eine Abrechnung mit sozialistischem Planungsdenken, entfesselte eine leidenschaftliche Diskussion. Den positiven Entwurf einer freiheitlichen Gesellschaft zeichnete v. Hayek in seiner „Constitution of Liberty“ (1960), nach Lionel Robbins das „bedeutendste sozialphilosophische Werk dieses Jahrhunderts“. 1947 gründete v. Hayek die Mont Pèlerin-Gesellschaft, die als eine Vereinigung marktwirtschaftlich eingestellter Nationalökonomen die Tradition freiheitlichen europäischen Denkens fortführen und zugleich deutsche Wissenschaftler aus der geistigen und persönlichen Isolierung herausführen sollte.

Im Jahre 1950 folgte v. Hayek einem Ruf an die University of Chicago, eine Hochburg liberaler Gegenbewegung zum pragmatischen Interventionismus. 1962 wechselte er an die Universität Freiburg/Breisgau, wobei die Bindung an Walter Eucken und die Freiburger ordoliberale Schule ausschlaggebend waren. Im Jahre 1974 erhielt v. Hayek den Nobelpreis für Wirtschaftswissenschaft, von dessen Einrichtung, hätte man ihn vorher gefragt, ob ein solcher Preis geschaffen werden sollte, er abgeraten hätte, weil er dazu beitrüge, die wissenschaftlichen Modeschwankungen zu verstärken; inzwischen, so bekennt v. Hayek, habe er seinen Frieden mit diesem Preis gemacht, da die Verleihung ihm bei der Verbreitung seiner Ideen helfe.

Der mit v. Hayek befreundete *Karl Raimund Popper* wurde am 28. Juli 1902 in Wien geboren. Sein Vater war Notar – mit einer besonderen Vorliebe für Bücher –, seine Mutter eine hervorragende Pianistin. Auffallend ist des Knaben Sensibilität gegenüber sozialen Problemen im damaligen Wien: „Das fürchterliche Elend beschäftigte mich so stark, daß ich nie davon loskam." Früh zeigte sich Poppers ungewöhnliche Begabung: sich von persönlichen Erlebnissen zu Lösungen allgemeiner Erkenntnisprobleme inspirieren zu lassen.

Über den Meister, bei dem er das Tischlerhandwerk erlernt hat, sagt er, daß er von ihm über Erkenntnistheorie mehr gelernt habe als von irgendjemandem sonst: „Keiner hat soviel dazu beigetragen, mich zu einem Jünger von Sokrates zu machen. Denn mein Meister lehrte mich nicht nur, daß ich nichts wußte, sondern auch, daß die einzige Weisheit, die zu erwerben ich hoffen konnte, das Sokratische Wissen von der Unendlichkeit meines Nichtwissens war." Die Schulausbildung hatte er abgebrochen, weil er sich davon nichts Rechtes mehr versprach. Nach Erlangung der Hochschulreife als Privatschüler schloß er sein Studium im Jahre 1928 mit der Promotion in Psychologie ab. Zugleich faszinierten ihn mathematische und physikalische Grundlagenprobleme. Während dieser Zeit engagierte er sich aber auch in der Arbeit mit sozial gefährdeten Kindern.

Seine Weltverbesserungsneigung brachte ihn in Berührung mit sozialistischen Zirkeln; dort wurde er mit marxistischem Ideengut konfrontiert. Er zweifelte aber schon bald an der Beweisbarkeit des unausweichlichen Sieges des Kommunismus. Dabei stieß ihn die intellektuelle Anmaßung seiner marxistischen Freunde ab, die nicht an der Besserung der sozialen Lage der Menschen um sie herum interessiert waren, sondern an einem völligen gesellschaftlichen und politischen Zusammenbruch, um dann die Welt nach ihrer Vorstellung neu erbauen zu können. Diese Erfahrung machte Popper zum Fallibilisten; sie lehrte ihn intellektuelle Bescheidenheit und zeigte ihm den Gegensatz zwischen dogmatischem und kritischem Denken. Die Beschäftigung mit der durch Albert Einstein revolutionierten Physik führte ihn zu den grundlegenden Fragen der Widerlegung einer traditionellen Theorie durch eine neue. Besonders beeindruckte ihn Einsteins klare Feststellung, daß er seine Theorie als unhaltbar aufgeben würde, falls sie gewissen Überprüfungen nicht standhalte. Dies war das Leitmotiv der ersten großen Publikation „Logik der Forschung" (1934). Wollte man den Popper der damaligen Zeit klassifizieren, so könnte man ihn einen Wissenschaftstheoretiker der Naturwissenschaft nennen. Im Grunde ist er das bis heute geblieben.

Über Vorträge in London – u.a. in Seminaren v. Hayeks – erhielt Popper das Angebot einer Professur in Christchurch (Neuseeland). Da er den Einmarsch der Nationalsozialisten in Österreich und die Unterdrückung des Denkens voraussah, verließ er Wien im Jahre 1937. In Neuseeland entstanden „Das Elend des Historizismus" und "Die offene Gesellschaft und ihre Feinde", eine Zusammenführung seiner gesellschaftspolitischen Ideen und seiner wissenschaftstheoretischen Anschauung bzw. die Anwendung seiner Wissenschaftstheorie auf die Sozialwissenschaft. Die Zeit in Neuseeland war fruchtbar und arbeitsreich, obgleich die Universitätsverwaltung seine Forschungstätigkeit bewußt einzuengen suchte. Als v. Hayek ihm 1945 telegraphisch die Übernahme einer außerordentlichen Professur an der London School of Economics anbot, hatte er das Gefühl, als habe ihm dieser das Leben gerettet.

Im Jahre 1946 nahm Popper seine Arbeit an der London School of Economics auf. Seit 1950 wohnt er in Buckinghamshire und seither, so meint er, sei er selbst der glücklichste Philosoph, dem er jemals begegnet sei. Seine Schaffenskraft ist ungebrochen. In Anerkennung seiner Verdienste um die Wissenschaft wurde er zum Ritter geschlagen: Sir Karl.

Das Verbindende zwischen diesen drei Denkern ist ihre Beziehung zu *Karl Marx*. Schumpeter und v. Hayek setzen sich mit ihm aus der Perspektive des methodologischen Individualismus auseinander, nach der nicht Kollektive, sondern die Entscheidungen einzelner Individuen das wirtschaftliche und gesellschaftliche Geschehen prägen. Popper kritisiert aus seiner Grundeinstellung heraus, daß dem Menschen die sichere Erkenntnis der Wahrheit verschlossen sei und er immer wieder für richtig Gehaltenes auf die Probe stellen müsse, die von Marx vermittelte geschichtliche Gewißheit der Todeswehen der kapitalistischen Gesellschaft und der Heraufkunft des Sozialismus.

Zwischen der Auffassung Schumpeters und v. Hayeks einerseits und der Poppers andererseits gibt es natürlich Berührungspunkte, doch können sie in der Beurteilung gesellschafts- und wirtschaftspolitischer Therapien, die aktuelle Gebrechen kurieren wollen, unterschiedliche Wege gehen. So ist aus Schumpeters und v. Hayeks Sicht eine Konjunkturtheorie und -therapie fragwürdig, welche wie die von Keynes in der staatlichen Steuerung von Aggregaten, wie Forcierung der globalen Investitionstätigkeit, ihr Heil sucht, wenn diese zur Absorption des gegebenen Sparvolumens nicht ausreichen sollte. Schumpeter und v. Hayek suchen stattdessen nach den eigentlichen Ursachen für die nachlassende einzelwirtschaftliche Investitionstätigkeit. Aus der Perspektive der Popperschen Position läßt sich ein a priori-Urteil über eine an den Aggregaten ansetzende Politik nicht fällen; statt dessen wäre zu prüfen, was mittels einer auf dieser theoretischen Konzeption basierenden Politik erreicht werden soll und ob sie gemessen an entsprechend formulierten Standards erfolgreich gewesen ist. Schumpeter und v. Hayek ihrerseits unterscheiden sich nach allgemeiner Auffassung fundamental in der Beurteilung der langfristigen Entwicklung einer auf unternehmerischer Initiative aufbauenden

Gesellschaft, während v. Hayek und Popper hier völlig übereinstimmen.

Joseph Schumpeter singt in seiner „Theorie der wirtschaftlichen Entwicklung“ (1911) das hohe Lied des Unternehmers, der „neue Kombinationen“ gegen die Routine des Kreislaufs durchsetzen muß. Doch kann man ihn nicht zu den Parteigängern einer unternehmerfreundlichen Politik zählen. Er sieht sich vielmehr als vorurteilslosen Betrachter, der sezieren (analysieren), aber nicht selbst heilen will. Oft gefällt er sich auch in der Rolle des „Bürgerschrecks“. Die Haltung Schumpeters wird durch eine Begegnung mit *Max Weber* erhellt. Deren geradezu dramatischen Verlauf hat Felix Somary, Seminarkollege und Freund Schumpeters, aufgezeichnet:

„Das Gespräch war auf die Russische Revolution gekommen, und Schumpeter hatte darüber sein Vergnügen geäußert, da der Sozialismus nicht mehr eine Papierdiskussion bleibe, sondern seine Lebensfähigkeit erweisen müsse. Weber erklärte mit einiger Erregung den Kommunismus im russischen Entwicklungsstadium geradeaus für ein Verbrechen (er sprach russisch und hatte sich mit russischen Problemen viel befaßt); der Weg würde über unerhörtes menschliches Leid gehen und in einer fürchterlichen Katastrophe enden. ‚Kann schon sein‘, sagte Schumpeter, ‚aber das wird für uns ein rechtes Laboratorium sein‘. – ‚Laboratorium mit gehäuften Menschenleichen‘, fuhr Weber auf. ‚Das ist jede Anatomie auch‘, gab Schumpeter zurück. – Weber wurde heftig und lauter, Schumpeter sarkastischer und leiser, ringsum unterbrachen die Kaffeehausgäste ihre Spielpartien und hörten neugierig zu, bis Weber aufsprang und mit den Worten ‚das ist nicht mehr zum Aushalten‘ auf die Ringstraße hinauseilte ... Schumpeter, der mit mir zurückblieb, sagte nur lächelnd: ‚Wie kann man nur so in einem Kaffeehaus brüllen‘.“

Schumpeters Denken kreist um die Auswirkungen unternehmerischer Innovationen auf die Entwicklung von Gesellschaften. Entwicklung ist für ihn Bruch mit dem Hergebrachten. Unternehmer mit Weitblick und Durchsetzungsvermögen („dynamische Unternehmer“) reißen Gesellschaften aus ihrem „Dornröschenschlaf“; sie betreten wirtschaftliches Neuland (Realisierung „neuer Kombinationen“) und bringen dadurch den Entwicklungsprozeß voran; sie brechen das Eis für andere dynamische Unternehmer. Einzelne Bankiers, die ebenfalls mit Wagemut und Weitblick ausgestattet sind, schießen ihnen auf dem Weg der Kreditschöpfung die Mittel zur Fianzierung unternehmerischer Innovationen vor. Daher sind die dynamischen Unternehmer in der Lage, den „Wirten“ – wie Schumpeter die in Routine erstarrten Produzenten nennt – Produktionsmittel „wegzukonkurrieren“. Die daraus resultierenden Preissteigerungen („Zwangssparprozeß“) signalisieren den Produzenten zunächst größere Gewinnchancen. Dies leitet eine Phase wirtschaftlicher Prosperität ein, die zu einem Ende kommt, wenn die unternehmerische Investitionstätigkeit abgeschlossen ist, Zins-und Lohnsätze anziehen und die aus Produkt- und Prozeßinnovationen resultierende Mehrproduktion nur zu sinkenden Preisen abgesetzt werden kann. Die Konjunktur kippt. Den Abschwung sieht Schumpeter als Bereinigungsprozeß, in dem das Gesunde vom Nichtlebensfähigen geschieden wird. Es wäre daher falsch, diesen Abschwung über eine Politik des billigen Geldes abzubremsen, denn diese vernichte „jenes Maß an Auslese, das der Depression immerhin zugeschrieben (werden) kann, ... und (belastet) die Volkswirtschaft mit den unsichtbaren Kosten des Fortschleppens des Unangepaßten und Lebensunfähigen“.

Aus dieser Sicht ist die Konzeption des Gegenspielers, *John Maynard Keynes,* nachlassender Investitionstätigkeit mit Staatsdefiziten und niedrigen Zinsen beizukommen, fehlerhafte Oberflächentherapie. Schumpeter hat eine solche Politik mit den Diensten der Madame de Pompadour und der Madame du Barry verglichen, der französischen Wirtschaft durch Verschwendung auf die Beine zu helfen. Während Keynes annahm, daß sich in einer hoch entwickelten Gesellschaft zu wenig rentable Investitionsobjekte fänden, um Vollbeschäftigung zu gewährleisten, hielt Schumpeter die Annahme einer allgemeinen und andauernden Erschöpfung der Investitionsmöglichkeiten für geradezu absurd. Doch die akademische und die politische Welt hatte nur noch Augen und Ohren für Keynes' Konzeption. Hier schienen die Grundlagen gelegt, um den Konjunkturprozeß politisch in den Griff zu bekommen. Die Ökonomen arbeiteten an den dazu notwendigen Instrumenten, und die Politiker freuten sich über zusätzliche Steuerungsmöglichkeiten. So waren beide Seiten zufrieden. Schumpeters Auffassung war vielleicht noch von dogmenhistorischem Interesse; die wenigsten haben seinerzeit an eine Renaissance der Schumpeterschen Unternehmervorstellung geglaubt.

Schumpeters methodischer Ansatz, sein Augenmerk auf die Aktionen einzelner herausragender Persönlichkeiten im Rahmen eines gegebenen institutionellen Arrangements zu richten und die daraus resultierenden Konsequenzen für das System, die Gesellschaft und die wirtschaftliche Entwicklung abzuschätzen, erweist sich auch in der Analyse der Demokratie als außerordentlich fruchtbar. Schumpeter unterscheidet zwischen der „klassischen" und „sozialistischen" Sicht der Demokratie, die beide ideologisch gefärbt seien. Die bourgeoise Ideologie nehme an, daß eine Vertretung durch und für das Volk gewählt werde, die die allgemeinen Interessen erkenne, artikuliere und ihnen zum Durchbruch verhelfe. Demgegenüber sehen die an Marx orientierten Sozialisten in den gewählten Repräsentanten nur die Interessenvertreter der besitzenden Klasse. Allgemeines Wahlrecht bedeutet nach Marx in der kapitalistischen Gesellschaft, daß das Volk darüber entscheide, „welches Mitglied der herrschenden Klasse das Volk im Parlament ver- und zertreten soll". Immerhin hält es Schumpeter für ein wissenschaftliches Verdienst von Marx, daß er den Staat aus den Wolken in die Sphäre realistischer Analyse geholt habe, wenngleich er die Marxsche Vorgehensweise für „völlig unrealistisch und total inadäquat" hält. Weder die eine noch die andere Sicht erfasse, was die demokratische Methode in den kapitalistischen Ländern eigentlich bewirke: die Entscheidung über die Führung in einem Gemeinwesen.

Diese Sicht war natürlich keineswegs revolutionär. Die Betonung des Kampfes um die politische Führung finden wir schon bei Pareto, Michels, Mosca und auch bei Max Weber. Das Entscheidende bei Schumpeter aber ist, daß er – ausgehend von seinem Konzept des methodologischen Individualismus – sein Augenmerk auf das Verhalten einzelner die aus der politischen Masse herausragen, gelegt hat: „Dynamische“ Politiker spüren „Neuerungen“ – auch Interessen von Minderheiten – auf, um sie zu artikulieren und ihnen dadurch politische Resonanz zu verschaffen – all dies, um im Kampf um die politische Macht zu siegen. Wir sehen an folgendem berühmten Satz Schumpeters die Verwandtschaft zwischen Unternehmer und „dynamischem“ Politiker:

„In ähnlicher Weise ist der soziale Sinn oder die soziale Funktion der parlamentarischen Tätigkeit ohne Zweifel die, Gesetze und teilweise auch Verwaltungsmaßnahmen hervorzubringen. Aber um zu verstehen, wie die demokratische Politik diesem Ziele dient, müssen wir vom Konkurrenzkampf um Macht und Amt ausgehen und uns klar werden, daß die soziale Funktion, so wie die Dinge nun einmal liegen, nur nebenher erfüllt wird – im gleichen Sinne wie die Produktion eine Nebenerscheinung beim Erzielen von Profiten ist.“

Wohlgemerkt – Schumpeter hat hier nicht irgendein Verhaltensaxiom unterstellt, sondern auf die sozialen Konsequenzen eines bestimmten institutionellen Arrangements hingewiesen: Wer in der Demokratie die Mehrheit der Stimmen erobern will, muß sich eines bestimmten Verhaltens befleißigen, ob er nun Machiavelli oder Franziskus heißt.

Der von Schumpeter als Beleg für die Richtigkeit seines Ansatzes herangezogene Ausspruch eines Politikers – „Was die Geschäftsleute nicht verstehen, ist, daß ich genau so mit Stimmen handele, wie sie mit Öl handeln“ – bedeutet gerade nicht, daß Politiker darauf aus sind, ihre eigenen Taschen zu füllen, sondern daß sich die Politiker bei ihrem „Geschäft“ genau wie Unternehmer bestimmten Regeln und Usancen zu unterwerfen haben, wenn sie nicht politischen Konkurs anmelden wollen. Schumpeter präsentiert dieses Zitat, um zu erhellen, warum Politiker so oft nicht dem Interesse ihrer Klasse oder der Gruppe, der sie persönlich verbunden sind, dienen können.

Diese Sicht des Funktionierens der demokratischen Methode hat das Entstehen einer Forschungsrichtung in der Wirtschaftswissenschaft begründet, die als „Neue Politische Ökonomie" das Verhalten von Politikern als „Stimmenmaximierer" in die Theorie der wirtschaftspolitischen Entscheidungsfindung einbezieht. Damit hat sich die Wirtschaftswissenschaft ein neues Arbeitsfeld erschlossen. Ausgehend vom makroökonomischen Denkansatz wurden freilich Parteien, Fraktionen, Regierungen wie Einzelpersonen behandelt mit der Konsequenz, daß die innerparteilichen Willensbildungsprozesse und der Kampf um die Führung innerhalb der Parteien, Fraktionen, Kabinette, einschließlich der Konzepte der Machtbalance, analytisch zunächst vernachlässigt wurden. Der Vorwurf, daß die Aggregatbildung die Erkenntnis der Bewegungsform des kapitalistischen Prozesses verschüttet, trifft dann auch analog auf das frühe Stadium der „Neuen Politischen Ökonomie" zu. Ihr wäre manch unproduktiver Forschungsumweg erspart geblieben, wenn sie genauer auf die Schumpetersche Botschaft gehört hätte.

Mit Marx stimmt Schumpeter darin überein, daß der Kapitalismus eine dynamische Gesellschaftsordnung ist. Während aber Marx die Unternehmer unter dem Diktat der Produktionsgesetze sieht, die den Unternehmer zur Flucht in den technischen Fortschritt treiben – das System als die treibende Kraft –, sind es bei Schumpeter einzelne Unternehmer, die das System in Bewegung halten. Wie Marx hat aber auch Schumpeter eine Vision der gesellschaftlichen Entwicklung und sieht sie in den Sozialismus einmünden. Er glaubt, daß gerade der Erfolg des Kapitalismus, die allgemeine Wohlfahrtssteigerung, seinen Untergang bewirke. Steigender Wohlstand ermögliche immer mehr Menschen, ihren Lebensunterhalt nicht durch ihrer eigenen Hände Arbeit zu verdienen, sondern sich dafür entlohnen zu lassen, daß sie über die Existenzbedingungen des Menschen im Kapitalismus nachdenken. Dabei stoßen sie unweigerlich auf die Anstößigkeit der ungleichen Verteilung als Folge des Privatbesitzes an den Produktionsmitteln. Ob sie nun entweder die Grundlagen der kapitalistischen Ordnung selbst in Frage stellen oder die politischen Führer zwingen, ihren politischen Aktionsradius in Richtung Gleichmacherei auszudehnen, auf jeden Fall untergraben sie die Basis und Funktionsfähigkeit der unternehmerisch geprägten Gesellschaft. Schumpeter spricht anschaulich von den „bröckelnden Mauern“, die von jenen unterminiert werden, die Lebensstandard und Lebensweise den Erfolgen des Kapitalismus zu verdanken haben.

Im Zuge von Wohlstandsmehrung und zunehmender Rationalisierung der Produktion gehe auch die eigentliche unternehmerische Funktion verloren. Die Unternehmen sind gewachsen. Die Organisation solcher Großgebilde hat sich gewandelt. Auf die Umsetzung technischer Entwicklungen spezialisierte Forschungsbüros sind immer mehr in der Lage, die Risiken von „neuen Kombinationen“ kalkulierbar zu machen und damit zum Routinegeschäft zu degradieren. In der bildhaften und zugleich präzisen Sprache Schumpeters liest sich das so:

„Napoleons Gegenwart war auf seinen Schlachtfeldern tatsächlich fühlbar und mußte es sein. Das ist anders geworden. Rationalisierte und spezialisierte Bureauarbeit wird am Ende die Persönlichkeit, das berechenbare Ergebnis die ‚Vision‘ verdrängen. Der Führende hat heutzutage keine Gelegenheit mehr, sich in den Kampf zu stürzen. Er wird zu einem Bureauarbeiter mehr, zu einem, den zu ersetzen nur selten noch schwer halten wird.“

Wenn Unternehmer überflüssig sind, besteht auch kein Bedarf an einer Ordnungsform, die solche Existenzen hervorbringt und erträgt. Der Übergang vom Kapitalismus zum Sozialismus ist für Schumpeter aus den zuvor skizzierten Phänomenen ableitbar. Insofern betrachtet er sein Buch

„Kapitalismus, Sozialismus und Demokratie“ als eine analytische Studie. Er glaubt zu beschreiben, was sein wird, wenn die im Kapitalismus tätigen Wirkkräfte ihre Arbeit tun.

Was Schumpeter hier als analytisches Ergebnis präsentiert, ist die Frucht seiner „Vision“, wie er selbst sein umfassendes Gesamtbild des sozial-ökonomischen Prozesses genannt hat. Schon in frühen Jahren (1918) hat er das Ende des kapitalistischen „Weges“ beschrieben:

„Und doch ist die erste Voraussetzung für das sozialisierte Gemeinwesen, daß der Kapitalismus seine Arbeit getan hat und eine kapitalsatte, durch Unternehmergehirne streng rationalisierte Volkswirtschaft vorhanden ist, sodaß man mit Ruhe der im Sozialismus unvermeidlichen Verlangsamung der wirtschaftlichen Entwicklung … entgegensehen kann.“

Hier spürt man den Marxschen Einfluß. Auch Schumpeter glaubt an das Walten eines irgendwie materialisierten Geschichtsgesetzes. *Wilhelm Röpke* sieht in Schumpeter den Gefangenen seiner eigenen deterministischen Sozialphilosophie. Freilich bestehe wenig Grund – so Schumpeter – zu glauben, „daß dieser Sozialismus die Heraufkunft jener Zivilisation bedeuten wird, von der orthodoxe Sozialisten träumen. Es ist sehr viel wahrscheinlicher, daß sie faschistische Züge zeigen wird“. Er fährt fort: *„Das wäre eine seltsame Antwort auf das Gebet von Marx. Aber die Geschichte gefällt sich manchmal in Scherzen von fragwürdigem Geschmack.“*

Die Voraussage des kommenden sozialistischen Zeitalters hat Schumpeter den Vorwurf des Defätismus eingebracht. *Edgar Salin* hat ihn gar einen Sozialisten genannt. Die sorgfältige Analyse seiner letzten Äußerungen zeigt aber, daß er weder Sozialist noch Defätist war. In seinem Vorwort zur zweiten amerikanischen Ausgabe von „Capitalism, Socialism and Democracy“ wehrt er sich vehement gegen den Vorwurf des Defätismus: *„Die Nachricht, daß ein bestimmtes Schiff im Sinken ist, ist nicht defaitistisch (so im Original, J. St.). Aber die Gesinnung, in der diese Nachricht aufgenommen wird, kann defaitistisch sein: die Mannschaft kann sich* *hinsetzen und sich betrinken. Jedoch sie kann auch zu den Pumpen stürzen.*" Daraus ist zu schließen, daß ein bestimmtes Schiff gerettet werden kann, wenn die Mannschaft zum Kampf gerüstet ist. Dann wäre Schumpeters Analyse des Untergangs des Kapitalismus als „Status quo-Prognose" zu verstehen: Wenn ihr wie bisher nichts tut und nur an euren Terminen auf dem Golfplatz interessiert seid, dann ... Das würde auch heißen, daß Schumpeter Partei genommen hat? Die Schlußsätze aus dem bereits erwähnten Vorwort legen eine solche Vermutung nahe: *„Freimütig auch unheilschwangere Tatbestände aufzuzeigen, war noch nie so nötig wie heute; denn es scheint, wir haben den Escapismus, die Flucht vor der Wirklichkeit, zu einem Denksystem entwickelt ... Ein Defaitist ist, wer mit den Lippen sich zum Christentum und all den anderen Werten unserer* (Hervorhebung von mir, J. St.) *Kultur bekennt und dennoch sich weigert, zu ihrer Verteidigung zu den Waffen zu greifen ... Denn heute ist eine jener Situationen, in denen Optimismus nichts ist als eine Form der Pflichtvergessenheit.*" Wer so spricht, fordert zum Widerstand, zum Kampf auf.

Gegen diese Schlußfolgerung scheint der Titel von Schumpeters letztem Vortrag, der posthum veröffentlicht wurde, zu sprechen: *„The March into Socialism"*. Dieser Vortrag ist nicht, wie man vermuten könnte, die Bekräftigung seiner Voraussage eines sozialistischen Zeitalters, sondern seine endgültige Abrechnung mit Keynes und den Folgen, die die Dynamik einer unternehmerisch geprägten Gesellschaft lähmen: *„Die Stagnationstheoretiker liegen falsch mit ihrer Diagnose der Gründe, warum der kapitalistische Prozeß stagnieren würde; sie mögen jedoch Recht behalten mit ihrer Prognose, daß er stagnieren werde – mit ausreichender Hilfe durch den öffentlichen Sektor"*.

Friedrich A. v. Hayek, der Schumpeters Vision vom heraufdämmernden Sozialismus für abwegig hält, hat intensiver als Schumpeter über die Funktionsfähigkeit von Wirtschaftssystemen nachgedacht. Er weist nach, daß die Antwort auf die Frage nach der künftigen Wirtschafts- und Gesellschaftsordnung nicht politischer Beliebigkeit anheimgestellt ist. Nach sorgfältiger wissenschaftlicher Analyse könne es eine akzeptable Alternative zu einer marktwirtschaftlichen Ordnung nicht geben, wenn mit dem, was den Menschen anvertraut sei, verantwortlich umgegangen werden solle. Doch sind beide Denker, wenn wir Schumpeters klärende Worte und seine Verortung zur Kenntnis nehmen, weniger voneinander entfernt, als es zunächst den Anschein hat. Je mehr man zu den Grundfiguren ihres Denkens vorstößt, desto näher rücken sie zusammen. Beide sind wohl die gelehrtesten Nationalökonomen unseres Jahrhunderts. Beide haben ähnliche Forschungsinteressen und ihrer beiden Konjunktur- und Entwicklungstheorien fußen auf v. Böhm-Bawerks Kapitaltheorie.

Schumpeter stellt auf das bewegende Moment im Entwicklungsprozeß, den dynamischen Unternehmer, ab und analysiert, wie dadurch dieser Prozeß angestoßen wird, während sich v. Hayek mit den Bewegungsgesetzen des Prozesses selbst auseinandersetzt und den Anstoß, der zu einer Ausweitung der Investitionstätigkeit führt, als gegeben nimmt. Da sich an der Auseinandersetzung zwischen v. Hayeks und Keynes' konjunkturtheoretischen Ideen das „Drama" entzündete, das die Welt der Wissenschaft Anfang der dreißiger Jahre in Atem hielt und dessen Ausgang sowohl die Methode in der Wirtschaftswissenschaft als auch die praktische Wirtschaftspolitik der Nachkriegszeit maßgeblich beeinflußte, wird hier näher auf v. Hayeks Konjunkturtheorie eingegangen.

Sie baut auf kapitaltheoretischen Überlegungen auf: Eine Volkswirtschaft kann Kapital bilden, wenn sie aus dem, was sie erwirtschaftet, etwas abzweigen kann, das ihr Zeit verschafft, Kapitalgüter (Werkzeug/Maschinen) zu erstellen. Da die damit Beschäftigten aus der Produktion, die der unmittelbaren Bedürfnisbefriedigung dienen, abgezogen werden, und beispielsweise Steine brechen, die für die Hallen benötigt werden, in denen wiederum bestimmte Kapitalgüter erstellt werden, können wir sagen, daß nur bei entsprechenden Sparleistungen solche „produktiven Umwege" eingeschlagen werden können. Zur Veranschaulichung dieses Vorgangs gibt es ein geradezu klassisches Modell aus der Romanliteratur: Wenn sich der schiffbrüchige „Robinson" auf seiner Insel ein Boot bauen will, weil er damit besser fischen kann, muß er sich aus seiner bisherigen Nahrungsmittelproduktion etwas zurücklegen; er muß sparen, damit er Arbeitszeit für den Schiffsbau verwenden kann. Wenn dieser Nahrungsmittelvorrat aufgebraucht ist oder wenn er aus der laufenden Produktion zu wenig abzweigen kann, muß er sich wieder der unmittelbaren Nahrungsmittelproduktion zuwenden und die Arbeit an seinem Boot vorübergehend oder vielleicht sogar gänzlich einstellen. – Genauso verhält es sich bei gesellschaftlicher Produktion.

Wichtig für uns ist die Erkenntnis, daß Sparen Voraussetzung für die Kapitalbildung ist, daß hierdurch die gesamtwirtschaftliche Produktionsstruktur verändert wird und daß der Rückgang der Spartätigkeit die bisher erreichten Ergebnisse in der Umwegproduktion zunichte machen kann. Damit sind wichtige Elemente der v. Hayekschen Konjunkturerklärung herausgearbeitet worden. Sinkt der Zins als Preis für die Nutzung von Kapital oder wollen Unternehmer in höherem Maße als sonst Prozeß- und Produktinnovationen realisieren, so steigt die Investitionstätigkeit und die Umwegproduktion wird ausgeweitet. Die Unternehmer versprechen sich vom Einschlagen der Produktionsumwege höhere Profite, bzw. eine bestimmte Kapitalmenge ermöglicht bei einem niedrigeren Zins das Einschlagen längerer Produktionsumwege. Damit steigt die Nachfrage nach Arbeitskräften, bekannten Kapitalgütern und Rohstoffen zur Herstellung zusätzlicher oder unbekannter Kapitalgüter. Wird nun während dieses Prozesses weniger gespart und steigt daraufhin der Zins, so wird mehr Kapital zur Finanzierung der Umwegproduktion benötigt. Muß diese gar wegen Kapitalmangels abgebrochen werden, so können die bislang eingesetzten und beanspruchten Arbeitskräfte, Kapazitäten und Ressourcen nicht länger beschäftigt werden; es entstehen Investitionsruinen, und die Konjunktur kippt.

Das Charakteristische an der v. Hayekschen Konjunkturerklärung ist, daß sie in der Überforderung der Volkswirtschaft – ausgelöst durch die Ausweitung des Konsums – und in steigenden Realzinsen die Ursache für den Sturz in die Depression sieht. Ist der Absturz einmal erfolgt, so kommt für v. Hayek jedes therapeutische Bemühen zu spät. *Fritz Machlup,* der als einer der führenden Nationalökonomen unseres Jahrhunderts ebenfalls aus Wien stammte, hat v. Hayek ausdrücklich bescheinigt, daß seine Theorie zutreffend den Beginn der „Großen Depression" in den USA (Oktober 1929) erkläre, der die damalige wissenschaftliche und politische Welt völlig unvorbereitet getroffen habe.

Bei aller Scharfsinnigkeit mußte eine Theorie, die im Sparen die Voraussetzung für einen Aufschwung, im Konsumanstieg hingegen eine Depressionsursache sah und die von konjunkturpolitischer Aktivität abriet, in einer Situation, die durch langandauernde Unterbeschäftigung charakterisiert war, auf völliges Unverständnis stoßen. Bei Keynes' Nachfahren in Cambridge ist das wohl auch heute noch so. *Joan Robinson,* eine Mitstreiterin im „Drama" an Keynes' Seite, rechnete auf der Jahresversammlung der „American Economic Association" mit der Wirtschaftswissenschaft im allgemeinen und mit v. Hayek im besonderen ab: Als v. Hayek Anfang der dreißiger Jahre in Keynes' Seminar, also in der Höhle des Löwen, seine Interpretation der Weltwirtschaftskrise ausgebreitet habe, sei er von *Richard Kahn,* der damals an der Entwicklung des Einkommensmultiplikators gearbeitet habe, gefragt worden, ob er tatsächlich glaube, daß der Kauf eines Mantels depressive Tendenzen auslöse. v. Hayek habe geantwortet, tendenziell wäre das so, doch sei der Beweisgang dermaßen kompliziert, daß er ihn nur skizzieren könnte, und er habe zur Demonstration eine Sequenz von Dreiecken an die Tafel gemalt.

In der damaligen Zeit waren feingesponnene Erklärungen nicht gefragt, und eine Theorie, die politische Gelassenheit angesichts der Arbeitslosenheere nahelegte, geradezu absurd. Es spielte keine Rolle, daß, wie v. Hayek annahm, diese Arbeitslosigkeit die Konsequenz der vorangegangenen disproportionalen Entwicklung von Konsum und Investition war. Keynes' Rezept, der Staat solle sich durch Kreditaufnahme aktiv in der Beseitigung der Arbeitslosigkeit engagieren, war nur allzu einsichtig. Keynes wollte aber nicht bloß darauf aufmerksam machen, daß die Folgen einer Depression zu stark sein könnten, um staatliches Zuwarten für richtig zu halten. Vielmehr wollte er klarmachen, daß es ohne staatliches Dazutun immer zu katastrophalen Beschäftigungseinbrüchen kommen müßte und daß privates Sparen immer verhängnisvoll wäre. Daher hat er seine Auffassung als die *„Allgemeine Theorie der Beschäftigung, des Zinses und des Geldes"* – so der Titel seines Buches – ausgelobt, während die Hayeksche und Schumpetersche Konjunkturtheorie lediglich Spezialfälle erklärten, wenn es wider Erwarten für genügend Investoren lohnend wäre, Produktionsumwege einzuschlagen, und daher vermehrt Sparkapital nachgefragt würde. Nur in einer solchen Situation, die für das vorige Jahrhundert zutreffend gewesen wäre, brauche man staatliche Defizite nicht, um Nachfragelücken auszufüllen.

Die politischen Konsequenzen, die aus der Keynesschen Analyse gezogen wurden, waren umwälzend: Da eine sich selbst überlassene marktwirtschaftliche Ordnung Arbeitslosigkeit produziere, müsse der Staat über eine permanente Billig-Geld-Politik und staatliche Haushaltsdefizite für einen entsprechenden Ausgleich sorgen. Dabei komme es nicht auf die Zweckmäßigkeit staatlicher Investitionen, sondern allein auf deren Einkommenseffekt an. Die Keynessche Botschaft lautete also: Der Staat kann für die zur Vollbeschäftigung notwendige Gesamtnachfrage sorgen, wenn ihm dazu die entsprechenden Instrumente an die Hand gegeben werden. Dies hatte folgenschwere Konsequenzen. Ausgabefreudige Politiker hatten die ökonomische Legitimation für eine defizitäre Ausgabenpolitik. Auch die vorherrschende Methode in der Wirtschaftswissenschaft änderte sich: Studierte man vorher, wie sich Strukturwandlungen auf die relativen Preise (Austauschverhältnisse) auswirkten und wie umgekehrt die Änderungen relativer Preise die Produktionsstruktur beeinflußten, so standen nun die Beziehungen zwischen gesamtwirtschaftlichen Aggregaten im Mittelpunkt des Interesses, wobei von stabilen – im Sinne von prognostizierbaren – Beziehungen zwischen den Aggregaten ausgegangen wurde. Die mit der sich ausdehnenden Staatstätigkeit verbundenen Konsequenzen wurden nicht problematisiert.

Genau hier stoßen wir auf einen weiteren Forschungsschwerpunkt v. Hayeks. Als Schüler von Ludwig v. Mises hat er dessen Angriff und die dazu notwendigen Vorbereitungen auf die zentrale These der Vertreter des Sozialismus, das Schicksal der Menschheit endgültig zum Guten wenden zu können, unmittelbar miterlebt: Da der Sozialismus Märkte und Preise zur Steuerung der Produktion abschaffen wolle, habe er keine Informationen über die Kosten von Rohstoffen und alternativen Produktionsmöglichkeiten – ob arbeits- oder kapitalintensiv –, und daher sei eine rationale Produktionsweise unmöglich. Auf den Einwand, daß das Problem der Wirtschaftsrechnung auch im Sozialismus prinzipiell lösbar sei, wenn es so viele Gleichungen wie Unbekannte gebe, entgegnete v. Hayek, daß dies bloß eine Beschreibung des Problems sei, aber noch nicht dessen Lösung; denn die zur Formulierung dieser Gleichungen notwendigen Informationen seien nicht bekannt, vielmehr auf eine Vielzahl von Individuen verteilt. Diese Informationen könnten nur über Marktprozesse aktiviert werden. Daher konzentriert sich v. Hayek auf die gesellschaftliche Bedeutung und Nutzung von Informationen. Er baut auf der Entdeckung auf, daß Preise, Löhne und Zinsen als Entgelte für Produktions-, Arbeits- und Kapitalleistungen in erster Linie nicht Belohnungen für löbliches Tun in der Vergangenheit, sondern Informationen für in der Zukunft ertragreiche Produktionen seien. Er betont daher die Rolle von Preisen als Informationsträger.

Wer das begriffen hat, weiß, daß so sympathische Maximen, wie Entlohnung nach Verdienst und Bemühung oder der Mensch im Mittelpunkt des Wirtschaftens, nichts als leere Formeln sind, wobei sie obendrein den Eindruck erwecken, als ob die sich an diesen Informationen orientierenden Wirtschaftsprozesse den Menschen vernachlässigten. Freilich bleiben die Vertreter solcher Formeln die Antwort auf die Frage nach alternativen Wirtschaftsrechnungen schuldig oder wollen die damit verbundenen gesellschaftlichen Konsequenzen nicht wahrhaben. v. Hayek weist nach: Wer die in einer Gesellschaft vorhandenen Informationen über Bedürfnisse und Produktionsmöglichkeiten nutzen und ausschöpfen wolle, müsse auf den „Wettbewerb als Entdeckungsverfahren" setzen. Im Wettbewerbsprozeß werden die jeweils kostengünstigsten Produktionsmethoden zur Bedürfnisbefriedigung entdeckt und schließlich allgemein angewendet, weil man ansonsten Verluste machen würde.

Aus dieser Position folgt nicht bloß, daß der Übergang zu einer Form kollektiver Bewirtschaftung von Ressourcen den Lebensstandard empfindlich senkt, sondern auch, daß der Freiheitsgrad jedes Bürgers geschmälert wird, da die Kollektivwirtschaft die Menschen an der Nutzung ihrer individuellen Möglichkeiten hindert und ihre Spontaneität erstickt. Darüberhinaus schränkt der Übergang zum Sozialismus staatsbürgerliche Rechte, wie freie Wahl zwischen konkurrierenden Parteien und Pressefreiheit, ein. Gilt die Realisierung des Sozialismus als eine Station auf dem Weg zu Erlösung und Befreiung der Menschheit, dann müssen folgerichtig Meinungsäußerungen und Parteien, die das verhindern oder rückgängig machen wollen, unterbunden werden.

v. Hayek zeigt systematisch auf, daß eine Gesellschaft, die sich anschicke, Sozialismus zu verwirklichen, nicht auf dem Weg zu Freiheit und Wohlfahrt, sondern auf dem *„Weg zur Knechtschaft"* sei. So der Titel eines Buches, das wohl die weiteste Verbreitung unter seinen Schriften gefunden hat. Es stieß vielfach auf volle Zustimmung – in Schumpeters Augen weist dieses Buch v. Hayek als „einen der größten Ökonomen unserer Zeit“ aus und sogar sein konjunkturtheoretischer Widerpart, Keynes, weiß sich moralisch und philosophisch in Übereinstimmung mit ihm („und nicht bloß in Übereinstimmung, sondern in einer tief empfundenen Übereinstimmung“) –, es rief aber auch helle Empörung hervor. v. Hayek sagt selbst von seinem Buch, daß es ihn in der Welt der Intellektuellen geradezu verhaßt gemacht habe. Daß dies wohl keine Übertreibung ist, mag man daran ermessen, daß sowohl Margaret Thatcher als auch Ronald Reagan bekennen, daß dieses Buch ihre geistige Entwicklung maßgeblich geprägt habe.

Aus der Erkenntnis der dezentralen Verteilung des Wissens hat v. Hayek wichtige ordnungspolitische Konsequenzen für eine freiheitliche Gesellschaft abgeleitet. Wenn einer politischen Zentrale niemals alle in einer Volkswirtschaft vorhandenen Informationen zur Verfügung stünden, dann könnten die Konsequenzen staatlicher Aktionen nie hinreichend exakt vorausgesagt werden. Wenn Ökonomen den Anspruch erhöben, sie könnten mittels ihres analytischen Instrumentariums die konjunkturelle Entwicklung prognostizieren, dann machten sie sich eines Vergehens schuldig, das v. Hayek „Anmaßung von Wissen“ nennt. Nationalökonomen könnten lediglich die Reaktionen von Individuen bei Änderung der ökonomischen Ausgangsbedingungen oder der Plandaten mit einem relativ hohen Maß an Wahrscheinlichkeit voraussagen.

So könnten wir vermuten, wie sich Angebot und Nachfrage beispielsweise bei einer Verdoppelung des Erdölpreises entwickeln würden oder wie sich Leute in einem Supermarkt vor einer Kassenabfertigung verhalten würden, wenn zwei zusätzliche Kassen aufgemacht würden. Wir könnten zwar nicht voraussagen, wie sich jeder einzelne, sondern bloß wie sich eine Vielzahl von Menschen verhalten würde; wir können gewissermaßen Verhaltensmuster ermitteln. In diesem Sinne spricht v. Hayek von „Mustervoraussagen“ („pattern predictions“). Diese erheben nicht den Anspruch numerischer Präzision, wie es bei Konjunkturprognosen der

Fall zu sein scheint, dafür haben sie aber den Vorteil größerer Zuverlässigkeit: Bei Änderung wirtschaftlicher Ausgangsbedingungen haben wir solange Anpassungsprozesse zu erwarten, wie die Individuen daraus Vorteile ziehen oder Verluste vermeiden können. Die Anpassungen kommen zur Ruhe, wenn sich die Wirtschaftssubjekte aus Verhaltensänderungen keine Vorteile mehr versprechen. Eine solche Entdeckung könnte man für trivial halten, wenn nicht ständig dagegen verstoßen würde. Wenn in Staaten des real existierenden Sozialismus aus sozialen Motiven Grundnahrungsmittel aus der Staatskasse stark subventioniert und damit die relativen Preise verzerrt werden, so ist die natürliche Konsequenz, daß die Bauern, wie es jüngst noch in Polen geschehen ist, Brot an ihre Schweine verfüttern, anstatt Futtergetreide anzubauen, was sie teurer zu stehen käme. Aber auch unsere Sozial- und Agrarpolitik ist ein Tummelplatz für Politiker, die stets gegen die Prinzipien menschlichen Verhaltens, wie v. Hayek sie beschrieben hat, verstoßen.

Aus der Erkenntnis der dezentralen Verteilung des Wissens erwächst nicht bloß notwendigerweise die Wahl des Koordinationsprinzips „Markt“, sondern auch die ordnungspolitische Erkenntnis der Zurückhaltung des Staates in wirtschaftlichen Angelegenheiten. Die Wirtschafts- und Gesellschaftsordnung, die wir vorfinden, ist die Konsequenz der Ergebnisse menschlichen Handelns, aber nicht menschlichen Entwurfs, wie eine von *Adam Ferguson* übernommene Formel v. Hayeks lautet. Wenn die Wirtschafts- und Gesellschaftsordnung jedoch als ganzes geplant war, so sind die Ergebnisse vielfach gänzlich anders, als sich die Architekten das vorgestellt hatten. Wenn der derzeitige Generalsekretär der KPdSU, Michail Sergejewitsch Gorbatschow, den real existierenden Sozialismus eine „verkrustete Pfründenwirtschaft“ nennt, so haben wir das Ergebnis von Millionen von Entscheidungen unter den gegebenen sozialistischen Rahmenbedingungen vor uns.

v. Hayek interessiert besonders das Verhalten von Individuen und die Entwicklung von Institutionen, die bei Beachtung von Regeln entstehen, die menschliches Miteinander in Freiheit ermöglichen sollen. In diesem Zusammenhang hat v. Hayek einer Forschungsrichtung, die man als „Evolutionstheorie" bezeichnet, wichtige Impulse gegeben. Aus dieser Sicht verdankt der Mensch Zivilisation und Wohlstand nicht seiner planenden Vernunft, sondern Traditionen, die er nie bewußt geschaffen hat und die er selbst heute noch sehr unvollkommen versteht. Da wir auf die Frage, warum wir an bestimmten Traditionen oder Moralauffassungen festhielten, keine unsere Ratio befriedigenden Antworten geben könnten – sie sind ja eben nicht das Produkt unserer Ratio –, ist man leicht geneigt, Traditionen und überkommene Moralauffassungen gegen das einzutauschen, was unser Verstand uns als vernünftig und wünschenswert nahelegt. Die Konsequenz davon ist aber nicht, wie v. Hayek nachweist, daß wir beispielsweise bei Änderung unserer Moralauffassungen endlich in der Gesellschaft und in der Welt leben, nach der wir immer gesucht haben, sondern uns auf einmal mit Problemen konfrontiert sehen, auf die unser Verstand auch bei Abwägung verschiedenster und abgelegenster Möglichkeiten nicht im mindesten gekommen ist.

In seiner *„Verfassung der Freiheit"* beschreibt v. Hayek die Aufgaben des Staates als der von den Bürgern gewählten Vertretung in einer freiheitlichen Gesellschaft. Das Leitmotiv dieses Buches ist die Begründung von Regeln und Institutionen, die Freiheit sichern. Obwohl dies so offenkundig und unverzichtbar scheine, müßten die dazu erforderlichen Voraussetzungen den Menschen immer wieder bewußt gemacht werden. v. Hayek will dies für dieses Jahrhundert leisten. Dabei erinnert er nicht bloß daran, was uns die Denker früherer Jahrhunderte schon gesagt haben, sondern er gibt uns – wie Lionel Robbins hervorgehoben hat – in erster Linie tiefe Einsichten in das Funktionieren von Ordnungen, die nicht als Ganzes geplant wurden, und in die Beschränkungen, die wir uns selbst auferlegen müssen, um eine freiheitliche Gesellschaftsordnung zu bewahren. Das Losungswort zur Erfüllung dieser Aufgabe heißt für v. Hayek: „Government under the law". Genau wie Individuen bestimmte Regeln akzeptieren müßten, hätten sich auch Regierungen Gesetzen zu unterwerfen, um nicht versucht zu sein, die Freiheit von Bürgern einzuschränken. Voraussetzung hierfür sind eine rechtsstaatliche Ordnung und Regierungen, die sich regelmäßigen politischen Kontrollen in Form von Wahlen durch die Bürger zu unterziehen haben: *„Demokratie ist die einzige Methode der friedlichen Änderung, die Menschen bisher erfanden."* v. Hayek weist nach – dies ist geradezu sein „ceterum censeo" –, daß dies zur Sicherung der Freiheit nicht ausreicht, daß die Freiheit der Bürger sogar im Rechtsstaat gefährdet ist, wenn Regierungen Gesetze erlassen, die die Rechte der Bürger beschneiden wie z.B. Einschränkungen des freien Kapitalverkehrs oder der Nutzung des Eigentums bei Wahl der Vertragspartner. Gerade um Wahlen zu gewinnen, könnten Regierungen, ob sie sich nun konservativ, liberal oder sozialistisch nennen, freiheitsbeschränkende Gesetze verabschieden. Wäre davon nur eine Minderheit betroffen, würde die Mehrheit applaudieren.

So könnten, wie v. Hayek annimmt, Regierungen kaum der Versuchung widerstehen, die Notenpresse zwecks Verbesserung der eigenen Wahlaussichten zu betätigen. Auch eine unabhängige Notenbank könne fortwährendem politischen Druck nicht standhalten – eine Schlußfolgerung, die keineswegs weltfremd ist. Die ordnungspolitische Konsequenz, die v. Hayek daraus zieht, ist dermaßen radikal, daß sie sogar den Fachökonomen den Atem verschlagen hat: Die Ausgabe von Banknoten sollte nicht das Monopol einer staatlichen Zentralbank bleiben, sondern die Bürger sollten selbst entscheiden können, welches Geld sie für ihre Transaktionen nutzen, ob das ihrer eigenen Zentralbank, das einer fremden Zentralbank oder das einer privaten Bank. Wenn die Bürger zwischen verschiedenen Geldsorten wählen könnten, müßten die Notenbanken eine Geldqualität anbieten, die die Bürger von einer Abwanderung zu den Konkurrenten abhielte. Dann folgt ein Satz, der für v. Hayek geradezu typisch ist:

„In der Tat wird der Tag glücklich zu preisen sein, an dem wir nicht mehr vom Wohlwollen der Regierung gutes Geld erwarten, sondern davon, daß die Banken ihre eigenen Interessen verfolgen.“

Ein solcher Vorschlag ist keineswegs utopisch oder realitätsfremd. Wenn die Bürger dem Geld der eigenen Notenbank kein Vertrauen mehr entgegenbringen, suchen sie von sich aus nach einer Geldsorte, der sie vertrauen können; so gibt es z.B. in den sozialistischen Staaten für besonders begehrte Güter einen zweiten Geldkreislauf harter Währungen. Auch für die Europäische Gemeinschaft könnte man sich die Konkurrenz nationaler Währungen als einen Weg zu einer Europäischen Währungsunion vorstellen.

Die Ursache für die Freiheitsbeschränkungen der Bürger durch demokratisch gewählte Regierungen sieht v. Hayek darin begründet, daß diese ihrerseits nicht mehr unter Gesetzen stehen, die ihrer Einflußnahme enthoben sind. Regierungen und Parlamente entschieden in Personalunion sowohl über Gesetze, die menschliches Miteinander grundsätzlich regeln, als auch über Maßnahmegesetze zur Auffüllung solcher Grundordnungen. Um aber den Handlungsspielraum der Regierungen einzuschränken und sie in ihren Aktionen auf eine bestimmte Ordnung zu verpflichten, schlägt v. Hayek eine Art Zweikammer-System vor, wobei die für die Grundsatzentscheidungen verantwortliche Kammer über einen längeren Zeitraum (10 Jahre) von bestimmten Jahrgängen gewählt werden sollte, während die für die materielle Auffüllung verantwortliche Kammer wie bisher gewählt werden sollte. Die Grundidee ist die Verpflichtung von Parlamenten und Regierungen auf Grundsätze, die eine freiheitliche Gesellschaft auf Dauer sichern.

Schumpeter und v. Hayek sind Nationalökonomen aus der „Wiener Schule“, *Karl Popper* ist Philosoph. Für Popper heißt Philosoph sein, über Probleme nachzudenken, die die Grenzen eines einzelnen wissenschaftlichen Faches überschreiten und die für die Erkenntnis der Wahrheit und der Dinge um uns herum, für die Entwicklung der Wissenschaft und für die Formulierung moralischer Regeln zentral sind. Die Bedeutung, die Popper der Philosophie beimißt, erhellt sein Bericht über sein Zusammentreffen mit *Ludwig Wittgenstein,* einem ebenfalls aus Wien stammenden Cambridger Philosophen, der die Beschäftigung mit gewissen philosophischen Problemen als „Sprachspiele" auffaßte. Als Popper zu einem Vortrag nach Cambridge über ein „philosophical puzzle" eingeladen wurde, beschloß er, da ihm die hinter der Themenstellung stehende Auffassung Wittgensteins „von Herzen zuwider war", über die Frage „Gibt es philosophische Probleme?" zu sprechen. Nachdem er die grundsätzliche Bedeutung der Philosophie hervorgehoben hatte, unterbrach ihn Wittgenstein und klärte ihn über die Nichtexistenz philosophischer Probleme auf, wobei er die Beantwortung der von Popper aufgeworfenen Fragen einzelnen Disziplinen zuwies. Dabei unterstrich er seine Argumente mit einem Schürhaken, den er gelegentlich wie einen Dirigentenstab schwang. Als Popper auf die inquisitorische Frage Wittgensteins: „Geben Sie ein Beispiel für eine moralische Regel!" erwiderte: „Man soll einen Gastredner nicht mit einem Schürhaken bedrohen", warf Wittgenstein ärgerlich den Schürhaken hin, stürmte aus dem Raum und schlug die Tür hinter sich zu.

Dieses Zusammentreffen wurde bald zum Gegenstand wilder Gerüchte. Nach erstaunlich kurzer Zeit erhielt Popper eine Anfrage aus Neuseeland: „Ob es wahr sei, daß Wittgenstein und ich uns gegenseitig mit Feuerhaken geschlagen hätten." Näher am Kampfplatz wären die Geschichten etwas weniger übertrieben gewesen, aber nicht *viel* weniger. Diese Begebenheit charakterisiert treffend Poppers Einstellung zur Philosophie, die er höchst ernsthaft, aber nicht ohne Humor betreibt. Seine Untersuchungsgegenstände, seine Forschungsmethoden und seine Wirkung auf einzelne Disziplinen und sogar auf die politische Praxis sprechen für Poppers These der Existenz philosophischer Probleme und auch für die inspirierende Wirkung, die von der Behandlung und Lösung dieser Probleme ausgeht.

Popper hat nie etwas davon gehalten, über die Schönheit oder die Wahrheit an sich oder über deren Bedeutung nachzudenken. Seine anti-essentialistische Grundregel lautet: *„Laß dich nicht dazu verleiten, Probleme ernst zu nehmen, bei denen es um Worte und ihre Bedeutung geht. Was man ernst nehmen muß, sind Fragen und Behauptungen über Tatsachen.“* Daraus folgt nicht, daß Popper bloß eine Art angewandte Philosophie vertreten hätte. Eine solche Charakterisierung würde ihm nicht gerecht. Er ist in erster Linie an grundsätzlichen philosophischen Fragestellungen interessiert. Doch fragt er nicht, was ist Wahrheit, sondern wie können wir uns der Wahrheit nähern. Dabei ist Wahrheit für ihn nichts, in dessen Besitz man sich einundfürallemal setzen könne, und was einem den endgültigen Maßstab zur Unterscheidung von wahr und falsch verschaffte. Popper hat den Ausgangspunkt seines Philosophierens in einem Satz ausgedrückt, den wir als eine „hommage“ an Sokrates betrachten können:

„Je mehr wir über die Welt lernen und je tiefer unser Lernen, desto bewußter, spezifischer und artikulierter wird unsere Kenntnis dessen sein, was wir nicht wissen, die Kenntnis unserer Unwissenheit.“

Diesen Satz zitiert v. Hayek zustimmend an verschiedenen Stellen, doch meinen Popper und v. Hayek wohl Unterschiedliches. Während Popper ausdrücken will, daß wir immer weniger wissen, je tiefer wir in eine Sache eindringen, weil wir nun die Größe eines Problems zu erfassen beginnen, will v. Hayek sagen, daß es bei steigendem Wissen von Individuen für eine zentrale Stelle immer schwieriger sein wird, alles in einer Gesellschaft vorhandene Wissen zu speichern, zu verarbeiten und in politische Aktionen umzusetzen. v. Hayek folgert daraus Zurückhaltung des Staates oder irgendeiner zentralen Steuerungsstelle bei Eingriffen in die Gesellschaft, während Popper eine solche Schlußfolgerung nicht ziehen will. Vielmehr hat man bei Auswertung Poppers ordnungspolitischer Äußerungen in der *„Offenen Gesellschaft“* bisweilen den Eindruck, als ob sein Prinzip des „piecemeal social engineering“ einen kräftig intervenierenden Staat voraussetze. Sicherlich könnte man einwenden, daß Poppers für Individuen gedachte Maxime sokratischer Bescheidenheit konsequenterweise auch für staatliches Handeln gelten müsse. Spätere Äußerungen Poppers deuten auch in diese Richtung.

Poppers zentrale Frage: *„Wie kommen wir der Wahrheit näher?“* ist keineswegs, wie es auf den ersten Blick scheinen könnte, eine andere Formulierung der Frage: Was ist Wahrheit?, sondern Ausdruck einer anderen Haltung und einer anderen Methode, nämlich Prüfverfahren zu entwickeln, die uns erkennen lassen, ob wir der Wahrheit oder einer Erkenntnis näher gekommen sind. Das bedeutet, daß wir unsere Erkenntnisse und Ergebnisse immer wieder auf die Probe stellen müssen. Zur Erklärung dieses Vorgehens ist es hilfreich, zunächst auf Poppers Beweis einzugehen, daß man auf induktivem Wege nicht zu sicheren Erkenntnissen gelangen könne. Wir werden das anhand eines Beispiels nachvollziehen, das häufig zur Illustration solcher Sachverhalte verwendet wird.

Können wir aus der Beobachtung, daß wir bisher nur weiße Schwäne gesehen haben (induktives Vorgehen), den Schluß ziehen: Es gibt keinen nichtweißen Schwan? Offensichtlich nicht, denn schon der erste nichtweiße (schwarze ...) Schwan macht unseren allgemeinen Satz hinfällig. Wenn wir uns von diesem trivialen Beispiel lösen und ein komplexeres Problem betrachten, so können wir diesem auf induktivem Wege noch nicht einmal annäherungsweise beikommen, da wir nicht wissen, welche Daten wir aus der unübersehbaren Fülle von Erscheinungen auszuwählen haben. Wir brauchen gewissermaßen einen „Scheinwerfer“, um die uns interessierenden Informationen zu finden. Als einen solchen Scheinwerfer können wir Hypothesen/Theorien ansehen. Und jetzt ist Popper in der Lage, David Humes Induktionsproblem neu zu formulieren und auch zu lösen: Aus singulären Sätzen (Beobachtungen) können wir keine allgemeinen Sätze (Theorien) ableiten. Wir können aber Theorien mit singulären Sätzen (Beobachtungen) konfrontieren und widerlegen. Daraus folgt zweierlei:

- Wir müssen Theorien so formulieren, daß sie widerlegt werden können;
- Theorien gelten solange als (vorläufig) wahr, als sie noch nicht durch beobachtbare Tatsachen widerlegt (falsifiziert) wurden.

Damit haben wir Poppers berühmtes Kriterium zur Wahrheitsfindung – genauer: Wahrheitsannäherung – abgeleitet: *Falsifizierbarkeit.* Es ist auch unter dem Namen „Popper-Kriterium" in die Wissenschaftsgeschichte eingegangen.

Das bisher Abgeleitete scheint dermaßen offensichtlich, daß man den umwälzenden Charakter der Popperschen Entdeckung übersehen könnte: Anstatt die Richtigkeit einer Theorie beweisen zu wollen, müssen wir nach Tatsachen Ausschau halten, die unserer Theorie widersprechen. Wollen wir die Richtigkeit einer Theorie nachweisen, so neigen wir erstens dazu, sie so zu formulieren, daß sie unwiderlegbar wird – „Immunisierungsstrategie" hat *Hans Albert* ein solches Vorgehen genannt – und zweitens suchen wir nach die Theorie bestätigenden Erscheinungen, während wir die widersprechenden übersehen oder gar unterschlagen. Diese Strategien haben im Prozeß der Wahrheitsannäherung fundamental unterschiedliche Konsequenzen: Sind wir auf den Wahrheitsbeweis aus, so stürzt eine „Forschungs"-Welt zusammen – vielleicht auch mehr als das –, wenn das Unternehmen mißlingen sollte; sind die Theorien auf Falsifizierbarkeit hin formuliert, dann können wir die Widerlegung als eine Annäherung an die Wahrheit betrachten, da von den verschiedenen Annäherungsmöglichkeiten eine ausgesondert werden konnte. Irrtümer sind jetzt keine Katastrophe mehr, sondern eine Chance (Bryan Magee). Popper zieht daraus eine zentrale gesellschaftspolitische Konsequenz: *„Auf der vorwissenschaftlichen Stufe werden wir oft selbst zusammen mit unseren falschen Theorien zerstört, eliminiert; wir gehen mit unseren falschen Theorien zugrunde. Auf der wissenschaftlichen Stufe versuchen wir systematisch, unsere* *falschen Theorien zu eliminieren – wir versuchen, unsere Theorien an unserer Stelle sterben zu lassen.*" Dieser Satz leitet einmal zur Kritik des Erkenntnisprogramms des „Wissenschaftlichen Sozialismus" über, wo eine Widerlegung der zugrundeliegenden Erkenntnis als Sakrileg, Verrat oder gar als Verbrechen aufgefaßt werden kann, zum anderen zu Poppers Konzept der „Offenen Gesellschaft", wo miteinander konkurrierende Ideen und Theorien als Annäherungsversuche an die Wahrheit betrachtet werden können.

Im biographischen Abschnitt war geschildert worden, daß Popper seines sozialen Engagements wegen früh mit Marx und Marxisten in Berührung kam und sich von ihrer Überheblichkeit abgestoßen fühlte. Natürlich gab es auch damals gegen die Lehren des „Wissenschaftlichen Sozialismus" teilweise schärfste Einwände, wie z.B. v. Böhm-Bawerks Kritik der Marxschen Arbeitswerttheorie, die als an den Kosten orientierter Ansatz nichts über den Wert der Produkte aussagen könne, da diese von den Nutzenvorstellungen der Nachfrager abhingen – Ludwig v. Mises und F. A. v. Hayek haben hierauf ihre grundsätzliche Sozialismuskritik aufgebaut –, doch konnten sie den Kern des „Wissenschaftlichen Sozialismus" nicht treffen.

Popper bewies nicht wie v. Mises und v. Hayek, daß der Sozialismus in der Praxis nicht funktionieren könne, sondern daß der „Wissenschaftliche Sozialismus" nichts mit Wissenschaft zu tun habe. Kein Angriff könnte vernichtender sein, hatten sich doch Marx und Engels gerade auf die Wissenschaftlichkeit ihres Konzeptes gegenüber konkurrierenden sozialistischen Denkern berufen, die ein besseres sozialistisches Morgen ausmalten, ohne die Frage zu beantworten, auf welchem Wege denn die Welt verändert werde. Habe man den mittelalterlichen Denkern dies noch nachsehen können – so Friedrich Engels –, so sei es unverzeihlich, nachdem sich der Kapitalismus entfaltet habe und man hieran die Gesetze erkennen und herausarbeiten könne, nach denen die Todeswehen des Kapitalismus unausweichlich seien. Genau diese Annahme, die zukünftige gesellschaftliche Entwicklung anhand der in der Geschichte waltenden Gesetze aufzeigen zu können, bezeichnet Popper als *„Historizismus“*. Er hat das Buch, in dem er seine Kritik der Marxschen Lehre der Weltentwicklung ausbreitete, *„Das Elend des Historizismus“* genannt. Damit spielte er auf Marx' Auseinandersetzung mit *Proudhon* an: Proudhon hatte seine gesellschaftspolitische Konzeption – etwas hochtrabend – als „La Philosophie de la Misère“ (Die Philosophie des Elends) charakterisiert, worauf der scharfzüngige Marx mit „La Misère de la Philosophie“ (Das Elend der Philosophie) antwortete.

Popper erinnert daran, daß die Annahme oder der Glaube, Geschichte habe ein vorgegebenes, erkennbares Ziel, verschiedene Ausformungen annehmen könne und daß sie sich bei Marx und Engels in den Einkleidungen „Materie“, „Klassen“ und „Klassengegensätze“ zeigten. Zu Marx' zentralem Begriff der „Klasse“ hat Popper einen geradezu „klassischen“ Satz geprägt:

„Man hat die Marxisten gelehrt, nicht in Institutionen, sondern in Klassen zu denken. Klassen aber herrschen niemals, ebensowenig wie Nationen. Herrscher sind stets bestimmte Personen. Und welcher Klasse sie auch entstammen mögen – sobald sie herrschen, gehören sie zur herrschenden Klasse.“

Im Prinzip stehe der „Wissenschaftliche Sozialismus“ in der Abfolge „Gott-Natur-Geschichte“ und sei nichts anderes als eine „Säkularisierte Religion“ oder – weniger höflich – der „reinste Aberglauben“. Popper stellt diesem Aberglauben seine „Offene Gesellschaft“ gegenüber, wo weder das Schicksal der Menschheit noch der Platz des einzelnen Individuums in der Gesellschaft determiniert sind. Uns interessiert nicht die kritische Ausleuchtung der Gesellschaftsentwürfe von Platon über Aristoteles bis hin zu Hegel, sondern die ordnungspolitischen Konsequenzen der Popperschen Erkenntnistheorie für die offene Gesellschaft.

Die Vermutung, daß Poppers „Offene Gesellschaft“ und v. Hayeks „Verfassung der Freiheit“ auf einem nahezu identischen ordnungspolitischen Fundament gründen, liegt nahe. Auch die Hochachtung der beiden Denker voreinander und ihre gegenseitige zustimmende Zitierung sprechen hierfür. Auf jeden Fall gibt es keinen Beleg, daß der eine sich kritisch über die ordnungspolitische Konzeption des anderen geäußert hätte. Doch kommen sie offenkundig von unterschiedlichen Positionen her zu ihren Konzeptionen:

- v. Hayek diskutiert die zur Sicherung einer freiheitlichen Ordnung notwendigen Regeln und die entsprechenden Staatsfunktionen. Man spürt den Geist der englischen Klassiker der Nationalökonomie; v. Hayek selbst hat seinen politischen Standort als den eines „old whig" charakterisiert, den auch v. Hayeks Vorbild, *Adam Smith,* eingenommen hat.
- Eines der wichtigsten Kennzeichen der „Offenen Gesellschaft" ist für Popper „der Wettstreit ihrer Mitglieder um die Stellung, die sie in ihr einnehmen sollen". Ein weiteres zentrales Kennzeichen ist die Anwendung seiner Erkenntnistheorie auf sozialwissenschaftliche Probleme: Analog zum Grundsatz, Hypothesen aufzustellen und sie nach Falsifizierung „sterben" zu lassen („trial and error"), solle der Staat verschiedene Maßnahmen ergreifen, deren Konsequenzen überprüfen, bei Erfolg fortführen und bei Mißerfolgen zu einer anderen Politik übergehen. *Dieses Vorgehen nennt Popper „piecemeal social engineering".*

Ein solcher Ansatz gründet nicht notwendigerweise auf dem Ideal der Freiheit. Gefordert wird lediglich, daß Politiker der Versuchung widerstehen, die Gesellschaft nach einem umfassenden Plan zu formen. Vielmehr sollen sie ihre Zielvorstellung portionieren und ihre Ziel-Mittel-Kalküle einer regelmäßigen Erfolgskontrolle unterziehen. Eine Grenze würde dieser Ansatz dort finden, wo der Wettbewerb der Gesellschaftsmitglieder um ihre Stellung innerhalb der Gesellschaft behindert würde. Für die Vermutung, daß die soziale Wohlfahrt im Mittelpunkt politischer Zielsetzung steht, spricht Poppers ausgeprägtes soziales Engagement. Seine Einschätzung – „die Ungerechtigkeit und die Unmenschlichkeit des schrankenlosen ‚kapitalistischen Systems'" läßt uns nicht den Geist von Adam Smith, sondern den von Karl Marx spüren. Popper glaubt sogar, daß Marx kein Kollektivist war, da er hoffte, daß der Staat „absterben" würde: *„Es scheint mir, daß Marxens Glauben im Grunde ein Glauben an die offene Gesellschaft war."* Als Anmerkung sei freilich hinzugefügt, daß Popper diese erstaunliche Feststellung nur treffen konnte, weil er den theoretischen Hintergrund der These vom „Absterben des Staates" nicht ausgeleuchtet hatte.

Angesichts dieser Einschätzungen Poppers dürfte es nicht überraschen, wenn die in der „Offenen Gesellschaft" skizzierte ordnungspolitische Konzeption v. Hayek in Wortwahl und Intention zumindest teilweise mißfiele. So schlägt Popper vor, soziale Institutionen zu konstruieren, die die wirtschaftlich Schwachen vor den wirtschaftlich Starken schützen; die Staatsgewalt müsse diesen Institutionen zur Wirksamkeit verhelfen. Konsequenterweise habe der schrankenlose Kapitalismus einem ökonomischen Interventionismus zu weichen. Dies bedeutet u.a. die Zuweisung von Arbeit und Lebensmöglichkeiten durch Gesetz („es gibt wirklich keinen Grund, warum uns das nicht gelingen sollte"). Die Option für die „Offene Gesellschaft" muß mithin nicht gleichbedeutend sein mit einer Option für v. Hayeks freiheitliche Ordnung. Für Popper scheint Politik an materialen Zielen orientiert zu sein – Beseitigung sozialer Übel –, nicht aber an abstrakten Prinzipien. Wenn Politik vernunftgemäß betrieben und einer laufenden Erfolgskontrolle unterzogen wird, paßt sie in das Konzept der „Offenen Gesellschaft". Aus dieser Perspektive wird einsichtig, warum dieses Konzept auch sozialdemokratische Politiker, wie den früheren Bundeskanzler Helmut Schmidt, angezogen hat: „Hieran zu arbeiten (an der Verbesserung der Lebensqualität von Städten und ländlichen Räumen, J. St.), bedeutet deshalb: systematisch und schrittweise viele einzelne Gesetze und Vorschriften zu ändern, Einzelprobleme anzupacken und zu lösen, die Veränderung eben ‚Stück für Stück' in konkreten

Reformschritten herbeizuführen (‚piecemeal social engineering' – wie Karl Popper sagt)." Störend ist für Sozialdemokraten freilich, daß Popper keine bestimmte politische Perspektive für die Beseitigung sozialer Übel vorgegeben hat. Daher hat Schmidt wohl von sich selbst gesagt: „Ich bin kein Marxist, ich bin ebensowenig ein Anhänger des kritischen Rationalismus".

Insgesamt hat man nach der Lektüre der ordnungspolitischen Passagen der „Offenen Gesellschaft" ein ambivalentes Gefühl. Poppers Stichworte „piecemeal social engineering", „ökonomischer Interventionismus" und „Konstruktion sozialer Institutionen" ließen sich unter v. Hayeks Überschrift „Konstruktivistischer Rationalismus" ablegen, weil man folgern könnte, daß eine bestimmte Gesellschaftsordnung Schritt für Schritt geplant werden könnte. Dies ist kein Widerspruch zu Poppers Position, die man nach einem von Hans Albert geprägten Begriff als *„Kritischen Rationalismus"* bezeichnen könnte. Hiermit ist vernunftgemäßes Argumentieren und die Aussonderung von Argumenten nach kritischer Prüfung gemeint. Für diese Einschätzung spricht auch Poppers Zutrauen in die Zuverlässigkeit demokratischer Institutionen. So sieht er in der politischen Gewalt den Schlüssel zum wirtschaftlichen Schutz und will die wirtschaftliche Gewalt mittels der politischen Gewalt im Zaum halten. Gegen Poppers Feststellung – *„Die Demokratie, das Recht der Menschen, zu urteilen und ihre Regierung zu entlassen, ist das einzige bekannte Mittel, mit dessen Hilfe wir versuchen können, uns gegen den Mißbrauch der politischen Gewalt zu schützen; sie ist die Kontrolle der Herrscher durch die Beherrschten"* – ließe sich einwenden, daß auch demokratisch gewählte Regierungen die Freiheit einzelner beschneiden könnten, ohne das Schicksal sozial Schwacher zum Besseren zu wenden.

Popper weiß selbst um diese Problematik, wenn er vom „Paradox des staatlichen Planens" spricht: *„Wenn wir zu viel planen, wenn wir dem Staat zu viel Gewalt übertragen, dann geht die Freiheit verloren."* Und er diskutiert daraufhin zwei grundsätzliche Methoden, deren sich die ökonomische Intervention des Staates bedienen könnte: Einerseits im Rahmen gesetzlicher Bestimmungen und andererseits Bevollmächtigung der Organe des Staates – in gewissen Grenzen –, so zu handeln, wie sie es zur Erreichung der Ziele für notwendig halten. Poppers Plädoyer der institutionellen Begrenzung staatlicher Interventionen („Errichtung von Institutionen, die so arbeiten, daß auch schlechte Herrscher keinen allzu großen Schaden anrichten können") entspricht dem v. Hayeks für „government under the law". Damit sind dem zuvor propagierten ökonomischen Interventionismus deutliche Grenzen gesteckt.

Wie erklären wir diesen Widerspruch? Einen Hinweis könnte Fausts Stoßseufzer geben:„Zwei Seelen wohnen, ach! in meiner Brust." Die eine Seele Poppers ist sein soziales Engagement, die andere die Sicherung der Freiheit des einzelnen vor staatlichem Zugriff. Da das Manuskript der „Offenen Gesellschaft" unmittelbar nach Poppers Weggang aus Österreich entstanden ist und das damalige Österreich – mit Verlaub – nicht als Muster für demokratische Wirtschaftspolitik dienen kann, können wir zu dem Schluß kommen, daß Popper – nach langjährigen Erfahrungen mit dem britischen Wohlfahrtsstaat – die Grenzen wirtschaftspolitischer Intervention klarer benennen würde.

Bündelt man seine späteren ordnungspolitischen Äußerungen, so könnte man ihn vielleicht als einen Vertreter der Sozialen Marktwirtschaft ansehen. Freilich ist auch hier die Frage nach der Eingrenzung staatlicher Interventionen noch nicht abschließend geklärt. So sieht v. Hayek in dem charakterisierenden Beiwort „sozial" das Einfallstor für interventionistische, wenn nicht sogar antimarktwirtschaftliche Tendenzen.

Bei einer abschließenden Bewertung kann man nicht die Hochachtung unterdrücken, die man der geistigen Spannweite dieser drei Denker entgegenbringen muß. Hier konnte man nur einen Zipfel davon fassen und zeigen. Bei aller Unterschiedlichkeit ihres politischen Standorts haben ihre Stellungnahmen denselben Grundakkord. Man könnte ihn „Marktgesellschaft“ nennen:

- Schumpeter zeigt, daß Individuen – dynamische Unternehmer und initiative Politiker – die bewegenden Elemente der Gesellschaft sind, nicht etwa Aggregate oder Kollektive, wie die auf Keynes aufbauende makroökonomische Denkrichtung meint, oder Systeme und Klassen, wie Marx glaubt. Wir haben auch nachgewiesen, daß der späte Schumpeter das nicht anders gesehen hat; er wollte seine „Vision“ vom heraufdämmernden Sozialismus als Warnung verstanden wissen: Wir könnten unsere Welt, Kultur und Werte nicht bewahren, wenn wir alles wie bisher weiter treiben ließen.
- Niemand hat klarer als v. Hayek die Funktionsbedingungen einer demokratischen Gesellschaft aufgezeigt, die sich der Freiheit der Bürger verpflichtet fühlt. Niemand hat klarer als er nachgewiesen, daß individuelle Freiheit und Spontaneität, die bei gesamtgesellschaftlicher Planung Störquellen erster Ordnung sind, in der Marktgesellschaft Voraussetzungen für soziale Wohlfahrt sind, weil über Marktprozesse individuelles Wissen genutzt und Initiativen belohnt werden.
- Die Ordnungsfunktion „Markt“ entspricht in Aufbau und Ablauf dem Popperschen Erkenntnisprogramm: Ähnlich wie der Wissenschaftler, der Theorien zu bilden und Hypothesen abzuleiten hat, die mit der Realität zu konfrontieren und bei Mißerfolgen zu modifizieren oder zu verwerfen sind, muß der Produzent Vorstellungen (Theorien) über die jeweilige Marktgängigkeit haben und mittels Produktentwicklungen konkretisieren (Hypothesen), wobei die Bewährung auf den einzelnen Märkten als Hypothesentest anzusehen ist.

Natürlich hat nicht bloß das Plädoyer dieser Denker für die Marktgesellschaft die Wege für eine Wende im politischen Denken geebnet; daß man wieder auf sie hörte, dazu haben nicht zuletzt auch die schlechten Erfahrungen beigetragen, die man mit der an Keynes orientierten Globalsteuerung hat machen müssen, wobei wir einmal zu wenig über die Reaktionsweisen der einzelnen Wirtschaftssubjekte gewußt haben – das v. Hayeksche Argument – und zum anderen zu viel Vertrauen in die politische Entschlußkraft gesetzt haben; auf diese offene Flanke der Globalsteuerung hatte schon frühzeitig Schumpeter hingewiesen, als er Keynes' Position als „politisch naiv" klassifizierte.

Die politische Betonung der „angebotsorientierten" Sicht des wirtschaftlichen Geschehens ist das Bemühen, auf die spontanen Reaktionen der Marktteilnehmer zu setzen und die Rahmenbedingungen so zu gestalten, daß unternehmerische Investitionen wieder lohnender werden. Dies kommt einer Abkehr vom Verteilungsstaat gleich. Dies ist teilweise ein schmerzlicher Prozeß; auch für Politiker ist es angenehmer, „Geschenke" zu machen als „nein" zu sagen.

Einige Politiker schießen in ihrem Bemühen, Unternehmern bei der Investitionstätigkeit und bei der Bewältigung des Strukturwandels zu helfen, sogar über das Ziel hinaus. Schumpeter würde es wohl als eine Ironie des Schicksals betrachten, daß Politiker sich häufig auf ihn berufen, wenn sie Unternehmen beim Innovationsgeschäft durch unmittelbare finanzielle staatliche Unterstützung und durch Nachhilfeunterricht bei der Erneuerung von Produktionsfunktionen beispringen wollen. Er würde darin einen Schritt in Richtung „Heraufkunft des Sozialismus" sehen oder gar schon Ausdruck der Sozialisierung der Investitionstätigkeit selbst.

Beachtenswert an Poppers methodologischem Credo ist für Wissenschaftler, aber auch für alle, die politische Verantwortung tragen, vielleicht vor allem die damit verbundene Haltung. Wegen der Komplexität des sozialen Geschehens und wegen der Vielfalt der Einflußfaktoren, die in ihrem Gewicht weder dem Forscher noch dem Politiker bekannt und politischer Kontrolle entzogen sind, können sozialwissenschaftliche Hypothesen oder der Erfolg bestimmter politischer Maßnahmen nicht zweifelsfrei getestet werden. Uns stehen als Experimente nur bestimmte historische Situationen, also einmalig ablaufende Prozesse, zur Verfügung; daher können wir nicht mit hinreichender Genauigkeit sagen, ob die Bestätigung (Widerlegung) einer Hypothese oder der (Miß-)Erfolg einer Maßnahme nun für oder gegen eine bestimmte Theorie bzw. Politik sprechen. So können wir bei Mißerfolgen – vielleicht sogar mit Recht – sagen: Wenn wir die und die Maßnahme nicht getroffen hätten, dann wäre alles noch viel schlimmer gekommen. Natürlich ist das aber auch eine probate Methode, um eine Theorie oder Politik gegenüber unliebsamer Kritik abzuschirmen. Daher ist Poppers Haltung umso wichtiger: Die Widerlegung einer Theorie als Form der „Wahrheitsannäherung" zu betrachten.

Autorenhinweise

Einführung
Brian Redhead ist Journalist und Rundfunktkommentator. Er war von 1965 bis 1969 Northern Editor des *Guardian* und von 1969 bis 1975 Chefredakteur des *Manchester Evening News.* Er ist derzeit Moderator der *Today*-Sendungen im Vierten Programm der BBC und als Direktor bei der Film- und Fernsehgesellschaft World Wide Pictures Limited tätig.

1. Kap. Plato
Dr. Christopher Rowe wurde 1944 in Cambridgeshire geboren, studierte von 1962 bis 1965 klassische Philologie am Trinity College in Cambridge und promovierte dort 1968 mit einer Arbeit über Aristoteles zum PhD. Er folgte anschließend einem Ruf an die Universität Bristol, wo er derzeit als Senior Lecturer im Department of Classics und Archaeology griechische Philosophie und Literatur lehrt. Er ist der Verfasser von *The Eudemian and Nicomachean Ethics: A Study in the Development of Aristotle's Thought,* Cambridge University Press, Cambridge 1971; *An Introduction to Greek Ethics,* Hutchinson, St. Albans 1976; *Essential Hesiod,* Bristol Classical Press, Bristol 1978, und *Plato,* Harvester Press, Brighton 1984.

2. Kap. Aristoteles
Peter Nicholson wurde 1940 in Guildford (Surrey) geboren. Er studierte Politikwissenschaft an der Universität Exeter (1961 BA Soc sts), unterrichtete von 1963 bis 1979 im Department of Political Theory and Government des University College of Swansea (University of Wales) und folgte anschließend einem Ruf an die Universität York, wo er derzeit als Senior Lecturer im Department of Politics hauptsächlich Geschichte der Staatsideen lehrt. Er ist Schatzmeister der

Society for the Study of Greek Political Thought, die Forschungen zu Aristoteles und zu anderen griechischen Denkern sowie zu ihren Zeitumständen fördert und ist gern bereit, Interessenten Informationsmaterial betr. Mitgliedschaft zuzusenden. (Adresse: c/o Department of Politics, University of York, Heslington, York, Y01 5DD, England.)

3. Kap. Augustinus
Dr. Janet Coleman wurde in New York geboren, studierte Mediävistik an der Yale University, promovierte dort 1970 zum PhD und war von 1970 bis 1971 Fulbright-Stipendiatin an der École des Hautes Études der Universität Paris. Anschließend war sie College Supervisor im Fach Geschichte für verschiedene Colleges der Universität Cambridge, Mitglied der Colleges Clare Hall and St. Edmund's House sowie von 1972 bis 1978 im Auftrag der historischen Fakultät der Universität Cambridge Dozentin für Geschichte des Mittelalters. Von 1974 bis 1975 war sie Senior Research Fellow am Warburg Institute der Universität London; 1978 folgte sie einem Ruf an die Universität Exeter als Dozentin für Politik. Sie ist Mitgründerin und -herausgeberin der Zeitschrift *History of Political Thought.* Sie ist die Verfasserin von *English Literature in History, 1350–1400: Medieval Readers and Writers,* Hutchinson, London 1981, und *Piers Plowman and the Moderni,* Edizioni di Storia e Letteratura, Rom 1981.

4. Kap. Thomas von Aquin
Dr. Antony Black wurde 1936 in Leeds geboren. Er studierte von 1957 bis 1960 Geschichte am King's College der Universität Cambridge und arbeitete nach dem ersten akademischen Grad von 1960 bis 1963 an seiner Dissertation (1967 Promotion). 1963 wurde er Lecturer im Department of Political Science der University of Dundee (damals Queen's College, Dundee, University of St Andrews), wo er seither (mit Ausnahme der Jahre 1975/76, in denen er Visiting Associate Professor an der American University in Washington/DC war) lehrt, derzeit als Senior Lecturer. Veröffentlichungen:

Monarchy and Community: Political Ideas in the Later Conciliar Controversy 1430–50, Cambridge University Press, Cambridge 1970; *Council and Commune: the Conciliar Movement and the Fifteenth Century Heritage,* Search Press, London 1979, und *Guilds and Civil Society in European Political Thought from the Twelfth Century to the Present,* Methuen, Andover (Hampshire) 1984.

5. Kap. Machiavelli
Professor Sydney Anglo wurde 1934 in London geboren, studierte Geschichte an der Universität London und promovierte 1959 bei Frances Yates am Warburg Institute. 1961 wurde er Dozent für Geistesgeschichte am University College of Swansea, wo er dieses Fach derzeit als Professor vertritt. 1965 wurde er zum Fellow der Society of Antiquaries gewählt, von 1971 bis 1972 war er Senior Fellow am Warburg Institute und von 1978 bis 1980 Leverhulme Research Fellow. Er hat mehrere Bücher, darunter *Machiavelli: a dissection,* Gollancz, London 1969, und *Spectacle, Pageantry and Early Tudor Policy,* Clarendon Press, Oxford 1969, sowie zahlreiche Aufsätze in Zeitschriften veröffentlicht. Er arbeitet derzeit an einer Monographie über die Geschichte des Turniers und des Duells und an einer weiteren über die Rezeption Machiavellis.

6. Kap. Calvin
Harro Höpfl wurde 1943 in Berlin geboren. Er besuchte das Wimbledon College und studierte von 1962 bis 1966 Politik und politische Philosophie an der London School of Economics (1966 MSc Econ). Er ist seit 1967 Dozent für Politische Philosophie an der University of Lancaster, hat Arbeiten über Calvin und das Staatsdenken der frühen Neuzeit veröffentlicht und arbeitet derzeit über die Staatstheorien der Jesuiten bis 1630. Er ist der Verfasser von *The Christian polity of John Calvin,* Cambridge University Press, Cambridge 1982.

7. Kap. Hobbes
Dr. Richard Tuck wurde 1949 in Newcastle upon Tyne geboren. Er studierte Geschichte am Jesus College in Cambridge und ist seit 1971 Fellow desselben, Director of Studies im Fach Geschichte sowie Universitätsdozent für Geschichte. Er ist der Verfasser von *Natural Rights Theories,* Cambridge University Press, Cambridge 1979.

8. Kap. Locke
John Dunn wurde 1940 in Fulmer geboren, studierte Geschichte am King's College (1962 BA) und von 1962 bis 1964 an der historischen Fakultät der Universität Cambridge, ging 1964 für ein Jahr mit einem Harkness Stipendium an die Harvard University und ist seit 1966 Fellow des King's College in Cambridge. Er wurde 1972 Dozent für Politikwissenschaft an der Universität Cambridge und 1977 dort planmäßiger a.o. Professor für Politik. Von 1968 bis 1969 war er Gastdozent an der University of Ghana und später an den Universitäten von Britisch-Kolumbien und Bombay sowie an der städtischen Universität Tokio. Wichtigste Veröffentlichungen: *Modern Revolutions,* Cambridge University Press, Cambridge 1972; *Western Political Theory in the Face of the Future,* Cambridge University Press, Cambridge 1979, und *The Politics of Socialism,* Cambridge University Press, Cambridge 1984.

9. Kap. Rousseau
Dr. Robert Wokler wurde in Frankreich geboren, studierte Soziologie an der University of Chicago (1964 BA) und promovierte in Oxford zum DPhil. Er studierte außerdem Geschichte der Staatsideen an der London School of Economics und war Forschungsstipendiat am Sidney Sussex College in Cambridge. Seine Hauptarbeitsgebiete sind die Geschichte der Sozialphilosophie des achtzehnten und frühen neunzehnten Jahrhunderts, Rousseau sowie die Ethnologie im Zeitalter der Aufklärung. Er ist derzeit Senior Lecturer für Politikwissenschaft an der Universität Manchester. Wich-

tigste Veröffentlichungen: *Rouseau's 'Discours sur l'inégalité' and its Sources* sowie Monographien über Rousseau, Diderot und Rameau.

10. Kap. Smith
Dr. John Robertson wurde 1951 in Dundee geboren, studierte von 1969 bis 1972 Neuere Geschichte am Wadham College in Oxford (MA) und promovierte anschließend bei Professor Hugh Trevor-Roper zum DPhil. Er war von 1975 bis 1980 von der Vorlesung befreiter Dozent mit Forschungsauftrag am Christ Church College in Oxford und ist seit 1980 Universitätsdozent, Fellow und Studienleiter im Fach Neuere Geschichte am dortigen St Hugh's College. Er ist der Verfasser von *The Militia Issue and the Scottish Enlightenment,* John Donald, Edinburg 1985, und hat Aufsätze über David Hume und Adam Smith veröffentlicht.

11. Kap. Mill
Dr. John Gray wurde 1948 in South Shields geboren. Er studierte von 1968 bis 1971 Philosophie, Politologie und Wirtschaftswissenschaften in Oxford und unterrichtet dort als Fellow des Jesus College. Er promovierte mit einer Arbeit über John Stuart Mill und ist der Verfasser von *Mill on Liberty: a Defence,* Routledge and Kegan Paul, London 1983; *Hayek on Liberty,* Blackwell, Oxford 1984, und *Liberalism,* Open University Press, Stony Stratford (Buckinghamshire) 1986.

12. Kap. Marx
Dr. Terrell Carver wurde 1946 im Staat Idaho/USA geboren und studierte Politologie an der Columbia University in New York (1968 BA). Er promovierte am Balliol College in Oxford mit einer politikwissenschaftlichen Arbeit zum DPhil und wurde anschließend Dozent für Politik an der Universität Liverpool. Seit 1980 lehrt er Politikwissenschaft an der Universität Bristol. Er hat Bücher über Marx und En-

gels verfaßt (u.a. *Marx's Social Theory,* Oxford University Press, Oxford 1982) und ins Englische übersetzt und arbeitet derzeit an einer Biographie über Engels sowie an einer als Fortsetzung seines Buches *Marx and Engels: the Intellectual Relationship,* Wheatsheaf Books, Brighton 1983, geplanten Monographie über die politische Beziehung zwischen Marx und Engels.

13. Kap. Das Zeitalter der Moderne I
Alan Ryan wurde 1940 in London geboren, studierte Philosophie, Politologie und Wirtschaftswissenschaften am Balliol College in Oxford, lehrte in Cambridge, Keele, Essex und New York und ist seit 1978 planmäßiger a.o. Professor für Politik an der Universität Oxford. Wichtigste Veröffentlichungen: *John Stuart Mill,* Routledge and Kegan Paul, London 1975; *Property and Political Theory,* o.O. 1984, sowie Aufsätze über sozialwissenschaftliche Themen. Er arbeitet derzeit an einem Buch über Bertrand Russell und die Politik für den Verlag Penguin Books.

14. Kap. Das Zeitalter der Moderne II
Liam O'Sullivan wurde 1937 geboren und studierte an den Universitäten London und Southampton. Er war 1964 Forschungsstipendiat in Southampton und lehrt dort seit 1965 Politische Theorie. Er war 1969 Gastprofessor an der State University of New York und 1975 und 1983 an der Universität Frankfurt am Main. Seine derzeitigen Forschungsinteressen gelten dem Verhältnis zwischen Politik und schöpferischer Phantasie und den Folgerungen, die sich aus Theorien der Emotionen für die politische Philosophie ergeben. Er hat kürzlich ein Buch mit dem Titel *A Politus of Acknowledgement* veröffentlicht.

15. Kap. Das Zeitalter der Moderne III
Professor Joachim Starbatty wurde 1940 in Düsseldorf geboren. Er studierte 1960 bis 1964 Volkswirtschaftslehre und Politische Wissenschaft an der Universitäten Freiburg/Br. und

Köln. 1965 bis 1969 war er wiss. Assistent an der Universität Köln. 1969 bis 1972 wiss Referent beim Deutschen Bundestag. 1975 habilitierte er sich für das Fach Wirtschaftliche Staatswissenschaften. 1976 bis 1983 war er Professor für Wirtschaftspolitik an der Ruhr-Universität Bochum. 1983 folgte er einem Ruf an die Universität Tübingen. Er hat mehrere Bücher über Konjunktur- und Geldpolitik verfaßt und herausgegeb en. Er hat ein Buch über die *Englischen Klassiker der Nationalökonomie – Lehre und Wirkung*. Wissenschaftliche Buchgesellschaft Darmstadt 1985, geschrieben und bereitet die Herausgabe einer Aufsatzsammlung vor: Klassiker des ökonomischen Denkens. Bd. I und II (München 1988).

Beratender Mitarbeiter
Iain Hampsher-Monk wurde 1946 in London geboren, besuchte die dortige St Marylebone Grammar School und studierte an den Universitäten Keele und Sheffield. Er hat Aufsätze über das englische Staatsdenken des siebzehnten und achtzehnten Jahrhunderts und über moderne Staatstheorien veröffentlicht. Er ist Mitgründer und (mit Dr. Janet Coleman) -herausgeber der Zeitschrift *History of Political Thought.* Er hat zwölf Jahre lang an der Universität Exeter gelehrt und war bis vor kurzem Visiting Associate Professor an der University of Missouri in St Louis/USA.

Übersichtstafel über die wichtigsten politischen Denker

Die nachstehende Übersicht erhebt selbstverständlich keinen Anspruch auf Vollständigkeit. Sie enthält neben allen hier erwähnten politischen Denkern die meisten Verfasser von einigermaßen originär erarbeiteten Staatsschriften, Autoren wichtiger Abhandlungen und Streitschriften zu entscheidenden Fragen der Geschichte und Politik und schließlich einige Denker, die zwar keinen Beitrag zur politischen Theorie im herkömmlichen Sinne geleistet haben, aber irgendwie doch in die Politik hineinwirken wollten. Als Beispiele seien so verschiedenartige Autoren wie z.B. *Tolstoj* und *Lorenzo Valla* genannt, welch letzterer mit ungewöhnlichem Scharfsinn die sog. *Konstantinische Schenkung,* im Mittelalter die Hauptstütze für die päpstlichen Ansprüche auf die weltliche Herrschaft, als Fälschung nachwies. Da die Übersicht auch repräsentativ sein soll, mußte bisweilen, um eine bestimmte staatstheoretische Tradition einzubeziehen, ein bekannter Denker einem weniger bekannten Platz machen.

Iain Hampsher-Monk
(Beratender Mitarbeiter)

Solon gest. 559 v. Chr.	Gesetzgebungswerk Elegien	(594 v. Chr.)
Sokrates gest. 399 v. Chr.	keine Schriften	
Plato gest. 347 v. Chr.	Staat Gesetze	(ca. 380 v. Chr.) (unvollendet)
Isokrates gest. 338 v. Chr.	Areopagrede	(354 v. Chr.)
Aristotels gest. 322 v. Chr.	Ethik Politik Rhetorik	
Zeno (der Jüngere) gest. ca. 264 v. Chr.	keine Schriften	
Chrysipp(os) gest. ca. 210 v. Chr.	keine Schriften	
Karneades gest. 129 v. Chr.	keine Schriften	
Polybius gest. ca. 120 v. Chr.	Geschichte des Römischen Reiches	 (ca. 164 v. Chr.)
Panaitios gest. 109 v. Chr.	Über das richtige Handeln	
Cicero gest. 43 v. Chr.	De oratore De re publica De legibus De officiis	 (54–51 v. Chr.) (45 v. Chr.)
Seneca gest. 65 n. Chr.	Epistulae ad Lucilium	 (ca. 64 n. Chr.)

Tacitus gest. ca. 117	Dialogus de oratoribus	(ca. 90)
	Historiae	(ca. 110)
Epiktet(os) gest. ca. 135	Unterhaltungen	
	Handbüchlein	
Mark Aurel gest. 180	Selbstbetrachtungen	
Plotin(os) gest. 270	Enneaden	
Porphyrios gest. 304	Adversus Christianos	
Ambrosius gest. 397	De officiis ministrorum	(386)
Augustinus gest. 430	De doctrina christiana	(397)
	De civitate Dei	(413–427)
Gelasius I. gest. 496	„Duo quippe“	(494)
Justinian I. gest. 565	Codex Iustitianus	(528/529)
	Pandekten (Digesten)	(533)
	Institutionen	(533)
Hinkmar von Reims gest. 882	Opusculum LV capitulorum	(ca. 863)
Gregor VII. (Hildebrand) gest. 1085	Verbot der Laieninvestitur	(1075)
	Dictatus Papae	(1075)

Gratian gest. 1159	Decretum	(ca. 1148)
Johannes von Salisbury gest. 1180	Policraticus	(1159)
Bracton (Henry de) gest. 1268	De legibus et con- suetudinibus Angliae	(1268)
Thomas von Aquin gest. 1274	De regimine principum Summa theologica	 (1265–1267) (1266–1273)
Johannes von Paris gest. 1306	De potestate regia et papali	 (1302)
Ägidius von Rom gest. 1316	De ecclesiastica potestate	 (1302)
Dubois (Pierre) gest. 1320	De recuperatione terrae sanctae	 (ca. 1306)
Dante (Alighieri) gest. 1321	De monarchia libri tres	 (1310)
Marsilius von Padua gest. 1342	Defensor pacis	(1324)
Wilhelm von Ockham gest. 1349	Dialogus Tractatus de potestate imperiali	(1343) (1346)
Bartolus de Sassoferrato gest. 1357	Kommentar zum Corpus iuris civilis Tractatus de re mine civitatis	 (1389)

Wycliffe (John) gest. 1386	De civili dominio De officio regis	(1376) (1379)
Salutati (Coluccio) gest. 1406	Epistolario De tyranno	 (1400)
Huß, Johannes gest. 1415	De ecclesia	(1413)
Petrus von Ailly gest. 1420	De ecclesia et cardinalium potestate	 (1416)
Johannes Gerson **(eigtl. Jean Charlier)** gest. 1429	De potestate ecclesiastica	 (1417)
Leonardo Bruni gest. 1444	Dialogi ad P. Histrum Laudatio Florentinae urbis Historiarum Florenti- narum Libri XII	 (1403/1404) (1414 – 1420)
Pier Paulo Vergerio gest. 1444	P P. Vergerio in nome di Cicerone a Francesco Petrarca De monarchia, sive de optimo principatu De ingenuis moribus	 (1394) (1394 – 1405) (1402)
Laurentius Valla **(eigtl. Lorenzo della Valle)** gest. 1457	De Donatione Constantini magni Elegantiarum linguae latinae…	 (1445) (1471)

Nicolaus Cusanus (Nikolaus von Cues) gest. 1464	De concordantia catholica	(1433)
	Idiota de sapientia	(1450)
	De pace seu concordantia fidei	(1453)
Fortescue, Sir John gest. 1476	In Praise of the Laws of England	(ca. 1490)
Savonarola, Girolamo gest. 1498	De politia et regno (in: Compendium totius philosophiae)	(1494?)
	Trattato circa il regimento e governo della città di Firenze	(1498)
de Seyssel, Claude gest. 1520	La Grand'Monarchie de France	(1519)
Machiavelli, Niccolò gest. 1527	Il principe	(1513)
	Discorsi	(1513–1519)
	Libro della arte della guerra	(1520)
	Istorie Fiorentine	(1520–1527)
Castiglione, Baldassare gest. 1529	Il libro del cortegiano	(1528)
Zwingli, Huldreich gest. 1531	De vera ac falsa religione	(1525)
More, Sir Thomas gest. 1535	Utopia	(1516)
Erasmus von Rotterdam, Desiderius gest. 1536	Morias enkōmion seu laus stultitiae	(1509)
	Ausgabe des Neuen Testaments	(1516)

Tyndale, William gest. 1536	The Obedience of a Christian Man	(1528)
St. Germain, Christopher gest. 1540	A Dialogue in English betwixt a Doctor of Divinity and a Student of the Laws of England	(1523)
Guicciardini, Francesco gest. 1540	Del reggimento di Firenze	(1523)
	Ricordi politici e civili	(1528–1530)
	Considerazioni intorno ai Discorsi del Machiavelli	(ca. 1530)
Luther, Martin gest. 1546	An den christlichen Adel deutscher Nation	(1520)
	Von weltlicher Obrigkeit	(1523)
	Wider die Mordischen und Reubischen Rotten der Bawren	(1525)
Mair, John Major gest. 1550	De potestate papae in temporalibus	
Melanchthon, Philipp gest. 1560	Confessio Augustana	(1530)
	Epitome ethices	(1550)
Calvin, Jean gest. 1564	Christianae religionis institutio …	(1559)
Knox, John gest. 1572	A First Blast of the Trumpet against the Monstrous Regiment of Women	(1558)
	Letter to the Commonalty and Appellation	

Giannotti, Donato gest. 1573	Della republica Fiorentina Libro della republica de Vinitiani	(1522) (1540)
Smith, Sir Thomas gest. 1577	De republica Anglorum	(1583)
Buchanan, George gest. 1582	De iure regni apud Scotos	(1579)
Hotman, F. gest. 1590	Franco-Gallia	(1573)
Montaigne, Michel Eyquem Seigneur de gest. 1592	Essais	(1582–1585)
Bodin, Jean gest. 1596	Methodus ad facilem historiarum cognitionem Les six livres de la république	(1560) (1576)
Molina, Luis de gest. 1600	De iustitia et iure	(ca. 1595)
Hooker, Richard gest. 1600	Lawes of Ecclesiastical Polity	(1593–1597)
Beza, Theodor (eigtl. de Bèze) gest. 1605	De haereticis a civili magistratu puniendis De iure magistratuum	(1554) (1574)
Gentili, Alberico gest. 1608	De iure belli libri tres	(1598)

Botero, Giovanni gest. 1617	Della Ragion di Stato	(1589)
Suárez, Francisco gest. 1617	Tractatus de legibus ac Deo legislatore	(1611)
Bellarmin(o), Robert gest. 1621	De potestate Summi Pontificis in rebus temporalibus	(1610)
Du Plessis-Morney, **Philippe** gest. 1623	Vindiciae contra Tyrannos	(1579)
Jakob I. von England gest. 1625	Trewe Law of Free Monarchies	(1598)
Bacon, Francis gest. 1626	Essays Nova Atlantis	(1597 ff.) (1626)
Althusius, Johannes gest. 1638	Politica	(1614)
Campanella, Tommaso gest. 1639	La città del sole	(1623)
Hunton, Philip gest. 1682	A Treatise of Monarchy	(1643)
Grotius, Hugo gest. 1645	De iure belli ac pacis	(1625)
Winstanley, Gerard gest. 1652	The Law of Freedom on a Platform	(1652)
Filmer, Sir Robert gest. 1653	Patriarcha	(entst. 1632–1642, ersch. 1680)

Selden, J. gest. 1654	Titles of Honor	(1614)
	A History of Tythes	(1618)
	The Law of Nature and Nations	(1640)
Lilburne, John gest. 1657	England's Birthright	(1645)
	Agreement of the People	(1647)
Prynne, W. gest. 1669	The Soveraigne Power of Parliaments and Kingdoms	(1643)
Milton, John gest. 1674	Areopagatica	(1644)
	Tenure of Kings and Magistrates	(1649)
	Eikonoclastes	(1649)
	Defence of the English People	(1651)
Pufendorf, Samuel Freiherr von gest. 1674	De iure naturae et gentium	(1672)
Harrington, James gest. 1677	Oceana	(1656)
Spinoza, Benedictus de (Baruch d' Espinoza) gest. 1677	Tractatus theologico-politicus	(1670)
	Tractatus Politicus	(1677)
Hobbes, Thomas gest. 1679	Leviathan	(1651)

Williams, Roger gest. 1683	The Bloudy Tenet of Persecution for Cause of Conscience Discussed	(1644)
Petty, Sir William gest. 1687	Treatises of Taxes and Contributions	(1662)
Halifax, George Saville, Marquis of gest. 1695	The Character of a Trimmer	(1688)
Bossuet, Jaques gest. 1704	La Politique tirée de L'Écriture sainte	(1709)
Locke, John gest. 1704	Two Treatises of Civil Government	(1689)
Bayle, Pierre gest. 1706	Commentaire philosophique Dictionnaire historique et critique	(1681) (1696/1697)
Cooper, Antony Ashley (Lord Shaftesbury) gest. 1713	Characteristics	(1711)
Mandeville, Bernard gest. 1733	The Fable of the Bees	(1714)
Vico, Giambattista gest. 1744	Principi di una scienza nuova	(1752)

Bolinbroke, Henry St. John Viscount gest. 1751	Dissertation on Parties	(1734)
	Study and Use of History	(1735)
	The Idea of a Patriot King	(1738)
Montesquieu, Charles de Secondat, Baron de gest. 1755	Lettres persanes	(1721)
	Considérations sur les causes de la grandeur des Romains	(1734)
	De l'Esprit des Lois	(1748)
Helvétius, Claude-Adrien gest. 1771	De l'Esprit	(1758)
Quesnay, François gest. 1774	Tableau économique	(1758)
Hume, David gest. 1776	Treatise of Human Nature	(1739)
	Essays Moral and Political	(1741/1742)
	Political Discourses	(1752)
Rousseau, Jean-Jacques gest. 1778	Discours	(1749 – 1755)
	Émile	(1762)
	Du contrat social	(1762)
Voltaire, François-Marie (eigtl. Arouet) gest. 1778	Lettres anglaises ou philosophiques	(1734)
	Discours en vers sur l'Homme	(1738)
	Essay sur l'histoire générale …	(1756)
Blackstone, William gest. 1780	Commentaries on the Laws of England	(1765–1769)

Turgot, Anne-Robert-Jacques Baron de l' Aulne gest. 1781	Lettres sur la tolérance	(1753/1754)
	Réflexions sur la formation et la distribution des richesses	(1766)
d'Alembert, Jean (u.a.) gest. 1783	Encyclopédie	(1751–1765)
Diderot, Denis (u.a.) gest. 1784	Encyclopédie	(1776)
Mably, Gabriel de gest. 1785	Des droits et des devoirs du citoyen	(1758)
Holbach, Paul Heinrich Dieter Baron von gest. 1789	Système de la nature	(1770)
	Système social	(1773)
Smith, Adam gest. 1790	The Theory of Moral Sentiments	(1759)
	Wealth of Nations	(1776)
Price, R. gest. 1791	Observations on Civil Liberty	(1776)
Beccaria, Cesare gest. 1794	Dei delitti e delle pene	(1764)
Burke, Edmund gest. 1796	Speech on American Taxation	(1774)
	On Conciliation with America	(1775)
	Reflections on the Revolution in France	(1791)
	Appeal from the New to the Old Whigs	(1792)

Babeuf, François gest. 1797	Le tribun du peuple	(1795)
Wollstonecraft, Mary gest. 1797	A Vindication of the Rights of Men	(1791)
	A Vindication of the Rights of Women	(1792)
Tucker, Josiah gest. 1799	A Treatise Concerning Civil Government	(1781)
Herder, Johann-Gottfried gest. 1803	Ideen zur Geschichte der Philosophie der Menschheit	(1784–1791)
Hamilton, Alexander gest. 1804	The Federalist (mit Jay und Madison)	(1787/1788)
Kant, Immanuel gest. 1804	Zum ewigen Frieden	(1795)
	Die Metaphysik der Sitten	(1797)
Priestley, Joseph gest. 1804	First Principles of Government	(1768)
Schiller, Friedrich von gest. 1805	Briefe über die ästhetische Erziehung des Menschen	(1794/1795)
Paine, Thomas gest. 1809	Common Sense	(1776)
	Rights of Man	(1791)
Fichte, Johann Gottlieb gest. 1814	Der geschlossene Handelsstaat	(1800)
	Reden an die deutsche Nation	(1808)

Ferguson, Adam gest. 1816	Essay on History of Civil Society	(1767)
	Institutes of Moral Philosophy	(1772)
Maistre, Joseph Marie Comte de gest. 1821	Considétations sur la France	(1796)
	Essai sur la principe génétateur des constitutions politiques	(1814)
Ricardo, David gest. 1823	Principles of Political Economy and Taxation	(1817)
Saint-Simon, Henri gest. 1825	Du système industriel	(1820–1823)
Jefferson, Thomas gest. 1826	A Summary View of the Rights of British America	(1774)
	Declaration of Independence	(1776)
Hegel, Georg Wilhelm Friedrich gest. 1831	Grundlinien der Philosophie des Rechts	(1821)
	Vorlesungen über die Philosophie der Geschichte	(1831)
Bentham, Jeremy gest. 1832	Introduction to the Principles of Morals and Legislation	(1789)
Godwin, William gest. 1832	Political Justice	(1793)

von Humboldt, Wilhelm gest. 1832	Ideen zu einem Versuch, die Grenzen der Wirksamkeit des Staates zu bestimmen	(entst. 1792, hg. 1851)
Madison, James gest. 1836	The Federalist	(1787/1788)
Mill, James gest. 1836	Essay on Government	(1820)
Sieyès, Abbé gest. 1836	Qu'est-ce-que le Tiers État?	(1789)
Fourier, Charles gest. 1837	Théorie des quatre mouvements et des destinées générales	(1808)
	Traité de l'association domestique agricole	(1822)
	Le nouveau monde industriel et sociétaire	(1830)
Bonald, Louis-Gabriel-Ambroise Vicomte de gest. 1840	Théorie du pouvoir politique	(1796)
	Essai analytique sur les lois naturels de l'ordre social	(1800)
Calhoun, John C. gest. 1850	Disquisition on Government	(ca. 1840)
	Discourse on the Constitution	(ca. 1850)
Schelling, Friedrich gest. 1854	Philophische Untersuchungen über das Wesen der menschlichen Freiheit	(1809)
	Die Weltalter	(1814/1815)

Owen, Robert gest. 1858	A New View of Society	(1813)
Austin, John gest. 1859	Province of Jurisprudence Determined	(1832)
	Lectures on Jurisprudence	(1863)
Tocqueville, Alexis de gest. 1859	De la démocratie en Amérique	(1835)
	L'Ancien Régime et la Révolution	(1856)
Schopenhauer, Arthur gest. 1860	Die Welt als Wille und Vorstellung	(1819)
Thoreau, Henry David gest. 1862	Walden, or Life in the Woods	(1854)
Lassalle, Ferdinand gest. 1864	System der eroberten Rechte	(1861)
Proudhon, Pierre Joseph gest. 1865	Qu'est-ce-que la propriété?	(1840)
	Système des contradictions économiques	(1846)
Feuerbach, Ludwig gest. 1872	Das Wesen des Christenthums	(1841)
Mazzini, Giuseppe gest. 1872	I doveri dell'uomo	(1840–1843)

Mill, John Stuart gest. 1873	On Liberty	(1859)
	Considerations on Representative Government	(1861)
	On the Subjection of Women	(1869)
Bakunin, Michail Alexandrowitsch gest. 1876	Gott und der Staat	(1882)
Bagehot, W. gest. 1877	The English Constitution	(1867)
	Physics and Politics	(1869)
Blanqui, Louis gest. 1881	Critique sociale	(1881)
Carlyle, Thomas gest. 1881	Chartism	(1839)
	On Heroes …	(1840)
Gobineau, Joseph Arthur Comte de gest. 1882	Essai sur l'inégalité des races humaines	(1853–1855)
Green, T. H. gest. 1882	Lectures on the Principles of Political Obligation	(1882)
Marx, Karl gest. 1883	Die deutsche Ideologie	(1845–1847)
	Manifest der Kommunistischen Partei (mit F. Engels)	(1848)
	Das Kapital	(1867)
Arnold, Matthew gest. 1888	Culture and Anarchy	(1869)

Maine, Henry gest. 1888	Ancient Law	(1861)
	Early Law and Custom	(1883)
Engels, Friedrich gest. 1895	Die Entwicklung des Socialismus von der Utopie zur Wissenschaft	(1882)
	Der Ursprung der Familie, des Privateigentums und des Staates	(1884)
Morris, William gest. 1896	News From Nowhere	(1890)
Treitschke, Heinrich von gest. 1896	Die Grundlagen der englischen Freiheit	(1858)
Nietzsche, Friedrich gest. 1900	Die Geburt der Tragödie …	(1871)
	Also sprach Zarathustra	(1883–1885)
	Zur Genealogie der Moral	(1887)
Sidgwick, Henry gest. 1900	Methods of Ethics	(1874)
	Principles of Political Economy	(1883)
Spencer, Herbert gest. 1903	Man Versus the State	(1884)
Tolstoj, Lew Nikolajewitsch Graf gest. 1910	Meine Beichte	(1879–1882)
	Worin besteht mein Glaube?	(1882–1884)

Durkheim, Émile gest. 1917	La division du travail social (1893) Les règles de la méthode sociologique (1894)
Plechanow, Georgij Valentinowitsch gest. 1918	Die Grundprobleme des Marxismus (1908)
Luxemburg, Rosa gest. 1919	Sozialreform oder Revolution (1899) Die Akkumulation des Kapitals (1913)
Weber, Max gest. 1920	Wirtschaft und Gesellschaft (1921/1922)
Kropotkin, Pjotr A. Fürst gest. 1921	La conquête du pain (1892) Fields, Factories and Workshops (1899) Mutual Aid (1902)
Sorel, Georges gest. 1922	Réflexions sur la violence (1906–1908)
Pareto, Vilfredo gest. 1923	Trattato di sociologia generale (1916)
Lenin, Wladimir Iljitsch (eigtl. Uljanow) gest. 1924	Was tun? (1902) Der Imperialismus als höchstes Stadium des Kapitalismus (1915) Staat und Revolution (1917) Linksradikalismus, die Kinderkrankheit im Kommunismus (1920)

Hobhouse, Leonard Trelawney gest. 1929	Metaphysical Theory of the State	(1918)
Bernstein, Eduard gest. 1932	Die Voraussetzungen des Sozialismus	(1899)
Gramsci, Antonio gest. 1937	Lettere dal carcere	(hg. 1947)
Bucharin, Nikolaj Iwanowitsch gest. 1938	(Hg.) Novyj Mir	(1916)
	ABC des Kommunismus (mit Preobraschenskij)	(1919)
	Theorie des historischen Materialismus	(1921)
Kautsky, Karl gest. 1938	Materialistische Geschichtsauffassung	(1927)
Freud, Sigmund gest. 1939	Das Unbehagen in der Kultur	(1930)
Trotzkij, Lew Davidowitsch (eigtl. Bronstein) gest. 1940	Terrorismus und Kommunismus	(1921)
	Literatur und Revolution	(1925)
Bergson, Henri gest. 1941	Les deux sources de la morale et de la religion	(1932)
Mosca, Gaetano gest. 1941	Elementi di scienza politica	(1896)
Weil, Simone gest. 1943	Oppression et liberté	(hg. 1955)

Gentile, Giovanni gest. 1944	L'atto del pensare come atto puro (1912)
Keynes, John Maynard gest. 1946	The End of Laissez Faire (1926) General Theory of Employment, Interest and Money (1936)
Webb, Beatrice und Sidney gest. Beatrice 1943 Sidney 1947	Industrial Democracy (1897) Decay of Capitalist Civilisation (1921) Soviet Communism: A New Civilisation? (1935)
Gandhi, Mohandas Karamchand (gen. Mahatma) gest. 1948	Nonviolent Resistance (1935) Nonviolence in Peace and War (1942–1949)
Schumpeter, Joseph Alois gest. 1950	Wesen und Hauptinhalt der theoretischen Nationalökonomie (1908) Theorie der wirtschaftlichen Entwicklung, Leipzig (1911) Konjunkturzyklen, Bd. I und II, Göttingen (1961) Englische Ausgabe (1939) Kapitalismus, Sozialismus und Demokratie Bern (1946) Englische Ausgabe (1942) Geschichte der ökonomischen Analyse Bd. I und II. Göttingen (1965) Englische Ausgabe (1952)

Lindsay, A. D. gest. 1951	The Modern Democratic State	(1943)
Croce, Benedetto gest. 1952	La storia come pensiero e come azione	(1938)
Dewey, John gest. 1952	Democracy and Education	(1916)
	Liberalism and Social Action	(1935)
Maurras, Charles gest. 1952	Hg. *L'Action française*	
	Enquête sur la monarchie	(1901)
Fanon, Frantz gest. 1961	Les damnés de la terre	(1961)
Tawney, Richard Henry gest. 1962	The Acquisitive Society	(1924)
	Equality	(1931)
Jaspers, Karl gest. 1969	Die geistige Situation der Zeit	(1931)
	Die Atombombe und die Zukunft des Menschen	(1961)
Russell, Bertrand gest. 1970	The Principles of Social Reconstruction	(1915)
	The Prospects of Industrial Civilsation	(1923)
	Power: A New Social Analysis	(1938)

Lukács, Georg gest.1971	Geschichte und Klassenbewußtsein	(1923)
Niebuhr, Reinhold gest. 1971	Moral Man and Immoral Society	(1932)
Kelsen, Hans gest. 1973	Legal Technique in International Law	(1939)
	General Theory of Law and the State	(1946)
Maritain, Jacques gest. 1973	Man and the State	(1951)
Arendt, Hannah gest. 1975	Elemente und Ursprünge totaler Herrschaft	(1955)
	Vita activa	(1960)
	Über die Revolution	(1963)
Heidegger, Martin gest. 1976	Sein und Zeit	(1927)
Mao Zedong gest. 1976	Mao intern (Hg. H. Martin)	(1974)
Marcuse, Herbert gest. 1980	Eros und Kultur	(1953)
	Der eindimensionale Mensch	(1964)
Sartre, Jean-Paul gest. 1980	Huis clos	(1945)
	Critique de la raison dialectique	(1960)
Jouvenel, Bertrand de	De la souveraineté	(1955)

Djilas, Milovan	The New Class	(1957)
Hayek, Friedrich August von geb. 1899	Geldtheorie und Konjunkturtheorie, Wien und Leipzig	(1929)
	Der Weg zur Knechtschaft, Erlenbach – Zürich	(1945)
	Englische Ausgabe	(1944)
	Die Verfassung der Freiheit, Tübingen	(1971)
	Englische Ausgabe	(1960)
	Recht, Gesetzgebung und Freiheit, 3. Bde. München	(1980)
	Englische Ausgabe	(1973)
	Entnationalisierung des Geldes, Tübingen	(1977)
	Englische Ausgabe	(1976)
Popper, Karl Raimund geb. 1902	Logik der Forschung, Wien	(1934)
	Die offene Gesellschaft und ihre Feinde Bd. I und II, Bern	(1957/1958)
	Englische Ausgabe	(1945)
	Das Elend des Historizismus, Tübingen	(1965)
	Englische Ausgabe	(1957)
	Objektive Erkenntnis: Ein evolutionärer Entwurf, Hamburg	(1973)
	Englische Ausgabe	(1972)
	Ausgangspunkte: Meine Intelektuelle Entwicklung, Hamburg	(1979)
	Englische Ausgabe	(1976)

Oakeshott, M.	Rationalism in Politics	(1962)
	On Human Conduct	(1975)
Habermas, Jürgen	Theorie und Praxis	(1963)
Rawls, John	A Theory of Justice	(1971)
Nozick, R.	Anarchy, State and Utopia	(1974)
Millet, K.	Sexual Politics	(1970)